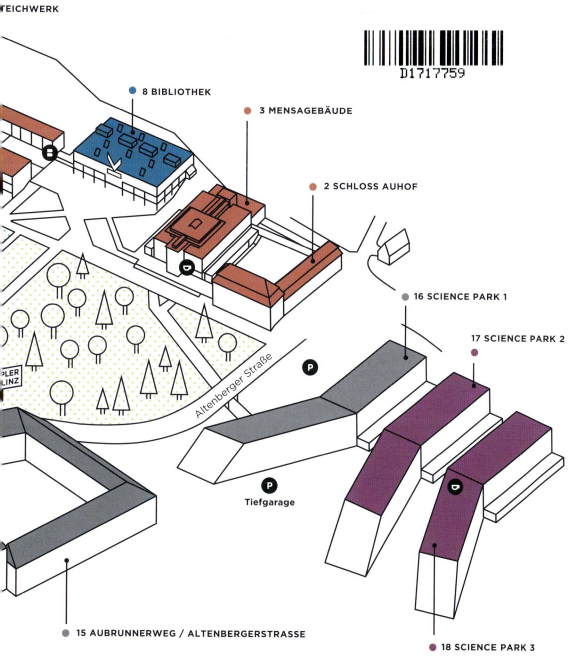

böhlau

Maria Wirth · Andreas Reichl · Marcus Gräser

50 Jahre
Johannes Kepler Universität Linz

Eine »Hochschule neuen Stils«

2016

BÖHLAU VERLAG WIEN KÖLN WEIMAR

Mit Beiträgen von Michael John, Elisabeth Menschl, Stephan Pühringer, Hermann Rafetseder, Wolfgang Reder, Barbara Trost und Helena Ziegler

Bibliografische Information der Deutschen Nationalbibliothek:
Die Deutsche Nationalbibliothek verzeichnet diese Publikation in der
Deutschen Nationalbibliografie; detaillierte bibliografische Daten
sind im Internet über http://dnb.d-nb.de abrufbar.

Umschlagabbildungen: Archiv der Johannes Kepler Universität Linz (Fotos: Eva Drechsler, Udo B. Wiesinger)
Vor- und Nachsatz: Grafik JKU-Campus-Plan: Universitätskommunikation der Johannes Kepler Universität Linz (Florian Atzmüller)

© 2016 by Böhlau Verlag Ges.m.b.H & Co. KG, Wien Köln Weimar
Wiesingerstraße 1, A-1010 Wien, www.boehlau-verlag.com

Alle Rechte vorbehalten. Dieses Werk ist urheberrechtlich geschützt.
Jede Verwertung außerhalb der engen Grenzen des Urheberrechtsgesetzes ist unzulässig.

Bildredaktion: Herbert Edlinger und Maria Wirth
Korrektorat: Patricia Simon, Döllersfeldchen
Einbandgestaltung: seite zwei – branding & design, Wien
Satz: Michael Rauscher, Wien
Druck und Bindung: Theiss, St. Stefan im Lavanttal
Gedruckt auf chlor- und säurefrei gebleichtem Papier
Printed in the EU

ISBN 978-3-205-20414-5

Inhalt

Vorwort
    Kreativität, Mut und Entschlossenheit 7

Marcus Gräser
Reformuniversität? Entlastungsuniversität? Eine »Hochschule neuen Stils«! 9

Maria Wirth
Vorgeschichte, Entstehung und Entwicklung der Johannes Kepler Universität Linz 25

1 Die »lange Vorgeschichte« – von der evangelischen Landschaftsschule ins Jahr 1945 (1574–1945) 26
    Von der evangelischen Landschaftsschule bis zum Jahr 1848 26
    Hochschulbestrebungen im 19. und frühen 20. Jahrhundert (1848–1918/1920) . . 32
    Hochschulbestrebungen in der NS-Zeit 41
    Anmerkungen 49

2 Die Gründung – von den ersten Hochschulbestrebungen nach Kriegsende bis zur Eröffnung der Hochschule für Sozial- und Wirtschaftswissenschaften (1945–1966) 54
    Versuche zur Installierung eines technischen Studiums 54
    Auf dem Weg zur Hochschule für Sozial- und Wirtschaftswissenschaften 66
    Von der Gründung zur Eröffnung – die »Hochschule neuen Stils« oder »unkonventionell gemischter Studienrichtungen« 81
    Anmerkungen 101

3 Die Aufbauphase – der lange Weg zur Technisch-Naturwissenschaftlichen Fakultät und die Transformation zur Johannes Kepler Universität Linz (1966–1978/79) 110
    Der Aufbau der Technisch-Naturwissenschaftlichen Fakultät 110
    Die Transformation zur Johannes Kepler Universität Linz 121
    Anmerkungen 130

4 Universitärer Alltag und Innovationen (1979–1993) 134
    Die »Mühen des Alltags« – steigende Studierendenzahlen und eine erste Expansion im Bereich der Universitätslehrgänge 134
    Erweiterungen und Innovationen – eine zweite »Gründerzeit« 139
    Anmerkungen 155

5 Umbrüche – von der halbautonomen zur autonomen Universität (1993–2004) 160
Universitätsrechtliche Veränderungen 160
Neue Gebäude, Drittelmittelerfolge und gesellschaftspolitische Schwerpunkte . . . 168
Anmerkungen 176

6 Expansion und weitere Öffnung (2004–2016) 180
Fortsetzung der Reform, neue Kooperationen und die größte bauliche Erweiterung seit der Gründung 180
Eine vierte Fakultät – die Medizin in Linz 193
Die Johannes Kepler Universität Linz heute: Gegenwart und zukünftige Projekte – eine dritte »Gründerzeit« 198
Anmerkungen 203

Andreas Reichl
Zahlen, Daten und Fakten zur Entwicklung der Johannes Kepler Universität Linz 211
Entwicklung des Studienangebots 212
Rektoren und Dekane/Dekaninnen 217
Personal- und Institutsentwicklung 221
Studierende 224
ÖH-Wahlen 236

Dank 241

Anhang 242
Literatur 242
Periodika 252
Filme 253
Archive/Quellen 253
Bildnachweis 253
Mitarbeiter/Mitarbeiterinnen 254

Personenregister 256

Vorwort

Kreativität, Mut und Entschlossenheit

Jubiläen sind ein willkommener Anlass zurückzublicken. Die Johannes Kepler Universität Linz ist immer noch eine vergleichsweise junge Hochschule; ihre Geschichte ist dennoch bewegt. Das gilt gerade auch für ihre Anfänge. Immer standen die Zeichen auf Veränderung. Die vergangenen 50 Jahre waren von Mut und Beharrlichkeit gekennzeichnet. Das gilt erst recht für die Jahrzehnte und Jahrhunderte davor, in denen immer wieder für eine Linzer Hochschule gekämpft wurde: Mut, Neues zu wagen und gegen Widerstände durchzusetzen, Beharrlichkeit gegenüber Skeptikern. Zuletzt haben sich diese Tugenden bei der Gründung der Medizinischen Fakultät bezahlt gemacht.

Die Johannes Kepler Universität Linz kennzeichnet Pioniergeist und Konsequenz. Hier wird Innovation nicht nur gedacht, sondern auch gelebt. In fünf Jahrzehnten wurde vieles aufgebaut, geleistet, geforscht, gelehrt und schließlich auch erweitert – das erste Marketing-Institut im deutschsprachigen Raum beispielsweise, erstmals in Österreich ein Informatikstudium, das weltweit erste Mechatronikstudium oder Österreichs erster Wireless-Campus.

Der Anspruch der JKU ist ebenso klar wie hoch: Sie will seit ihrer Gründung Magnet für Vor- und Querdenker, also ein Ort der wissenschaftlichen Avantgarde sein. Nur wer weiter denkt, über den Tellerrand blickt und die Vergangenheit nie außer Acht lässt, kann die Zukunft gestalten. Die Johannes Kepler Universität Linz ist sich dabei ihrer wissenschaftlichen Verantwortung ebenso bewusst wie ihrer gesellschaftlichen und historischen.

Das vorliegende Werk ist bewusst nicht als Festschrift konzipiert. Neben Zahlen, Daten und Fakten legen die Autoren und Autorinnen eine teils auch kritische, ungeschönte Analyse vor. Eine Organisation, die Studierende zum kritischen Denken anleitet, muss sich auch mit ihrer eigenen Geschichte differenziert auseinandersetzen.

Jubiläen sind auch ein willkommener Anlass für einen Ausblick, eine Vorschau auf die nächsten 50 Jahre. Die Weichen für die kommenden Jahrzehnte sind gestellt, die Räume dafür zum Teil geschaffen oder gerade im Entstehen. Sie gehören auch weiterhin mit Menschen und ihren Ideen gefüllt, damit unsere Universität und der gesamte Standort Oberösterreich eine gute Zukunft haben. Dafür braucht es wie im vergangenen halben Jahrhundert Menschen mit Kreativität, Mut und Entschlossenheit. Unsere Hochschule und unser Land haben genug davon, wie die vorliegende Publikation zeigt.

Den Autoren und Autorinnen danke ich für ihre fundierte und reflektierte Auseinandersetzung mit der Geschichte unserer Universität. Ihnen wünsche ich eine anregende Lektüre.

Meinhard Lukas
Rektor der Johannes Kepler Universität Linz

Marcus Gräser

Reformuniversität? Entlastungsuniversität? Eine »Hochschule neuen Stils«!

Die Johannes Kepler Universität Linz (JKU), die mit Beginn des Wintersemesters im Oktober 1966 als »Hochschule für Sozial- und Wirtschaftswissenschaften« eröffnet wurde und deren 50-jähriges Bestehen wir im Studienjahr 2016/17 feiern, entstand in einem für die europäische Universitätsgeschichte höchst bedeutsamen Zeitraum: In den zehn Jahren von 1964 bis 1973 wurden westlich des »Eisernen Vorhangs« insgesamt 156 Universitäten neu gegründet bzw. aus bestehenden Einrichtungen der höheren Bildung heraus entwickelt.[1] Nie zuvor und nie danach hat das europäische Universitätswesen eine so große Expansion erlebt. In Österreich verdoppelte sich in diesen Jahren die Zahl der Universitäten, die entweder Volluniversitäten waren oder einen solchen Rang anstrebten: An die Seite der traditionellen Universitäten Wien (gegründet 1365), Graz (1585) und Innsbruck (1669) traten nun die neuen Universitäten in Salzburg (1964), Linz (1966) und Klagenfurt (1973). Rasch stieg damit auch die Zahl der Studierenden an: Während in Österreich 1960 rund 39.000 Studierende gezählt wurden, hatte sich die Zahl bis 1980 mit 116.000 fast verdreifacht.[2]

Worin lagen die Ursachen für diese enorme Ausweitung der europäischen Universitätslandschaft? Die erste Hälfte des 20. Jahrhunderts hatte mit zwei Weltkriegen und einer schweren Wirtschaftskrise wenig zur Weiterentwicklung der Universitäten beigetragen. Der Nachholbedarf nach 1945 war daher groß, denn das Universitätswesen, so wie es sich in den 1950er Jahren in den meisten europäischen Staaten darstellte, konnte nicht Schritt halten mit dem Bevölkerungswachstum (Babyboom) und auch nicht mit der wachsenden Nachfrage aus Industrie und Verwaltung nach akademisch fachgeschultem Personal. Die Furcht vor einer »Bildungskatastrophe« (so die Formulierung des Pädagogen Georg Picht 1964) löste Reformanstrengungen aus; und die Forderung nach einer Reform der Universitäten und einer Ausweitung der Zahl der Studienplätze ging dabei Hand in Hand mit dem Bestreben nach einer Reform der Schulbildung: Wer wie die Bildungsreformer in jenen Jahren davon überzeugt war, dass mehr Hochschulabsolventen und -absolventinnen benötigt würden, musste tatsächlich zuallererst darüber nachdenken, wie sich die Zahl der Maturanten und Maturantinnen steigern lässt – und ein solches Nachdenken wiederum legte nahe, auch die Zahl der Lehrer und Lehrerinnen zu steigern, was nur durch ein größeres Angebot an universitären Lehramtsstudienplätzen gelingen konnte. In den Jahren zwischen dem Wiederaufbau nach dem

Krieg und der Energiekrise (»Ölkrise«) zur Mitte der 1970er Jahre war »Wachstum« jeder Art ein Konsensfeld, auf dem sich die unterschiedlichsten politischen Akteure und gesellschaftlichen Interessen treffen konnten – und das als »Versprechen« auch das Wahlvolk überzeugte. Industriekapitalismus plus Wohlfahrtsstaat plus Massendemokratie plus Konsum sorgten in Westeuropa – unter dem militärischen Schutzschirm der USA – für ein hohes Maß an Stabilität und wachsendem Wohlstand. Der zunehmende Bedarf an akademisch geschultem Personal musste dabei die hergebrachte soziale Exklusivität akademischer Bildung aufbrechen: Bildung sollte, wie es der deutsche Soziologe und Bildungsreformer Ralf Dahrendorf formulierte, zum »Bürgerrecht« werden, nicht zuletzt deshalb, weil das Bildungssystem auf dem Weg war, zum »zentralen Ort der Distribution von Lebenschancen« zu werden.[3] Und noch ein weiteres Motiv trug zum Wachstum der Universitäten bei: Der Systemgegensatz zwischen Ost und West im Kalten Krieg wurde auch als Rivalität auf dem Feld von Wissenschaft und Technik ausgetragen. Der »Sputnik-Schock« von 1957 – die Sowjetunion hatte den ersten künstlichen Erdsatelliten auf eine Umlaufbahn geschickt und damit den Anspruch auf technologische Ebenbürtigkeit mit den USA demonstriert – löste zunächst in den USA, aber dann auch in Westeuropa eine regelrechte Bildungseuphorie aus. Keine Nation, die etwas auf sich hielt, konnte aus diesem Rennen aussteigen, aufmerksam wurden die Anstrengungen der Nachbarn beobachtet, ihr Bildungssystem – Schulen und Universitäten – zu verbessern. Nur wenige Staaten in Westeuropa verzichteten in diesen Jahren auf einen Ausbau ihres Universitätswesens.

Wie prägten sich diese gemeineuropäischen Ursachen in Österreich aus? Tatsächlich fiel gerade in Österreich der Nachholbedarf groß aus, war doch die letzte Volluniversitätsgründung durch eine österreichische Regierung 1875 in Czernowitz in der Bukowina erfolgt! Der autoritäre »Ständestaat« der Jahre nach 1934 und vollends der Nationalsozialismus hatten mit der Aufhebung der akademischen Freiheit und der Verfolgung und Vertreibung von Wissenschaftlern und Wissenschaftlerinnen aus rassistischen und politischen Motiven zu einer Erstarrung des Universitätswesens und zu einer beispiellosen Absenkung der Qualität von Forschung und Lehre geführt. Nach 1945 gab es in Wien, Graz und Innsbruck keine Bereitschaft zur Auseinandersetzung mit diesem Teil der eigenen Vergangenheit. Unreflektierter Traditionalismus herrschte vor. Die Organisation für wirtschaftliche Zusammenarbeit und Entwicklung (OECD) hat in einem Prüfungsbericht zur österreichischen Wissenschaftspolitik noch 1969 eben diesen Traditionalismus kritisiert und zugleich ein »fehlendes Forschungsbewußtsein« beklagt: Der Zusammenhang zwischen einer gut funktionierenden Forschung und der wirtschaftlichen Entwicklung sei in Österreich noch nicht wirklich in seiner Bedeutung erkannt worden, was nicht zuletzt auch in einem im europäischen Vergleich schwachen Anteil der Ausgaben für Forschung am Bruttoinlandsprodukt Ausdruck gefunden habe.[4]

Dabei hatte längst auch in Österreich eine Debatte über genau diese Zusammenhänge begonnen. Bundeskanzler Alfons Gorbach (ÖVP) sprach in seiner Regierungserklärung 1961 das Verständnis von Bildung als Investition, das für die Reformen der 1960er Jahre so zentral werden sollte, deutlich an: »Der wirtschaftliche und soziale Aufstieg Österreichs wird im Zeitalter der Forschung und Entwicklung nicht zuletzt davon abhängen, dass möglichst vielen jungen Österreichern und Österreicherinnen der Zugang zu einer höheren Bildung erschlossen wird.«[5] Folgerichtig standen die wesentlichen Schritte in der Veränderung der Hochschullandschaft in einem engen Zusammenhang mit einer Reform des Schulwesens: Zeitgleich mit der Entstehung neuer Universitäten begann in den 1960er Jahren der Ausbau der Allgemeinbildenden Höheren Schulen (AHS) unter dem Schlagwort: »Jedem Bezirk eine höhere Schule!«[6] Das Schulgesetzwerk von 1962 regelte nicht nur, dass der Schulbesuch – auch auf einer höheren Schule – kostenfrei zu sein habe, das Gesetz bot auch eine Durchlässigkeit des Schulsystems an, das Sackgassen vermeiden und eine Zunahme der Zahl der Absolventen garantieren sollte. Die Bildungspolitik gehörte in Österreich wie in vielen anderen Staaten zu den Politikfeldern, in denen sich ein Konsens herausgeschält hatte, der zur Entideologisierung des in der Ersten Republik noch heiß umkämpften Feldes beitrug: Wachstum war das unbestrittene Ziel; 1967 hieß es in einer Stellungnahme des Unterrichtsministeriums, »dass Entscheidungen der Bildungspolitik von nun an aufgrund von Zahlen getroffen werden sollen«.[7]

Die österreichische Hochschulpolitik war in starke Bewegung geraten: Die Schaffung einer gesetzlichen Grundlage für die projektierte neue Hochschule in Linz durch ein Bundesgesetz vom 5. Juli 1962 (politisch junktimiert mit Salzburg, dessen geplante Universität im selben Jahr durch Bundesgesetz auf den Weg gebracht wurde) war begleitet von weiteren Gesetzen, die das Hochschulwesen auf eine neue Grundlage stellten: Das Allgemeine Hochschulstudiengesetz von 1966 hob die verpflichtende Verbindung von Forschung und Lehre hervor, und das Forschungsförderungsgesetz von 1967 schuf nicht nur den Fonds zur Förderung der wissenschaftlichen Forschung (FWF), sondern auch den Forschungsfonds der gewerblichen Wirtschaft (FFF, später FFG) als Forschungsförderorganisationen mit eigener Rechtspersönlichkeit. 1970 wurde dann – nun schon von der Bundesregierung unter Bruno Kreisky – ein eigenes Ministerium geschaffen, das Bundesministerium für Wissenschaft und Forschung, an deren Spitze von 1970 bis 1983 Hertha Firnberg stand. Mit dem Studienbeihilfegesetz von 1963, dem Studienförderungsgesetz von 1969 und der Novellierung zum Hochschultaxengesetz 1972, mit der schließlich die Studiengebühren aufgehoben wurden, konnte die soziale Exklusivität der Universitäten Stück für Stück abgebaut werden: Wer mehr Maturanten und Maturantinnen als zuvor zur Aufnahme eines Studiums ermuntern wollte, durfte ihnen keine finanziellen Hürden in den Weg stellen. Vor allem für die Studienentscheidung junger Frauen waren die finanziellen Erleichterungen insofern von Bedeutung, als in vielen

Familien die Finanzierbarkeit eines Studiums für Frauen traditionell stärker hinterfragt worden war als für junge Männer.[8]

Freilich: Der offenkundige Nachholbedarf, die gewachsenen Anforderungen der Industriegesellschaft an akademisch fachgeschultes Personal, die Orientierung an »Bildung als Bürgerrecht« und das Mithaltenwollen mit den anderen Nationen boten den Rahmen für den Ausbau der Universitäten – aber die Frage, *welche* Universität *wo* entstehen sollte, war aus diesen allgemeinen Rahmenbedingungen nicht unbedingt abzuleiten. Darüber entschied die Politik – und oftmals nicht die nationale Politik, sondern jene vor Ort: Nicht das Unterrichtsministerium in Wien kam auf die Idee, eine Universität in Linz zu bauen, sondern die politischen Kräfte in Oberösterreich: Ohne das beharrliche Wirken des Landeshauptmanns Heinrich Gleißner (ÖVP) und des Linzer Bürgermeisters Ernst Koref (SPÖ) wäre die Hochschule in Linz nicht entstanden. Beide verstanden die neue Hochschule in der Landeshauptstadt auch als Infrastrukturpolitik, als eine Form des Landesausbaus. Auch die Frage, *welche* Hochschule in Linz entstehen sollte, konnten beide – jedenfalls im Ansatz – beantworten: Nachdem sich ältere Pläne einer Technischen Hochschule für die Industriestadt Linz nicht hatten durchsetzen können, gelang der Durchbruch in den Verhandlungen mit Wien – denn ohne Zustimmung und Geld aus Wien wäre nichts zu machen gewesen – durch die Absicht, in Linz den Schwerpunkt auf die neuen Sozial- und Wirtschaftswissenschaften zu legen. Damit war ein Modernitätszeichen für die neue Hochschule gesetzt worden: Die Verankerung dieser Wissenschaftszweige war an den traditionellen Universitäten Österreichs nicht besonders stark ausgefallen und daher konnte sich die Hochschule in Linz ein erstes »Alleinstellungsmerkmal« sichern. Zudem waren die Sozial- und Wirtschaftswissenschaften in den 1960er Jahren regelrecht *en vogue*: Der Glaube an den Fortschritt, an die Rationalität und Rechenhaftigkeit der Welt und damit auch an die prinzipielle Steuerbarkeit von Gesellschaften schien den Sozial- und Wirtschaftswissenschaften jenen Vorsprung der Anwendbarkeit und Praxisorientierung zu verschaffen, den die traditionellen Geisteswissenschaften schon eingebüßt hatten und die Naturwissenschaften noch nicht für sich reklamieren konnten.[9] Und: Kein Standort in Österreich musste für eine solche moderne, sich der Industriegesellschaft ganz bewusst öffnende Hochschule so geeignet erscheinen wie die Industriestadt Linz, die bis dahin keine Hochschule aufweisen konnte. Der Akademikeranteil unter der oberösterreichischen Bevölkerung war deshalb auch gering, noch Mitte der 1960er Jahre hieß es: »Wenn Oberösterreich auf 10.000 Einwohner nur 27 Akademiker, Wien hingegen 69, die Steiermark 37 und Tirol 39 aufzuweisen haben, so geht dies sicherlich nicht auf Konto mangelnder Begabung seiner Jugend, sondern bestätigt das allzu gut bekannte Phänomen, daß die Zahl der Hochschulabsolventen mit der Entfernung von der Hochschule in beängstigendem Umfang abnimmt.«[10] Der Wiener Soziologe August Maria Knoll, der in einem Memorandum aus dem Jahr 1956, das in der katholischen Wochenzeitschrift »Die Furche« veröffentlicht wurde, die Linzer Hochschulpläne unterstützte, sah genau in der Verbindung von Standort und neuer Wissenschaft den Anspruch von Linz wachsen: »Die Umschichtung der modernen Gesellschaft erfordert zur Erforschung und Überwindung ihrer arteigenen Spannungen einen neuen Hochschultypus. Als Standort wäre eine Stadt zu wünschen, worin der Umschlag von der alten zur neuen Gesellschaft exemplarisch ist. Für Österreich scheint Linz, die Hauptstadt von Oberösterreich, eines alten Bauern- und eines neuen Industrielandes, hiezu besonders geeignet.«[11]

War die Linzer »Hochschule für Sozial- und Wirtschaftswissenschaften« damit schon mehr als nur eine neue, weitere Hochschule? Lässt die Antwort, die man am Standort Linz auf die Frage fand, *welche* Universität man haben wolle, es zu, von Linz als einer »Reformuniversität« zu sprechen? Von »Reformen« war in den 1960er Jahren viel die Rede, schließlich stand das gesamte Unternehmen der Expansion des Schul- und Hochschulwesens unter der Überschrift »Bildungsreform«, und wer am Diskurs teilhaben und diesen mitgestalten wollte, kam um die Nutzung der Vokabel nicht herum: Rudolf Strasser, Jurist und einer der Gründungsprofessoren der Linzer Hochschule, schrieb 1964 in einer Sonderausgabe der »Österreichischen Hochschulzeitung« zur geplanten Linzer Hochschule: »In vielen Ländern Europas ist man seit Jahren mit Energie und Gedankenreichtum dabei, das Hochschulwesen auszubauen. Kein Zweifel, Hochschulreformen stehen derzeit hoch im Kurs.«[12] Aber was hieß eigentlich »Reform« – und was verbarg sich hinter dem Begriff der »Reformuniversität«? In der deutschen bildungswissenschaftlichen und wissenschaftshistorischen Diskussion hat der Begriff einen festen Rahmen: Als »Reformuniversitäten« gelten jene Neugründungen, die, wie Konstanz, Bielefeld und Bochum, von großen wissenschaftstheoretischen Debatten – und somit von wissenschaftlichen Akteuren und Akteurinnen – nicht nur begleitet, sondern regelrecht initiiert wurden (auch wenn in allen Fällen natürlich auch ein politischer Wille zur Gründung vorhanden gewesen war).[13] »Reformuniversitäten« mussten anders sein als die schon vorhandenen, ihre Rechtfertigung lag im Versuch einer Veränderung der Wissenschaftspraxis (und damit auch der Lehre) durch die Reform der Wissenschaftsorganisationsformen; die Preisgabe der alten Gliederung der Universitäten durch Fakultäten sollte einer interdisziplinären Zusammenarbeit und einem problembezogenen Projektstudium den Weg bahnen. Zugleich aber wollten Reformuniversitäten die Idee einer Einheit der Wissenschaft nicht aufgeben – die Institutionalisierung von Wissenschaftstheorie- und -forschung sollte hier eine dauernde reflektierende Instanz an den Universitäten bilden. Eine Reformuniversität hatte nicht notwendigerweise eine Volluniversität zu sein, gerade auch im Verzicht auf den einen oder anderen traditionellen Bereich konnte eine Universität ihre Modernität demonstrieren; eigen aber war den als Reformuniversität apostrophierten Hochschulen ein gewisser missionarischer Gestus: Von ihnen sollte ein Geist der Erneuerung ausgehen, der nicht nur auf die neuen Hochschulen beschränkt sein sollte. Gewiss ist die Reformuniversität damit nur idealtypisierend beschrieben – die realen neuen Universitäten standen schnell vor Problemen und Widersprüchen, die manches hochfliegende Reformziel unerreichbar erscheinen ließen.

Was aber von diesem »Geist« der Reformuniversität fand sich in Planungen und Praxis der neuen Hochschule in Linz? Der Jurist Ludwig Fröhler, der 1965 zum Gründungsrektor der Linzer Hochschule gewählt worden war, nannte in der Eröffnungsschrift ein wissenschaftsimmanentes Motiv als Ursache für die Notwendigkeit einer »Reform unseres akademischen Ausbildungssystems«: Er beklagte die »alarmierenden Isolierungstendenzen« unter den verschiedenen wissenschaftlichen Disziplinen an den traditionellen Universitäten:

> »… es ist eine tiefgreifende Entfremdung der an der Universität zusammengefassten Fakultäten eingetreten. Dies ist und war nicht zuletzt eine Folge der beängstigenden Ausweitung, die die Disziplinen, allen voran die Naturwissenschaften, genommen hatten. Repräsentierte Goethe noch das gesamte Wissen seiner Zeit, vermögen gegenwärtig selbst Fachleute […] kaum mehr ihre Wissensgebiete zu überblicken, geschweige denn den Problemen der anderen nachzufühlen. Keine der traditionellen Wissenschaften ist heute auf sich allein gestellt in der Lage, die im gemeinsamen Zusammenwirken mit anderen Forschungszweigen geschaffene äußerst komplizierte Struktur der menschlichen Gemeinschaft zu durchdringen. Die rapide fortschreitende Technisierung und Ökonomisierung konfrontiert Menschen, alle Lebensbereiche erfassend, mit Aufgaben der Planung und Überwachung, denen sie ohne eingehende Kenntnis der im Wirtschafts- und Sozialbereich obwaltenden Prinzipien nicht gewachsen wären.«[14]

Die zukunftsträchtigen Sozial- und Wirtschaftswissenschaften aber seien im hergebrachten Universitätsbetrieb nur »an den Rändern bestehender Fakultäten« angesiedelt. Aus einer solchen Perspektive heraus musste die Reform der bestehenden, traditionellen Universitäten als schwer erscheinen, eine Reform also eher mit einer nicht traditionellen Neugründung erreichbar sein. Zugleich aber deutete Fröhler die Notwendigkeit der Hochschule aus der Perspektive des Arbeitsmarktes heraus: »Allzu ausgerichtet auf seine traditionelle Fachrichtung konnte bei dieser Situation der Blick des Studenten für die Erfordernisse und Zusammenhänge der modernen Gesellschaft nur unvollständig geöffnet werden. Eine sinnvolle Synthese der gesellschaftsformenden Wissenschaften ist nur unter wissenschaftlicher Würdigung des ihnen allen gemeinsamen Phänomens der Gesellschaftsbezogenheit möglich. Im Sozial und Wirtschaftswissenschaftler scheint diese Synthese verifiziert. […] Das moderne Studium der Sozial- und Wirtschaftswissenschaften ist eine zwingende Konsequenz der wirtschaftlichen und gesellschaftlichen Entwicklung. Es ist eine Notwendigkeit, wollen wir die gesellschaftlichen Geschehensabläufe unter Kontrolle halten und unsere Zukunft bewußt gestalten.«[15] Längst waren an Standorten in Deutschland und in der Schweiz die Studierendenzahlen in den Sozial- und Wirtschaftswissenschaften stark angestiegen: »Der Trend zum wirtschafts- und sozialwissenschaftlichen Studium stellt sich […] als ein gesundes Wirksamwerden der Automatik des (Arbeits-)Marktmechanismus dar.«[16]

Die Erwartungshaltung in der öffentlichen Verwaltung war groß: Hofrat Josef Bergmann, der in der oberösterreichischen Landesverwaltung zu den eifrigen Befürwortern einer Linzer Hochschule gehörte, freute sich auf den Nachwuchs an »Stabsfunktionären«, die im Unterschied zu den in einzelnen Fächern geschulten »Fachfunktionären« über eine Querschnittsausbildung verfügen sollten: »Die moderne ›Industriegesellschaft‹ wird so komplex sein, dass es viele Funktionen in ihr geben wird, die nicht der Jurist, der Volkswirt, der Staatswissenschaftler, also der Fachfunktionär besorgen wird, weil es dabei nicht jeweils Fragen des Rechts, der Wirtschaft, der Politik usw. allein, also isoliert, zu lösen gilt. An die Probleme wird in ihrer Gesamtheit, mit integrierten Komponenten heranzutreten sein.«[17] Strasser, der, neben Fröhler, in der Gründungsphase publizistisch am eindrücklichsten an der Rechtfertigung für die Linzer Hochschule gearbeitet hat, geriet ob der Aussichten ins Schwärmen: »Die Einrichtung geordneter, am gesellschaftlichen Bedarf orientierter sozialwissenschaftlicher Studienrichtungen ist in ihrer Bedeutung mit keiner anderen Studienreform vergleichbar. Zum ersten Male in der Geschichte der Menschheit wird damit der Versuch gemacht, jene Menschen, die in Staat und Gesellschaft Führungs- und Stabsfunktionen ausfüllen sollen, gezielt und wissenschaftlich auf diese Aufgaben vorzubereiten. […] Ein wahrhaft großartiges, in seinen Auswirkungen säkulares Unterfangen.«[18]

In der Argumentation der beiden Juristen Strasser und Fröhler, die selbst die rechtswissenschaftliche Ausbildung, die schon 1966 in das Ausbildungsangebot der Linzer Hochschule aufgenommen worden war, an der »Dynamik« der Sozial- und Wirtschaftswissenschaften orientieren wollten, blieben wissenschaftsimmanente (»Synthese der gesellschaftsformenden Wissenschaften«) und außerwissenschaftliche Motive (»Arbeitsmarktmechanismus«) in einer exakten Balance, sodass schwer zu entscheiden ist, welches Motiv stärker gewesen sein mochte. Gewiss war es der Standort Linz/Oberösterreich, der es zuließ, dass beide Motive so streng miteinander verwoben werden konnten: »Die einzig geartete Wirtschafts- und Sozialstruktur«, so hielt Fröhler fest, »erscheint schlechthin prädestiniert für eine moderne entwicklungsoffene Hochschule«.[19] Die moderne – weil industriegesellschaftliche – Prägung des Großraums Linz *und* der Umstand, dass es hier keine universitäre Tradition gab[20], ließen eine neue Hochschule zu, die gar nicht anders als modern sein konnte; und zugleich bot eben das Wachstum nicht nur der Industrie, sondern auch der öffentlichen Verwaltung in den 1960er Jahren die Garantie dafür, dass die Absolventen und Absolventinnen einer neuen Hochschule auf dem Arbeitsmarkt große Chancen eingeräumt bekamen.

Gleichwohl: Misst man die Linzer Hochschule an dem prononcierten, vor allem aus der deutschen Diskussion herrührenden und auch in Österreich debattierten Ziel einer grundlegenden Veränderung der Universitätsorganisation, in deren Mittelpunkt die Aufhebung der Fakultäten zugunsten flexibler Formen der Zusammenarbeit der Fächer stand, so muss die Einschätzung für Linz eher zurückhaltend ausfallen. Strasser selbst hat mit Blick auf das Festhalten am Ordnungsprinzip »Fakultät« – bei allen Neuerungen, die in Linz ja durchaus vorgesehen waren – nur den Eindruck »einer eher gemäßigten, wohl abgewogenen und daher sehr realistischen Reform«[21] formulieren wollen. Das war – wie sollte es bei einem Freund der Linzer Hochschule auch anders sein – eine freundliche Einschätzung: Schließlich ging es in Linz um die Aufwertung der Sozial- und Wirtschaftswissenschaften, die aus ihrer relativen Randständigkeit in der herkömmlichen Universitätsorganisation befreit werden sollten – und dafür war das Prädikat einer »Fakultät« gerade recht, endlich konnte man Fakultät werden – und da hätte man es sogleich schon wieder aufgeben sollen, um eines vagen Reformziels willen? Dazu war man in und für Linz nicht bereit, und auch darum fiel das Urteil auswärtiger Beobachter sehr kritisch aus: Der Historiker Fritz Fellner, der seit 1964 an der neuen Universität Salzburg lehrte, sah das Wesen der Hochschulreform darin, »daß die zusammengehörigen Gruppen der Wissenschaften in möglichst flexibler Form als Verwaltungseinheiten neu gestaltet werden. […] Doch wenn man sich die Universitätsneugründungen der letzten Jahre in Österreich näher ansieht, dann muß man mit Bedauern feststellen, daß man an diesem Grunderfordernis der Hochschulreform völlig vorbeigegangen ist.«[22] Sein Urteil über die Hochschule in Linz, 1967 veröffentlicht, war aus solcher Perspektive heraus deutlich: »Kurze Zeit hindurch schien es, als würde Linz […] in seiner Hochschulgründung wirklich einen neuen Typus einer Hochschule des 20. Jahrhunderts verwirklichen: Das Programm einer Sozial- und Wirtschaftshochschule und in Ergänzung dazu einer technisch-naturwissenschaftlichen Abteilung schien in diese Richtung zu weisen. Die überhastete Einrichtung des rechtswissenschaftlichen Studiums, noch dazu mit Lehrbeauftragten und ohne entsprechende Vorbereitung, deutet jedoch eher auf die Absicht hin, sich den bestehenden Universitäten so schnell wie möglich anzupassen. Obschon es vielleicht noch zu früh ist, die Entwicklung einer fünften Universität konservativer Prägung vorauszusagen, kann es doch nie zu früh sein, vor dieser Gefahr zu warnen.«[23]

Tatsächlich hatte Linz seit dem 19. Jahrhundert eine Reihe von Anläufen unternommen, Standort für eine Universität zu werden. Bis in die 1950er Jahre hinein wurde der Wunsch nach einer Technischen Hochschule artikuliert – ergebnislos, weil Wien nicht bereit war, eine solche Einrichtung zu den bereits bestehenden Technischen Hochschulen in Wien und Graz zu finanzieren. Erst der in den 1950er Jahren vollzogene Schwenk der Linzer Hochschulproponenten hin zu einem neuen Plan – nämlich jenem einer Hochschule für die mit wachsendem Prestige versehenen Sozial- und Wirtschaftswissenschaften – sorgte für den Durchbruch zur Universitätsgründung. Der Umstand aber, dass 1965 und 1966 durch Bundesgesetze die Rechtswissenschaften in die Sozial- und Wirtschaftswissenschaftliche Fakultät integriert und eine eigene Technisch-Naturwissenschaftliche Fakultät errichtet wurden, erweckte den Eindruck, als wolle Linz unbedingt endlich eine über die Sozial- und Wirtschaftswissenschaften hinausgehende Universität haben. Nicht von ungefähr ist schon in der Eröffnungsschrift von 1966 davon die Rede, dass die Hochschule den »Keim einer Volluniversität« in sich trage.[24] Die Geschichte des Ausbaus der JKU nach 1966 spiegelt auf verblüffende Weise die komplizierte Vor- und Anlaufgeschichte seit den ersten, in Linz artikulierten modernen Plänen ab 1848: Die Forderung nach einer Universität 1848, der Wunsch nach einer Technischen Hochschule (1869), der Wunsch nach einer Medizinischen Hochschule (1892), schließlich der Vorschlag einer Hochschule für Rechts- und Handelswissenschaften (1909): (Fast) Alles wird wahr – aber erst, nachdem ein Nadelöhr gefunden worden war: Die – wesentlich von Gleißner – artikulierte Vorstellung einer Hochschule für Sozial- und Wirtschaftswissenschaften war das – endlich gefundene – Nadelöhr gewesen, durch das die Universitätsgründer schließlich hindurchgehen konnten.

Hatte Fellner also recht? War die Hochschule Linz gerade durch ihren Wunsch nach einer Weiterentwicklung auf dem Weg zu einer »Universität konservativer Prägung«? Fellner hatte mit dieser Formulierung offenbar bewusst einen Kontrapunkt setzen wollen zu der von Strasser bevorzugten Klassifizierung von Linz als »Universität neuer Prägung«.[25] Tatsächlich hatte man unter den Proponenten der Linzer Hochschule das Prädikat »Reformuniversität« immer vermieden und stattdessen Kombinationen wie »Hochschule neuen Stils«, »Universität neuen Stils«, »Hochschule unkonventionell gemischter Studienrichtungen« und »Universität neuer Prägung« bevorzugt.[26] Die Wahl solcher Umschreibungen spiegelte dabei durchaus den Debattenstand in Österreich – wenn man von einer hochschul- und wissenschaftspolitischen Debatte überhaupt sprechen will. Während in der Bundesrepublik Deutschland mit dem 1957 durch Bund und Länder eingesetzten Wissenschaftsrat ein Gremium eingesetzt worden war, das beratend wirken sollte – und diese Aufgabe auch sofort durch einflussreiche und in der Öffentlichkeit vieldiskutierte Denkschriften etc. wahrnahm[27] – blieb in Österreich die öffentliche Diskussion lange zurückhaltend oder nahm bloß Rekurs auf das, was im Nachbarland diskutiert wurde.[28] Ein wissenschaftspolitischer Thinktank existierte in Österreich nicht. Während es in Deutschland überwiegend Sozialwissenschaftler und Bildungsforscher waren – allen voran die Soziologen Helmut Schelsky und Ralf Dahrendorf –, die die Debatte beförderten und sie damit als eine primär aus den Erfordernissen der Wissenschaft heraus wirksame gestalten konnten, gab es in Österreich, zumal im Fall Linz, ähnlich aber auch im Fall der gleichzeitig auf den Weg gebrachten Universität Salzburg, gar keine wissenschaftsimmanente Diskussion über die Frage: Brauchen wir neue

Universitäten, und wenn ja: welche? Am Beginn stand der politische Wille Gleißners und Korefs und nicht eine Initiative von Wissenschaftlern: Das »Kuratorium Hochschule für Sozialwissenschaften Linz«, das sich 1959 konstituiert hatte, bestand aus »Vertretern des Landes Oberösterreich und der Stadt Linz, der Kammern, der Wirtschaft, des Gewerkschaftsbundes, der Kirchen, der Parteien sowie des Hochschul- und Elternvereins«.[29]

Bei Licht besehen ist es erstaunlich, wie wenig Sozial- und Wirtschaftswissenschaftler an den Diskussionen um »ihre« künftige Hochschule beteiligt waren. Ein österreichischer Schelsky oder Dahrendorf war weit und breit nicht zu sehen, und Strasser und Fröhler, die als Rektor bzw. Prorektor in den Anfangsjahren die grundlegenden Texte zum Selbstverständnis der Linzer Hochschule schrieben, waren – Juristen! Nicht nur, aber doch auch diese Schieflage, dass in Linz eine Hochschule *für*, aber nicht *von* Sozial- und Wirtschaftswissenschaftlern geplant wurde, war wohl verantwortlich dafür, dass ambitionierte Pläne für die Besetzung der soziologischen Lehrkanzeln – René König aus Köln war ein Wunschkandidat und sagte nach Verhandlungen ab[30] – scheiterten. Auch die erhoffte Beteiligung der amerikanischen Ford Foundation kam nicht zustande: Von Linzer Seite aus hatte man die aus Österreich in die USA emigrierten Sozialwissenschaftler Adolf Sturmthal und Paul Lazarsfeld um Beratung gebeten, die Ford Foundation aber konzentrierte ihre Bemühungen dann auf das Institut für Höhere Studien in Wien.[31] Auch aus den Geisteswissenschaften kamen in Österreich kaum Anstöße für eine Diskussion um die Fortentwicklung des Universitätswesens, ganz anders als in der Bundesrepublik, an deren Reformuniversitäten – etwa in Konstanz – Geisteswissenschaften nicht nur einen prominenten Platz einnahmen, sondern oftmals als ein integrierendes Zentrum der neuen Universitäten angesehen wurden. Auch darin wird man eine Ursache für die Marginalisierung der Geisteswissenschaften in Linz und die Traditionalisierung dieser Fächer in Salzburg sehen können.

Tatsächlich ist es fraglich, ob es einen über die Wachstumseuphorie hinausreichenden wissenschaftspolitischen und hochschulreformerischen Konsens im Österreich der 1960er Jahre gegeben hat. Die regionalpolitisch erwünschten und dann im Gesetzgebungsprozess junktimierten neuen Universitäten in Linz und Salzburg waren eher gegen die Wiener Bürokratie durchgesetzt worden. Gewiss spielte im Gesetzgebungsprozess für die Hochschule Linz der Gedanke einer »Entlastungsuniversität« eine Rolle – auch viele der neuen Universitäten in der Bundesrepublik waren ja nicht als »Reformuniversitäten« gebaut worden, sondern als Universitäten, die die überlasteten existierenden Universitäten zu entlasten hatten: Regensburg und Augsburg etwa waren dazu auserkoren worden, nicht nur regionale »Begabungsreserven« zu erschließen, sondern vor allem die Universität München zu entlasten.[32] Aber der Gedanke der Entlastung war kein starkes Argument, da ja ohnehin ein Anstieg der Zahl der Studierenden beabsichtigt war und auch eintrat. Vieles spricht dafür, dass

Heinz Fischer Recht hatte, als er 1967 in dem Vorwort zu einem von ihm herausgegebenen Diskussionsband zur Hochschulfrage davon schrieb, dass man wohl von einer Hochschulreform in Österreich sprechen könne, aber nur »einer Reform, der in erster Linie nicht das Ziel der Überwindung des vorherrschenden Konservatismus und Konformismus, sondern die endlich gefundene Erkenntnis eines engen Zusammenhanges zwischen Wissenschaftsförderung und Wirtschaftswachstum zugrunde liegt«.[33] Der nationale Konsens in der Orientierung auf wirtschaftliches Wachstum und die regionale Strategie einer Hochschulgründung als Infrastrukturausbau liefen Hand in Hand: Die Regionalisierung, die ohne Rücksichtnahme auf die wirtschaftliche Struktur der Region nicht denkbar war, wurde – nicht nur in Österreich – zu einer der stärksten Antriebskräfte in der europaweiten Expansion der Hochschulen.[34] Gleichwohl: Dort, wo diese Dynamik – wie in Österreich – nicht oder kaum von einer wissenschaftlichen Debatte um die Zukunft der Universität begleitet wurde, war eine »Reformuniversität«, die primär aus der Binnenperspektive einer fortschreitenden Entwicklung in Forschung und Lehre her gedacht wurde, als solche eher nicht möglich und auch gar nicht gewünscht. Im Falle Linz war erwünscht, was der Durchsetzung und dann der schnellen Aufnahme des Betriebs dienen konnte – und genau das bezeichnete Strasser schließlich als »realistische Reform«.[35]

Mehr war nicht drin, weniger aber auch nicht: Die kurzen, nur bis zu den Knien reichenden Talare, die die Gründungsprofessoren erstmals anlässlich der Eröffnungszeremonie auf dem Linzer Hauptplatz am 8. Oktober 1966 trugen und die eigens für die neue Hochschule entworfen worden waren, signalisierten mehr als nur ein Einverständnis mit der kürzer gewordenen Mode der 1960er Jahre. Die kurzen Talare machten noch keine Reform, aber sie markierten im wahrsten Sinne des Wortes einen Abstand zur Tradition. In der Planung und dann auch in der Praxis der Linzer Hochschule war dieser Abstand schon deutlich genug und lässt es zu, den Verweis auf eine »realistische Reform« nicht nur als rhetorisches Stilmittel zu werten. Das Fehlen einer Tradition der akademischen Forschung und Ausbildung in Linz schlug insoweit in einen Vorteil um, als das »Neue« in Linz als Rechtfertigung zu dienen hatte und neue Wissenschaftsfelder erschlossen wurden, die zur Legitimation des Anspruchs auf eine Universität dienen konnten. Das betraf im Übrigen nicht nur den Kernbereich der Sozial- und Wirtschaftswissenschaften, sondern ging – mit dem Wachstum der Fakultäten – rasch darüber hinaus. Die im deutschsprachigen Raum erstmalige Einrichtung einer Professur mit fachlicher Ausrichtung auf Datenverarbeitung (Lehrkanzel III für Betriebswirtschaftslehre) im Jahr 1968 und die darauf aufbauende Entwicklung des Studiengangs Wirtschaftsinformatik (beginnend 1975 mit einem Studienversuch Betriebs- und Verwaltungsinformatik)[36] ist ein Beispiel, die Institutionalisierung der Forschung zum Nationalsozialismus am 1968 geschaffenen Institut für Neuere Geschichte und Zeitgeschichte ein anderes.[37]

Hinzu kam die Einrichtung »unkonventionell gemischter Studienrichtungen«[38], unter denen das vom ersten Studienjahr an angebotene Studium der Sozialwirtschaft – als praxisorientierte Kombination aus Soziologie und Wirtschaftswissenschaften – ganz neu für Österreich war und noch am ehesten dem Ideal der Ausbildung von »Stabsfunktionären« entsprach, das die Landesverwaltung im Auge hatte. Ein Spurenelement der deutschen Reformuniversitäts-Idee, die die Geisteswissenschaften als integrierendes Zentrum und prinzipielle Reflexionsinstanz für alle Wissenschaften etablieren wollte, fand sich am Institut für Philosophie und Wissenschaftstheorie, das 1968 eingerichtet worden war. Ein Studiengang Philosophie war nicht beabsichtigt, wohl aber hatte das Institut die Aufgabe, die Wissenschaft per se »zum Gegenstand wissenschaftlicher Untersuchungen zu machen, ihre Grundbegriffe, Voraussetzungen und Methoden zu erforschen und sich dadurch bewußt zu machen, was in wissenschaftlicher Arbeit geschieht. […] Durch ihre Reflexion sollte ihr Fortschritt gefördert werden.« Mit einer solchen »Science of Science« war die Linzer Philosophie nahe dran an angloamerikanischen Orientierungen und in Rufweite der anderen Disziplinen. Damit schien sie ein Stück der alten Zentralität auf neue Weise wiedergewonnen zu haben, wie Rudolf Wohlgenannt, der erste Inhaber der Lehrkanzel, 1976 optimistisch schrieb: »Der unvermeidlichen und für den wissenschaftlichen Fortschritt sogar notwendigen Spezialisierung und Arbeitsteilung entspricht auf der anderen Seite ein immer stärker werdendes Bedürfnis nach Vereinheitlichung, Integration und Zusammenschau, nach Kooperation und Koordination. Es ist nur konsequent, dass die Philosophie es ist, die alte Fundamental-, Universal- und Integrationswissenschaft, die heute unter gewandelten historischen Bedingungen diese immer stärker werdende Forderung zu erfüllen versucht.«[39] Interdisziplinäre Lehrveranstaltungen waren die Antwort des Instituts auf diese selbstgewählte Herausforderung.

Die Traditionslosigkeit der Linzer Hochschule ermöglichte auch unkonventionelle Karrieren: Der Volkswirt Kurt Rothschild und der Historiker Karl R. Stadler, die beide in den 1960er Jahren nach Linz berufen worden waren, hatten aus politischen Motiven heraus – beide engagierten sich aufseiten der politischen Linken – Österreich 1938 verlassen müssen und in Großbritannien Exil gefunden, wo sie ihre akademischen Karrieren vorantrieben. Die Berufung von Emigranten – unüblich an den traditionellen österreichischen Universitäten – an die neue Hochschule in Linz unterstrich die Unkonventionalität der neuen Institution, zumal Rothschild und Stadler beileibe keine Außenseiterrollen spielten, sondern ihre Institute zentral platzierten, Publikationsreihen etablierten, Schüler und Schülerinnen heranzogen und durch erwachsenenbildnerische Aktivitäten auch für die Außenwirkung der Hochschule sorgten. Rothschild gar war 1971/72 Rektor der Hochschule gewesen. Er und Stadler repräsentierten einen unkonventionellen Typ des Universitätsprofessors: eher angelsächsisch-unprätentiös und auf flache Hierarchien bedacht, also passgenau für eine Universität, an der sich auch der Umgang mit den Studierenden eine Spur »lockerer« gestalten sollte und Studierende wie auch Assistenten und Assistentinnen früher als andernorts über Mitsprachemöglichkeiten verfügten.[40] Aber noch etwas anderes stand an der Hochschule Linz, an der auch sehr konventionelle Karrieren möglich gewesen waren, mit Rothschild und Stadler im Raum: ein – im Bewusstsein der eigenen Untadeligkeit – unbefangenes Herantreten an die nationalsozialistische Vergangenheit. »Ein solches Bewusstsein«, so schrieb Jürgen Habermas 1966 in einer Würdigung der auch in Deutschland selten anzutreffenden »Partisanenprofessoren«, »ist in einer Epoche, die von ihren Verdrängungen lebt, eo ipso beunruhigend.«[41]

Unkonventionell aber war auch die Finanzierung der Linzer Hochschule: Erstmals in der österreichischen Hochschulgeschichte wurden sowohl Finanzierungs- als auch Verwaltungsaufgaben nicht vom Bund allein aus erfüllt, sondern auch an eine neugeschaffene Körperschaft öffentlichen Rechts delegiert: an den Linzer Hochschulfonds. Dieser war zeitgleich mit dem Bundesgesetz über die Errichtung einer Hochschule in Linz durch ein weiteres Bundesgesetz am 5. Juli 1962 geschaffen worden. Die Mittel des Fonds wurden zu gleichen Teilen durch das Land Oberösterreich und die Stadt Linz aufgebracht. Deren Bereitschaft zum Tragen finanzieller Lasten half (enorm) beim Durchsetzen der Linzer Pläne in Wien. Der Fonds hatte gesetzlich die Aufgabe, den Errichtungsaufwand sowie den laufenden Sachaufwand für die ersten Institute zu bestreiten. Darüber hinaus übernahm der Fonds die Kosten des nichtwissenschaftlichen Personals. Vor allem aber war die bauliche Gestaltung der Hochschule Aufgabe des Fonds; dazu gehörte auch – der ursprünglichen Idee einer Campusuniversität folgend – die Errichtung von acht Einfamilienhäusern für Professoren unmittelbar am nördlichen Rand des Hochschulgeländes. Im Abgleich für seine Verpflichtungen erhielt der Fonds durchaus weitreichende Mitspracherechte: Nicht nur bei der Erstellung des Budgets und des Dienstpostenplans, sondern auch in den Berufungen von Professoren war der Fonds in den ersten Jahren der Hochschule einflussreich.[42]

Im Kontext der zahlreichen Universitätsgründungen der 1960er Jahre fällt die Hochschule Linz aber nicht aus dem Rahmen: Sie stellte einen Mischtyp dar, der die traditionellen Bestandteile der Universitäten – die Fakultätengliederung, die prinzipielle Orientierung auf das »Fach« – mit einigen für die 1960er Jahre typischen Reformelementen – Aufwertung der Sozial- und Wirtschaftswissenschaften, Interdisziplinarität, »unkonventionell gemischte Studienrichtungen« – kombinierte. Stand am Anfang der Hochschulgründung eine Idee? Am Anfang stand der politische Wille, endlich eine Hochschule für Oberösterreich zu bekommen. Nicht eine Idee hat sich eine Hochschule geschaffen, sondern der politische Wille hat eine Idee gesucht – und sie im Anspruch einer »Hochschule neuen Stils« gefunden. Das führte zum Erfolg und hat der Hochschule dabei durchaus unkonventionelle Spielräume eröffnet, die österreichweit einzigartig waren. Manche dieser Spielräume haben sich in den Jahren seither geschlossen oder modifiziert, andere Spielräume haben sich mit dem voranschreitenden (und noch nicht abgeschlossenen) Ausbau neu gebildet. Mit dem Universitäts-Organisationsgesetz von 1975 war die Hochschule zur Universität avanciert und benannte sich – nach dem in den Jahren von 1612 bis 1626 im Dienst der Landstände in Linz ansässigen Mathematiker und Astronomen – als »Johannes Kepler Universität Linz«. Keine zehn Jahre nach der Eröffnung war die »Hochschule neuen Stils« zu dem geworden, was sie – bei aller Beschwörung des »Neuen« – doch auch immer sein wollte: eine ziemlich normale Universität.

Anmerkungen

1   Eine tabellarische Übersicht zur Zahl der Neugründungen in einzelnen Ländern findet sich bei Walter Rüegg (Hg.), Geschichte der Universität in Europa, Bd. 4: Vom Zweiten Weltkrieg bis zum Ende des 20. Jahrhunderts, München 2010, S. 509–527.
2   Statistik Austria, Ordentliche Studierende an öffentlichen Universitäten 1955–2014, unter: http://www.statistik.at/web_de/statistiken/menschen_und_gesellschaft/bildung_und_kultur/formales_bildungswesen/universitaeten_studium/021631.html, aufgerufen am 17.8.2016.
3   Hans-Ulrich Wehler, Deutsche Gesellschaftsgeschichte, Bd. 5: Bundesrepublik und DDR 1949–1990, München 2008, S. 382.
4   Norbert Rozsenich, Forschungspolitische Konzepte in Österreich von 1970 bis zur Gegenwart, in: Johann Dvořák (Hg.), Staat, Universität, Forschung und Hochbürokratie in England und Österreich im 19. und 20. Jahrhundert, Frankfurt 2008, S. 83.
5   Zit. nach Lorenz Lassnigg, Bildungsreform gescheitert … Gegenreform? 50 Jahre Schul- und Hochschulpolitik in Österreich, in: Reinhard Sieder u. a. (Hg.), Österreich 1945–1995. Gesellschaft – Politik – Kultur, Wien 1995, S. 461 f.
6   Ebd., S. 462.
7   Ebd. Vgl. zur Schulpolitik in der Zweiten Republik zudem: Helmut Engelbrecht, Geschichte des österreichischen Bildungswesens. Erziehung und Unterricht auf dem Boden Österreichs, Bd. 5: Von 1918 bis zur Gegenwart, Wien 1988, S. 479–484 und S. 784 f.
8   Vgl. Juliane Mikoletzky, Aufhaltsamer Aufstieg. Die Entwicklung des Frauenstudiums an der Technischen Hochschule (Universität) Wien seit dem Ende des Zweiten Weltkriegs, in: dies. u. a. (Hg.), »Dem Zuge der Zeit entsprechend …« Zur Geschichte des Frauenstudiums in Österreich am Beispiel der Technischen Universität Wien, Wien 1997, S. 261.
9   Zur Popularität der Soziologie in den 1960er Jahren vgl. Hermann Glaser, Kleine Kulturgeschichte der Bundesrepublik Deutschland 1945–1989, Bonn 1991, S. 237–241.
10 Ludwig Fröhler, Gedanken zur Linzer Hochschule, in: Linzer Hochschulfonds (Hg.), Eröffnungsschrift Hochschule Linz, Linz 1966, S. 28.
11 August Maria Knoll, Akademie für angewandte Soziologie und Politik in Linz?, in: Die Furche, 13.4.1957, hier zit. nach Hanns Kreczi, Der Linzer Hochschulfonds. Werden und Aufbau der Johannes-Kepler-Universität Linz, Linz 1976, S. 17.
12 Rudolf Strasser, Blick in die Zukunft: Auf dem Weg zu einer Universität neuen Stils, in: Österreichische Hochschulzeitung, Jg. 16, H. 20, 15.12.1964, S. 9.
13 Vgl. Moritz Mälzer, Auf der Suche nach der neuen Universität. Die Entstehung der »Reformuniversitäten« Konstanz und Bielefeld in den 1960er Jahren, Göttingen 2016 sowie Wilfried Rudloff, Bildungs-

politik als Sozial- und Gesellschaftspolitik. Die Bundesrepublik in den 1960er und 1970er Jahren im internationalen Vergleich, in: Archiv für Sozialgeschichte, Jg. 47, 2007, S. 237–268.
14 Ludwig Fröhler, Gedanken zur Linzer Hochschule, S. 23.
15 Ebd., S. 24 f.
16 Ebd., S. 25.
17 Josef Bergmann, Gedanken zur Errichtung und zum Studienplan der neuen Hochschule, in: Österreichische Hochschulzeitung, Jg. 16, H. 20, 15.12.1964, S. 5.
18 Rudolf Strasser, Zur Lage der sozialwissenschaftlichen Studien in Österreich, in: Linzer Hochschulfonds (Hg.), Eröffnungsschrift Hochschule Linz, Linz 1966, S. 30.
19 Fröhler, Gedanken zur Linzer Hochschule, S. 28.
20 Zu den Plänen für eine Technische Hochschule in der NS-Zeit vgl. Lioba Schmitt-Inkamp, Roderich Fick (1886–1955), Wien 2014, S. 281 f.
21 Strasser, Blick in die Zukunft, S. 9.
22 Fritz Fellner, Restauration oder Fortschritt. Hochschulprobleme aus der Sicht des Historikers, in: Heinz Fischer (Hg.), Versäumnisse und Chancen. Beiträge zur Hochschulfrage in Österreich, Wien 1967, S. 24.
23 Ebd., S. 25. Fellner war noch unbarmherziger mit seiner eigenen Universität ins Gericht gegangen: Die »Übernahme der erstarrten Fakultätsordnung« gab ihm Anlass dazu, die »Universität Salzburg nicht als Neugründung [zu] bezeichnen, denn es fehlte dieser Gründung das Konzept, der Wille, eine Universität zu schaffen, die dem 20. Jahrhundert entspricht«.
24 Fröhler, Gedanken zur Linzer Hochschule, S. 29. Eine Volluniversität ist die JKU auch im 50. Jahr ihres Bestehens nicht, jedoch haben die Entscheidung für den Aufbau einer Medizinischen Fakultät 2014 und die Ausweitung des Angebots an Lehramtsstudien auch auf die sozialwissenschaftlich ausgerichteten Fächer 2016 die JKU dem Ziel einer Volluniversität einen weiteren Schritt nähergebracht.
25 Strasser, Blick in die Zukunft, S. 9.
26 Vgl. Kreczi, Hochschulfonds, S. 65, S. 67 und S. 111; Strasser, Blick in die Zukunft, S. 9.
27 Vgl. Walter Rüegg, Themen, Probleme, Erkenntnisse, in: ders. (Hg.), Geschichte der Universität in Europa, Bd. 4: Vom Zweiten Weltkrieg bis zum Ende des 20. Jahrhunderts, München 2010, S. 30. Vgl. allgemein zur Entwicklung des westdeutschen Universitätswesens Wehler, Gesellschaftsgeschichte, S. 380–385.
28 Vgl. Bergmann, Gedanken zur Errichtung, S. 4.
29 Kreczi, Hochschulfonds, S. 32.
30 Vgl. ebd., S. 83 f.
31 Vgl. Kreczi, Hochschulfonds, S. 22–25 sowie Christian Fleck, Wie Neues nicht entsteht. Die Gründung des Instituts für Höhere Studien in Wien durch Ex-Österreicher und die Ford Foundation, in: Österreichische Zeitschrift für Geschichtswissenschaften, Jg. 11, H. 1, 2000, S. 129–178.
32 Zum Zusammenhang von Entlastung und Reform am deutschen Beispiel vgl. Mälzer, Reformuniversitäten, S. 110.
33 Heinz Fischer, Vorwort, in: ders. (Hg.), Versäumnisse und Chancen. Beiträge zur Hochschulfrage in Österreich, Wien 1967, S. 8. Fischers Band gehört zu den wenigen grundlegenden Publikationen zur Hochschulreform in Österreich in den 1960er Jahren.
34 Vgl. Guy Neave, Grundlagen, in: Walter Rüegg (Hg.), Geschichte der Universität in Europa, Bd. 4: Vom Zweiten Weltkrieg bis zum Ende des 20. Jahrhunderts, München 2010, S. 64.
35 Strasser, Blick in die Zukunft, S. 9.
36 Vgl. Lutz J. Heinrich, Wirtschaftsinformatik – auf dem Weg zur Wissenschaft, in: ders., Geschichte der Wirtschaftsinformatik. Entstehung und Entwicklung einer Wissenschaftsdisziplin, Berlin 2012^2, S. 83–93. Heinrichs Buch, das unter Mitwirkung von Rudolf Ardelt entstand, bietet ein gutes Beispiel für die Relevanz der Wissenschaftsgeschichte und die notwendige Historisierung der Fächer und Disziplinen:

»Jeder Wirtschaftsinformatiker ändert sich, wenn er erkennt, dass seine Disziplin eine Geschichte hat« (ebd., S. VIII).

37 Vgl. Helmut Konrad, Von Linz aus. Die Formierung der österreichischen Zeitgeschichte, in: Heinrich Berger u. a. (Hg.), Politische Gewalt und Machtausübung im 20. Jahrhundert. Zeitgeschichte, Zeitgeschehen und Kontroversen. Festschrift für Gerhard Botz, Wien 2011, S. 47–57.
38 Kreczi, Hochschulfonds, S. 67.
39 Rudolf Wohlgenannt, Institut für Philosophie und Wissenschaftstheorie, in: Gustav Otruba (Red.), Johannes Kepler Universität Linz. Hochschule für Sozial- und Wirtschaftswissenschaften 1966–1976, Linz 1976, S. 93 f.
40 Vgl. Helmut Paul, Die Entwicklung seit dem Wintersemester 1970/71, in: Gustav Otruba (Red.), Johannes Kepler Universität Linz. Hochschule für Sozial- und Wirtschaftswissenschaften 1966–1976, Linz 1976, S. 36 sowie Kreczi, Hochschulfonds, S. 73 f.
41 Jürgen Habermas, Der Partisanenprofessor, in: ders., Philosophisch-politische Profile, Frankfurt 1981, S. 252.
42 Vgl. Herbert Wöß, Der Linzer Hochschulfonds, in: Linzer Hochschulfonds (Hg.), Eröffnungsschrift Hochschule Linz, Linz 1966, S. 131–135 sowie Hanns Kreczi, Der Linzer Hochschulfonds, in: Gustav Otruba (Red.), Johannes Kepler Universität Linz. Hochschule für Sozial- und Wirtschaftswissenschaften 1966–1976, Linz 1976, S. 17–23.

Maria Wirth

Vorgeschichte, Entstehung und Entwicklung der Johannes Kepler Universität Linz

1 Die »lange Vorgeschichte« – von der evangelischen Landschaftsschule ins Jahr 1945 (1574–1945)

Die Johannes Kepler Universität Linz verfügt – wie auch im Gründungsprozess nach 1945 immer wieder betont wurde, um den historischen Anspruch auf eine Hochschule zu untermauern – über eine »lange Vorgeschichte«. Erste Bemühungen zur Installierung von Einrichtungen für eine höhere Bildung reichen bis ins 16. und 17. Jahrhundert zurück und erfuhren im 19. Jahrhundert eine besondere Intensivierung. Erst während des Nationalsozialismus kam es vor dem Hintergrund der neuen Bedeutung, die Linz nun zukam, jedoch zur Eröffnung einer ersten Hochschule, die allerdings nicht lange Bestand hatte.

Von der evangelischen Landschaftsschule bis zum Jahr 1848

Die Bestrebungen, in Linz eine Hochschule zu etablieren, nehmen ihren Anfang in zwei Schulen »gymnasialer Art«: der von den evangelischen Landständen ob der Enns getragenen Landschaftsschule und der Lateinschule der Linzer Jesuiten, deren Entwicklung eng mit der Reformation und Gegenreform verbunden ist.[1]

Bei der evangelischen Landschaftsschule, die spätestens ab 1566 belegt ist und 1574 ihren Sitz von Enns nach Linz verlegte, handelt es sich um die ältere der beiden Schulen. Sie wurde von den adeligen Ständen der Herren und Ritter Österreichs ob der Enns (»Landschaft«) gegründet, als sich fast alle landständischen Adeligen zur Reformation bekannten und der Adel unter dem Einfluss des Späthumanismus die Erziehung und Ausbildung seiner Jugend immer seltener privaten Lehrern überlassen, mit der Gründung von höheren Schulen aber auch zur Stärkung der eigenen Herrschaft beitragen wollte.[2] Die Lateinschule der Jesuiten, die allen Gesellschaftsschichten offenstand und bei der wie an der Landschaftsschule die Vermittlung der lateinischen Sprache im Zentrum stand,[3] wurde 1608 gegründet. Da Linz als besondere Hochburg des Protestantismus galt, hatten die Jesuiten, die nach ihrer Gründung in den 1530er Jahren eine immer dominantere Rolle im Bildungsleben spielten und auch die Führung über die 1365 bzw. 1585 gegründeten Universitäten in Wien und Graz übernahmen, sich ab 1600 um die Gründung einer Lateinschule bemüht, um Linz für den »alten Glauben« zurückzugewinnen.

Während die evangelische Landschaftsschule rasch an Ansehen gewann, Beziehungen zu verschiedenen Universitäten aufbauen und namhafte Gelehrte als Leh-

Abbildung 1: Linzer Landhaus um 1750. Im östlich an das Südportal anschließenden Bau, dem späteren Präsidialtrakt, waren von 1574 bis 1624 die Landschaftsschule und von 1629 bis 1632 das Jesuitengymnasium untergebracht.

rende gewinnen konnte, hatte die Jesuitenschule aufgrund des im Land herrschenden Protestantismus zunächst jedoch gegen große Schwierigkeiten zu kämpfen. Sie konnte erst allmählich von der politisch-konfessionellen Entwicklung profitieren, die ihrerseits die evangelische Landschaftsschule immer mehr in ihrer Existenz gefährdete. So mussten die adeligen Landstände im Zuge der voranschreitenden Gegenreformation erstmals 1599/1600[4] und dann erneut 1624 ihre Schule schließen, nachdem mit der Regierungsübernahme durch Kaiser Ferdinand II. die Würfel in der Religionsfrage endgültig gefallen waren.[5] Neue Hoffnungen, die Landschaftsschule und die damit verbundenen Stiftungen noch retten zu können, weckte zwar die kaiserliche Pardonierungsresolution vom 27. Februar 1625, die die Schule samt allen Stiftungen zur freien Verfügung des Kaisers stellte. Wie von Ferdinand II. als striktem Verfechter der Gegenreformation nicht anders zu erwarten war, musste die Schule jedoch katholisch sein. Der Kaiser stimmte damit der Wiedereröffnung einer nun katholischen Landschaftsschule und (mit wenigen Ausnahmen) auch einer Rückgabe des Schulvermögens zu. Zu ihrer Installierung kam es jedoch nicht, da sich die Jesuiten dagegen aussprachen und anboten, die ständische Jugend gemeinsam mit ihren Schülern »in humanioribus bis ad Rhetoricam oder ad Logicam« zu unterrichten. Die ehemalige protestantische Landschaftsschule wurde darauf mit der Lateinschule der Jesuiten fusioniert.[6]

Eine wichtige Erweiterung erfuhr die hierdurch entstandene, 1629 eröffnete neue Schule,[7] als zusätzlich zu den Gymnasialklassen höhere Studien (»Studia superiora«) eingeführt wurden. Da es den geistlichen und weltlichen Ständen schon lange

Johannes Kepler in Linz

Die evangelische Landschaftsschule konnte während ihres Bestehens eine Reihe von namhaften Lehrenden für sich gewinnen. Als bedeutendster Gelehrter in ihren Reihen wird häufig der Astronom und Mathematiker Johannes Kepler angeführt, der – wie jüngere Forschungen ergeben haben – tatsächlich aber eine eher lose Verbindung zur Landschaftsschule gehabt haben dürfte.

Kepler wurde 1571 als Kind protestantischer Eltern in Weil der Stadt (Württemberg) geboren und kam bereits im Alter von 23 Jahren als Lehrer an die Stiftschule nach Graz. 1600 ging er als Gehilfe des dänischen Astronomen Tycho Brahe nach Prag, wo er nach dessen Tod als kaiserlicher Mathematiker und Hofastronom verblieb. Nach dem Tod Rudolfs II. wurde er von dessen Nachfolger Kaiser Matthias in dessen Hofstaat übernommen und nahm das Angebot der Landstände an, in Linz seine Studien fortzusetzen. In seinem Bestellungsdekret ist jedoch nicht expressis verbis von einer Verpflichtung, als Lehrer zu wirken, die Rede. Vielmehr galt sein Hauptauftrag der Vollendung des astronomischen Tafelwerks zu Ehren des Kaisers, des Landes Österreich, der Stände und seiner selbst zu Ruhm und Lob. Sodann sollte er nichts unterlassen, was er »nit allein in studiis mathematicis, sondern auch in philosophicis et Historicis den löb. Stenden in gemein, als wol auch jedem in privato wie nit weniger deroselben adeligen Jugendt nützlichs vnd fürträglichs erzeugen khan«. Eine Instruktion, wie sie die anderen Lehrer erhielten, ist nicht vermerkt. Gleichfalls ist angesichts dessen, dass Kepler oft und auch lange Zeit in Linz abwesend war, nicht von einem geregelten Unterricht auszugehen. Und auch Überlieferungen, die auf eine private Lehrtätigkeit schließen lassen, sind nur wenige vorhanden, wenn Kepler auch in einem Brief klagte, dass die Schüler der Landschaftsschule dermaßen mit Lektionen belastet würden, dass sie weder zu ihm noch zu jemand anderem gehen konnten, um Geometrie oder Sprachen zu lernen.

Äußerst produktiv waren die Linzer Jahre (1612–1626) für Kepler aber allemal. So hat er hier nicht nur seine drei berühmten keplerschen Gesetze, die sich mit den Umlaufbahnen der Planeten um die Sonne befassen, vollendet und die »Tabulae Rudolphinae«, eine Sammlung von Tafeln und Regeln zur Vorhersage der Planetenstellungen, abgeschlossen, sondern auch seine »Harmonices mundi« verfasst, in denen er sich nicht nur mit den Planetenbewegungen beschäftigt hatte, sondern auch nachweisen wollte, dass das Universum eine göttliche Harmonie bildet.

Nachdem er Linz während der Gegenreformation in den Wirren des Bauernkrieges verlassen hatte, lebte er in Ulm, später in Sagan und starb am 15. November 1630 in Regensburg. Seine Zeit in Linz hat er selbst als die glücklichste in seinem Le-

Abbildung 2: Porträt von Johannes Kepler.

ben beschrieben, wenn diese auch durch den (gut ausgegangenen) Hexenprozess gegen seine Mutter in Württemberg getrübt war. (Maria Wirth)

Quellen: Katzinger, Die evangelische Landschaftsschule zu Linz, S. 28 ff.; Robert Hinterndorfer, Dichtkunst an der Landschaftsschule in Linz, unter: http://www.ooegeschichte.at/themen/kunst-und-kultur/literaturgeschichte-oberoesterreichs/literaturgeschichte-ooe-in-abschnitten/1500-1800/linzer-landschaftsschule.html, aufgerufen am 21.12.2015.

schwergefallen war, ihre Angehörigen zur Vollendung der Studien außer Landes schicken zu müssen, hatten die Landstände beschlossen, mit den Jesuiten wegen der Errichtung eines »Studium Philosophicum« in Verhandlungen zu treten. 1669 kamen beide Seiten überein, dass die Jesuiten zur »besseren Instruierung« der adeligen Jugend sowie der sonstigen Schüler das Studium Philosophicum samt der Mathesis und Ethica wie auch die Casus Conscientiae und das Jus Canonum vortragen sollten. Mit der Einrichtung dieses Studium Philosophicum, dem bald Vorlesungen aus dem theologischen Bereich und der Rechtswissenschaft folgten, verfügte Linz (wie auch Klagenfurt und Agram) nun über ein Lyzeum,[8] das in der damaligen Hierarchie der höheren Bildungseinrichtungen eine Stufe unter den Universitäten bzw. eine Stufe über den »normalen« Gymnasien lag.[9]

Das hätte der Auftakt zur Weiterentwicklung zur Universität sein können, da Kaiser Leopold I. dem Lyzeum, das nun neben dem Gymnasium bestand, schon 1674 das Recht erteilte, die akademischen Grade eines Baccalaureus und Magisters verleihen zu können, und auch die »Licentia depositionis« gewährte.[10] Wie sich bald zum Nachteil des Unterfangens herausstellen sollte, hatten sich die Landstände, von denen die Initiative ausgegangen war, jedoch an den Kaiser gewandt, ohne vorher die Jesuiten als Schulbetreiber zu informieren. Diese erfuhren erst vom kaiserlichen Privileg, nachdem sich die Landstände 1675 entschlossen hatten, auch eine päpstliche Bulle für das Lyzeum zu beantragen, und zeigten sich nun von deren Vorgehen brüskiert. Hinzu kam, dass die Landstände just zu jenem Zeitpunkt, als sie in Rom die Unterstützung der Jesuiten benötigt hätten, auch eine Kontroverse darüber begannen, ob von den Jesuiten alle Bestimmungen des Schulvertrags eingehalten worden seien. Die Landstände gingen somit ein zweites Mal ungeschickt vor, was die Jesuiten damit beantworteten, dass sie verschiedene Mängel an der kaiserlichen Urkunde ausmachten[11] und hinsichtlich der Schaffung universitätsähnlicher Strukturen auf eine Reihe von Problemen – darunter vor allem die hohen Kosten – aufmerksam machten.

Die Jesuiten stellten sich somit gegen das Vorhaben, das Lyzeum weiterzuentwickeln – und dies wohl auch, um mit den von ihnen geführten Universitäten in Wien und Graz sowie der 1669 gegründeten Universität in Innsbruck, die ebenfalls

Abbildung 3: Urkunde zur Verleihung des Graduierungsrechts von 1674.

unter ihrem Einfluss stand, nicht zu konkurrieren. Die 1622 gegründete Universität in Salzburg, die bei den Linzer Hochschulbestrebungen immer wieder eine Rolle spielen sollte, profitierte hingegen davon, dass sie von den Benediktinern getragen wurde, die im deutschen Sprachraum sonst keine gleichartige Anstalt betrieben.[12] Nachdem ein weiterer, allerdings zaghafter Vorstoß der Landstände zum Ausbau der Linzer Schule im Jahre 1696 ebenso gescheitert war, blieb die Jesuitenschule in Linz, das im 17. Jahrhundert eine vergleichsweise politisch unbedeutende Provinzstadt und (noch) kein Bischofssitz war,[13] somit ein Lyzeum, an dem man wohl einen Teil seiner akademischen Studien betreiben, aber nicht wie an einer Universität vollenden konnte. Das 1674 verliehene Graduierungsrecht kam nie zur Anwendung,[14] allerdings wurden neben den philosophischen die juridischen und theologischen Studien immer mehr ausgebaut und auch Vorlesungen aus dem Bereich der Medizin eingeführt sowie ein Lehrstuhl für Landwirtschaft und eine Ingenieur- und Zeichenschule eingerichtet.[15]

Bedeutende Veränderungen ergaben sich in den folgenden Jahren zunächst für das Gymnasium und dann für das Lyzeum infolge der Aufhebung des Jesuitenordens 1773 und der vom aufgeklärten Absolutismus vorangetriebenen Schulreform, die das bis dahin von der Kirche organisierte und kontrollierte Schulwesen dem Staat unterstellen wollte.[16] Dies führte dazu, dass das Gymnasium, das 1777 als »k. k. academisches Gymnasium zu Linz« zum Staatsgymnasium geworden war, von Kaiser Franz I. dem Stift Sankt Florian unterstellt und das Lyzeum schrittweise aufgelöst wurde.[17] Am Lyzeum sollten die Studien nun so eingerichtet werden, dass Hörer der Theologie ganz, die des Rechts und der Medizin soweit vorbereitet würden, um an einer Universität in zwei bis drei Jahren promovieren zu können. 1783 wurden im Zuge einer Reduktion der universitären Bildungseinrichtungen die theologischen Studien am Linzer Lyzeum zwar aufgehoben und die Studierenden angewiesen, ihre Studien im »General-Seminarum zu Wien« fortzusetzen. Bereits 1793 kam es nach dessen Aufhebung allerdings zu einer Wiedereinführung der Theologischen Fakultät in Linz, die als k. k. Studienanstalt für Theologie bzw. seit 1850 als

Abbildung 4: Das ehemalige Garstner Stiftshaus (Rathausgasse 8/Pfarrplatz 17) diente von 1776 bis 1807 als Gymnasial- und von 1776 bis 1873 als Lyzealgebäude.

bischöfliche (und damit nun in die Zuständigkeit der Kirche fallende) Diözesanlehranstalt in der Folgezeit sukzessive in Richtung eines theologischen Vollstudiums ausgebaut wurde. Nachdem die Kirche ihre Stellung in der nachjosephinischen Ära wieder hatte stärken können, wurde damit am System der dezentralen Priesterausbildung festgehalten.[18] Der sonstige Bildungsbereich war aber auch in der franziszeischen Zeit und im Vormärz durch eine weitere Zentralisierung und vor allem eine Konzentration auf wenige Standorte geprägt, die auch Auswirkungen auf die restlichen Studien des Linzer Lyzeums hatte. So wurden die medizinischen Studien 1808[19] und die juristischen Studien 1810 ersatzlos eingestellt,[20] während die philosophischen Studien bei der Neuorganisation des Gymnasiums im Zuge der großen Studienreform unter Minister Graf Thun-Hohenstein mit diesem vereinigt und die Ingenieur- und Zeichenschule 1826 aufgelöst wurde.[21]

Versuche zur Rettung der medizinischen Studien wurden zwar bereits 1808[22] bzw. 1817 und zur Wiedereinführung der juristischen Studien 1818 bzw. 1821 unternommen.[23] Vor dem Hintergrund einer generellen Reduzierung der Universitäten mussten diese jedoch scheitern. So wurden auch die Universitäten in Innsbruck und Graz zeitweise zu Lyzeen degradiert sowie die Universität in Salzburg 1810 unter bayerischer Herrschaft geschlossen und nach einer neuerlichen Übernahme durch Österreich nicht wieder errichtet.[24] Die Universität Wien wurde im Sinne der Zentralisierung und Konzentration hingegen gestärkt.[25]

Hochschulbestrebungen im 19. und frühen 20. Jahrhundert (1848–1918/1920)

In der zweiten Hälfte des 19. Jahrhunderts kam es – nachdem Linz nun auch sein Lyzeum verloren hatte – zu einer enormen Intensivierung in den Hochschulbestrebungen. Diese sollten bis zum Ende der K.-u.-k.-Monarchie auch nicht mehr zum Verstummen kommen, Erfolgsaussichten waren ihnen jedoch nicht beschieden.

Bereits 1848, als es in ganz Europa zu einer Reihe von Revolutionen kam, bemühte sich der Gemeindeausschuss der Stadt Linz in Wien um die Errichtung einer Universität mit juristischen und medizinischen Studien.[26] Vom neu geschaffenen Unterrichtsministerium wurde in der Folgezeit auch eine Reihe von Gutachten eingeholt, aber schließlich entschieden, dass es zum gegenwärtigen Augenblick unmöglich sei, eine Universität in Linz oder Salzburg einzurichten, das sich im selben Jahr ebenfalls um die Wiedererrichtung seiner Universität bemüht hatte.[27] Das nachrevolutionäre Klima, in dem die politischen Zeichen auf Restauration standen und die Studierenden wegen ihrer Beteiligung an der Revolte bei der Obrigkeit nicht den besten Ruf hatten, wirkte sich für eine Universitätsgründung nicht günstig aus.[28]

Trotzdem wurden in den kommenden Jahrzehnten wiederholt Initiativen gestartet, um eine Hochschule in Linz – und das mit unterschiedlicher Ausrichtung – zu etablieren, nachdem sich auch in den restlichen Territorien der K.-u.-k.-Monarchie in der zweiten Hälfte des 19. Jahrhunderts ein deutlicher Ausbau des Universitätswesens gezeigt hatte. Dieser inkludierte als längerfristige Folge des Jahres 1848 nicht nur die Gewährung neuer universitärer Freiheiten und die Verwandlung der vorhandenen österreichischen Universitäten von bloßen Ausbildungsstätten zu wissenschaftlichen Forschungseinrichtungen. Er umfasste durch die Ausdifferenzierung wissenschaftlicher Disziplinen auch den Ausbau bestehender Universitäten und den verstärkten Auf- und Ausbau von »Spezialuniversitäten«, um die Berufsausbildung zu verbessern[29] – wie dies nun auch aus Oberösterreich gefordert wurde.

So schlug der Gemeinderat und Bezirksschulinspektor Wilhelm Kukala im Linzer Gemeinderat 1869 die Gründung einer Technischen Hochschule vor, die auch den Bedürfnissen des Handelsstandes Rechnung tragen sollte.[30] Dienen sollte die neue Hochschule als Verbindung einer Art Handels- mit einer Technischen Hochschule einem ersehnten wirtschaftlichen bzw. industriellen Aufschwung, nachdem

Adalbert Stifter und sein Gutachten über die Errichtung einer Universität in Linz oder Salzburg

Als sich die Stadtväter von Linz 1848 mit ihrem Bestreben, eine Universität zu gründen, an das Unterrichtsministerium in Wien wandten, wurde über den Statthalter in Linz Alois Fischer auch der in Linz ansässige Schriftsteller Adalbert Stifter mit einem Gutachten zur Frage der Hochschulgründung beauftragt. Dieser stammte aus ärmlichen Verhältnissen in Böhmen und hatte 1826 – ermöglicht durch seine Tätigkeit als Hauslehrer – ein Studium der Rechtswissenschaften an der Universität Wien begonnen und Vorlesungen über Mathematik, Naturwissenschaften und Astronomie besucht, aber keines seiner Studien abgeschlossen. Erste literarische Versuche stammen ebenfalls aus dieser Zeit, führten aber erst 1842 zum Durchbruch als Schriftsteller, wobei Stifter immer wieder mit großen materiellen Sorgen zu kämpfen hatte und in den 1840er Jahren auch als Hauslehrer (u. a. des Sohnes von Staatskanzler Metternich) arbeiten musste. Im Revolutionsjahr 1848 übersiedelte er aus dem turbulenten Wien in das ruhigere Linz, wo er bereits die Sommermonate 1845 bis 1847 verbracht hatte. Hier übernahm er zur Sicherung seines Lebensunterhaltes für den Landesstatthalter zunächst journalistische Arbeiten und redigierte die »Linzer Zeitung«, bis er von 1850 bis 1865 das neu geschaffene Amt eines Schulrats bekleidete und auch zum Landeskonservator für Oberösterreich bestellt wurde. Die Stelle eines Inspektors der oberösterreichischen Volksschulen wurde ihm zugesprochen, da er schon in Wien im Kreise der Schulreformer bekannt war und er besonders ab 1847 durch bildungspolitische Initiativen aufgefallen war.

Abbildung 5: Adalbert Stifter.

In seinem Gutachten, das auf den 10. April 1849 datiert ist, beschäftigte er sich in drei Punkten mit dem Vorschlag, in Oberösterreich (Linz oder Salzburg, das damals zum Land ob der Enns gehörte) eine Universität zu gründen. Hierbei betraf der erste Punkt die Frage, ob die Universitätsgründung ein Bedürfnis für die menschliche Bildung sei, was Stifter verneinte. Da es sich um die Einführung von juristischen und ärztlichen Studien handeln würde und die Fachwissenschaften ohne Geisteswissenschaften zu keiner echten menschlichen Bildung fähig wären, könnte die geplante Universität – auch angesichts der erforderlichen Mittel – nur als unzureichend abgelehnt werden. Der zweite Punkt beschäftigte sich mit der Frage, ob die beabsichtigte Gründung ein Bedürfnis für die Hebung der Wissenschaft sei, und wurde von Stifter ebenfalls verneint. Generell würden die Universitäten zur Hebung der Wissenschaft nur indirekt beitragen, mehr noch könnten die Schulen das wissenschaftliche Genie anregen, wobei dies jedoch die »tüchtigsten Lehrer« und die

»ausgebreitetsten Behelfe« erfordern würde und beides für Linz oder Salzburg nicht zu erwarten sei. Auch vom »Standpunkte der Hebung der Wissenschaft« betrachtet, erscheine das juristische und ärztliche Lehrfach in Oberösterreich daher nicht notwendig. Der dritte Punkt befasste sich schließlich damit, ob die aus einer solchen Universität hervorgehenden Fachmänner ein Bedürfnis des Landes darstellen würden, und wurde von Stifter am ausführlichsten diskutiert. Auch hier kam er jedoch zu einem negativen Ergebnis. Da ein Überfluss an Ärzten und Juristen bestehe, könne von einem Mangel nicht gesprochen werden. Jene Fachleute, die keinen ihrer Ausbildung entsprechenden Beruf finden können, würden sich aber – ohne die zu diesem Stand nötige tiefere Bildung zu besitzen – der Schriftstellerei und dem Zeitungswesen zuwenden und ein »literarisches Proletariat« bilden, das – wie die Erfahrung seit der Französischen Revolution 1789 gezeigt habe – »staatsgefährlich« sei. Brotlose Akademiker hätten die Führer geliefert, ohne die die »eigentlichen unteren Schichten nur im Falle des Hungers tumultieren würden.« Es wäre daher ein Fehler im Staatswesen, von Fachmännern, die von ihrem Fach leben müssen, eine größere Anzahl zu erzeugen, als man zu beschäftigen im Stande sei. D. h. auch von »Seiten der Notwendigkeit« müsse die Gründung einer Universität in Oberösterreich verneint werden, ja sie errege gerade in dieser Beziehung »gefährliche Bedenken«.

Stifter, der zunächst die Revolution im März 1848 begrüßt hatte, dann aber von der politischen Realität enttäuscht wurde, nahm somit auch auf die jüngsten Ereignisse Bezug und lehnte die Errichtung einer Universität ab. Gleichzeitig befürwortete Stifter, dessen besonderes Interesse vor 1850 den Volksschulen auf dem Lande gegolten hatte, aber die Einrichtung von Schulen für den mittleren und höheren Bürger- und Bauernstand und setzte sich in seiner Funktion als Schulrat – reichend von der Erhaltung und Errichtung neuer Schulen bis zu einer Verbesserung der Lehrerausbildung und des Unterrichts – für eine Reform des Schulwesens in Oberösterreich ein. Die Gründung einer Universität sollte seiner Meinung nach aber erst dann wieder »in Anregung« gebracht werden, wenn in der Schulreform entscheidende Fortschritte erzielt worden waren. (Maria Wirth)

Quellen: Leonhard Franz, Stifter und der Linzer Universitäts-Plan, in: Vierteljahresschrift des Adalbert Stifter Instituts des Landes Oberösterreich, Jg. 8, H. 3/4, 1959, S. 78–86; Kurt-Gerhard Fischer, Einige Bemerkungen zu Stifters Universitäts-Gutachten, in: Vierteljahresschrift des Adalbert Stifter Instituts des Landes Oberösterreich, Jg. 8, H. 3/4, 1959, S. 87–92; Walter Seifert (Hg.), Adalbert Stifter. Werke und Briefe. Historisch-kritische Gesamtausgabe (hg. von Alfred Doppler u. Hartmut Laufhütte), Bd. 10/1: Amtliche Schriften zu Schule und Universität, Stuttgart 2007, S. 40-47; Walter Seifert (Hg.), Adalbert Stifter. Werke und Briefe. Historisch-kritische Gesamtausgabe (hg. von Alfred Doppler u. Hartmut Laufhütte), Bd. 10/4: Amtliche Schriften zu Schule und Universität. Apparat und Kommentar, Stuttgart 2015, S. 26-55 und S. 86–91; Alfred Doppler, Stationen im Leben Adalbert Stifters, unter: http://www.ooegeschichte.at/themen/kunst-und-kultur/literaturgeschichte-oberoesterreichs/adalbert-stifter/biografie.html, aufgerufen am 4.1.2016.

Oberösterreich, das im 18. Jahrhundert noch ein manufakturreiches Land dargestellt hatte, im Zuge der Umwälzungen des 19. Jahrhunderts zu einem vergleichsweise rückständigen Agrarland geworden war.[31] Ein Jahr später wurde Gemeinderat Alfred Bahr, der Vater des Dichters Hermann Bahr, beauftragt, in Wien vorzusprechen, ihm dort aber mitgeteilt, dass in Österreich bereits genügend Technische Hochschulen vorhanden seien.[32] Woran ein Mangel bestehe, seien Gewerbeschulen. Die Bereitschaft, über eine Technische Hochschule zu verhandeln, war somit nicht groß. Dennoch wurde vom Ministerium auch der Landtag wegen seiner Beteiligung an einer möglichen Technischen Hochschule kontaktiert. Da auch dieser keine besondere Begeisterung zeigte und die Stadt auf dessen Nachfrage zugeben musste, dass sie keinen Beitrag für die Hochschule leisten könne, wurde das Projekt jedoch bald wieder ad acta gelegt. Immerhin kam es 1873 aber zum Beschluss, eine Gewerbeschule zu gründen, der ebenso wie die Schaffung einer Handelsschule auch in die Tat umgesetzt wurde.[33]

Eine weitere Vorsprache im Unterrichtsministerium 1876, die auf die Schaffung einer Hochschule mit einer Juridischen und Medizinischen Fakultät

Abbildung 6: Denkschrift zur Errichtung einer Medizinischen Hochschule aus dem Jahr 1894.

abzielte, blieb ebenso erfolglos und wurde vom zuständigen Sektionschef mit den Worten beantwortet: »Wie können Sie, meine Herren, glauben, dass in der gegenwärtigen Zeit an einem Ort, der nur vier Eisenbahnstunden von Wien entfernt ist, eine neue Hochschule gegründet werden soll?«[34] Auch hierauf gab man sich in Linz jedoch nicht geschlagen. Vielmehr wurde in den nächsten Jahren mehrfach die Forderung nach der Errichtung einer Medizinischen Fakultät oder Hochschule laut, auf die sich in der zweiten Hälfte des 19. Jahrhunderts zweifellos die meisten Bemühungen bezogen und die nun auch auf die Unterstützung des Landes bauen konnte. Ein wichtiges Ziel war es hierbei, den bestehenden Ärztemangel auf dem Land beheben zu können.

Nach einem Vortrag des Primarztes Franz Schnopfhagen von der oberösterreichischen Landesirrenanstalt im Linzer »Kaufmännischen Verein« 1887[35] stellte zunächst der oberösterreichische Landtag einen Antrag auf Errichtung einer »Chirurgischen Lehranstalt«. Das Ministerium vertrat jedoch die Ansicht, dass man durch eine bessere Organisation des Sanitätsdienstes den Ärztemangel besser beheben könne. Ein weiterer Antrag auf Verhandlungen wegen der Errichtung einer Medizinischen Hochschule wurde vom deutschnationalen Abgeordneten Carl Beurle,[36] einem der Hauptaktivisten des Linzer Hochschulgedankens, 1890 im oberösterreichischen Landtag eingebracht.[37] Wien vertrat aber erneut den Standpunkt, dass eine Abhilfe für den Ärztemangel auch durch eine landesgesetzliche Regelung des Sanitätsdienstes in die Wege geleitet werden könne.[38] Als ein neuerlicher Antrag eingebracht wurde und sich die Stadt Linz bereit erklärte hatte, eine über 50.000 Quadratmeter umfassende Grundfläche für die zu errichtende Hochschule zur Verfügung zu stellen,[39] wurde dieser in Wien, wo eine Reihe von Städten – darunter u. a. Lemberg, Czernowitz und wiederum Salzburg – ebenfalls um die Errichtung von Medizinischen Fakultäten bzw. einen Ausbau ihrer bestehenden Einrichtungen angesucht hatten,[40] nicht weiter behandelt. Bald darauf (1892) kam es daher zu einem neuen Vorstoß des oberösterreichischen Landtags, der sowohl die Errichtung einer Medizinischen Fakultät als auch die Wiedereinführung einfacherer chirurgischer Studien zum Ziel hatte. Wiederum erklärte das Unterrichtsministerium jedoch, dass es sich zum gegenwärtigen Zeitpunkt außerstande sehe, der Frage näherzutreten, man keine niedere Ärzteausbildung einführen wolle, die Errichtung einer Medizinischen Fakultät außerhalb des Verbandes einer Universität ungewohnte Schwierigkeiten verursachen würde und Rücksicht auf den Ausbau bereits bestehender Fakultäten (insbesondere in Lemberg) zu nehmen sei. Zunächst müsse es darum gehen, ein Landesgesetz zur Organisierung des Sanitätsdienstes zu schaffen und dann abzuwarten, wie sich dieses entwickle. Dem Landtag blieb somit nichts anderes übrig, als einen Gesetzesentwurf zur Regelung des Gemeinde-Sanitätsdienstes in Oberösterreich vorzubereiten. Gleichzeitig wurde der Hochschulplan (nicht jedoch die Installierung einer Art niederer Ausbildungsstelle für Ärzte, von der man nun abkam) aber weiterverfolgt. So schlug Beurle zur Unterstützung des Vorhabens nun einerseits vor, die notwendigen Mittel auf dem Weg eines Prämienanleihens aufzubringen, und es wurde ein eigenes »Aktionskomitee« gebildet, das nach einer intensiven medialen Diskussion[41] auch eine eigene Denkschrift herausgab, um dem Vorhaben den nötigen Nachdruck zu verleihen.[42] Andererseits folgte bereits 1894 ein weiterer Versuch bei den Behörden in Wien, die beim Obersten Sanitätsrat auch ein Gutachten in Auftrag gaben. Dieser attestierte zwar, dass Linz über genügend Krankenhäuser verfüge, sprach sich aber allgemein gegen die Errichtung einer Medizinischen Fakultät aus. Bereits im Folgejahr (1895) wurden die Zentralstellen in Wien deshalb wieder mit demselben Anliegen konfrontiert, die das Bestreben nun mit dem Hinweis auf den Kostenfaktor und der gegenwärtig in Arbeit befindlichen Reform des medizinischen Studiums ablehnten. Zwei weitere Vorstöße, bei denen man versuchte, mit der Unterstützung von Niederösterreich und den oberösterreichischen Reichsratsabgeordneten zum gewünschten Ziel zu kommen, blieben ebenfalls erfolglos. Und als die Stadt 1898/99 mitteilte, dass die Allgemeine Sparkasse einen Betrag von 25.000 Gulden für die Errichtung einer Medizinischen Fakultät bereitgestellt und beschlossen habe, ein Grundstück für diesen Zweck zu widmen, falls die Fakultät im Laufe der nächsten drei Jahre errichtet werde, kam aus Wien die Mitteilung, dass man sich in Linz keine Vorstellung über die finanzielle Tragweite des Projekts mache. Hinzu kam, dass sich nun auch Widerstand im Land breitmachte, da manche Ärzte eine Konkurrenz durch eine Hochschule fürchteten, weshalb auch die beiden letzten Initiativen von 1899 und 1901 zur Einführung eines medizinischen Studiums scheiterten. Neue Versuche zur Installierung einer Medizinischen Fakultät oder Hochschule wurden nun nicht mehr unternommen – hatte sich doch sogar der spätere Wiener Bürgermeister Karl Lueger, der den Antisemitismus zum politischen Programm erklärte, gegen ein solches Vorhaben ausgesprochen, da Linz ansonsten dieselbe »Verjudung« wie Wien drohen würde.[43] Vielmehr wurden die Bestrebungen für eine Medizinische Hochschule bzw. Fakultät nach ca. zehn gescheiterten Anläufen nun in eine andere Richtung gelenkt.

Abbildung 7: Denkschrift zur Errichtung einer Universität und Handelshochschule aus dem Jahr 1918.

So wurde in den Jahren 1908/09 die Schaffung einer Art Handelshochschule mit Juristischer Fakultät ventiliert, die – wenn die finanziellen Voraussetzungen auch bereits deutlich präziser waren – ebenfalls nicht in die Realität umgesetzt wurde. Der Motor hierfür war – wie zuvor bei der Technischen Hochschule – die Stadt Linz, die zusammen mit einer »Reihe angesehener Männer«, darunter noch immer Carl Beurle, an die Gründung eines »Universitätsvereines« schreiten wollte. Bevor es hierzu kommen sollte, wollten die Initiatoren jedoch wissen, ob der Staat die Hochschule nach ihrer Errichtung übernehmen würde, an der es nach dem Vorbild der 1908 in Berlin gegründeten Handelshochschule aus finanziellen Gründen zunächst nur eine juridische und handelswissenschaftliche Fakultät geben sollte. Den Baugrund würde die Gemeinde zur Verfügung stellen,[44] die Baukosten der Verein und das Land tragen. Das Unterrichtsministerium vermerkte jedoch auch diesmal, dass für eine solche Gründung derzeit kein günstiger Zeitpunkt sei. Gleichzeitig ließ es wissen, dass in Österreich-Ungarn gerade nicht weniger als sieben Universitäten verlangt würden: eine deutsche und eine böhmische Universität in Mähren, eine ruthenische in Galizien, eine slowenische in Laibach, eine italienische in Triest und eine katholische sowie eine deutsch-freiheitliche Universität in Salzburg.[45]

Später kam auch noch die Forderung nach der Errichtung einer Technischen Hochschule in Innsbruck hinzu,[46] was 1913 von der Handels- und Gewerbekammer für das Erzherzogtum Österreich ob der Enns zum Anlass genommen wurde, ein erneutes Mal die Forderung nach der Schaffung einer Technischen Hochschule in Linz zu erheben. Aber auch dieses Ansuchen wurde in Wien nicht weiterbehandelt – ebenso wie eine weitere Eingabe der Stadt Linz aus dem Jahr 1914, die die Frage, ob es sich bei der angestrebten Hochschulgründung um eine einzelne Universitätsfakultät, eine Technische Hochschule oder um eine Handelshochschule handeln sollte, mit Absicht offen ließ.[47] Und auch zwei weitere Vorstöße gegen bzw. nach Ende des Ersten Weltkrieges blieben ohne Ergebnis. So forderte nicht nur eine neuerliche (im Verlag des Magistrats Linz erschienene) Denkschrift die Errichtung einer »deutschen Universität«[48] und einer Handelshochschule in Linz, in der nicht nur auf die Überfüllung der Wiener Universität hingewiesen, sondern auch ausgearbeitet wurde, warum Linz vor einer etwaigen Hochschulgründung in Salzburg der Vorzug zu geben sei.[49] Es kam nach dem Zusammenbruch der Habsburgermonarchie und dem Wegfall zahlreicher Territorien auch der Plan auf, eine bereits bestehende Hochschule nach Linz zu verlegen. Für die provisorische Nationalversammlung lag am 22. November 1918 sogar ein Antrag der Abgeordneten Dr. Hummer, Dr. Dinghofer und Genossen vor, in dem es hieß, dass die 1875 gegründete Franz-Josef-Universität in Czernowitz nach Salzburg und die 1899 entstandene deutsche Franz-Josef-Technische Hochschule in Brünn nach Linz verlegt werden sollten.[50] Zu einer ernsthaften Beratung über eine Verlegung der Hochschule von der neu entstandenen Tschechoslowakischen Republik nach Österreich kam es allerdings nicht, da dies auch angesichts des herrschenden »Akademikerüberschusses« und des damaligen Überhangs an universitären Ausbildungsplätzen in Wien wenig realistisch schien.[51] Die Technische Hochschule verblieb damit in Brünn, nachdem sich für deren Rettung auch der »Verein der österreichischen und deutschen Ingenieure« eingesetzt hatte, der andernfalls für eine Zusammenlegung mit der Technischen Hochschule in Wien eingetreten wäre.[52] Die Brünner Professoren selbst hatten sich hingegen – nachdem eine Verlegung ihrer Hochschule vom Deutschen Nationalrat für Brünn und Mittelmähren abgelehnt worden war – für die Errichtung einer neuen Technischen Hochschule in Linz ausgesprochen und dafür votiert, das Professorenkollegium aus Brünn an dieser unterzubringen. Auch dieser »Wunsch« wurde jedoch nie in die Realität umgesetzt.[53]

Im späten 19. Jahrhundert und frühen 20. Jahrhundert, als es in der Habsburgermonarchie zu einem beachtlichen Ausbau des Universitätswesens kam, konnte Linz, das damals von rund 50.000 (1869) auf knapp 100.000 (1910) Einwohner und Einwohnerinnen wuchs und in der Folgezeit sein Stadtgebiet vor allem durch zahlreiche Eingemeindungen vergrößerte,[54] somit (ebenso wie Salzburg) nicht von der Expansion im Hochschulbereich profitieren. Angesichts der enormen Größe des

Abbildung 8: Die ehemalige Wollzeugfabrik wurde 1919 für die Unterbringung der Technischen Hochschule in Aussicht genommen.

Habsburgerreiches und der großen Konkurrenz an Städten, die einen Ausbau ihrer Universitäten oder den Aufbau neuer Hochschulen verlangten, konnte es sich nicht durchsetzen – zumal angesichts der konfliktgeladenen Nationalitätenfrage im Vielvölkerstaat auch immer stärker die Wünsche aus den Kronländern zu berücksichtigen waren.[55]

In der Ersten Republik kamen die Hochschulbestrebungen vor dem Hintergrund der politischen, sozialen und gesellschaftlichen Entwicklung sowie der staatsfinanziellen Engpässe dann zu einem vorläufigen Ende.[56] Die Wirtschaftskrise führte zu drastischen Einsparungen, die den Weiterbestand ganzer Fakultäten und Hochschulen gefährdete, während sich die zunehmende politische Radikalisierung immer stärker auf die Universitäten auswirkte, die sich bereits in früheren Jahren zu wahren »Hochburgen des Antisemitismus« zu entwickeln begannen.[57] Dies führte nicht nur dazu, dass sich der autoritäre »Ständestaat« nach dem Ende der Demokratie 1933/34 den Eingriff in nahezu alle Bereiche des Universitätswesens sicherte, sondern auch politisch unerwünschte (nationalsozialistische, liberale oder sozialistische) Lehrende und Studierende diszipliniert und entlassen wurden.[58]

Linz – die »Patenstadt des Führers«

Adolf Hitler wollte Linz zu einem Industrie-, Verwaltungs- und Kulturzentrum, zu einer Donaumetropole mit einer monumentalen Architektur machen. Die Stadt seiner Jugend, in der er die Schule besucht hatte und auch seinen Lebensabend verbringen wollte, sollte dereinst das gehasste Wien in den Schatten stellen, in dem er als junger Mann nicht nur gescheitert war, sondern das er als »Schmelztiegel« auch völlig anders wahrgenommen hatte als das in seiner Vorstellung national geschlossene »deutsche« Linz. Bereits am 13. März 1938 übernahm er daher die Patenschaft über die Stadt. 1940 wurde Linz neben Berlin, München, Hamburg und Nürnberg auch zur fünften »Führerstadt« des Reiches erklärt und der Stadt somit offiziell ein bevorzugter Status verliehen. Zu den Ausbauplänen gehörten Prunkbauten wie eine Oper, Theater und Galerien, ein »Führermuseum«, das die weltweit größte Kunst- und Gemäldegalerie beherbergen sollte, überdimensionierte Gebäude für die NSDAP, ihre Teilorganisationen und verschiedene Verwaltungseinheiten sowie ein Ausbau der Industrie. Die fortschreitende Kriegsentwicklung verhinderte jedoch einen Großteil der ehrgeizigen Pläne, die nur im Bau der Industrieanlagen, kaum aber bei den geplanten Prachtbauten zum Tragen kamen. So wurden mit den Hermann-Göring- und den Stickstoffwerken Ostmark und durch den massiven Einsatz von Zwangsarbeitern und Zwangsarbeiterinnen sowie KZ-Häftlingen der Grundstein für die spätere VÖEST und die Linzer Chemieindustrie gelegt, im Bereich der Monumentalbauten aber nur wenige Vorhaben wie die Nibelungenbrücke oder die Brückenkopfgebäude umgesetzt. Der Wohnungsbau entwickelte sich zwar stärker. Angesichts des enormen Ausbaues der Industrie, des Zuzugs von Arbeitskräften und zahlreichen Zerstörungen durch Bombenangriffe, die die Stadt als Zentrum der Rüstungsindustrie erleben musste, war Linz jedoch von einem massiven Wohnungsmangel gekennzeichnet. Es wurde zur »Barackenstadt« und blieb dies bis in 1960er Jahre. Das Stadtgebiet wurde durch erneute Eingemeindungen enorm vergrößert, der Ausbau der nötigen Infrastruktur (Schulen, Kindergärten) fehlte jedoch. Insgesamt nahm die Bevölkerungszahl durch Zuzug und Eingemeindungen von 112.000 (1938) auf 195.000 Einwohner und Einwohnerinnen (1945) zu, nachdem in Planungen sogar von einem Wachstum auf 240.000 bis 400.000 Personen die Rede gewesen war. Welchen Stellenwert Linz in Hitlers Denken einnahm, zeigt nicht zuletzt der Umstand, dass er sich noch im Februar 1945, als der Untergang des Deutschen Reiches unmittelbar bevorstand, mit der Neugestaltung der Stadt beschäftigte – und das wohl auch im Sinne einer gezielten Realitätsflucht. (Maria Wirth)

Quellen: Fritz Mayrhofer u. Walter Schuster (Hg.), Bilder des Nationalsozialismus in Linz, Linz 2007[2]; Josef Goldberger u. Cornelia Sulzbacher, Oberdonau, Linz 2008; Fritz Mayrhofer u. Walter Schuster (Hg.), Nationalsozialismus in Linz, 2 Bde., Linz 2002; Birgit Kirchmayr (Hg.), »Kulturhauptstadt des Führers«. Kunst und Nationalsozialismus in Linz und Oberösterreich. Ausstellungskatalog, Linz 2008; Hanns Christian Löhr, Hitlers Linz, Der »Heimatgau des Führers«, Berlin 2013.

Hochschulbestrebungen in der NS-Zeit

Die Bemühungen zur Errichtung einer Hochschule wurden erst nach dem »Anschluss« Österreichs an das Deutsche Reich 1938 wieder intensiviert und standen dann unter der Patronanz von Adolf Hitler. Dieser zählte nicht nur die Neugestaltung von Linz zu seinen bevorzugten Projekten, sondern war mit seinem ständigen Drängen auch dafür verantwortlich, dass während der NS-Zeit tatsächlich eine Hochschule in Linz errichtet wurde. Die Situation an den anderen Universitäten verschlechterte sich mit dem Ausbruch des Zweiten Weltkriegs hingegen nochmals. Vor allem kam es mit der systematischen Vertreibung und Verfolgung von Juden und Jüdinnen sowie politisch Andersdenkenden aber zu einem weiteren Niedergang der Universitäten, von dem sich diese lange nicht erholen konnten.[59]

Bei den Hochschulbestrebungen wurde zunächst an die bereits 1918/19 ventilierte Überlegung angeknüpft, die Technische Hochschule in Brünn nach Linz zu verlegen. So berichtete auch das Rundschreiben Nr. 53 des Dozentenbundes vom 27. Oktober 1938 von der Entscheidung des Führers, die Deutsche Karls Universität und die Deutsche Technische Hochschule in Prag nach Reichenberg sowie die Deutsche Technische Hochschule in Brünn nach Linz zu verlegen.[60] Und auch in den Medien war zu lesen, dass die Eröffnung der Technischen Hochschule in Linz, die den Namen Hermann Görings tragen sollte, unmittelbar bevorstünde[61] – wenn Brünn damals (wie Prag) auch noch gar nicht zum Reichsgebiet zählte. Nur wenig später, am 14. November 1938, revidierte Hitler jedoch seine Meinung. Wie es in einem weiteren Rundschreiben des Dozentenbundes hieß, sollte die Deutsche Technische Hochschule nun in Brünn bleiben, in Linz unabhängig davon aber baldigst eine Technische Universität gegründet werden. »Offenbar aus politischen Gründen« hatte Hitler – wie zu lesen war – seine Entscheidung geändert bzw. die feste Absicht, die »tschechoslowakische Frage« endgültig zu lösen, was nach der Eingliederung der Sudetengebiete infolge des Münchner Abkommens vom Herbst 1938 mit der Besetzung der sogenannten »Rest-Tschechei« und der Bildung des Protektorats Böhmen und Mähren im März 1939 geschah.[62]

In der Folgezeit arbeitete das Reichsministerium für Wissenschaft, Erziehung und Volksbildung einen umfassenden Plan aus, der Mitte Mai 1939 vorlag. Dieser ging – sichtlich ohne reale Basis – von nicht weniger als 1500 Studierenden,[63] fünf Fakultäten (Naturwissenschaften, Architektur, Bauingenieurwissenschaften, Maschinenbau, Elektroingenieurwissenschaften) und Veranstaltungen für die Studierenden aller Fakultäten, 42 Ordinariaten, 11 Extraordinariaten und 14 Lehraufträgen aus. Ob es zusätzlich noch eine landwirtschaftliche Fakultät geben sollte, wurde Hitler anheimgestellt.

Was die Unterbringung betraf, konnte hingegen eine wichtige Entscheidung getroffen werden, nachdem August Eigruber, der Gauleiter von Oberdonau, das Gelände des Petrinums ins Spiel gebracht hatte. Da auch Roderich Fick, der im Frühjahr 1939 zum Reichsbaurat von Linz bestellt worden war, dieses Gelände gegenüber anderen zur Diskussion stehenden Varianten (Schlosskaserne sowie Gelände bei St. Magdalena) bevorzugte, entschied Hitler in einer Besprechung mit Fick am 30. März 1939, dass die Technische Hochschule auf dem Gelände des Petrinums (erweitert durch angrenzende Grundstücke) entstehen solle.[64]

Die Wahl fiel damit auf ein Ende des 19. Jahrhunderts entstandenes bischöfliches Gymnasium und Knabenseminar (Internat für Knaben, die Priester werden wollten), das bereits in Zusammenhang mit der Verlegung der Brünner Hochschule nach Linz als möglicher Standort genannt worden war. In diesem hatte sich zwar bereits unmittelbar nach dem »Anschluss« das Militär niedergelassen, was dazu führte, dass am 3. Juni 1938 seine Räumung auf unbestimmte Zeit zur Schaffung von militärischen Unterkünften angefordert wurde.[65] Nachdem die Entscheidung gefallen war, dass hier die Technische Hochschule entstehen sollte, wurde das Petrinum vom Reichsstatthalter in Österreich nun aber am 23. Juni 1939 dem Landeshauptmann und Gauleiter zur Unterbringung derselben zugewiesen. Ende 1939 folgten Kaufverhandlungen mit dem bischöflichen Ordinariat, wobei diesem jedoch gleichzeitig mit einer Enteignung im Fall keiner Einigung gedroht wurde, wie sie am 29. Februar 1940 auch verfügt wurde.[66] Maßgeblich war hierfür, dass Hitler auf eine beschleunigte Eröffnung der Hochschule drängte bzw. diese zum Wintersemester 1940/41 wünschte. Die für den Umbau erforderliche Räumung durch das Heer ließ jedoch auf sich warten und erfolgte erst zum 1. April 1940, nachdem bereits die Entscheidung gefallen war, wer für die Gestaltung der neuen Hochschule verantwortlich sein sollte.[67] Aufgrund eines internen Wettbewerbs, an dem die Architekten Hanns Dustmann aus dem Büro von Albert Speer (Berlin), Paul Schmitthenner (Professor für Baugestaltung an der Technischen Hochschule Stuttgart) und Wilhelm Jost (Professor für Gebäudelehre und Entwerfen sowie Rektor an der Technischen Hochschule Dresden) teilgenommen hatten, erhielt am 7. Februar 1940 der Entwurf von Jost die Zustimmung Hitlers, worauf dieser mit Führerentscheid vom Juni 1941 auch die Oberleitung für den Neubau der Technischen Hochschule übertragen bekam.[68]

Zur Eröffnung der geplanten Hochschule kam es indessen auch weiterhin nicht, da der Westfeldzug den Fortgang der Hochschulplanungen verzögerte. Von seinem Hochschulplan ablassen wollte Hitler jedoch nicht. Als am 31. Jänner 1941 erneut eine Besprechung bei ihm stattfand, drängte er vielmehr weiter auf eine baldige Eröffnung, worauf eine etappenweise Inbetriebnahme der Hochschule beschlossen und gleichzeitig betont wurde, dass eine maximale Ausbauvariante seitens des Geländebedarfs gesichert werden müsse. Der Baubeginn sollte baldigst erfolgen; zur Durchführung der Bauarbeiten sollten Kriegsgefangene herangezogen werden. Des Weiteren bestellte der Reichsminister für Erziehung, Unterricht und Volksbildung Bernhard Rust im Oktober 1941 auch einen kommissarischen Kurator für die Tech-

Abbildung 9: Modell für die Technische Hochschule nach Plänen von Wilhelm Jost.

Abbildung 10: Modell für die Technische Hochschule nach Plänen von Hermann Giesler.

nische Hochschule in Linz, der den Aufbau der Hochschule vorantreiben sollte. Der Fortgang des Krieges bzw. der Überfall auf die Sowjetunion verursachten jedoch abermals Verzögerungen. So wurde im Jänner 1942 per Erlass nicht nur die Stilllegung aller nichtkriegswichtigen Angelegenheiten verfügt, sondern auch im Ministerium beschlossen, dass die Eröffnung der Hochschule zurückzustellen sei. Als Hitler weiter auf eine Eröffnung der Hochschule drängte und deutlich machte, dass er nicht bereit sei, von dieser abzusehen, sah das Ministerium vor, dass mit dem Beginn des Wintersemesters 1942/43 ein Materialprüfungsamt als Hochschulinstitut und ein Institut für Wasserkunde die Arbeit aufnehmen sollten. Für das Sommersemester 1943 war die Eröffnung einer Fakultät für Bauingenieurwesen und Architektur im Petrinum geplant.[69]

Hinsichtlich der Standortwahl ergab sich bald darauf allerdings eine wichtige Änderung, für die nicht nur wesentlich war, dass aufgrund der herrschenden Raumnot bald neue Stellen ins Petrinum eingezogen waren.[70] Auch die Rivalitäten zwischen den nationalsozialistischen Architekten begannen, sich auf die Hochschulpläne auszuwirken. Sie führten nicht nur dazu, dass Hermann Giesler 1942 Roderich Fick als Hauptbauplaner für Linz ablöste, sondern dass dieser auch mit einem neuen Entwurf für die Hochschule beauftragt wurde, nachdem Hitler die Pläne von Jost mehrfach hatte ändern lassen. Wie Giesler in einer Führerbesprechung vom 5. April 1943 erreicht hatte, sollte die Hochschule, für die er im Laufe des Jahres 1944 die entsprechenden Entwürfe zeichnete, nun am südlichen Donauufer auf Höhe der Tabakfabrik errichtet und somit ein Teil der geplanten Monumentalverbauung werden.[71]

Eine provisorische Unterkunft sollte die Hochschule hingegen im sieben Kilometer donauaufwärts gelegenen Stift des Zisterzienserordens in Wilhering finden, das bis 1938 neben einem Kloster auch ein Gymnasium und Konvikt beherbergt hatte und seither von den Nationalsozialisten für verschiedene Zwecke vorgesehen war. So waren nach dem »Anschluss« zunächst das Gymnasium und das Konvikt geschlossen worden[72] und die frei werdenden Räumlichkeiten u. a. zur Einquartierung von geflüchteten Sudetendeutschen und zur Unterbringung des aus seinen Räumlichkeiten vertriebenen Priesterseminars genutzt worden. Die Beschlagnahme und Enteignung des Klosters erfolgte jedoch erst am 16. November 1940 bzw. 22. November 1942, nachdem Verbindungen von Patres aus Wilhering zur Großösterreichischen Freiheitsbewegung bekannt geworden waren. Hierauf war das Stiftsareal u. a. für die Einquartierung von Umsiedlern und Umsiedlerinnen (Balten- und Bessarabiendeutsche), die Abhaltung von Kursen für die Heranbildung politischer Leiter oder – was jedoch nie umgesetzt wurde – für die Errichtung eines Filmateliers vorgesehen, bis im Jänner 1943 die Schaffung der Technischen Hochschule auf dem Wilheringer Areal Gestalt anzunehmen begann. Ähnlich wie zuvor im Petrinum erwies sich die Räumung des Geländes jedoch als nicht einfach, da die von der Volksdeutschen Mittelstelle (VOMI)[73] betreuten Umsiedler und Umsiedlerinnen nur auf wiederholten Druck Wilhering verließen.[74]

Hinsichtlich des Aufbaus der Hochschule ging man im Reichserziehungsministerium im Dezember 1942 nur mehr von drei Fakultäten (Naturwissenschaften, Bauwesen und Maschinenbau) aus, wobei sich die konkrete Umsetzung immer mehr auf die Errichtung einer Fakultät für Bauwesen reduzierte. Die für den Umbau erforderlichen Arbeitskräfte und Materialien zu erlangen, war angesichts der Niederlage von

Stalingrad, den von Joseph Goebbels ausgegebenen Grundsätzen für den »totalen Krieg« und der Notwendigkeit, Bombengeschädigte mit Baustoffen zu unterstützen, jedoch selbst für das Erziehungsministerium schwierig. Im Reichsfinanzministerium sprach sich Minister Johann Ludwig Graf Schwerin von Krosigk angesichts dessen, dass im Sommersemester 1942 die Studierendenzahlen an den Hochschulen drastisch zurückgingen, sogar gegen die Eröffnung auch nur einer Fakultät aus. Zudem wurde im Ministerium auch festgehalten, dass die Linzer Hochschule überbesetzt wäre, da es an der Technischen Hochschule in Graz zu diesem Zeitpunkt an allen Fakultäten 31 Professoren gab, während es in Linz an nur einer Fakultät insgesamt 27 verbeamtete Hochschullehrer für 50 Hörer geben sollte. Und auch mit Gauleiter Eigruber votierte eine wesentliche Instanz für die Zurückstellung der Hochschuleröffnung. Wiederum war es aber Hitler, der auf eine rasche Eröffnung »wenigstens eines Teiles der Technischen Hochschule« drängte, was auch das Finanzministerium mit Schreiben vom 22. Februar 1943 zur Kenntnis nehmen musste. Einem »Wunsch des Führers« konnte sich selbst dieses nicht widersetzen.[75]

Abbildung 11: Bericht in der Wehrmachtspropagandazeitschrift »Signal« über die Linzer Hochschule aus dem Jahr 1944.

So begannen ab Mai 1943, als die letzten Bessarabier Wilhering verlassen hatten,[76] hektische Umbauarbeiten, damit die mehrfach verschobene Aufnahme des Hochschulbetriebs – wie nun geplant war – im Herbst stattfinden konnte. Im Sommer 1943 waren mit den Umbauarbeiten 51 Arbeiter beschäftigt – darunter französische und belgische Kriegsgefangene sowie sechs Ukrainerinnen. Gleichfalls mussten Regelungen für die Studien- und Lehrpläne erfolgen, sobald feststand, dass vorerst nur eine Architekturabteilung den Betrieb aufnehmen sollte. Zum Rektor der Technischen Hochschule wurde im Jänner 1943 Wilhelm Jost bestellt, der zuvor die Hochschulpläne für das Petriner Gelände gezeichnet hatte. Als Lehrkräfte sollten zunächst die in Linz mit Bauaufgaben betrauten »hervorragendsten Fachvertreter« herangezogen werden. »Wissenschaftliche Größen« sollten erst dann dauerhaft gewonnen werden, wenn man in der Lage wäre, ihnen »entsprechende Institute und Arbeitsmöglichkeiten« zu bieten. Was die Studierenden betraf, so waren Kriegsversehrte und von der Wehrmacht freigestellte Soldaten vorgesehen.[77]

Der ausdrückliche Wunsch Hitlers war es somit, der dazu führte, dass die Technische Hochschule in Stift Wilhering am 3. Oktober 1943 tatsächlich eröffnet werden konnte. In den Medien wurde dies breit rezipiert – sollte das Ereignis in Wilhering bei Linz doch der Welt ganz im Sinne der nationalsozialistischen Propaganda zeigen, dass Hitlerdeutschland auch noch im fünften Kriegsjahr eine Hochschule errichten konnte.[78] Zur Eröffnung fand sich neben Gauleiter Eigruber und Reichsstudentenführer Gustav Scheel auch Erziehungsminister Rust ein. Außerdem wurden, um die zwölf inskribierten Hörer optisch zu verstärken, auch Studierende von außerhalb und Gäste in 40 Autos und zwölf Bussen nach Wilhering gebracht. Dem Unterrichtsplan lag ein Vorlesungs- und Übungsplan mit folgenden Fächern zugrunde: Darstellende Geometrie, Zeichnen und Modellieren, Baugeschichte (Formenlehre), Entwerfen einfacher Bauten, Baustoffkunde, Chemie und Physik.[79]

Im Folgejahr wurde, da Hitler diese »Sparvariante seiner Universität« zu wenig war, auch noch die Errichtung einer Bauingenieurabteilung erwogen, für die es schließlich auch grünes Licht aus dem Finanzministerium gab. Nachdem sich dieses 1942 angesichts der realpolitischen Situation noch gegen eine Hochschulgründung ausgesprochen hatte und umgehend von höchster Stelle »korrigiert« worden war, blieb diesmal ein Widerstand aus. Im Reichshaushaltsplan waren – wie Rektor Jost im Jänner 1945 mitgeteilt wurde – Planstellen für 17 ordentliche und acht außerordentliche Professuren und Mittel für 16 wissenschaftliche Assistenten vorgesehen, was umso bemerkenswerter ist, als im Herbst 1944 viele deutsche Universitäten planten, den Lehrbetrieb wegen des Krieges einzustellen. In den Medien war bereits Anfang November 1944 berichtet worden, dass in Linz nun auch ein Bauingenieurstudium starten solle.

Zum Aufbau der neuen Abteilung kam es indessen nicht mehr. Am 4. April 1945 erfolgte durch Gauleiter Eigruber die sofortige Schließung der Technischen Hochschule in Linz, an der es – trotz der hochtrabenden Pläne und der Bereitschaft Hitlers, hierfür mitten im Krieg umfangreiche Ressourcen zur Verfügung zu stellen – nie mehr als 40 Hörer gegeben hatte. Das Stift Wilhering, wo zwischen 1942 und 1945 auch französische Kriegsgefangene untergebracht worden waren, wurde zum Lazarett und einen Monat später von amerikanischen Soldaten besetzt.[80] Die Technische Hochschule in Linz bestand damit nicht mehr. Überlegungen zur Errichtung einer ärztlichen Akademie für die fachliche Weiterbildung von Ärzten und des ärztlichen Hilfspersonals (Schwestern- und Hebammenschule), die in Zusammenhang mit einem Neubau des Allgemeinen Städtischen Krankenhauses samt Gaufrauenklinik im Süden von Linz geschmiedet worden waren, sind hingegen nie über ein Planungsstadium hinausgekommen.[81]

Timeline

1566	Kaiser Maximilian II. überlässt den beiden adeligen Ständen in Oberösterreich das Minoritenkloster in Enns zur Erweiterung ihrer neu errichteten Landschaftsschule.
1574	Die Landschaftsschule verlegt ihren Sitz nach Linz.
1599/1600	Im Zuge der Gegenreformation wird die Schließung der Schule befohlen.
1608	Die Jesuiten eröffnen den Lehrbetrieb an ihrer neuen Lateinschule.
1609/10	Die von Kaiser Matthias eingeräumte freie Religionsausübung ermöglicht die Wiedereröffnung der evangelischen Landschaftsschule.
1624	Endgültige Schließung der evangelischen Landschaftsschule.
1629	Die ehemals protestantische Landschaftsschule wird noch vor ihrer Wiedereröffnung mit der Lateinschule der Jesuiten fusioniert.
1669	An der durch die Fusionierung entstandenen neuen Schule wird das Studium Philosophicum samt der Mathesis und Ethica wie auch der Casus Consientiae und das Jus Canonum eingeführt. Später gibt es auch Vorlesungen aus dem Bereich der Medizin. Zum Gymnasium kommt damit ein Lyzeum hinzu.
1674	Kaiser Leopold I. gewährt das Graduierungsrecht.
1696	Die Landstände fordern auch das Promotionsrecht.
1773	Aufhebung des Jesuitenordens. Bis 1807 führen ehemalige Jesuiten den Unterricht. Dann unterstellt Kaiser Franz I. das Gymnasium dem Stift Sankt Florian.
1783	Die theologischen Studien werden eingestellt, bereits 1793 jedoch wieder eröffnet.
1808	Die medizinischen Studien werden eingestellt.
1810	Kaiser Franz I. hebt das juristische Studium auf; es kann jedoch noch zwei Jahre fortgesetzt werden und damit auslaufen.
1848	Versuch der Stadtgemeinde, beim Unterrichtsministerium die Errichtung einer Universität mit juridischen und medizinischen Studien zu erreichen. In einem Gutachten spricht sich Adalbert Stifter 1849 gegen die Schaffung einer Universität aus.
1849	Die philosophischen Klassen des Lyzeums werden mit den übrigen Gymnasialklassen vereint.
1869–1873	Die Stadtgemeinde sowie Handels- und Gewerbekammer bemühen sich um eine Technische Hochschule verbunden mit einer Handelshochschule.
1876	Vorsprache im Wiener Unterrichtsministerium mit der Bitte, eine Hochschule mit einer Juridischen und Medizinischen Fakultät zu errichten.

1887–1901	Der oberösterreichische Landtag und die Stadtgemeinde Linz bemühen sich um die Errichtung einer Chirurgischen Lehranstalt/Medizinischen Fakultät/Medizinischen Hochschule.
1908/09	In Linz soll eine Handelshochschule mit Juristischer Fakultät gegründet werden.
1913	Die Handels- und Gewerbekammer für das Erzherzogtum Österreich ob der Enns trägt sich mit der Idee, in Linz eine Technische Hochschule zu errichten.
1914	Die Stadt Linz unternimmt einen erneuten Versuch, in Linz eine Hochschule zu errichten, wobei die Zusammensetzung der Fakultäten offenbleibt.
1917/18	Forderung nach der Errichtung einer Universität und Handelshochschule.
1918/19	Nach dem Zusammenbruch der K.-u.-k.-Monarchie kommt der Plan auf, die Technische Hochschule in Brünn nach Linz zu verlegen.
22.10.1938	Hitler entscheidet, dass die Technische Hochschule in Brünn nach Linz verlegt werden soll.
14.11.1938	Hitler beschließt, dass die Technische Hochschule in Brünn bleibt, Linz aber baldigst eine Technische Hochschule erhalten soll.
30.3.1939	Hitler entscheidet, dass die Technische Hochschule auf dem Gelände des Petrinums entstehen soll.
16.5.1939	Erlass des Reichsministers für Wissenschaft, Erziehung und Volksbildung zur Errichtung der Technischen Hochschule in Linz. Es sind fünf Fakultäten vorgesehen.
7.2.1940	Hitler entscheidet, dass die Hochschule nach Plänen von Wilhelm Jost gebaut werden soll.
31.1.1941	Bei einer Besprechung mit Hitler wird eine etappenweise Inbetriebnahme der Hochschule vereinbart.
13.1.1943	Bei einer Besprechung im Reichserziehungsministerium, an der auch der kommissarische Rektor Wilhelm Jost teilnimmt, werden Richtlinien für die Technische Hochschule erarbeitet. Es steht fest, dass es nur eine Architekturabteilung geben soll.
5.4.1943	In einer Besprechung zwischen dem Architekten Hermann Giesler und Hitler wird beschlossen, dass die Technische Hochschule am Südufer der Donau entstehen soll. Bis zur Fertigstellung des neuen Gebäudes soll es einen provisorischen Hochschulbetrieb in Stift Wilhering geben.
3.10.1943	Eröffnung der Technischen Hochschule in Stift Wilhering.
8.1.1945	Rektor Jost wird informiert, dass zusätzliche Stellen für die Errichtung einer Bauingenieurabteilung genehmigt wurden. Sowohl die Parteikanzlei als auch das Finanzministerium haben der Errichtung der Bauingenieurabteilung im Oktober 1944 zugestimmt.

4.4.1945 Gauleiter August Eigruber verfügt die sofortige Schließung der Technischen Hochschule in Wilhering.

Anmerkungen

1 Vgl. zur Entwicklung des österreichischen Bildungswesens in diesen Jahren: Helmut Engelbrecht, Geschichte des österreichischen Bildungswesen. Erziehung und Unterricht auf dem Boden Österreichs, Bd. 2: Das 16. und 17. Jahrhundert, Wien 1983.
2 Josef Lenzenweger, Der Kampf um eine Hochschule für Linz, Linz 1963, S. 7 ff.; Willibald Katzinger, Die evangelische Landschaftsschule zu Linz, in: Akademisches Gymnasium Linz (Hg.), Die Geschichte des Akademischen Gymnasiums Linz, Linz 1998, S. 1 ff.
3 Auch die Landschaftsschule der evangelischen Landstände kann daher als Lateinschule bezeichnet werden.
4 Aufgrund der 1609 von Kaiser Matthias eingeräumten freien Religionsausübung konnte die Schule damals wiedereröffnet werden.
5 Erika Sokolicek, Das Zeitalter der Jesuiten 1608–1773, in: Akademisches Gymnasium Linz (Hg.), Die Geschichte des Akademischen Gymnasiums Linz, Linz 1998, S. 33 ff.
6 Lenzenweger, Der Kampf um eine Hochschule für Linz, S. 9 f.; Katzinger, Die evangelische Landschaftsschule zu Linz, S. 30 f.; Sokolicek, Das Zeitalter der Jesuiten 1608–1773, S. 46 ff.
7 Sie hatte ihren Sitz zunächst im Landhaus (wie bereits früher die Landschaftsschule der Stände), später im neuen Jesuitenkollegium in der Domgasse.
8 Sokolicek, Das Zeitalter der Jesuiten 1608–1773, S. 50 ff.
9 Lenzenweger, Der Kampf um eine Hochschule für Linz, S. 17.
10 Das Baccalaureat war der niederste akademische Grad, der Magistergrad der höchste, der dem Doktorat gleichwertig war. Bei der »Licentia depositions« handelte es sich um eine Aufnahmezeremonie in die »Civitas Academica«.
11 Sie stellten die Voraussetzungen für die Verleihung von akademischen Graden infrage und bezweifelten – wenn der Kaiser dies auch festgehalten hatte –, dass die Abschlüsse in Linz mit jenen an anderen Universitäten gleichzusetzen seien.
12 Vgl. zur Geschichte der Universität Salzburg: Max Kaindl-Hönig u. Karl Heinz Ritschel, Die Salzburger Universität 1622–1964, Salzburg 1964; Akademischer Senat der Universität Salzburg (Hg.), Festschrift Universität, Salzburg 1622-1962-1972, Salzburg 1972; Reinhold Reith (Hg.), Die Paris Lodron Universität Salzburg. Geschichte – Gegenwart – Zukunft, Salzburg 2012.
13 Das Land ob der Enns erlangte erst unter Kaiser Joseph II. seine volle politische Unabhängigkeit von Niederösterreich. Ein eigenes Bistum wurde erst 1783 bzw. 1785 eingerichtet. Lenzenweger, Der Kampf um eine Hochschule für Linz, S. 5.
14 Hans Sturmberger, Das Graduierungsrecht des Linzer Lyzeums, in: Linzer Hochschulfonds (Hg.), Eröffnungsschrift Hochschule Linz, Linz 1966, S. 63 ff.
15 Siegfried Haider, Geschichte Oberösterreichs, Wien 1987, S. 314 f.
16 Vgl. zur Entwicklung in diesen Jahren allgemein: Helmut Engelbrecht, Geschichte des österreichischen Bildungswesens. Erziehung und Unterricht auf dem Boden Österreichs, Bd. 3: Von der frühen Aufklärung bis zum Vormärz, Wien 1984.
17 Haider, Geschichte Oberösterreichs, S. 315.
18 Rudolf Zinnhobler, Das Studium der Theologie in Linz, in: ders. (Hg.), Theologie in Linz, Linz 1979, S. 5–41; Herbert Kalb, Die Katholisch-Theologische Universität Linz. Von der diözesanen Lehranstalt zur Privatuniversität, in: Österreichisches Archiv für Recht & Religion, Jg. 47, H. 3, 2000, S. 363–383.

19 Maßgeblich war hierfür einerseits, dass im Zuge einer 1807 angedachten Neugliederung der Universität Salzburg an die Etablierung eines »vollständigen chirurgischen Studiums« gedacht wurde, weshalb die »unvollständige chirurgische Schule«, der zudem ein schlechtes Zeugnis ausgestellt wurde, eingestellt werden sollte.
20 Dies erfolgte im Rahmen einer Reform der juristischen Studien.
21 Ingo Andruchowitz, Schule in einer Provinzialhauptstadt. Das öffentliche Schulwesen als zentralstaatliches Herrschaftsinstrument. Fallbeispiel Linz 1750–1848, Linz 1994; Haider, Geschichte Oberösterreichs, S. 315.
22 1818 wurde als Ersatz für die aufgelassene medizinisch-chirurgische Abteilung eine Hebammenschule eingerichtet. Des Weiteren hielt ein Doktor der Arztkunde kostenlose Vorlesungen am Linzer Lyzeum über »Rettungsmittel beim Scheintod und plötzliche Lebensgefahr«. Andruchowitz, Schule in einer Provinzialhauptstadt, S. 199.
23 Lenzenweger, Der Kampf um eine Hochschule für Linz, S. 18 f.
24 Die Hochschulen in Graz und Innsbruck, die 1782 zu Lyzeen wurden, erhielten erst 1826 und 1827 den Titel Universität zurück. Das Lyzeum in Klagenfurt sank ebenso wie jenes in Linz in eine bildungsmäßig bescheidene provinzielle Stellung ab.
25 Roman Sandgruber, Ein Land ohne Universität. Oberösterreichs bildungspolitische Stagnation im 19. Jahrhundert, in: Blickpunkte, Jg. 41, H. 3, 1991, S. 29 f.
26 Haider, Geschichte Oberösterreichs, S. 356.
27 Lenzenweger, Der Kampf um eine Hochschule für Linz, S. 20 ff.
28 Sandgruber, Ein Land ohne Universität, S. 32.
29 Dies umfasste auf dem Gebiet des heutigen Österreich sowohl die (Wieder-)Angliederung von Medizinischen Fakultäten an den Universitäten Graz (1863) und Innsbruck (1869) bzw. ab 1872 die Umwandlung der Vorgängerinstitutionen der Technischen Universitäten in Graz und Wien und der Veterinärmedizinischen Universität Wien in Hochschulen. Die heutige Universität für Bodenkultur wurde 1872 gegründet, die Exportakademie als Vorläuferin der gegenwärtigen Wirtschaftsuniversität in Wien wurde 1898 eröffnet. 1901 erhielten die Technischen Hochschulen in Graz und Wien, 1904 die Montanlehranstalt in Leoben und 1908 die Veterinärmedizinische Hochschule in Wien das Promotionsrecht. Helmut Engelbrecht, Geschichte des österreichischen Bildungswesens. Erziehung und Unterricht auf dem Boden Österreichs, Bd. 4: Von 1848 bis zum Ende der Monarchie, Wien 1986.
30 Lenzenweger, Der Kampf um eine Hochschule für Linz, S. 23.
31 Sandgruber, Ein Land ohne Universität, S. 28 und S. 32.
32 Diese bestanden damals in Wien und Graz, wobei die Technische Lehranstalt in Graz erst 1864 in eine Hochschule umgewandelt wurde.
33 Lenzenweger, Der Kampf um eine Hochschule für Linz, S. 24 f.
34 Ebd., S. 25.
35 Die Gründung einer medizinischen Facultät in Linz. Von Sanitätsrat Dr. Franz Schnopfhagen. Vortrag, gehalten am 23. März im Kaufmännischen Vereine in Linz, in: Tages-Post, 27.3.1887.
36 Kurt Tweraser, Dr. Carl Beurle – Schönerers Apostel in Linz, in: Historisches Jahrbuch der Stadt Linz 1989, Linz 1990, S. 67–83.
37 Errichtung einer medizinischen Hochschule in Linz, in: Linzer Volksblatt, 12.11.1890.
38 Zudem wurde darauf hingewiesen, dass aus dem Antrag nicht klar hervorgehe, ob eine selbstständige Fakultät oder eine Physicalschule für praktische Ärzte mit geringerem Lehrziel angestrebt werde, wobei Letzteres generell abgelehnt wurde.
39 Diese befand sich in der Nähe des Allgemeinen Krankenhauses sowie des Kinderspitals und der Frauenklinik.
40 Lemberg und Czernowitz forderten gleichzeitig die Errichtung Medizinischer Fakultäten innerhalb ihrer Universitäten, Brünn und Salzburg wünschten Medizinische Hochschulen bzw. Chirurgische Aka-

demien. Die bereits bestehende Medizinische Fakultät Innsbruck verlangte einen weiteren Ausbau ihrer Einrichtungen.

41 Medicinische Facultät in Linz, in: Linzer Volksbote, 22.6.1893.
42 Denkschrift betreffend die Errichtung einer Medicinischen Hochschule in Linz. Im Auftrage des Actions-Comités verfasst von Dr. C. Beurle, Dr. A. Brenner, Dr. L. Piskaček und Dr. F. Schnopfhagen, Linz 1894.
43 Lenzenweger, Der Kampf um eine Hochschule für Linz, S. 25 ff.
44 Als Standort wurde dasselbe Gelände vorgesehen wie einst für die Medizinische Fakultät bzw. Hochschule.
45 Lenzenweger, Der Kampf um eine Hochschule für Linz, S. 37 ff.
46 Diese wurde jedoch nicht umgesetzt.
47 Lenzenweger, Der Kampf um eine Hochschule für Linz, S. 39.
48 Diese sollte den Namen »Kaiser-Karl-Friedensuniversität in Linz« tragen.
49 Als Vorteile für Linz bzw. Oberösterreich wurden genannt, dass dieses im Hinblick auf die bestehenden Universitäten eine bessere Lage, ein größeres Zuzugsgebiet (auch aus den anderen Kronländern), ein höheres Steueraufkommen und mehr Gymnasien haben würde. Denkschrift über die Errichtung einer Universität und Handelshochschule in Linz, Linz 1918.
50 Die deutsche und tschechische Technische Hochschule in Brünn gingen auf eine 1847 eingerichtete deutsch-tschechische Lehranstalt zurück, die 1873 zur Hochschule wurde. 1899 erfolgte die Trennung in eine deutsche und in eine tschechische Hochschule. Als Standort in Linz wurde die der Stadt gehörende Landwehr-Infanterie-Kaserne angedacht.
51 Sandgruber, Ein Land ohne Universität, S. 33.
52 Pavel Šišma, Zur Geschichte der Deutschen Technischen Hochschule Brünn. Professoren, Dozenten und Assistenten 1849–1945, Linz 2009, S. 21 f.
53 Vorgeschlagen wurde dabei auch, dass an die Technische Hochschule eine landwirtschaftliche Abteilung, eine Handelshochschulabteilung und versicherungstechnische Kurse angegliedert werden könnten. Denkschrift über die Errichtung einer technischen Hochschule in Linz. Vorgelegt im Namen der Gesamtheit der Professoren an der deutschen technischen Hochschule in Brünn im Jahre 1919, Wien 1919.
54 Land Oberösterreich-Abteilung Statistik, Bevölkerungsentwicklung in Oberösterreich, unter: http://data.ooe.gv.at/files/cms/Mediendateien/OGD/ogd_abtStat/OOE_Bevoelkerung_Zeitreihe.csv, aufgerufen am 14.7.2016.
55 Zu nennen ist in diesem Zusammenhang auch die 1882 erfolgte »Teilung« der Universität Prag in eine deutsche und tschechische Universität, wobei die »Deutsche Universität« nicht geteilt, sondern durch eine »Böhmische Universität« ergänzt wurde. Da der Aufwand für das nichtdeutschsprachige Schul- und Hochschulwesen ständig wuchs, wurde an den deutschsprachigen Hochschulen immer hartnäckiger auf die eigenen Defizite hingewiesen. Elmar Schübl, Der Universitätsbau in der Zweiten Republik. Ein Beitrag zur Entwicklung der universitären Landschaft in Österreich, Horn 2005, S. 11 ff.
56 Josef Lenzenweger, Geschichte der Hochschulbestrebungen in Linz, in: Österreichische Hochschulzeitung, Jg. 16, H. 20, 15.12.1964, S. 13.
57 Oliver Rathkolb, Der lange Schatten des Antisemitismus. Kritische Auseinandersetzungen mit der Geschichte der Universität Wien im 19. und 20. Jahrhundert, Göttingen 2013; Klaus Taschwer, Hochburg des Antisemitismus. Der Niedergang der Universität Wien im 20. Jahrhundert, Wien 2015; Regina Fritz u. a. (Hg.), Alma mater antisemitica. Akademisches Milieu, Juden und Antisemitismus an den Universitäten Europas zwischen 1918 und 1939, Wien 2016.
58 Walter Höflechner, Die Baumeister des künftigen Glücks. Fragmente einer Geschichte des Hochschulwesens in Österreich vom Ausgang des 19. Jahrhunderts bis in das Jahr 1938, Graz 1988; Elmar Schübl, Universitäten im Wandel, in: Stefan Karner u. Lorenz Mikoletzky (Hg.), Österreich. 90 Jahre Republik, Beitragsbd. der Ausstellung im Parlament, Innsbruck 2008, S. 309 ff.

59 Friedrich Stadler (Hg.), Vertriebene Vernunft I und II. Emigration und Exil österreichischer Wissenschaft, unv. Neuauflage, Münster 2004; Friedrich Stadler, Kontinuität und Bruch 1938 – 1945 – 1955. Beiträge zur österreichischen Kultur- und Wissenschaftsgeschichte, unv. Neuauflage, Münster 2004; Friedrich Stadler (Hg.), Österreichs Umgang mit dem Nationalsozialismus. Die Folgen für die naturwissenschaftliche und humanistische Lehre, Wien 2004; Johannes Feichtinger, Wissenschaft zwischen den Kulturen. Österreichische Hochschullehrer in der Emigration 1933–1945, Frankfurt 2001.

60 Zudem gab es Überlegungen, die Brünner Hochschule in Troppau anzusiedeln und die Prager Universität nach Fächern zerlegt nach Breslau, Leipzig und Dresden zu übertragen. Helmut Heiber, Universität unterm Hakenkreuz. Teil II: Die Kapitulation der Hohen Schulen. Das Jahr 1933 und seine Themen, Bd. 1, München 1992, S. 190 ff.

61 Die Brünner deutsche Technik, in: Prager Presse, 9.11.1938.

62 Šisma, Zur Geschichte der deutschen Technischen Hochschule Brünn, S. 27 f.; Heiber, Universität unterm Hakenkreuz, S. 190 ff.

63 Dies übertraf die Anzahl der Studierenden an der Technischen Hochschule Wien im Wintersemester 1938/39 um ca. 15 Prozent. Willi Weinert, Zu den Versuchen der Errichtung einer Technischen Hochschule in Linz (unter besonderer Berücksichtigung des Zeitraums 1938–1945), in: Oberösterreichische Heimatblätter, Jg. 40, H.1, 1986, S. 43.

64 Ebd., S. 41; Löhr, Hitlers Linz, S. 144 f.; Technische Hochschule in Linz, in: Tages-Post (Mittagsblatt), 3.8.1939.

65 Die Führung des Schul- und Internatsbetriebes war bis zum Ende des Schuljahres 1937/38 möglich. Im Juli 1938 wurde allen geistlichen Schulen das Öffentlichkeitsrecht entzogen. Mit Schreiben des Landesschulrats vom 9.9.1938 wurde das Petrinum geschlossen. Es bestand kein bischöfliches Knabenseminar und Gymnasium mehr.

66 In der Folgezeit entflammte ein jahrelanger Rechtsstreit über die Entschädigungssumme. Da eine Besitzeinweisung nie erfolgte, galt als Besitzer weiterhin der Diözesanhilfsfonds, das Petrinum wurde daher nie deutsches Eigentum. Mit dem Rückstellungserkenntnis vom 14.2.1951 wurde das Enteignungserkenntnis vom 29.2.1940 aufgehoben.

67 Josef Honeder, Die Schicksale des Kollegium Petrinum während der Zeit des Nationalsozialismus (1938–1945), in: 71. Jahresbericht des Bischöflichen Gymnasiums Kollegium Petrinum in Urfahr-Linz 1974/1975, Linz 1975, S. 4 ff.

68 Der erste Grundrissplan für die Technische Hochschule auf dem Petriner Gelände lag bereits im Jahre 1939 vor. Er war vom Landesbauamt der Stadt Linz erstellt worden, als Baugelände war ein Flächenareal von 15 Hektar in Aussicht genommen worden, das sich vom Petrinum und der Teistlergutstraße nach Nordwesten bis zur Waldgrenze am Fuße des Pöstlingbergs erstreckte. Löhr, Hitlers Linz, S. 147; Honeder, Die Schicksale des Kollegium Petrinum während der Zeit des Nationalsozialismus, S. 40 f.

69 Weinert, Zu den Versuchen der Errichtung einer Technischen Hochschule in Linz, S. 44 f.; Löhr, Hitlers Linz, S. 147 f.

70 In der Folgezeit zogen verschiedene Ämter und das NSKK ein. Als im letzten Kriegsjahr die Fronten immer näher rückten, wurde im Petrinum ein Kriegslazarett installiert.

71 AStL, NS-Zeit, Schuber 21: Franz Schmuckenschläger, Die Neugestaltung der Stadt Linz in den Jahren 1938–1945, S. 43 f.; Honeder, Die Schicksale des Kollegium Petrinum während der Zeit des Nationalsozialismus, S. 36 ff. und S. 46; Löhr, Hitlers Linz, S. 150; Fritz Mayrhofer, Die »Patenstadt«. Hitlers Baupläne für Linz, in: Mayrhofer u. Schuster, Bilder des Nationalsozialismus in Linz, S. 57; Michael Früchtel, Der Architekt Hermann Giesler, Leben und Werk (1898–1987), Tübingen 2008, S. 293 f.

72 Nach der Entziehung des Öffentlichkeitsrechts für Privatschulen, der Aufhebung aller Knabenseminare und Internate wurde das Stiftsgymnasium in Wilhering mit einem Erlass des Landesschulrats für Oberdonau vom 9.9.1938 endgültig geschlossen.

73 Die Mittelstelle unterstand Heinrich Himmler in seiner Funktion als Reichskommissar für die Festi-

gung des deutschen Volksturms. Der Chef der SS war in dieser Eigenschaft seit Oktober 1939 für ein umfassendes Umsiedlerprogramm zuständig, in dessen Rahmen sogenannte Volksdeutsche im Reich wieder angesiedelt werden sollten.

74 Paulus Nimmervoll, Das Zisterzienserstift Wilhering zur Zeit des Nationalsozialismus, in: Zisterzienserabtei Wilhering (Hg.), 75 Jahre Stiftsgymnasium Wilhering. 60. Jahresbericht. Schuljahr 1969/70, o. O. o. J., S. 19 ff.

75 Weinert, Zu den Versuchen der Errichtung einer Technischen Hochschule in Linz, S. 47 f.; Löhr, Hitlers Linz, S. 148 f.; Heiber, Universität unterm Hakenkreuz, S. 207 f.

76 Das Priesterseminar zog erst im Oktober 1943 aus dem Stift aus. Die letzten Patres mussten im Mai 1944 das Haus verlassen.

77 Weinert, Zu den Versuchen der Errichtung einer Technischen Hochschule in Linz, S. 48 f.; Löhr, Hitlers Linz, S. 150; Heiber, Universität unterm Hakenkreuz, S. 208 ff.

78 Unserer Hochschule zum Geleit!, in: Tages-Post, 4.10.1943; Wissenschaft und Kunst im Krieg, in: Tages-Post, 5.10.1943; Die Technische Hochschule in Linz, in: Tages-Post, 5.10.1943; Neue Technische Hochschule in Linz, in: Münchner Neueste Nachrichten, 6.10.1943; Die neue Technische Hochschule in Linz. Mittelpunkt der Stadt und des Gaues, in: Völkischer Beobachter (Wiener Ausgabe), 6.10.1943; An der jüngsten Hohen Schule des Reiches, in: Münchner Neueste Nachrichten, 28.11.1943; Hohe Schule der Baukunst, in: Signal, H. 12, 1944, S. 27.

79 Weinert, Zu den Versuchen der Errichtung einer Technischen Hochschule in Linz, S. 49 f.; Nimmervoll, Das Zisterzienserstift Wilhering zur Zeit des Nationalsozialismus, S. 50 f.

80 Weinert, Zu den Versuchen der Errichtung einer Technischen Hochschule in Linz, S. 50 f.; Löhr, Hitlers Linz, S. 150 f.; Heiber, Universität unterm Hakenkreuz, S. 212 ff.; Nimmervoll, Das Zisterzienserstift Wilhering zur Zeit des Nationalsozialismus, S. 52 ff.

81 Das neue Krankenhaus war zuerst westlich der Froschbergverbauung bis hin zur Leondinger Turmlinie, dann auf den Höhen vom Gaumberg, schließlich am Südrand des Kürnbergerwaldes vorgesehen. Fritz Mayrhofer, Die »Patenstadt des Führers«. Träume und Realität, in: Fritz Mayrhofer u. Walter Schuster (Hg.), Nationalsozialismus in Linz, Bd. 1, Linz 2002, S. 353; Verena Hahn-Oberthaler u. Gerhard Obermüller, 150 Jahre Gesundheit im Zentrum. Vom Allgemeinen Krankenhaus der Stadt Linz zum Kepler Universitätsklinikum, Linz 2015, S. 121 f.; AStL, NS-Zeit, Schuber 21: Franz Schmuckenschläger, Die Neugestaltung der Stadt Linz in den Jahren 1938–1945, S. 63 f.

2 Die Gründung – von den ersten Hochschulbestrebungen nach Kriegsende bis zur Eröffnung der Hochschule für Sozial- und Wirtschaftswissenschaften (1945–1966)

Nach dem Zweiten Weltkrieg zielten die Hochschulbestrebungen in Linz, das bis 1955 in einen von den Sowjets besetzten Norden und einen amerikanischen Süden geteilt war,[1] vor dem Hintergrund der mächtigen Industrialisierungswelle seit 1938 zunächst auf die (Wieder-)Errichtung eines technischen Studiums ab. Die Initiative hierfür ging – wie bereits in früheren Phasen – von Oberösterreich aus und wurde wesentlich von Landeshauptmann Heinrich Gleißner (ÖVP) und Bürgermeister Ernst Koref (SPÖ) getragen. Eine neue Ausrichtung bekamen die Hochschulpläne erst, nachdem sich gezeigt hatte, dass eine Technische Hochschule nicht zu verwirklichen war. Dies führte 1962 zunächst zur gesetzlichen Gründung der Hochschule für Sozial- und Wirtschaftswissenschaften und 1966 auch zu ihrer Eröffnung, wobei sich das Profil der neuen Hochschule inzwischen jedoch deutlich verändert hatte.

Versuche zur Installierung eines technischen Studiums

Ein erster Vorstoß zur Installierung eines technischen Studiums stammte bereits aus dem Jahr 1945 und betraf die Wiederöffnung der Technischen Hochschule. So teilte Heinrich Gleißner, der bereits von 1934 bis 1938 und dann neuerlich von 1945 bis 1971 als oberösterreichischer Landeshauptmann fungierte, am 13. November 1945 dem Staatsamt für Volksaufklärung, für Unterricht und Erziehung und für Kultusangelegenheiten mit, dass beim Einzug der amerikanischen Besatzungsmächte der gesamte Besitz der Technischen Hochschule in Stift Wilhering beschlagnahmt worden sei, der bestellte Treuhänder aber bemüht sei, alles zusammenzuhalten. Diese Situation müsse ausgenützt werden, da ansonsten die Gefahr drohe, dass »der Plan zur Errichtung einer Hochschule in Linz auf unabsehbare Zeiten undurchführbar wird«. Wie auch in einem Memorandum vom 4. November 1945 festgehalten wurde, sollte für die Wiedereröffnung der Technischen Hochschule die nächste freiwerdende Kaserne bereitgestellt werden, da das Stift Wilhering zur Wiederbegründung seines Gymnasiums geräumt werden musste. Vonseiten des Staatsamts wurde hierauf zwar erklärt, dass eine Technische Hochschule im Westen ein erstrebenswertes Ziel sei, gleichzeitig aber festgehalten, dass der gegenwärtige Zeitpunkt wegen des Abgangs

Die »Gründungsväter« der Linzer Hochschule: Ernst Koref und Heinrich Gleißner

Als zwei Gründungsväter der Linzer Hochschule wurden Ernst Koref und Heinrich Gleißner schon zu Lebzeiten bezeichnet. Tatsächlich waren die beiden nicht nur in ihrem Engagement für die Hochschule und spätere Universität verbunden, sondern auch in ihrer Überzeugung vom Wert von Kultur und Bildung für die Menschen einer nach 1945 stark angewachsenen Industriestadt. Ihr jeweiliger Aufstieg aus bescheidenen sozialen Verhältnissen, der beiden beredtes Anschauungsmaterial für diese Überzeugung bot, führte Koref und Gleißner immer wieder zusammen, mal als Partner, mal als Gegner, mal als Freunde.

Ernst Koref, Sohn eines kulturbeflissenen Bahnbeamten und einer Mutter aus bäuerlichem Milieu, wusste schon früh zu glänzen und den Wert von Bildung und Kultur in lebensweltliche Vorteile umzumünzen. Aufgrund seiner Leistungen übersprang er nicht nur eine Klasse, sondern gab auch älteren und sozial bessergestellten Schulfreunden Nachhilfe. Als im Dezember 1908 das 60-jährige Thronjubiläum Kaiser Franz Josefs gefeiert wurde, durfte der damalige »Oktavaner« Koref für die Schülerschaft seines Gymnasiums die Huldigungsworte auf den Monarchen darbringen. Seinen Ausführungen

Abbildung 12: Landeshauptmann Heinrich Gleißner, Bürgermeister a. D. Ernst Koref, Landesamtsdirektor Heinrich Pichler, Bundesminister Theodor Piffl-Perčević und Bürgermeister Edmund Aigner (von links nach rechts) bei der Gleichenfeier der Linzer Hochschule 1965.

lauschte sein jüngerer Schulkollege Heinrich Gleißner, Sohn eines aufstrebenden Mitarbeiters des Linzer Werkes der Lokomotivenfabrik Krauß & Co. und einer Mutter aus ebenfalls bäuerlichem Milieu. Auch Gleißner entlastete das angespannte Familienbudget durch das Abhalten von Nachhilfestunden. Im Freigegenstand Englisch saßen die beiden tatsächlich nebeneinander. Beide maturierten schließlich im damaligen k. und k. Staatsgymnasium auf der Spittelwiese mit Auszeichnung. Während Koref danach in Wien studierte und sich als Erzieher bei wohlhabenden Familien seinen Unterhalt finanzierte, verschlug es Gleißner nach Prag, wo er, wie es später etwas blumig beschrieben wurde, »nach bestem Vermögen« mithalf, »eine große österreichische Sendung auf dem heißen Prager Boden zu erfüllen«. Koref, Spross einer elfköpfigen Familie, sprach wohl auch für Gleißner, den Spross einer neunköpfigen Familie, wenn er später über seine Studienzeit in der Fremde ausführen sollte, dass er es angesichts der »großen Opfer der Eltern [..] nicht fassen« konnte, »warum Linz nicht für würdig befunden wurde, Sitz einer Hochschule im Kronland ›Ob der Enns‹ zu sein. Und es ›wurmte‹ mich, denn ich gestehe offen: ich war immer ein Lokalpatriot von Passion.«

Bei Ausbruch des Ersten Weltkrieges standen sie in den ersten Wochen der Ausbildung Schulter an Schulter nebeneinander. Beide kehrten aus dem Krieg als hochdekorierte Offiziere zurück, um kurze Zeit später für unterschiedliche, zunehmend als gegensätzlich und schließlich sogar als verfeindet begriffene politische Richtungen in die Arena zu steigen. Der Sozialdemokrat Ernst Koref wurde Nationalrat und geschäftsführender Landesparteiobmann, der Christlichsoziale Heinrich Gleißner stieg, nicht zuletzt aufgrund seiner aus der Kriegszeit herrührenden persönlichen Bekanntschaft mit Kanzler Dollfuß, zum Staatssekretär für Land- und Forstwirtschaft auf.

Österreichs zunehmend autoritäres Klima ließ diesen politischen Gegensatz schließlich kulminieren. Nach dem 12. Februar 1934 wurde Gleißner zum Landeshauptmann von Oberösterreich ernannt, während Koref, wie er selbst in seinen Memoiren nicht ohne bittere Ironie festhielt, zwar nicht zum Räuberhauptmann wurde, aber doch im Linzer Landesgericht landete. Nach seiner Entlassung aus dem Gefängnis, aber auch aus dem Schuldienst musste er Nachhilfestunden und Kurse im privaten Rahmen abhalten, um seine Familie zu ernähren.

Während der Zeit des Nationalsozialismus wurden beide verfolgt und eingesperrt: Koref als ehemaliger führender Sozialdemokrat und Sohn eines jüdischen Vaters, Gleißner als ehemaliger führender Funktionär des »Ständestaates«. Diese dunkle Zeit brachte sie jedoch, wie später eingestanden wurde, »einander menschlich wieder näher«, nicht zuletzt, weil beide »nichts mehr zu lachen, nicht einmal zu lächeln« hatten.

Vor diesem persönlichen Hintergrund wie auch aus Überlegungen realpolitischer Klugheit eröffnete sich nach Kriegsende für den Linzer Bürgermeister Koref und den oberösterreichischen Landeshauptmann Gleißner gleichermaßen die Möglichkeit, durch eine enge Kooperation Vorteile für die angeschlagene Stadt Linz herauszuschlagen. Sei es in Angelegenheiten des Wiederaufbaus, des Wohnungsproblems, der Entnazifizierungsfrage, sei es im Umgang mit den Besatzungsmächten oder auch im nicht immer unproblematischen Verhältnis zu Wiener Stellen – oft genug zeigte sich die Durchschlagskraft des die Parteigrenzen zumindest teilweise transzendierenden dynamischen Duos Koref und Gleißner.

So auch in der Frage der Linzer Hochschule, die beiden ein persönliches Anliegen war. Als die Hochschule eröffnet wurde, bekannte Koref unumwunden, dass »mein Traum« in Erfüllung gegangen war. »Schon in meiner Mittelschulzeit habe ich es schmerzlich empfunden und nicht verstehen wollen, dass [..] Linz [..] sozusagen als Stiefkind dastand.« Auch die Interventionen des Landeshauptmanns wiesen eine Kampffreudigkeit auf, die eine über realpolitische Erwägungen hinausgehende Begeisterung für das Projekt vermuten ließ. Bemerkenswert dabei waren nicht zuletzt der Pragmatismus und die Flexibilität, die an den Tag gelegt wurden. Dies betraf keineswegs nur den Bereich der politischen Einflussnahme. Beide waren zwar stark von jenem klassischen bildungsbürgerlichen Kulturbegriff des ausgehenden 19. Jahrhunderts geprägt, der sich in einer mitunter trotzigen Abkehr von Überlegungen des Politischen und Nützlichen gefallen hatte. Dessen ungeachtet standen sie sich damit nicht selbst im Wege und zeigten bei der Errichtung der Hochschule bemerkenswert wenig Scheu vor der Möglichkeit der Einrichtung neuer, den praktischen Problemen zugewandter Fachrichtungen. Ihre Bemühungen wurden zweifellos durch den industriellen und technologischen Strukturwandel des Landes bestimmt – durch Faktoren also, die, wie der Landeshauptmann schon 1964 in einem Beitrag deutlich machte, die »Errichtung einer [..] wirtschaftswissenschaftlichen

Forschungsstätte« sowie die »Ausbildung von Wirtschaftsführern und Betriebsleitern, die sich den Erfordernissen unseres Zeitalters gewachsen zeigen«, erforderlich werden ließen. »Unsere Zeit des technischen Fortschrittes«, so Gleißner bei anderer Gelegenheit, »unser Jahrhundert der Veränderung aller Lebensbereiche verlangt neue Methoden der Bewältigung, die ohne entsprechende Bildungsvoraussetzungen nicht gefunden werden können.«

Diese Präsenz technischer und sozialer Umwälzungen in der Argumentation war nicht nur dem Fokus der Berufspolitiker auf die Dringlichkeiten und Chancen des Alltags geschuldet, sondern auch biographisch begründet. Als Koref und Gleißner geboren wurden, wurde noch mit Petroleumlampen beleuchtet. Als sie in den 1980er Jahren starben, hatte das Computerzeitalter begonnen. Gleichwohl wollten beide ihre Verpflichtung gegenüber dem klassischen Kanon humanistischer Bildung, der bei ihnen mit zunehmendem Alter mit einem steigenden Misstrauen gegenüber dem ablaufenden Wandel einherzugehen schien, nicht verleugnen. So meinte der Landeshauptmann bei der Eröffnung der Hochschule, er wünsche sich, »dass mit der Aufnahme des Studienbetriebes [..] in Linz jener alte Geist der humanitas einziehen möge, der den Menschen zum Herrn über die Materie und zum Diener am Menschen macht«. In einem anderen Zusammenhang warnte Koref davor, »wie gefährlich ein technisches Vorwärtsschreiten ist, wenn der Mensch in seiner geistig-seelischen Existenz nicht mitkommt. [..] Gepflasterte Straßen und ferngeheizte Bäder haben den Untergang des Römischen Weltreiches nicht aufgehalten, als die antike Kultur versank.« Koref leitete daraus die Pflicht zur kulturellen Arbeit ab. Einer der Orte, an dem, neben Berufsausbildung und technischen Entwicklungen, auch dies seinen Platz finden sollte, war die neu gegründete Linzer Hochschule. (Wolfgang Reder)

Quellen: Ernst Koref, Die Gezeiten meines Lebens, Wien 1980; Heribert Forstner u.a. (Hg.), Oberösterreicher. Landeshauptmann Heinrich Gleißner. Zeitgenossen berichten, Linz 1985; Regierungsjubiläum des Kaisers, in: Tages-Post, 3.12.1908; Landeshauptmann DDr. Heinrich Gleißner zur Vollendung des 70. Geburtstages am 26.1.1963, in: Landeskorrespondenz Sonderausgabe; Ernst Koref, Ein geschichtlicher Streifzug, in: Oberösterreichisches Tagblatt. Beilage zur Hochschuleröffnung, 8.10.1966; Wünsche von Stadt und Land, in: Linzer Volksblatt. Hochschulbeilage, 8.10.1966; Heinrich Gleißner, Der Strukturwandel des Landes Oberösterreich in: Österreichische Hochschulzeitung, Jg. 16, H. 20, 1964, S. 3; Die Eröffnungsveranstaltungen, in: Österreichische Hochschulzeitung, Jg. 18, H. 17, 1966, S. 6; Als die Großen klein waren, in: Oberösterreichische Nachrichten, 1.6.1983; Als die Großen klein waren, in: Oberösterreichische Nachrichten, 8.6.1983; AStL, Bestand Ernst Koref, Schuber 175: Mappe Ernst Koref privat: Abschrift Tagblatt vom 2.12.1950, S. 6.

zahlreicher akademischer Lehrer »aus politischen Gründen« ungünstig sei, und vom Finanzministerium betont, dass in Anbetracht der beengten staatsfinanziellen Lage auf Jahre nicht damit gerechnet werden könne, eine dritte Technische Hochschule in Österreich zu errichten.[2] Angesprochen wurden damit die beiden wichtigsten Bereiche, mit denen sich die Hochschulverwaltung zunächst beschäftigen musste: die Entnazifizierung des Lehrkörpers und eine Behebung der Kriegsschäden. Dies führte – wenn die Entnazifizierung zumeist auch nur einen vorübergehenden Ausschluss bedeutete – nicht nur zu Engpässen im Personalbereich – zumal an eine Rückholung der Vertriebenen nur in den seltensten Fällen gedacht wurde.[3] Es bedeutete auch, dass ein Großteil der ohnehin bescheidenen Mittel für die Gebäudesanierung verwendet werden musste. Bis der ökonomische Wiederaufbau in Gang gekommen war, konnte das Unterrichtsministerium bis Mitte der 1950er Jahre daher nur kaum bildungspolitische Maßnahmen setzen. Generell mussten die österreichischen Universitäten, zu denen 1945 die Universitäten Wien, Graz und Innsbruck, die Technischen Hochschulen Wien und Graz, die Montanistische Hochschule Leoben, die Hochschule für Bodenkultur Wien, die Tierärztliche Hochschule Wien und die Hochschule für Welthandel Wien zählten, ein kümmerliches Dasein fristen.[4]

Trotzdem wurde in den folgenden Jahren am Wunsch, ein technisches Studium zu installieren, festgehalten und versucht, dieses auf verschiedenen Wegen zu realisieren. Eine wichtige Rolle spielte hierbei einerseits die 1947 durch Herbert Grau gegründete und aufgebaute Volkshochschule, die in gewisser Weise ein Substitut für die fehlende Hochschule darstellte und in der kulturpolitischen Modernisierungsoffensive eine zentrale Rolle spielte.[5] Durch die Kulturarbeit, in der sowohl Koref, der von 1945 bis 1962 als Bürgermeister amtierte, als auch Gleißner eine zentrale Aufgabe sahen, sollte nicht nur ein Gegengewicht zu den während der NS-Zeit entstandenen Großindustrieanlagen geschaffen werden. Es sollte der Stadt auch eine neue kulturelle Identität gegeben werden.[6]

Andererseits wurden die Hochschulbestrebungen auch von einer Reihe damals in Linz anwesender akademischer Lehrkräfte unterstützt, die zum Teil der Entnazifizierung zum Opfer gefallen waren oder sich nach Linz abgesetzt hatten[7] – wie dem Professor für darstellende Geometrie Josef Krames[8] und dem Mathematikprofessor Karl Mayrhofer,[9] die zu den beiden wichtigsten Betreibern des technischen Studiums wurden.[10] So machte Krames bereits im Herbst 1949 den Vorschlag, in Linz eine Expositur einer bestehenden österreichischen Hochschule mit den hier anwesenden Lehrkräften zu gründen, den Koref im Rahmen der Volkshochschule auch weiterverfolgen ließ. Gedacht wurde hierbei jedoch nur an ein viersemestriges technisches Studium, da viele Studierende nach der ersten Staatsprüfung abwandern würden,[11] weshalb für Koref die Frage der Anrechenbarkeit und Gültigkeit der Prüfungen von Anfang an ein wichtiges Moment darstellte. Nach Gesprächen mit den österreichischen Universitäten und einer Erhebung des Interesses im Land führte dies 1950 zu einer Eingabe in Wien. Vorgeschlagen wurde dem Unterrichtsministerium darin die Gründung einer Privatschule mit Hochschulcharakter, wobei die anfallenden Kosten in Hinblick auf die finanziellen Schwierigkeiten des Bundes und den zu erwartenden Widerstand der Hochschulen von der Stadt Linz übernommen werden sollten.[12]

Die Grundlagen für das Linzer technische Studium wurden währenddessen immer weiter präzisiert und – nachdem zunächst an die Studienrichtungen Maschi-

Abbildung 13: Der Lehrbetrieb des technischen Studiums wurde 1951 in den Räumlichkeiten der Bundesrealschule Fadingerstraße aufgenommen. Die Volkshochschule Linz erhielt erst 1954 ein eigenes Gebäude.

nenbau und Architektur gedacht worden war – in einer Broschüre mit dem Titel »Technisches Studium der Stadt Linz im Rahmen der Volkshochschule Linz, Fachrichtung Maschinenbau und Elektronik: Aufnahmebestimmungen, Kosten, Prüfungen und Zeugnisse, Stundenpläne« veröffentlicht. Der Name »Hochschulstudium« wurde hierbei mit Rücksicht auf die bestehenden Hochschulen vermieden, der Studienbetrieb aber soweit vorbereitet, dass rasch mit ihm begonnen werden konnte. Wie eine Informationsveranstaltung zeigte, zu der 45 Personen gekommen waren, war der Großteil der Interessenten berufstätig.[13]

Die Bemühungen um die Anrechenbarkeit des Linzer technischen Studiums blieben jedoch ergebnislos, weshalb am 4. Mai 1951 ein Stadtratsantrag eingebracht wurde, nach dem das technische Studium nun in erster Linie der Hebung der allgemeinen technischen Ausbildung und weniger der Erlangung von Zeugnissen und Titeln dienen sollte. Nach diesem Konzept, das Ende Mai 1951 gebilligt wurde, sollte das technische Studium zumindest als eine Art Übergangslösung eine Kombination von Lehrgängen auf Hochschulniveau im Rahmen der Volkshochschule darstellen und auch in deren Budget untergebracht werden. In der Folgezeit wurde von Bürgermeister Koref nicht nur die Unterstützung der VÖEST in der Form eingeholt, dass auch die hier tätigen akademischen Fachkräfte und vorhandenen Lehrwerkstätten dem technischen Studium zur Verfügung stehen sollten.[14] Es wurden auch die bereits begonnenen Gespräche mit den österreichischen Hochschulen weitergeführt und Pläne zur Verlegung einer bestehenden Hochschule nach Linz geschmiedet, die sowohl die Montanistische Hochschule in Leoben als auch die Hochschule für Bodenkultur in Wien betrafen.[15]

Vor allem wurde jedoch – und das ohne Genehmigung aus dem Unterrichtsministerium – im Herbst 1951 tatsächlich das technische Studium im Rahmen der Volkshochschule in den Räumlichkeiten der Bundesrealschule in der Fadingerstraße begonnen, wobei in Form von Abendvorlesungen jene Gegenstände angeboten wurden, die im ersten bis vierten Semester an der Fakultät für Maschinenbau und Elektrotechnik einer Technischen Hochschule gelehrt wurden.[16] Der Studienbeginn fand nicht nur in der Öffentlichkeit breiten Widerhall. Er führte – wie zu erwarten war – auch zur Belehrung aus Wien, dass das Hochschulwesen Bundessache sei und Privatschulen, die die Matura voraussetzen, die Genehmigung des Bundesministeriums für Unterricht bräuchten. Gleichfalls wurde den Linzer Veranstaltungen weder von Unterrichtsminister Felix Hurdes (ÖVP) noch von seinem Nachfolger Ernst Kolb (ÖVP) ein Hochschulcharakter bzw. die Anrechenbarkeit von Prüfungen zuerkannt, was u. a. dazu führte, dass sich im Herbst 1953 nur fünf Interessenten für das erste Semester anmeldeten.[17]

Einen neuen Aufschwung erfuhren im November 1952 hingegen die Bestrebungen, in Linz eine Hochschulexpositur zu etablieren im Zusammenhang mit der 1947 als Privatschule der Stadt Linz gegründeten Kunstschule, die 1973 zur Hochschule und 1998 schließlich zur Universität erhoben wurde. Im Einvernehmen mit deren Prorektor Clemens Holzmeister wurde der Versuch unternommen, die Meisterklasse für Architektur an der Technischen Hochschule in Graz an die Kunstschule nach Linz zu verlegen und gleichzeitig eine Expositur der Technik in Linz einzurichten. Der Grund hierfür war, dass es in Linz eine stärkere Bautätigkeit als in Graz gab und man sich von einer Verlegung Vorteile bzw. ein größeres Betätigungsfeld für die angehenden Architekten und Architektinnen erhoffte. Nachdem es zunächst vor allem um die Bemühungen zur Verlegung der Meisterklasse nicht schlecht stand, scheiterten schlussendlich jedoch beide Projekte. Die Technische Hochschule, an der ein eigener Ausschuss zur Behandlung der Linzer Pläne gebildet worden war, sprach sich im Juli 1953 sowohl gegen eine Verlegung der Meisterklasse nach Linz als auch gegen die Errichtung einer Expositur aus, weil die Befürchtung bestand, dass sich eine solche verselbstständigen könnte und hierfür auch die nötigen gesetzlichen Bestimmungen fehlten.[18]

Für diese Vorsorge zu treffen, machte sich daher auch der »Verein zur Förderung eines Technischen Hochschulstudiums in Linz« zur Aufgabe. Dieser hielt am 19. September 1953 seine konstituierende Generalversammlung im Linzer Rathaus ab und konnte nicht nur auf die Unterstützung der Elternvereinigungen der oberösterreichischen Mittelschulen bauen, sondern zählte auch Landeshauptmann Heinrich Gleißner, Bürgermeister Ernst Koref und den öffentlichen Verwalter und Generaldirektor der VÖEST Walter Hitzinger zu seinem Proponentenkomitee. Der Zweck des Vereines war es, den Ausbau eines technischen Hochschulstudiums in Linz, eventuell in Form einer Hochschulexpositur, zu betreiben und dieses finanziell zu unterstützen. Wie in der konstituierenden Generalversammlung ausgeführt wurde, ging es aber auch weiterhin um die Anrechenbarkeit der Linzer Semester an den anderen Hochschulen, wobei mehrfach betont wurde, dass es sich beim Linzer Studium nicht um ein Vollstudium handeln sollte. Hiermit sollte wohl auch der Eindruck vermieden werden, dass den bereits existierenden Hochschulen durch das Linzer Studium Konkurrenz erwachsen könnte. So wies auch Bürgermeister Koref darauf hin, dass es nicht darum gehe, dem ohnehin schlecht gestellten Hochschulstudium Schaden zuzufügen oder das Staatsbudget zu belasten, und er vermerkte, dass die Stadt Linz

Abbildung 14: Werbeplakat für das technische Studium.

(weiterhin) gewillt sei, einen Beitrag zu einer Hochschulexpositur zu leisten. Generaldirektor Hitzinger erklärte im Namen der VÖEST hingegen, dass die oberösterreichische Industrie alles zu tun bereit sei, um ein technisches Studium in Linz zu ermöglichen. Als Ziel schlug Koref die Ergänzung des technischen Studiums durch die Einführung von Kursen über Wirtschaft oder Buchhaltung vor, wodurch ein technisches Studium neuer Art oder eine Ausbildung zum »Industrie-Techniker« entstehen könnte.[19]

Während in Linz somit weiter am technischen Studium festgehalten wurde, rief die Vereinsgründung jedoch den immer stärkeren Protest der anderen Hochschulen vorher. So hatten sich bereits im Vorfeld der konstituierenden Sitzung der Rektor der Technischen Hochschule in Wien Professor Ernst Melan und der Vorstand des I. Chemischen Laboratoriums der Wiener Universität Professor Ludwig Ebert mit ihren Bedenken an das Unterrichtsministerium gewendet,[20] das Landeshauptmann Gleißner wissen ließ, dass erst an die Gründung neuer Einrichtungen gedacht werden könne, wenn die Existenz und die volle Leistungsfähigkeit der vorhandenen Hochschulen gesichert seien.[21] Und am 19. November 1953 fasste dann auch die Rektorenkonferenz einstimmig eine Entschließung, die sich gegen die staatliche Anerkennung der derzeitigen technischen Kurse an der Volkshochschule in Linz aussprach und auch den Gedanken der Gründung einer vollständigen oder unvollständigen Technischen Hochschule in Linz ablehnte.[22] Neuerlich bekräftigt wurde diese Haltung von den Rektoren der Technischen Hochschulen in Wien und Graz dann auch in einem Schreiben an das Unterrichtsministerium aus dem März 1955, nachdem der Druck aus Oberösterreich nicht ab-, sondern zugenommen hatte. Hierin wurde nicht nur darauf verwiesen, dass das Unterrichtsministerium und die Hochschulen seit 1951 mehrfach den Wunsch aus Linz nach der Installierung eines technischen Studiums zurückgewiesen hatten, sondern neuerlich mit einer Reihe von Punkten untermauert, warum kein technisches Studium in Linz erforderlich sei. Genannt wurde hierbei einerseits, dass die bestehenden Hochschulen durchaus noch mehr Studierende ausbilden könnten, Österreich auch im internationalen Vergleich mit Technischen Hochschulen gut ausgestattet sei, es billigere Mittel der Studenten- und Studentinnenförderung als die vorgeschlagene Expositur gebe und dass die Vortragenden in Linz durch die »einmaligen Ereignisse des Jahres 1945« (sprich das Kriegsende und die ihm nachfolgenden Entwicklungen) hergekommen seien, es langfristig aber schwierig sei, hochwertige Hochschullehrer zu finden. Andererseits wurde vor Zugeständnissen gewarnt, die dazu führen könnten, dass in Linz bald eine Vollhochschule verlangt würde und dass – ermutigt durch das Linzer Beispiel – auch andere Städte wie Innsbruck, Klagenfurt, Salzburg oder Steyr auf die Idee kommen könnten, Exposituren zu verlangen.[23]

Folgerichtig mussten daher auch die Bemühungen scheitern, in das 1955 verabschiedete Hochschulorganisationsgesetz einen Passus über die Gründung von Exposituren einzubauen. Aufgabe des Gesetzes war es, eine Neuordnung des Hochschulrechts vorzunehmen, da dieses in wesentlichen Bereichen aus dem 19. Jahrhundert stammte und durch nachfolgende Gesetze bzw. die Verordnungs- und Erlasstätigkeit verschiedener Ministerien äußerst heterogen, in manchen Fällen sogar widersprüchlich war. Wesentliche Neuerungen brachte es mit Ausnahme der Gleichstellung der sogenannten »Fachhochschulen« und der Technischen Hochschulen mit den Universitäten bzw. »wissenschaftlichen Hochschulen« jedoch nicht.[24] Vielmehr bildete das neue Gesetz, das von vornherein nicht mit großen Reformbestrebungen verbunden war, zumeist nur den Istzustand bzw. die alten Strukturen der »Ordinarienuniversität« ab.[25] Die Einrichtung von Exposituren, für die sich vor allem Landeshauptmann Heinrich Gleißner eingesetzt hatte und der spätestens ab diesem Zeitpunkt zu den wichtigsten Unterstützern des Hochschulgedankens zählte,[26] war zwar in den Ministerialentwurf aufgenommen worden. Wegen des starken Widerstandes musste sie jedoch noch vor der Einbringung in den Ministerrat wieder eliminiert werden.[27]

Eine wichtige Trendwende begann sich schließlich im Herbst 1954 abzuzeichnen, als Ministerialrat Heinrich Drimmel erklärte, dass eine dritte Technische Hochschule für Österreich nicht tragbar sei, eine Hochschule anderer Richtung aber die

Zustimmung des Unterrichtsministeriums erreichen könnte und auch die Diskussionen um eine Hochschule in Linz neu anliefen. So forderte einerseits der VdU als Vorläuferpartei der FPÖ im oberösterreichischen Landtag eine Handelshochschule, während bei einem Gespräch in »Radio Linz« im Mai 1955 auf die Wichtigkeit der Wirtschaftswissenschaften und der Soziologie verwiesen wurde. Ende 1956 brachten dann auch Hochschullehrer aus Wien und Interessierte aus Linz die Vorschläge auf, ein Studium zum »Verfahrensingenieur« zu schaffen, eine Hochschule für Wirtschafts-, Sozial- und Verwaltungswissenschaften einzurichten oder eine »Ingenieurakademie« zur Weiterbildung bereits fertiger Ingenieure zu gründen.[28]

Entscheidende Bedeutung für die weitere Entwicklung hatte jedoch vor allem eine Reise von Landeshauptmann Heinrich Gleißner in die USA im Herbst 1956. Diese wollte er dazu nutzen, um hier für eine ideelle und materielle Unterstützung der Linzer Hochschulpläne zu werben, wenn auch

Abbildung 15: Landeshauptmann Heinrich Gleißner bei einem Vortrag über seine im Herbst 1956 unternommene Reise in die USA.

das Thema Hochschule in Amerika, das noch bis vor Kurzem eine der beiden Besatzungsmächte in Oberösterreich gewesen war, für ihn auch nur eines unter vielen war.[29] Nachdem Gleißner für die Reise sowohl Unterlagen über die technischen als auch über die Gesellschaftswissenschaften zusammengestellt worden waren,[30] kam er mit dem Eindruck zurück, dass in den USA den Sozial- und Wirtschaftswissenschaften eine immer größere Bedeutung beigemessen werde.[31] Auf dieser Erkenntnis aufbauend, die zwar nicht völlig unerwartet kam, aber dem Haupttrend der damaligen Bemühungen widersprach, erfolgte nun ein Kurswechsel in den Hochschulbestrebungen. Landeshauptmann Gleißner begann, sich für eine Neuausrichtung einzusetzen, während die Vertreter der Stadt Linz zunächst noch unentschlossen blieben und auch Bürgermeister Koref den neuen Plänen mit »gemischten Gefühlen« gegenüberstand.[32]

So erklärte Gleißner den Vertretern des »Vereins zur Förderung eines Technischen Hochschulstudiums in Linz« am 8. Februar 1957, dass es wegen des Widerstandes des Unterrichtsministeriums und der bestehenden Hochschulen sinnlos sei, den Gedanken einer Technischen Hochschule in Linz weiterzuverfolgen, dass eine für Österreich neue Hochschule in Richtung Sozial- und Wirtschaftswissenschaften aber Erfolgschancen habe.[33] Nur wenig später legte Herbert Grau, der auch im »Verein zur Förderung eines Technischen Hochschulstudiums in Linz« eine

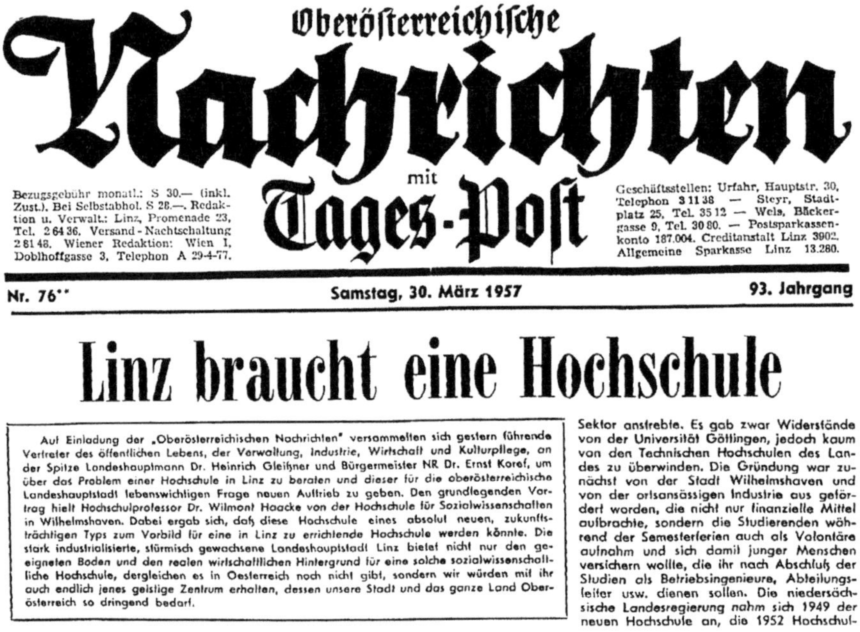

Oberösterreichische Nachrichten mit Tages-Post

Bezugsgebühr monatl.: S 30.— (inkl. Zust.). Bei Selbstabhol. S 28.—. Redaktion u. Verwalt.: Linz, Promenade 23, Tel. 26436. Versand-Nachtschaltung 28148. Wiener Redaktion: Wien 1, Doblhoffgasse 3, Telephon A 29-4-77.

Geschäftsstellen: Urfahr, Hauptstr. 30, Telephon 31138 — Steyr, Stadtplatz 25, Tel. 3512 — Wels, Bäckergasse 9, Tel. 3080. — Postsparkassenkonto 187.004. Creditanstalt Linz 3902. Allgemeine Sparkasse Linz 13.280.

Nr. 76** Samstag, 30. März 1957 93. Jahrgang

Linz braucht eine Hochschule

Auf Einladung der „Oberösterreichischen Nachrichten" versammelten sich gestern führende Vertreter des öffentlichen Lebens, der Verwaltung, Industrie, Wirtschaft und Kulturpflege, an der Spitze Landeshauptmann Dr. Heinrich Gleißner und Bürgermeister NR Dr. Ernst Koref, um über das Problem einer Hochschule in Linz zu beraten und dieser für die oberösterreichische Landeshauptstadt lebenswichtigen Frage neuen Auftrieb zu geben. Den grundlegenden Vortrag hielt Hochschulprofessor Dr. Wilmont Haacke von der Hochschule für Sozialwissenschaften in Wilhelmshaven. Dabei ergab sich, daß diese Hochschule eines absolut neuen, zukunftsträchtigen Typs zum Vorbild für eine in Linz zu errichtende Hochschule werden könnte. Die stark industrialisierte, stürmisch gewachsene Landeshauptstadt Linz bietet nicht nur den geeigneten Boden und den realen wirtschaftlichen Hintergrund für eine solche sozialwissenschaftliche Hochschule, dergleichen es in Oesterreich noch nicht gibt, sondern wir würden mit ihr auch endlich jenes geistige Zentrum erhalten, dessen unsere Stadt und das ganze Land Oberösterreich so dringend bedarf.

Sektor anstrebte. Es gab zwar Widerstände von der Universität Göttingen, jedoch kaum von den Technischen Hochschulen des Landes zu überwinden. Die Gründung war zunächst von der Stadt Wilhelmshaven und von der ortsansässigen Industrie aus gefördert worden, die nicht nur finanzielle Mittel aufbrachte, sondern die Studierenden während der Semesterferien auch als Volontäre aufnahm und sich damit junger Menschen versichern wollte, die ihr nach Abschluß der Studien als Betriebsingenieure, Abteilungsleiter usw. dienen sollen. Die niedersächsische Landesregierung nahm sich 1949 der neuen Hochschule an, die 1952 Hochschul-

Abbildung 16: Bericht in den »Oberösterreichischen Nachrichten« vom 30. März 1957 über die Diskussion, die dem Vortrag von Wilhelm Haacke folgte.

wichtige Rolle spielte, dem Bürgermeister einen Bericht mit der Bitte vor, zwischen folgenden Möglichkeiten zu entscheiden: 1. Beibehaltung der bisherigen Richtung (Expositur mit viersemestrigem Studium), 2. Weiterbildung für fertige Ingenieure, 3. Hochschule für Wirtschafts- und Sozialwissenschaften, 4. eventuelle Verlegung einer Hochschule nach Linz. Die lebhafte Diskussion verhinderte zunächst jedoch eine Entscheidung, wobei sich das Interesse aufgrund der in Österreich nur schwach ausgeprägten Sozial- und Wirtschaftswissenschaften vor allem auf ausländische Beispiele richtete.[34]

Große Aufmerksamkeit erregte hierbei im Frühjahr 1957 einerseits ein Besuch von Wilhelm Haacke aus Wilhelmshaven, wo 1949 eine Hochschule für Arbeit, Politik und Wirtschaft eröffnet und 1956 in eine Hochschule für Sozialwissenschaften umgewandelt worden war. Haacke, der auf Initiative des Chefredakteurs der »Oberösterreichischen Nachrichten« Walter Pollak nach Linz kam, hielt hier nicht nur einen Vortrag über Publizistik, sondern beteiligte sich Ende März 1957 auch an einer Aussprache, bei der die Erfahrungen der Hochschule in Wilhelmshaven diskutiert wurden.[35] Andererseits wurde auch ein Artikel von August Maria Knoll breit rezipiert, der den 1950 eingerichteten Lehrstuhl für Soziologie an der Universität Wien bekleidete. Knoll veröffentlichte am 13. April 1957 in der »Furche« einen Aufsatz

Die Sozial- und Wirtschaftswissenschaften in Österreich

Die Sozial- und Wirtschaftswissenschaften befanden sich in Österreich nach 1945 in einer tristen Situation. In beiden Bereichen konnte das Land zwar auf namhafte Persönlichkeiten (wie Paul Lazarsfeld, Otto Neurath, Friedrich August von Hayek oder Oskar Morgenstern), Schulen (wie den Wiener Kreis oder die Wiener Nationalökonomie) und Forschungseinrichtungen (wie das Institut für Konjunkturforschung, das Gesellschafts- und Wirtschaftsmuseum oder die Wirtschaftspsychologische Forschungsstelle) zurückblicken, die ihr Wirken vor allem außerhalb und jenseits der Universitäten entfaltet hatten. Wegen fehlender Arbeitsmöglichkeiten und eines zunehmend antisemitischen und antidemokratischen Klimas, das in der endgültigen »Vertreibung des Geistes« durch den Nationalsozialismus mündete, waren viele Wissenschaftler und Wissenschaftlerinnen jedoch gezwungen, das Land ab den frühen 1930er Jahren zu verlassen. Die nicht erfolgte Rückholung der Emigranten und Emigrantinnen setzte den intellektuellen Aderlass fort und wirkte sich weiter schädlich auf das österreichische Wissenschaftsleben aus. An den österreichischen Hochschulen fehlten nach 1945 vor allem die Sozialwissenschaften, die nicht nur in den USA, sondern auch in Europa immer wichtiger wurden und in den politischen und gesellschaftlichen Planungs- und Modernisierungsdiskursen der 1960er Jahre eine tragende Rolle spielten bzw. zeitweise sogar zu »Leitwissenschaften« wurden. So gab es an den Juristischen Fakultäten zwar seit 1919 ein staatswissenschaftliches Studium, in dem die Soziologie – wie auch im Rechtsstudium – eine gewisse Rolle spielte, und auch an den Philosophischen Fakultäten war sie vereinzelt vertreten. Ein eigenes Studium gab es jedoch nicht. An oder außerhalb der Universitäten angesiedelte Forschungseinrichtungen, die in der Zwischenkriegszeit von entscheidender Bedeutung für die empirische Sozialforschung gewesen waren, entstanden mit der Einrichtung der Sozialwissenschaftlichen Forschungsstelle von Leopold Rosenmayr an der Universität Wien 1954 bis zur Gründung des Instituts für Höhere Studien (IHS) mit Unterstützung der amerikanischen Ford Foundation 1962/63 erst langsam. Den Wirtschaftswissenschaften ging es demgegenüber zwar besser. So waren sie (bzw. insbesondere die Nationalökonomie oder Volkswirtschaftslehre) – wie die Soziologie – nicht nur über das Studium der Rechts- und Staatswissenschaften an den Juristischen Fakultäten, sondern auch über die Hochschule für Welthandel in Wien vertreten und im außeruniversitären Bereich durch das Institut für Wirtschaftsforschung (WIFO) als Nachfolger des Instituts für Konjunkturforschung (mit ausreichenden Ressourcen) präsent. Erneuerungsbedarf hatten jedoch auch sie. (Maria Wirth)

Quellen: Friedrich Stadler (Hg.), Vertriebene Vernunft I und II; Christian Fleck, Die Entwicklung der Soziologie, in: Peter Biegelbauer (Hg.), Steuerung von Wissenschaft? Die Governance des österreichischen Innovationssystems, Innsbruck 2010, S. 259–296; Karl H. Müller, Kritische Massen. Vier Etappen in der Entwicklung von Wissenschaft und Gesellschaft in Österreich seit 1918, in: Johann Dvorák (Hg.), Staat, Universität, Forschung und Hochbürokratie in England und Österreich im 19. und 20. Jahrhundert, Frankfurt 2008, S. 115–172; Gabriele Metzler, Konzeptionen politischen Handelns von Adenauer bis Brandt. Politische Planung in der pluralistischen Gesellschaft, Paderborn 2005.

über eine »Akademie für angewandte Soziologie und Politik in Linz«, nachdem er bereits ein Jahr zuvor ein entsprechendes Memorandum an »maßgebliche Persönlichkeiten« in Linz übergeben hatte. In diesem trat er dafür ein, dass Linz zunächst eine Akademie und später eine Hochschule für wirtschaftliche und soziologische Fragen der Gegenwart erhalten solle, da die »Umschichtung der modernen Gesellschaft« eine Erforschung der sozialen Grundlagen dringend erforderlich mache und Linz in den letzten 20 Jahren durch seine besondere industrielle und bevölkerungsmäßige Entwicklung einen eigenen soziologischen Charakter ausgebildet habe.[36] Wenig später kam er auf Einladung der Volkshochschule auch nach Linz und hielt hier am 3. Juni einen Vortrag unter dem Titel »Zeitgemäßes Hochschulstudium«. Die anschließende Aussprache in engstem Kreis legte den Grundstein zu einem gemeinsamen Vorgehen des Landes Oberösterreich und der Stadt Linz, nachdem auch Bürgermeister Koref Landeshauptmann Gleißner am 30. April 1957 mitgeteilt hatte, dass nach dem derzeitigen Stand der Dinge der neue Typ einer Hochschule für sozial- und wirtschaftswissenschaftliche Ausbildung vermutlich am ehesten durchführbar sei.[37]

Als Heinrich Drimmel (ÖVP) als neuer Unterrichtsminister am 23. Juni 1957 nach Linz kam, sprachen sich somit sowohl Landeshauptmann Gleißner als auch Bürgermeister Koref für eine Hochschule für Sozialwissenschaften aus. Unterrichtsminister Drimmel stand dem offen gegenüber und nannte als wichtige Voraussetzung für eine Linzer Hochschule, dass sie neu und billig und einen echten Bedarf darstellen müsse. Da eine Privathochschule mit Öffentlichkeitsrecht gesetzlich nicht möglich sei, schlug er die Gründung einer neuen Hochschule »aus wilder Wurzel« vor und erteilte den Auftrag, diese hinsichtlich Lehrplan und Personal zu konkretisieren, wobei die Hochschule von öffentlichen und privaten Stellen getragen werden sollte.[38] Der »Verein zur Förderung eines Technischen Hochschulstudiums in Linz« sprach sich hingegen weiter für ein technisches Studium aus, während die im Rahmen des technischen Studiums tätigen Professoren allmählich abwanderten. Er beschloss erst am 28. Februar 1958, seinen Namen in »Hochschulverein Linz« zu ändern und sich für die neuen Hochschulpläne einzusetzen. Dabei wollte er den Gedanken an eine Technische Hochschule aber nicht aufgeben, der – wie die weitere Entwicklung zeigen sollte – schon bald wieder eine Rolle spielte.[39]

Auf dem Weg zur Hochschule für Sozial- und Wirtschaftswissenschaften

Als Unterrichtsminister Heinrich Drimmel im Juni 1957 den Auftrag erteilt hatte, das Konzept für eine Hochschule für Sozialwissenschaften auszuarbeiten, war der »Startschuss« für die Hochschulgründung gefallen. Dieser sollte nach dem jahrelangen Ringen um eine Hochschule nun in relativ kurzer Zeit zur Gründung einer Hochschule in Linz führen, nachdem es – ermöglicht durch die wirtschaftliche Konsolidierung des Staates – ab Mitte der 1950er Jahre zu einer »Bildungsexpansion« gekommen war, die vom Gedanken der »Ausschöpfung aller Begabungen«, der »Chancengleichheit« und der Beseitigung regionaler Ungleichheiten getragen war. Diese sollte zunächst zu einem Ausbau der weiterführenden Schulen führen. Bedingt durch einen ab 1955 intensiver werdenden Ansturm der Hörer und Hörerinnen, der durch die Einführung staatlicher Studienbeihilfen 1963 unterstützt wurde, betraf er aber auch den Hochschulbereich, wobei sich die Diskussion zwischen einer »Bildungseuphorie«[40] und dem Hinweis auf einen »Bildungsnotstand«[41] bewegte und sich in den 1960er Jahren immer mehr intensivierte.[42]

In Linz wurde bei der Konkretisierung der Hochschulplanung zunächst bei den vorhandenen Vorschlägen angesetzt und mit den bereits involvierten Professoren die vorliegenden Pläne weiterentwickelt. Für die Besprechung bei Drimmel hatten nicht nur Knoll und Haacke, sondern auch der Ökonom Benedikt Kautsky, der zunächst an der Grazer und später an der Wiener Universität als Privatdozent tätig war, sowie der Volkswirt Ernst Lagler von der Universität Wien Stellungnahmen abgegeben. Gleichfalls hatten sich auch Herbert Grau und Josef Bergmann als geschäftsführender Vorsitzender der Wirtschaftswissenschaftlichen Gesellschaft für Oberösterreich eingebracht. Während Knoll auf seinen Plan einer Akademie für angewandte Soziologie und Politik und Haacke auf die Hochschule in Wilhelmshaven verwies, wo die Sozialwissenschaften als Ganzheit betrachtet würden, betonte Kautsky, dass es darum gehen müsse, eine Lücke im österreichischen Universitätswesen zu schließen und dabei in erster Linie an das praktische Bedürfnis der Industrie zu denken. Lagler schlug vor, einen neuen originellen Typ einer Hochschule zu entwickeln und hierfür die Politischen Wissenschaften, die Angewandten Sozialwissenschaften und die Wirtschaftswissenschaften zu einem einheitlichen Studienplan zusammenzufassen. Grau votierte hingegen für eine Hochschule für Sozialwissenschaften, in der die Soziologie ein Zentralfach darstellen sollte, und Bergmann für eine Hochschule für Sozialwissenschaft und Politik, an der auch Philosophie, Kultur- und Religionsgeschichte oder die Geschichte der Europa formenden Strömungen unterrichtet werden sollte.[43]

Als Abwicklungsstelle für die Erarbeitung des Hochschulkonzepts war zunächst die Kulturabteilung des Landes bestimmt worden. Bald betrauten Landeshauptmann Gleißner und Bürgermeister Koref jedoch ein Personenkomitee mit der weiteren Arbeit, in dem vor allem Herbert Grau als Vertreter der Stadt und Josef Bergmann als Vertrauter von Landeshauptmann Gleißner eine wichtige Rolle spielten. So war es auch Bergmann, dem es oblag, die verschiedenen Stellungnahmen zu einem einheitlichen Entwurf zu überarbeiten, diesen mit den Vorstellungen von Grau abzustimmen und dann so weit vorzubereiten, dass er dem Unterrichtsministerium vorgelegt werden konnte.[44]

Als Landeshauptmann Gleißner dem Unterrichtsministerium am 31. Juli 1958 einen ersten (auf den 16. Juni 1958 datierten) Lehrstoffplan und Entwurf für ein Organisationsstatut für die geplante Hochschule für Sozialwissenschaften übermittelte,[45] sollte dies – worüber die Stadt erst nachträglich informiert wurde – vor allem die Verhandlungen mit dem Ministerium in Gang bringen. Gleichzeitig sollte die Übermittlung der Unterlagen – ausgehend von der Vermutung, dass ein endgültiger Studienplan wohl erst in Wien festgelegt werden würde – auch die vorhandenen Differenzen zwischen Bergmann und Grau beenden, die sich nach dem baldigen Ausscheiden des Faches Politik hauptsächlich um den Schwerpunkt innerhalb der Sozialwissenschaften drehten. Während Grau für einen in erster Linie auf Soziologie ausgerichteten Studienplan eintrat, entwickelte Bergmann den Plan in Richtung der späteren sozialwirtschaftlichen Studienrichtung.[46] Der erste Lehrstoffplan, der dem Unterrichtsministerium übermittelt wurde, sah eine Gliederung in vier Hauptgruppen vor. Er umfasste Allgemeine Wissenschaftsgebiete, die Rechtslehre, Wirtschaftswissenschaften sowie Soziologie und Politik.[47] Im Organisationsstatut wurde ausgeführt, dass die Form der Hochschule vom Collegesystem geprägt sein sollte. Nachdem der Collegegedanke die Linzer Hochschulbestrebungen bereits seit der USA-Reise von Landeshauptmann Gleißner Ende 1956 begleitet hatte, hieß es nun, dass die Hochschule ihre Aufgabe »als Gemeinschaft von Lehrenden und Lernenden« erfüllen solle.[48] Wie mehrfach festgehalten wurde, sollte sich die neue Hochschule nicht nur durch ihren Inhalt, sondern auch durch ein neues Zusammensein von Lehrenden und Studierenden und die Art der Wissensvermittlung von den anderen Universitäten unterscheiden. In organisationsrechtlicher Hinsicht sollte die neue Hochschule als eine Körperschaft des öffentlichen Rechts errichtet werden, während zur Finanzierung eine Stiftung nach oberösterreichischem Landesrecht geschaffen werden sollte.[49]

Nachdem diese ersten Vorschläge unterbreitet worden waren, erklärte sich Unterrichtsminister Drimmel im September 1958 dazu bereit, ein Bundesgesetz zur Errichtung der Hochschule vorzubereiten. Wie er Landeshauptmann Gleißner mitteilte, war hierfür jedoch ein Einvernehmen mit dem Bundeskanzleramt und dem Finanzministerium erforderlich. Notwendig sei es zunächst aber, vor allem Klarheit über die Organisation der Linzer Hochschule zu schaffen, da die vorgesehene Form der Finanzierung – die neue Hochschule sollte (zumindest vorerst) zur Gänze von der Stiftung getragen werden – eine Reihe von Problemen verfassungsrechtlicher Natur aufwerfe. Möglich wäre es, die Hochschule als Privathochschule, allenfalls mit Rechtspersönlichkeit, zu errichten, besser wäre aus seiner Sicht jedoch ihre Schaffung als Anstalt des Bundes. Die interessierten Hochschulen und Fakultäten sollten – wie ebenfalls vermerkt wurde – noch nicht mit dem Entwurf einer Studienordnung befasst werden, wünschenswert wären jedoch nähere Informationen über die vorgesehenen Lehrkanzeln und den geplanten Standort der Hochschule.[50] In Linz galt es daher, die Vorbereitungen für die neue Hochschule weiter voranzutreiben.

Ein wichtiger Schritt folgte im März 1959 mit der Gründung des »Kuratoriums Hochschule für Sozialwissenschaften in Linz«. Dieses sollte – wie bereits im Vorjahr beschlossen worden war – das bisherige Personenkomitee ersetzen, um eine verbesserte Struktur für die Arbeiten an der Hochschulgründung zu haben. Im Kuratorium waren neben dem Land Oberösterreich und der Stadt Linz alle wesentlichen Institutionen des Landes (Kammern, Vereinigung Österreichischer Industrieller, ÖGB, Kirchen, im Landtag vertretene Parteien, oberösterreichische Elternvereinigung) vertreten. Als Vorsitzende sahen die Statuten den Landeshauptmann von Oberösterreich und den Bürgermeister der Stadt Linz – damals Heinrich Gleißner und Ernst Koref – vor. Als Geschäftsführer wurden Josef Bergmann und Herbert Grau bestellt. Zudem wurde die Einrichtung von Ausschüssen für wissenschaftliche, organisatorisch-administrative und wirtschaftliche Fragen vorgesehen, später wurde auch ein eigener Bauausschuss ins Leben gerufen.[51] Eine besonders in konzeptueller Hinsicht wichtige Rolle spielte das sogenannte »Siebenergremium«, das ebenfalls paritätisch aus »Delegierten« des (von der ÖVP regierten) Landes und der (von der SPÖ regierten) Stadt bestand, womit ein »großkoalitionäres Gremium« eingerichtet wurde. Diesem gehörten für das Land – neben Bergmann – Josef Lenzenweger (Dozent für Kirchengeschichte an der Universität Graz und Professor an der Linzer Diözesanlehranstalt) sowie Johann Hirsch (Mitglied des Verfassungsgerichtshofes und früherer Landesamtsdirektor für Oberösterreich) an. Die Stadt wurde – neben Grau – von Hubert Zeitlhofer (Sekretär von Koref) und dem Arbeitsrechtler Rudolf Strasser (Arbeiterkammer Linz und Lehrbeauftragter an der Universität Wien) vertreten. Vonseiten der Wirtschaft wurde Alfons Wunschheim (Vorstandsdirektor der Sprecher & Schuh Aktiengesellschaft) hinzugezogen.[52]

Im ersten (von Grau und Bergmann entwickelten und anlässlich der Konstituierung des Hochschulkuratoriums vorgestellten) Gesamtkonzept wurde sowohl auf die Motive der Hochschulgründung sowie Inhalt, Arbeitsweise und Grundlagen der Hochschulgründung eingegangen. So wurde – was die Motive betrifft – nicht nur auf die Bedeutung von Linz durch die erfolgte Industrialisierung, sondern auch auf seine bisherige Benachteiligung verwiesen, die sich auch in der Statistik der Studierenden bzw. dem vergleichsweise geringen Anteil von Studenten und Studentinnen aus Oberösterreich zeige. Es wurde auch neuerlich betont, dass sie mit der Ausrichtung auf die Sozialwissenschaften keine Konkurrenz zu einer bestehenden Hochschule darstellen werde, und darauf verwiesen, dass dieser Wissenschaftszweig in Österreich ein Desiderat darstelle.

> »Die Universalität der sozialen Erscheinungen wird allgemein anerkannt, doch hinkt die gesellschaftswissenschaftliche Erkenntnis noch immer hinter den anderen Wissenschaften nach. Gerade die sich überschnell entwickelnde Technik verursacht zahlreiche soziale Probleme. Die Aktualität der sozialen Problematik und deren Bedeutung sind allgemein

bekannt, doch wird nur sehr wenig zur Ausbildung von Fachleuten zu ihrer Lösung getan. Außerdem ist die Entwicklung der Sozialwissenschaften in unserem Land weit hinter der westlichen Welt zurückgeblieben, so dass auch aus innerwissenschaftlichen Gründen ein Vorsprung einzuholen ist.«

Die Lehrenden und Lernenden sollten wie in einem College in eigenen Hochschulgebäuden wohnen, was eine »persönliche Atmosphäre des Studiums, eine bessere Lenkung der Studenten und eine tiefere Durchdringung« ermöglichen sollte. Das Kuratorium sollte vorerst die Vorbereitung der Hochschule übernehmen, später sollte dieses durch eine Stiftung abgelöst werden, die die finanzielle Fundierung der Hochschule sichern und im Rahmen der Hochschulautonomie bei der Gestaltung der Hochschule mitwirken sollte.[53]

Die wichtigsten drei Aufgabenbereiche, mit denen sich das Kuratorium in der Folgezeit zu beschäftigen hatte, waren: weiter am Lehrinhalt zu arbeiten, der Hochschule eine entsprechende Organisationsform sowie finanzielle Grundlage zu geben und deren räumliche Unterbringung zu klären. Großen Raum nahmen hierbei zunächst die beiden ersten Aufgabenbereiche ein, wobei diese zuerst gemeinsam und dann getrennt behandelt wurden, da sich die Arbeit am Lehrinhalt besonders mühsam und langwierig gestaltete.[54]

Die Arbeit am Studienplan war noch vor der Konstituierung des Hochschulkuratoriums fortgesetzt worden und führte im Folgenden zu drei weiteren Entwürfen – darunter auch ein erster Lehrkanzelplan und ein Entwurf von Wiener Professoren[55] –, bis Unterrichtsminister Drimmel im Dezember 1959 ein Kuratoriumsentwurf für eine Studien- und Prüfungsordnung übermittelt werden konnte, der – nach dem endgültigen Ausscheiden des Faches Politik – mit den Rechts- und Wirtschaftswissenschaften, der Soziologie sowie allgemeinen Fächern weiterhin vier Hauptdisziplinen im Unterricht vorsah.[56] Im gleichzeitig übermittelten Entwurf einer Hochschulorganisationsgesetzesnovelle war vorgesehen, dass die Errichtung der Hochschule durch eine Novelle zum Hochschulorganisationsgesetz erfolgen und zur finanziellen Fundierung ein »Linzer Hochschulfonds« eingerichtet werden sollte.[57] Nachdem bald Einigkeit darüber hergestellt worden war, dass die Gründung der Hochschule als Bundeshochschule nicht durch ein eigenes Gesetz, sondern durch eine Novelle des Hochschulorganisationsgesetzes erfolgen sollte und der Bund zugesagt hatte, die Kosten für das wissenschaftliche Personal zu tragen, hatte sich vor allem Diskussionsbedarf bei der rechtlichen Fundierung der oberösterreichischen Mitwirkung ergeben. Als Optionen wurden – wie bereits im früheren Vorschlag – sowohl eine Landesstiftung, ein Verein oder eine Gesellschaft bürgerlichen Rechts erwogen, bis die Entscheidung für einen Bundesfonds fiel.[58]

Im Folgenden lag das Hauptgewicht der Verhandlungen auf der Organisation und der Finanzierung der Linzer Hochschule. Nachdem der vorgelegte Kuratoriumsentwurf in Wien auf verfassungsrechtliche Bedenken gestoßen und vom Unterrichtsministerium nun eine Privathochschule vorgeschlagen worden war – was diese zuvor immer abgelehnt hatte und nun von Linz zurückgewiesen wurde –, führte dies zu einem neuen Ministerialentwurf, der Ende 1960 die Errichtung der Hochschule, ihre Erhaltung, die Schaffung des Linzer Hochschulfonds und die Ergänzung des Hochschulorganisationsgesetzes in einem Gesetz zusammenfasste. Gleichzeitig wurde – nachdem der Entwurf über ein Jahr ohne Änderungen im Unterrichtsministerium gelegen hatte – nun auch der Kuratoriumsentwurf für eine Studien- und Prüfungsordnung zur Begutachtung ausgeschickt und dies mit einer Umfrage verbunden, ob bei den angeschriebenen Institutionen Verwendungsmöglichkeiten für die Absolventen und Absolventinnen der geplanten Hochschule vorhanden seien.[59] Wichtig waren hierbei vor allem die Rückmeldungen aus dem Bereich der Verwaltung, da die Hochschulbestrebungen damals auch mit der Intention verbunden waren, das »Juristenmonopol« in der Verwaltung zu brechen.[60]

Der Umfang der Rückmeldungen, der sowohl eine Fülle an kritischen Äußerungen und positiven Anregungen umfasste, erreichte ein so hohes Ausmaß, dass das Unterrichtsministerium eine schriftliche Auswertung ablehnte und stattdessen für den 15. Juni 1961 eine Enquete einberief, zu der sowohl Vertreter aus Linz als auch Vertreter der Universitäten und der öffentlichen Körperschaften eingeladen wurden.[61] Für diese hatte das Linzer Hochschulkuratorium auch eine kleine Ausstellung vorbereitet, die vor allem die sozioökonomische Struktur Oberösterreichs in den Blick nahm und darauf hinwies, dass das Land im letzten Vierteljahrhundert eine starke Zunahme der Bevölkerung und der wirtschaftlichen Bedeutung erfahren habe, dies aber – bei stark steigenden Studierendenzahlen – in einem krassen Gegensatz zur Anzahl der Studierenden aus Oberösterreich stände.[62] Die Diskussion, die sich um die Themenbereiche ideales Studienziel, Wunschbild des Arbeitgebers sowie Methoden und Aufbau der Studienordnung drehen sollte, führte zu einer wichtigen Weichenstellung, um den Wünschen der Wirtschaft und Verwaltung nachzukommen: einer stärkeren Betonung der Wirtschaftswissenschaften, wie sie bei einer Sitzung im Unterrichtsministerium im Oktober desselben Jahres auch formell beschlossen wurde. Damit sollte es an der geplanten Hochschule nun mindestens zwei Studienrichtungen – eine für Sozial- und eine für Wirtschaftswissenschaften – geben und diese mit »Hochschule für Sozial- und Wirtschaftswissenschaften in Linz« auch einen neuen Namen erhalten, nachdem sie bis dahin unter der Bezeichnung »Hochschule für Sozialwissenschaft(en)« firmiert hatte. Das Grundkonzept einer Ein-Fakultäten-Hochschule änderte sich aber zunächst nicht; es blieb ausgerichtet auf eine Linzer Spezialhochschule.[63]

Bereits unmittelbar vor der Enquete war hingegen eine wichtige Entscheidung hinsichtlich der weiteren Vorgehensweise getroffen worden. Da sich bereits damals abzeichnete, dass eine rasche Klärung des Lehrinhalts bzw. der Studienordnung nicht zu erwarten sei, war bereits Ende Mai 1961 beschlossen worden, die organisationsrechtlichen und finanziellen Grundlagen der Hochschulgründung getrennt von der Studienfrage zu behandeln.[64] Und in weiterer Folge war es dann auch dieser Bereich, in dem nach einem neuerlichen Ministerialentwurf vom Juni 1961 zunächst eine Einigung erzielt werden konnte. Da das Bundeskanzleramt auf eine Trennung der Hochschulorganisationsgesetzesnovelle vom Hochschulfondsgesetz bestand, sollte die Hochschulerrichtung nun nicht mehr mit einem einzigen Gesetz, sondern durch zwei gesetzliche Regelungen vorgenommen werden.[65]

Wichtige Fortschritte konnten zudem in der Frage des dritten Aufgabengebiets des Hochschulkuratoriums, d. h. bei der Klärung der örtlichen Unterbringung der Hochschule gemacht werden. Diese konnte zwar erst konkret in Angriff genommen werden, als die studienmäßigen und organisatorischen Probleme eine gewisse Klärung erfahren hatten und die Aussicht auf die gesetzliche Errichtung der Hochschule bestand, hatte die Betreiber der Hochschule jedoch von Anfang an beschäftigt. Hierbei war 1958 zunächst noch an bestehende Objekte – wie das freiwerdende Versorgungshaus der Stadt in der Glimpfingerstraße, das Priesterseminar in der Harrachstraße oder das Gebäude der Ursulinen an der Landstraße – gedacht worden. Bald setzte sich jedoch die Überlegung durch, dass ein Neubau dem Umbau eines bestehenden Gebäudes vorzuziehen sei. Vor allem im Hinblick auf den Plan, ein College zu verwirklichen, in dem die Lehrenden und Lernenden in eigenen Hochschulgebäuden wohnen sollten, schien es nun sinnvoller, nach einem freien, aber verkehrstechnisch aufgeschlossenen Gelände zu suchen, worauf die Gründe von Schloss Auhof, Schloss Hagen, Grundstücke in der Leondinger Straße und beim Lissfeld in Betracht gezogen wurden.[66] Wichtige Erkenntnisse hinsichtlich des verfolgten Collegegedankens brachte eine Studienreise von 29. Juni bis 10. Juli 1960 nach Deutschland, Dänemark und England, in der sowohl das englische Collegewesen als auch neue Formen in der Beziehung zwischen Wohnen und Lehre in »Hochschuldörfern« und Studentenheimen studiert wurden.[67] Dies führte dazu, dass nun kein »richtiger College-Betrieb« (wie in den alten Colleges in England) mehr verwirklicht werden sollte. Vielmehr sollte es nun darum gehen, einen eigenen Weg in der Schaffung eines Hochschulbezirks mit Gemeinschaftsräumlichkeiten und der Forcierung von Seminaren und Übungen in der Lehre zu finden.[68] Als die Standortfrage nach der Studienreise noch einmal gründlich diskutiert wurde, standen sowohl das Gelände um Schloss Auhof, die Donaulände, das Gelände um Schloss Hagen, die Hatschek-Villa auf dem Bauernberg, das Sophiengut, das Gelände des Liebeswerkes und das Pühringergut zur Diskussion, wobei die Entscheidung schlussendlich auf das Gelände von Schloss Auhof am nordöstlichen Stadtrand von Linz fiel, das von Landeshauptmann Gleißner von Anfang an favorisiert worden war.[69] Dessen Besitzer Heinrich Rüdiger Starhemberg, der Sohn des ehemaligen Heimwehrführers Ernst Rüdiger Starhemberg, hatte sich nach einer anfänglichen Ablehnung bereits am

Abbildung 17: Schloss Auhof vor der Renovierung. Die Kapelle (links im Bild) wurde im Zuge der Umbauarbeiten abgetragen.

14. Juli 1959 bereit erklärt, das Schloss Auhof samt Gelände zu verkaufen. Hierauf wurde im Juli 1961 ein Ideenwettbewerb für den Bau der Hochschule ausgeschrieben. Der Kaufvertrag zwischen Starhemberg und dem Land Oberösterreich und der Stadt Linz wurde am 22. Dezember 1961 abgeschlossen. Weitere Grunderwerbungen sollten mit dem Ausbau der Hochschule in den kommenden Jahren folgen.[70]

Mit Ausnahme der Studienfrage, die sich als längerfristige Aufgabe darstellte[71] und sich auch immer stärker mit den Reformbestrebungen an den anderen Universitäten verband, von denen Linz zunächst nichts erfahren hatte,[72] konnten bei der Hochschulgründung somit wichtige Erfolge erzielt werden. Probleme bereitete jedoch, dass sich die österreichische Rektorenkonferenz auch nach der Hinwendung zu den Sozialwissenschaften gegen eine Hochschulgründung in Linz aussprach, und der Umstand, dass sich die Hochschulbestrebungen in Salzburg immer mehr auf das Linzer Projekt auszuwirken begannen.

So votierte die Österreichische Rektorenkonferenz in ihrer Sitzung vom 15. Jänner 1959 wegen der zu erwartenden Schmälerung der Mittel (für die anderen universitären Einrichtungen) gegen die Einrichtung einer neuen Hochschule und bekräftige ihr »Nein« auch in der Sitzung vom 1. Juli 1961.[73] Gleiches tat sie – nun allerdings mit Einschränkungen – auch nach der im Juni 1961 durchgeführten En-

Zur Geschichte des Auhof-Geländes

Die Geschichte von Schloss Auhof reicht lange zurück. Bei der Erstnennung 1350 als »hof dacz Aw« war es noch kein Schloss, und auch der Name »Auhof« kam erst später. 1689 gelangte Auhof in den Besitz der Starhembergs, die Schloss Auhof im Ersten Weltkrieg als Lazarett zur Verfügung stellten. 1919 wollte die junge Republik »Deutsch-Österreich« auf das Schloss für soziale Zwecke zugreifen, was 1922 abgewehrt wurde. Nicht verhindert werden konnte jedoch der Zugriff des NS-Regimes auf den Starhemberg-Besitz. Auf von der Schlossliegenschaft abgetrennten und zwangsweise verkauften Gründen entstand das »Gemeinschaftslager der Deutschen Arbeitsfront Auhof«, später als »Gemeinschaftslager des Heeres Auhof« bezeichnet. Dort wohnten Arbeitskräfte zum Bau einer Infanteriekaserne. Die war anfangs von der SS als eigene Kaserne projektiert. Ende September 1938 erfolgte die Übergabe an den »Reichsfiskus (Heer)«. Das Gelände war damals mit 0,57 Quadratkilometern größer als der Vatikanstaat.

Das Schloss kam 1938 unter kommissarische Verwaltung. Von dessen Ankauf nahm die Wehrmacht im Februar 1939 Abstand, »da sich die Objekte für militärische Zwecke wenig eignen und von der Truppe zur Herrichtung von Wohnungen nicht erwünscht sind«. In der Landtafel, einem Sondergrundbuch primär für adeligen Besitz, wurde für Schloss Auhof am 12. Dezember 1942 das Eigentum des »Reichsgaus Oberdonau« eingetragen. 1952 wurde dort wieder Ernst Rüdiger Starhemberg vermerkt, was aber von der Republik Österreich bis 1954 angefochten wurde. Bei anderen Starhemberg-Liegenschaften gab es einen noch längeren Restitutions-Rechtsstreit mit der Republik, da der ehemalige Heimwehrchef nicht nur den Nationalsozialismus, sondern primär die Demokratie der Ersten Republik bekämpft hatte. Der Rechtsstreit war längere Zeit eine regelrechte Staatsaffäre, samt eigens maßgeschneiderter »Lex Starhemberg« von 1952, die 1954 vom Verfassungsgerichtshof aufgehoben wurde. In jenem Jahr wurde Ernst Rüdiger Starhemberg als Besitzer von Schloss Auhof bestätigt; er starb 1956. Die 1938 zwangsweise an die SS verkauften (und von dieser an das Heer weiter verkauften) Gründe südöstlich des Schlosses bekam Ernst Rüdigers Sohn Heinrich Starhemberg hingegen erst durch einen Vergleich von 1962 teils direkt zurück (wie den heutigen Science-Park-Bereich), teils wurde er finanziell entschädigt. Letzteres galt für die Bereiche, auf denen Kasernenbauten standen, aus denen mittlerweile Wohnungen geworden waren.

Das »Gemeinschaftslager des Heeres« befand sich südöstlich von Schloss Auhof, nördlich der Kaserne, auf heutigem Science-Park-Gelände. Für die Zeit nach dem »Endsieg« waren dort Sportanlagen für die ganze Garnison Linz vorgesehen. Davor wurde dort als Provisorium neben Brunnen und einem Löschteich eines von letztlich über hundert Linzer Lagern angelegt. Der Schriftverkehr jenes Lagers von Ende 1943 wies diesen Stempel auf: »Heeresbauamt Linz, Neubauleitung Auhof«. Der damalige Sollbelegstand betrug 500 Personen. Dort lebten neben »normalen« Arbeitskräften auch etwa polnische Zwangsarbeiter und zeitweise offenbar auch (eher wenige) Zwangsarbeiterinnen. Ab 1940 gab es dort (französische und wohl auch belgische) Kriegsgefangene. Am 2. März 1941 starb »im Lager Auhof« der 1902 geborene Landwirt Alphonse Gaudin, begraben auf dem Barbarafriedhof.

Zumindest für Jänner 1942 sind dort auch sowjetrussische Kriegsgefangene nachweisbar. Diese wurden dort gleich nach der Ankunft einer Desinfektion unterzogen, weil unter ihnen Flecktyphus und andere Seuchen sehr verbreitet waren. Der Weißrusse Anton Andrejewitsch Akultschik berichtete über seine Zeit in Linz von 1942 bis 1945: »Sie behandelten uns selbstverständlich weiter als Sklaven [..]. Ich habe so viel Quälerei und Leid erlebt! In diesen Tagen und Monaten habe ich Gott nur um ein einziges gebeten, um den Tod.«

Zwei weitere Lager der NS-Zeit überschnitten sich parzellenmäßig (wenngleich nicht direkt barackenmäßig) mit späterem JKU-Gelände: Ab Ende 1940 entstand, direkt an den heutigen südlichen Parkplatz angrenzend, das »Umsiedlerlager Auhof der Volksdeutschen Mittelstelle«. Dort waren neben »volksdeutschen« Umsiedlern und Umsiedlerinnen auch viele italienische Arbeiter für den Bau der Wohnsiedlungen, dann auch Zwangsarbeiter und Zwangsarbeiterinnen, so etwa der Ende 1944 verstorbene Russe Nikolai Portnenko und die im benachbarten Lager Dornach als Küchenhilfe arbeitende Ukrainerin Anna Semenju, untergebracht. Das 1941/42 südwestlich des JKU-Geländes entstandene »Städtische Arbeiterlager Dornach« hatte 1943 einen Sollbelegstand von 2500 Personen. 1944/45 waren das bereits überwiegend Zwangsarbeiter und auch einzelne Zwangsarbeiterinnen. Genannt seien hier der Franzose André L., von Juni 1943 bis Mai 1945 für die Baufirma Mayreder & Kraus zwangseingesetzt, sowie die im Lager Dornach wohnende und dort auch als »Bedienerin« arbeitende Polin Maria Badowska.

Abbildung 18: Blick über die Baracken des Gemeinschaftslagers des Heeres Auhof Richtung Schloss, Winter 1941/42.

Ab Dezember 1938 gehörte dem Heer eine Parzelle an der heutigen Südwestecke des JKU-Geländes (Vorkaufsrecht schon im Juli 1938). Das war eine Platzreservierung für eine riesige Artilleriekaserne, die noch 1943 im Gespräch war, aber nie konkreter geplant wurde. Jene Parzelle wurde 1943 an die Stadt Linz verkauft. Die Planungen für jene Kaserne reichten 1938 im Westen bis zur Pulvermühlstraße, wurden dann aber von Wohnbauplanungen auf einen kleinen Bereich westlich des Schlossteichs zurückgedrängt. Dafür waren aber größere Artilleriebereiche nordöstlich von Schloss Auhof und östlich der Infanteriekaserne vorgesehen, was aber auch immer eher vage blieb.

Sehr wohl konkreter geplant wurde ein Heeresstandortlazarett westlich von Schloss Auhof als Heeresspital für eine Linzer Friedensgarnison von 10.000 Mann. Das war im Sommer 1938 noch für den Raum Bachl vorgesehen, wo dann die Rothenhofsiedlung entstand, auf Wunsch Hitlers wurde es ab März 1939 jedoch in Auhof projektiert. Die langgestreckten Trakte wären genau im späteren JKU-Bereich gewesen. Den Schlossteich (heutigen Uni-Teich) wollte man dafür aus hygienischen Gründen zuschütten. Pläne für 400 Betten wurden, trotz Protest des Heeres, »infolge besonderer städtebaulicher Forderungen« auf 250 reduziert. Die Planungen des Münchener Architekten Theo Lechner orientierten sich an dessen in Garmisch-Partenkirchen verwirklichtem Muster-Standortlazarett. Im April 1942 beschwerte sich Hitler über die Art der Planungen: » [..] daß man heute nicht mehr so baue«. Vermeintlich fixe Grunderwerbungen samt Baubeginn sollten daraufhin laut Stand Mai 1942 »vermutlich nach Kriegsende« erfolgen. Entsprechende Grenzsteine hatte man da jedenfalls sicherheitshalber schon auf Lager. Diese Auhof-Planung verlief im Sande, auch infolge der Blockadehaltung von Gaubehörden, irrlichterte aber noch im Februar 1945 in Heeresakten herum. 1943/44 war als Alternative zeitweise ein gemeinsames Standortlazarett von Heer und Luftwaffe im Südwesten von Linz im Gespräch. Dazu gab es dann ebenso wenig genauere Planungen wie für eine andere Idee Hitlers: Der wünschte sich 1941 bis 43 anlässlich der regelmäßigen Berlinreisen der für Linz zuständigen NS-Größen zusätzlich zum neu geplanten Linzer Krankenhaus »Süd« (als Neubau des Allgemeinen städtischen Krankenhauses) ein »städtisches Krankenhaus Nord«. Dieses war erst mit 500, dann nur mehr mit 250 Betten direkt neben dem Heeresstandortlazarett vorgesehen und hätte ebenfalls heutiges JKU-Gelände betroffen (Hermann Rafetseder).

Abbildung 19: Modell des Heeresstandortlazaretts in Linz-Auhof.

Vgl. ausführlicher: Hermann Rafetseder, Zur Geschichte des JKU-Geländes, unter besonderer Berücksichtigung der NS-Zeit im Raum Auhof-Dornach. Ein Beitrag zum 50-Jahr-Jubiläum der Johannes Kepler Universität Linz, Linz 2016, unter: http://www.jku.at.

quete. Wie sie am 16. Oktober 1961 betonte, käme eine neue Hochschule nur dann in Betracht, wenn diverse Anforderungen (gleiche Zulassungsbedingungen wie bei den bisherigen Hochschulen, klare Zielsetzungen und Studienordnungen) erfüllt würden und die universitäre Autonomie durch die Mitwirkung des geplanten Hochschulfonds, vor allem hinsichtlich der Besetzung der Professuren, gewahrt würde. Die sofortige Zuerkennung des Promotionsrechts ohne mehrjährige Erprobung der neuen Hochschule wurde abgelehnt. Das Unterrichtsministerium hielt jedoch an der neuen Hochschule in Linz fest und ließ Landeshauptmann Gleißner wissen, dass im Budget 1962 erstmals Mittel für die Hochschule in Linz reserviert seien. Unterrichtsminister Drimmel stand damit – wie auch von der Rektorenkonferenz festgehalten wurde – »weiterhin zu dem – von ihm […] mit Nachdruck betriebenen – Linzer Vorhaben«.[74] Als die Rektorenkonferenz im Jänner 1962 abermals ihre Einwände bekräftigte und weiter forderte, dass die Errichtung der Linzer Hochschule das Entwicklungsprogramm der bestehenden Hochschulen nicht beeinträchtigen dürfe,[75] nahm Landeshauptmann Gleißner den Abschluss des baukünstlerischen Ideenwettbewerbs zum Anlass, die Rektorenkonferenz für den 6. Februar 1962 zu einer Aussprache nach Linz einzuladen. Hier erklärte sie, dass sie von der Ernsthaftigkeit des Linzer Projekts überzeugt sei und die Linzer Hochschule nun als vollwertige Hochschule anerkennen würde, womit sie ihren langanhaltenden Widerstand aufgab.[76]

Hinsichtlich der Hochschulbestrebungen in Salzburg ist hingegen wesentlich, dass sich diese immer stärker mit den Hochschulplänen in Linz verbanden und schließlich mit diesen junktimiert wurden. In Salzburg war es – wie bereits an früherer Stelle ausgeführt wurde – schon 1622 zur Gründung einer Universität gekommen, die nach der Angliederung Salzburgs an Bayern im Zuge der territorialen Neuordnung Europas durch Napoleon I. 1810 geschlossen wurde. Übrig blieben nur ein Lyzeum und eine medizinisch-chirurgische Lehranstalt, woran sich auch nichts änderte, als Salzburg nach dem Wiener Kongress endgültig an Österreich fiel. Ein bescheidener Teilerfolg konnte 1850 lediglich mit der Erhebung der theologischen Abteilung des Lyzeums in den Rang einer Fakultät erreicht werden. Ähnlich wie in Linz standen daher auch in Salzburg die Bemühungen über die Wiedererrichtung einer Universität nicht still.[77] Hierbei wurde mit großem Eifer vor allem die Gründung einer Katholischen Universität betrieben, an die auch nach 1945 zunächst angeknüpft wurde. Die Hinwendung zu einer staatlichen Universität setzte sich erst 1960 endgültig durch,[78] nachdem sich die Kirche im Vorfeld des Zweiten Vatikanischen Konzils in Richtung der bestehenden Realgesellschaft zu öffnen begann, die geburtenstarken Jahrgänge immer mehr in die Mittelschulen und Hochschulen drängten, aber auch die bereits weit vorangeschrittenen Linzer Hochschulpläne es ratsam erscheinen ließen, zu einer baldigen Universitätsgründung zu kommen.[79]

Dies führte Ende 1960 zur Gründung eines Proponentenkomitees mit Landeshauptmann Josef Klaus (ÖVP) an der Spitze, der auch nach seinem Wechsel in die Bundesregierung im April 1961 – ebenso wie sein Nachfolger Hans Lechner (ÖVP) – zu den vehementesten Betreibern der Universitätsgründung in Salzburg zählte.[80] So war es auch Klaus, der in seiner neuen Funktion als Finanzminister anlässlich der Erstellung des Budgets 1962 die Forderung aufstellte,[81] dass die Linzer Hochschule nur gegründet werden könne, wenn es gleichzeitig zur Errichtung der Universität Salzburg komme.[82] Für das Linzer Projekt ergab sich damit eine völlig neue Situation, die bald auch um eine finanzielle Komponente erweitert wurde, da aus Salzburg die Forderung kam, dass die Mittel für die Universitätsgründung allein vom Bund aufgebracht werden sollten. Unterrichtsminister Drimmel hatte das Salzburger Proponentenkomitee zwar bereits am 11. Juli 1961 wissen lassen, dass eine Voraussetzung für die Verwirklichung der Salzburger Universität sei, dass die Kosten zwischen dem Bund und dem Proponentenkomitee geteilt würden, womit eine ähnliche Vorgehensweise wie in Linz vorgeschlagen worden war. Vom Proponentenkomitee hatte er aber bereits am 17. August erfahren müssen, dass es den Weg eines Hochschulfonds für Salzburg nicht akzeptieren könne, da es sich hier um eine Wiedergründung handle.

Auch die seinerzeit gleichzeitig mit Salzburg aufgelösten und bald wiedergegründeten Universitäten in Graz und Innsbruck seien aus Staatsmitteln finanziert worden.[83]

Hierauf wurde, nachdem das Linzer Hochschulkuratorium erst im Herbst 1961 vom Junktim mit Salzburg und dann auch von der Ablehnung einer finanziellen Beteiligung erfahren hatte, beschlossen, dass es für Oberösterreich ausgeschlossen sei, so große finanzielle Belastungen für die Linzer Hochschule zu übernehmen, wenn der Bund bereit sei, die gesamten Kosten für die Errichtung der Universität Salzburg zu übernehmen.[84] Gleichzeitig machte das Linzer Hochschulkuratorium mit mehreren Berichten und Broschüren weiter Druck auf die Hochschulgründung in Linz, und Landeshauptmann Lechner drohte in einer Aussprache mit Unterrichtsminister Heinrich Drimmel Ende 1961 sogar mit seinem Rücktritt, wenn es nicht zu einer Universitätsgründung in Salzburg kommen werde.[85] Die Situation wurde somit immer komplizierter und brachte nicht nur die Hochschulbetreiber in Salzburg, sondern auch jene in Linz in eine schwierige Lage. Besonders betroffen war Bürgermeister Ernst Koref, der Schwierigkeiten in seiner Partei befürchtete, da die Salzburger SPÖ den dortigen Universitätsbestrebungen aus historischen Gründen ablehnend gegenüberstand. Weil diese lange auf die Errichtung einer katholischen Universität abzielten und die Hinwendung zu einer staatlichen Hochschule sehr rasch erfolgte, bestanden hier Befürchtungen, nun auf Umwegen doch noch zu einer »Weltanschauungsuniversität« kommen zu wollen – zumal die vorliegenden Entwürfe die Errichtung einer Philosophischen Fakultät und deren Vereinigung mit der bereits bestehenden Katholisch-Theologischen Fakultät zu einer Universität vorsahen.[86] Nach vertraulichen Informationen, die Bergmann zugespielt worden waren, wurde auf Linzer Rathausseite Ende 1961 sogar daran gedacht, das Projekt Hochschule fallenzulassen.[87]

Ein Ausweg bahnte sich erst an, nachdem es bei einer ÖVP-Tagung am Semmering Anfang 1962 zu einer Aussprache zwischen Unterrichtsminister Drimmel und Finanzminister Klaus gekommen war, an der auch die Landeshauptmänner Heinrich Gleißner und Hans Lechner teilgenommen hatten. Bei dieser wurden – worüber die Stadt Linz erst nachträglich informiert wurde – die finanziellen Rahmenbedingungen für die beiden Hochschulen neu geregelt und wenig später auch in einem erneuten Entwurf für die Novellierung des Hochschulorganisationsgesetzes festgehalten. Hiernach sollten die Kosten nun so aufgeteilt werden, dass der Bund für Linz und Salzburg den wissenschaftlichen Aufwand tragen und für beide Institutionen einen Beitrag zum Sachaufwand in gleicher Höhe leisten sollte, wobei der für Salzburg notwendige Sachaufwand als Richtschnur dienen sollte. Die Beitragsleistungen des Landes Oberösterreich und der Landeshauptstadt Linz sollten auf eine bestimmte Zahl von Jahren (höchstens zehn) beschränkt und dann sukzessive vom Bund übernommen werden, während für Salzburg weiterhin keine finanzielle Pflichtbeteiligung vorgesehen war. Gleichzeitig wurden sowohl für Linz als auch für Salzburg weitere Fakultäten in Aussicht gestellt,[88] nachdem in Salzburg – und das weiterhin vor dem Hintergrund einer befürchteten »Weltanschauungsuniversität« – eine Volluniversität bzw. von der SPÖ insbesondere die Errichtung einer Medizinischen und von der FPÖ die Schaffung einer Juristischen Fakultät gefordert worden war. Entscheidende Bedeutung hatte hierfür eine von Landeshauptmann Lechner einberufene Enquete im Februar 1962, die nicht nur dazu führte, dass nun die Rektorenkonferenz das Universitätsprojekt befürwortete, nachdem sie sich – wie auch in Linz – zunächst gegen dieses gestellt hatte.[89] Sie sollte auch dazu beitragen, dass die Landes-SPÖ ihre Zustimmung zur Gründung der Salzburger Universität und später auch die Bundes-SPÖ ihr »OK« für die Junktimierung der beiden Hochschulen gab,[90] die im öffentlichen Diskurs oftmals vereinfachend als »schwarzes« (Salzburg) und »rotes« Vorhaben (Linz) bezeichnet wurden.[91]

Das Linzer Hochschulkuratorium stimmte dem neuen Entwurf der Hochschulorganisationsgesetzesnovelle am 27. April 1962 zu, nachdem das Junktim mit Salzburg, das zunächst als große Bedrohung empfunden worden war, schlussendlich auch Vorteile für die geplante Linzer Hochschule gebracht hatte. So führte dieses nicht nur zu einer stärkeren Beteiligung des Bundes am Sachaufwand und zur zeitlichen Befristung der Beitragsleistungen durch den geplanten Hochschulfonds, sondern auch dazu, dass die Errichtung weiterer Fakultäten in Aussicht gestellt wurde. Dabei knüpfte das Kuratorium seine Zustimmung aber an die Bedingung, dass das Bundesgesetz zur Errichtung eines Linzer Hochschulfonds gleichzeitig verabschiedet werden müsse.[92]

In weiterer Folge galt es – da die beiden Hochschulgründungen noch vor den Nationalratswahlen unter Dach und Fach gebracht werden sollten –, den Gesetzwerdungsprozess rasch voranzutreiben. Die notwendigen Redaktionsarbeiten wurden schnell erledigt. Lediglich die Frage, wie die intendierte Volluniversität in Salzburg im Gesetz festgehalten werden sollte, bildete noch Verhandlungsstoff, konnte aber auch rechtzeitig geklärt werden,[93] sodass am 5. Juli 1962 die Novelle des Hochschulorganisationsgesetzes und das Bundesgesetz über die Errichtung des Linzer Hochschulfonds einstimmig im Nationalrat verabschiedet werden konnten, wenn vonseiten der FPÖ auch betont wurde, dass sie eine Technische Hochschule für Linz als sinnvoller erachtet hätte.[94]

Hierbei wurde die Linzer Hochschule – ebenso wie die Salzburger Universität, die im Gegensatz zu dieser auch den Titel »Universität« erhielt – in der Hochschulorganisationsgesetzesnovelle lediglich durch eine ergänzende Auflistung der bestehenden Hochschulen und Universitäten gegründet. So wurde in Artikel I der Hochschulorganisationsgesetzesnovelle nur festgehalten, dass dem bestehenden § 6 in »lit k« die Hochschule für Sozial- und Wirtschaftswissenschaften in Linz »angefügt« werde, womit sich die gesetzliche Errichtung der Linzer Hochschule, um die so lange gerungen worden war, nicht einmal in einem Halbsatz niederschlug. Hinsichtlich des weiteren Aufbaus wurde hingegen in Artikel II festgehalten, dass sich die Universität Salzburg vorläufig in eine Katholisch-Theologische und eine Philosophische Fakultät gliedere und der Zeitpunkt, zu dem diese auch eine Rechts- und Staatswissenschaftliche bzw. eine Medizinische Fakultät erhalte, durch besondere Bundesgesetze bestimmt werde. Gleichfalls sollte auch der »weitere Ausbau der Hochschule für Sozial- und Wirtschaftswissenschaften in Linz durch Gliederung in Fakultäten« mittels Bundesgesetz geregelt werden.[95] Wie in den »Erläuternden Bemerkungen« zur Regierungsvorlage festgehalten worden war, sollte die neue Hochschule – nachdem dies auch im Gründungsprozess immer wieder betont worden war – eine Lücke im Bereich der sozial- und wirtschaftswissenschaftlichen Fächer füllen und damit auch zu einer Entlastung der bestehenden Hochschulen beitragen.[96]

In Kraft treten sollte das Gesetz gleichzeitig mit dem Bundesgesetz über die Errichtung des Linzer Hochschulfonds.[97] Dieses regelte einerseits seine finanzielle Beteiligung an der Hochschulgründung, die – soweit nicht andere Einnahmen vorhanden waren – je zur Hälfte vom Bundesland Oberösterreich und der Stadtgemeinde Linz getragen werden sollte[98] und entsprechend der getroffenen Abmachungen folgendermaßen definiert war:

1. Der Fonds stellt die Hochschulgebäude samt allen Einrichtungen für den Lehr- und Forschungsbetrieb bereit.
2. Der Bund trägt den Aufwand für das wissenschaftliche Personal und leistet einen Beitrag zu den übrigen Kosten, wobei sich dieser am Aufwand für die in Salzburg zu errichtende Universität bemessen soll.
3. Die Verpflichtungen des Linzer Hochschulfonds erlöschen nach zehn Jahren, worauf der Bund sämtliche Kosten an der Hochschule übernimmt.[99]

Andererseits wurde dem Fonds auch ein gewisses Mitspracherecht an der Führung und Verwaltung der Hochschule – etwa in Budgetfragen, vor der Erlassung von Studienordnungen und der Erstellung von Besetzungsvorschlägen – eingeräumt, das solange bestehen sollte, wie der Fonds die Hochschule mitfinanziere oder fördere.[100] Die näheren Einzelheiten über die Tätigkeit des Fonds und seiner Organe sowie seines Verhältnisses zum Bundesland Oberösterreich und der Stadtgemeinde Linz sollten in einem Statut geregelt werden,[101] mit dem zum ersten Mal in der österreichischen Universitätsgeschichte für die Finanzierung einer Hochschulneugründung eine Vorgangsweise gewählt wurde, die bislang nur bei Sekundarschulen in ähnlicher Form gehandhabt worden war.[102] Das Land Oberösterreich und die Stadt Linz waren hierfür – wie es bereits bei den Hochschulbestrebungen im 19. Jahrhundert angeklungen war – bereit, beträchtliche Investitionen zu leisten, wenn diese in einem späteren Finanzierungsvertrag vom 14. November 1967 auch dergestalt reduziert wurden, dass der Bund nun auch zur Finanzierung des Errichtungsaufwandes (Grundstücke und Bauten) beitragen bzw. folgende Leistungen übernehmen sollte:

1. Der Bund leistet anstelle der mit der Universität Salzburg junktimierten Bundesbeiträge einen Beitrag in der Höhe von 50 v. H. des ab 1. Jänner 1965 bis 30. September 1972 entstehenden Errichtungsaufwandes der Linzer Hochschule.
2. Er zahlt Jahresraten von 20 Millionen Schilling (auch nach dem 30. September 1972) solange, bis die Beiträge zur Gänze beglichen sind.
3. Außerdem trägt er zehn Millionen Schilling zu dem vor dem 1. Jänner 1965 entstandenen Errichtungsaufwand bei.[103]

Die seit den 1950er Jahren verfolgten Bemühungen, auch eine Unterstützung aus den USA durch die prestigeträchtige Ford Foundation zu erhalten, die sich in den ersten Nachkriegsjahrzehnten zur größten philanthropischen Gesellschaft der Welt entwickelte,[104] führten jedoch zu nichts. Durch die Beziehungen von Vizebürgermeister Theodor Grill (SPÖ), der die NS-Zeit selbst im amerikanischen Exil verbracht hatte, sowie die Unterstützung von in den USA lebenden Emigranten und hochangesehenen Wissenschaftlern wie Adolf Sturmthal, Paul Lazarsfeld oder Ernst Papanek hatte es zwar Kontakte zu dieser gegeben. Da die Ford Foundation von Anfang an den Standort Wien und die Gründung des Instituts für Höhere Studien favorisierte, das mit Lazarsfeld und Oskar Morgenstern ebenfalls von zwei Emigranten initiiert worden war,[105] kam es jedoch zu keiner Unterstützung für das Linzer Projekt. Die Hoffnung auf eine Unterstützung lebte aufgrund des schleppenden Fortgangs in Wien jedoch mehrfach auf.[106]

Von der Gründung zur Eröffnung – die »Hochschule neuen Stils« oder »unkonventionell gemischter Studienrichtungen«

Nach der gesetzlichen Errichtung der Hochschule für Sozial- und Wirtschaftswissenschaften und des Linzer Hochschulfonds galt es zunächst, den Hochschulfonds zu konstituieren. Nachdem das hierfür erforderliche Statut im Laufe des Jahres 1963 fertiggestellt und von den notwendigen Stellen genehmigt worden war,[107] hielt er am 19. Dezember 1963 seine konstituierende Sitzung in Anwesenheit von Unterrichtsminister Heinrich Drimmel ab. In das Kuratorium des Hochschulfonds entsandten das Land Oberösterreich und die Stadt Linz je 21 Vertreter, zudem konnten über den Vorschlag des Vorstandes bis zu 18 weitere Kuratoren bestellt werden. Den ersten Vorstand bildeten Landeshauptmann Heinrich Gleißner und Edmund Aigner (SPÖ), der im September 1962 Ernst Koref als Bürgermeister nachgefolgt war. Zudem sollten ihm sechs weitere Personen angehören. Zu den ersten Geschäftsführern des Fonds wurden Josef Bergmann und Rudolf Strasser bestimmt.[108]

Damit war der Hochschulfonds handlungsfähig und löste als öffentlich-rechtliche Körperschaft das auf privatrechtlicher Basis gebildete Hochschulkuratorium ab.

Abbildung 20: Konstituierende Sitzung des Kuratoriums des Linzer Hochschulfonds am 19. Dezember 1963. Am Pult: Unterrichtsminister Heinrich Drimmel.

Seine Aufgabe war es nun, gemeinsam mit dem Unterrichtsministerium (und später auch den ersten Professoren) die Hochschuleröffnung vorzubereiten, wobei als nächste Schritte die Errichtung der erforderlichen Gebäude, die Fertigstellung des Lehrplans bzw. der erforderlichen Studienordnungen und schließlich die Berufung der Professoren auf der Tagesordnung standen.

Für die Gebäudeerrichtung war bereits nach der Entscheidung, dass die Hochschule auf dem ehemaligen Gelände des Schlosses Auhof angesiedelt werden sollte, im Sommer 1961 ein baukünstlerischer Wettbewerb ausgeschrieben worden, über den am 26. und 27. Jänner 1962 unter dem Vorsitz von Landeshauptmann, Bürgermeister und des Architekten Roland Rainer entschieden wurde. Der erste Preis ging an ein Team junger Vorarlberger Architekten um Helmut Eisendle, der zweite Preis an eine Linzer Architektengruppe um Artur Perotti. Statt einen dritten Preis zu vergeben, wurden drei Projekte angekauft.[109] Da als Grundlage für die Ausschreibung ein Raumprogramm verwendet worden war, das von einer einzigen Studienrichtung ausging, und inzwischen die Wirtschaftswissenschaften als zweite Studienrichtung hinzugekommen waren, musste die Bauplanung jedoch erweitert werden. Anstatt für 400 Studierende sollten nun Platz für 1000 bis 1500 Hörer und Hörerinnen geschaffen und ein weiterer Ausbau berücksichtigt werden.[110] Gemeinsam

Abbildung 21: Bundespräsident Adolf Schärf beim Spatenstich zum Bau des Koplergebäudes am 3. Juli 1964.

mit Perotti, der schließlich auch führend mit der Planung der Hochschulbauten beauftragt wurde,[111] galt es daher zunächst, ein neues Raum- und Funktionsprogramm und dann einen neuen Bauentwurf zu entwickeln, der die Gegebenheiten des Geländes – Schloss Auhof, den dazugehörenden Park und den großen Teich im Zentrum des Geländes – berücksichtigen sollte.[112] Das hierbei verfolgte Ziel war zunächst die Schaffung eines »Hochschulbezirks«. Wenn das klassische Collegesystem auch nicht mehr verfolgt wurde, sollte ein Teil der Lehrenden und Studierenden nach wie vor auf dem Hochschulgelände wohnen. Nachdem die Errichtung von Wohnmöglichkeiten für die Studierenden – im Gegensatz zu Häusern für die Professoren – vom Hochschulfonds schon bald aus dem Bauprogramm herausgenommen bzw. anderen Organisationen überlassen wurde,[113] sollte sich die Förderung menschlicher Kontakte nun nurmehr auf die Schaffung von Gemeinschaftsräumlichkeiten (für die zunächst ein eigenes »Gemeinschaftshaus« vorgesehen war) beschränken.[114] Der schlussendlich der Gebäudeplanung zugrunde gelegte Entwurf sah neben einem Umbau von Schloss Auhof die Errichtung eines Hörsaal- und Institutsgebäudes, einer Mensa, eines Auditorium maximum und einer Bibliothek sowie den Bau von Professorenhäusern vor,[115] wobei das Bauprogramm bis zur geplanten Hochschuleröffnung im Wintersemester 1966/67 jedoch nur teilweise umgesetzt werden konnte und hierbei auch die vorgesehenen Gemeinschaftseinrichtungen weiter reduziert wurden.

Was die Detailplanungen und Bauarbeiten betrifft, wurde zunächst mit dem sogenannten Hörsaal- und Institutsgebäude (heute »Keplergebäude«) begonnen, das als Ergebnis einer Studienreise nach St. Gallen, Freiburg im Breisgau, Stuttgart und Delft vor allem vom Hochschulbau in St. Gallen beeinflusst wurde.[116] Der Spatenstich wurde in Anwesenheit von Bundespräsident Adolf Schärf (SPÖ) und Theodor Piffl-Perčević (ÖVP), der Heinrich Drimmel Anfang des Jahres als Unterrichtsminister abgelöst hatte, am 3. Juli 1964 gesetzt. Mit dem Bau der vorgesehenen acht Professorenhäuser, die sich in weiterer Folge als ein wichtiges »Asset« bei der Berufung der ersten Professoren erweisen sollte, wurde im November 1965 gestartet. Der Bau des Mensagebäudes, der nach dem Vorbild in Braunschweig erfolgte, wurde im April 1966 in Angriff genommen. Die Adaptierung des Schlosses, das zunächst wie das Mensagebäude »Gemeinschaftseinrichtungen des studentischen Lebens« aufnehmen sollte, dann aber die Hochschulverwaltung beherbergte,[117] wurde im Mai 1966 begonnen. Bis zur Hochschuleröffnung sollten jedoch nur das Hörsaal- und Institutsgebäude sowie die vorgesehenen acht Professorenhäuser fertiggestellt sein. Die übrigen Gebäude wurden erst später oder gar nicht verwirklicht, da sich die Bauplanung infolge der rasanten Entwicklung, die die Hochschule nahm, mehrfach ändern sollte.[118]

In der Frage der Studienordnung war es bereits nach der Enquete vom 15. Juni 1961 und der Entscheidung, dass es an der Linzer Hochschule nun zwei Studienrichtungen für Sozial- und Wirtschaftswissenschaften geben sollte, zu einem entsprechenden Ministerialentwurf gekommen.[119] Bis eine Regelung verabschiedet werden konnte, sollte es jedoch noch mehrere Jahre dauern, da sich die Studienfrage immer mehr mit den Bestrebungen zu einer allgemeinen Studienreform und den Reformbestrebungen an anderen Universitäten verband.

Nach der Verabschiedung des Hochschulorganisationsgesetzes 1955 sollte eine Neuordnung der Studien der nächste Schritt für das Ministerium sein.[120] Zudem führte das Gesetz auch zu verschiedenen Initiativen an den Universitäten – wie zur Einsetzung einer Kommission an der Universität Wien, die im Herbst 1955 beschloss, das 1919 eingeführte Staatswissenschaftliche Studium durch ein »Studium der Wirtschafts- und Sozialwissenschaften« zu ersetzen. Nachdem sich die Linzer Hochschulpläne ab 1957 ebenfalls in Richtung Sozialwissenschaften bewegt hatten, war zunächst beschlossen worden, dass die Sozialwissenschaften Linz vorbehalten sein sollten, während das an die Stelle der Staatswissenschaften tretende Studium auf die Wirtschaftswissenschaften beschränkt werden sollte. Als das Linzer Konzept auf die Wirtschaftswissenschaften erweitert wurde, war die Situation jedoch eine andere und Konfliktpotential mit den Juridischen Fakultäten und der Hochschule für Welthandel gegeben, wo ebenfalls an einer Reform des Studienangebots gearbeitet wurde.[121] Hinzu kam, dass auch die Arbeit an der allgemeinen Studienreform, die die Grundsätze für alle Studien neu regeln und die Basis für die einzelnen Studienrichtungen sein sollte, ins Stocken geriet.[122]

Als 1962 die Linzer Hochschule für Sozial- und Wirtschaftswissenschaften gesetzlich errichtet wurde, war daher eine Lösung nicht absehbar, weshalb in den »Erläuternden Bemerkungen« zur Regierungsvorlage auch nur ausgeführt werden konnte, dass die nähere Regelung des Studiums »im Rahmen des vorbereitenden Hochschul-Studiengesetzes« oder – falls dieses nicht rechtzeitig zustande käme – durch einen »eigenen Gesetzesentwurf« erfolgen sollte.[123] Angesprochen wurde damit ein besonderes Hochschulstudiengesetz für Linz (»Lex Linz«), da hier der Studienbetrieb nicht ohne entsprechende Gesetze aufgenommen werden konnte. Dies führte auch zu mehreren Ministerialentwürfen,[124] wurde von den anderen Universitäten aber abgelehnt, da sie dafür eintraten, die Linzer Frage im Kontext der allgemeinen Studienreform zu klären.

Als das Unterrichtsministerium einen Entwurf für ein besonderes Hochschulstudiengesetz für Linz aus dem Februar 1963 zur Begutachtung ausschickte, schlug die Rektorenkonferenz auf Vorschlag der Wiener Rechts- und Staatswissenschaftlichen Fakultät daher auch eine Koordinierung der Reformbestrebungen vor, was am 15. Mai 1964 zu einem ersten Fakultätentag mit Vertretern der Rechts- und Staatswissenschaftlichen Fakultäten und der Hochschule für Welthandel führte. Hierbei sollten nicht nur das Hochschulstudiengesetz für Linz, sondern auch die Reformabsichten an den Rechts- und Staatswissenschaftlichen Fakultäten – darunter nun auch Innsbruck, wo es eine wirtschaftswissenschaftliche Studienrichtung gab – sowie jene an der Hochschule für Welthandel behandelt werden. Ein zweiter Fakultätentag, der auf Einladung des Unterrichtsministeriums einberufen wurde und auch Vertreter der Linzer Hochschule inkludierte, folgte am 11. und 12. Juni 1964 in Strobl am Wolfgangsee. Dieser führte zur einstimmigen Aufforderung an den Unterrichtsminister, dass er in Hinblick auf die in Linz einzurichtenden Studiengänge alles unternehmen möge, damit das Allgemeine Studiengesetz und Bestimmungen für die einzelnen Studienrichtungen verabschiedet würden. Die Vertreter der Hochschule in Linz stimmten damit der von den anderen Hochschulen geforderten Vorgehensweise zu, wenn sie auch zu Protokoll gaben, dass sie weiterhin für eine provisorische Lösung für Linz einträten, falls das Allgemeine Hochschulstudiengesetz nicht rechtzeitig verabschiedet würde. Gleichzeitig wurde aber auch beschlossen, ein für ganz Österreich einheitliches Konzept für das Studium der Wirtschafts- und Sozialwissenschaften zu fordern, womit die Studienfrage in Linz in ein größeres Ganzes eingebunden wurde.[125] Die Linzer Hochschule, die mit der Ausrichtung auf die Sozial- und Wirtschaftswissenschaften angetreten war, um eine »Lücke« im österreichischen Hochschulsystem zu schließen, bzw. als »Sonderhochschule« gestartet hatte, war spätestens ab diesem Zeitpunkt endgültig ein Teil der allgemeinen Studienreform.

Dies führte nicht nur dazu, dass die Linzer Hochschule befürchten musste, ihre »besondere Note« zu verlieren, da die Neuregelung der Studien für alle beteiligten Hochschulen gelten sollte, sondern dass auch die weitere Beratung der Studienreform Einfluss auf ihr Studienangebot hatte. Wesentlich war hierbei vor allem, dass die etablierten Fakultätsvertreter an einer großen Anzahl von hoch spezialisierten Studienrichtungen interessiert waren, während ein »Allroundstudium« der Sozial- und Wirtschaftswissenschaften – wie es am Anfang der Linzer Bestrebungen gestanden hatte und nun in Form der Sozialwirtschaft vorlag – immer weiter zurückgedrängt wurde.[126]

Als der Nationalrat am 15. Juli 1966 das lang erwartete Allgemeine Studiengesetz und das Studiengesetz über die sozial- und wirtschaftswissenschaftlichen Studienrichtungen als erstes Spezialgesetz zum Allgemeinen Hochschulstudiengesetz verabschiedete, wurden mit diesem sieben Studienrichtungen – die soziologische, sozialwirtschaftliche, sozial- und wirtschaftsstatistische, volkswirtschaftliche, betriebswirtschaftliche, handelswissenschaftliche und wirtschaftspädagogische Studienrichtung – eingerichtet (oder neu geregelt[127]), unter denen das sozialwirtschaftliche Studium nur durch den besonderen Einsatz aus Linz gerettet werden konnte. Das alte Studium der Staatswissenschaften wurde hingegen abgeschafft.[128] Die langwierige Reform der sozialwissenschaftlichen Studienrichtungen war damit zu einem Abschluss gekommen, zu dem die Hochschulgründung in Linz – wie auch während des Gesetzwerdungsprozesses mehrfach betont wurde – ein wichtiger Motor war.[129] Für die Eröffnung der Hochschule, die – wie mittlerweile feststand – im Herbst 1966 erfolgen sollte, war damit eine weitere wichtige Grundlage geschaffen worden.

Gleichzeitig sollte es – während noch am Hochschulbau und der Studienfrage gearbeitet wurde – zu einer unerwartet raschen Erweiterung kommen, die der in Gründung befindlichen Hochschule zunächst eine Technisch-Naturwissenschaftliche Fakultät und dann auch das Rechtsstudium bringen sollte.[130] Der Ausgangspunkt hierfür war, dass es auch an den anderen Universitäten zu einem Ausbau kam. Eine wichtige Rolle spielte dabei zunächst, dass in der Hochschulorganisationsgesetzesnovelle vom 5. Juli 1962 nicht nur eine finanzielle Gleichstellung mit der Universität Salzburg, sondern auch eine Angleichung der Entwicklungsmöglichkeiten festgelegt worden war. Vor allem hierdurch sollte der Ausbau der Linzer Hochschule schon bald zu einem wichtigen Thema werden. So wurde dieser bereits bei der konstituierenden Sitzung des Linzer Hochschulfonds angesprochen und von Landeshauptmann Heinrich Gleißner festgehalten, dass sich dieser in Richtung eines juristischen Studiums bewegen werde. Gleichzeitig erhob er aber auch die alte Forderung nach der Einrichtung von technischen Studien, da sich »Mathematik, Chemie und naturwissenschaftliche sowie technische Disziplinen verschiedener Art« fast automatisch für Linz anböten.[131] Nachdem es bereits in den »Erläuternden Bemerkungen« der

Abbildung 22: Freiwillige aus 16 Nationen bei der Renovierung des Schlossparks im Rahmen des internationalen Zivildienstes.

Regierungsvorlage zur Hochschulorganisationsgesetzesnovelle geheißen hatte, dass eine »Angliederung anderer Fakultäten, voraussichtlich zur Vertretung technischer Studienrichtungen, erwartet werden kann«,[132] sollte sich der weitere Ausbau zunächst hierauf konzentrieren.

Die Frage, in welcher Form die technischen Studien eingerichtet werden sollten, bereitete jedoch Gesprächsstoff. Nachdem Gleißner in seiner Rede sowohl eine eigene Technische Hochschule als auch den Ausbau der Linzer Hochschule angesprochen hatte und der damals noch amtierende Bürgermeister Koref für eine eigenständige Technische Hochschule eingetreten war, setzte sich Johann Hirsch, der bereits dem Hochschulkuratorium bzw. dessen »Siebenerausschuss« angehört hatte, mit der Angliederung einer Fakultät durch. Verwiesen wurde dabei auf die in Gründung befindliche Universität in Bochum, an der es neben einer wirtschafts- und sozialwissenschaftlichen Abteilung auch technische Fächer, die Theologie und anderes geben sollte, womit Bochum nun das alte »Vorbild« der Hochschule Wilhelmshaven ablöste,[133] die 1962 in die Universität Göttingen eingegliedert worden war.[134] Wie bereits bei der Spatenstichfeier in einer neuerlichen Rede von Heinrich Gleißner deutlich wurde, war aber auch der Gedanke an das Rechtsstudium nicht aufgegeben worden – wurde von ihm neben der »Pflege technischer Fächer« doch auch die Schaffung einer Juridischen Fakultät angesprochen.[135]

Den Anlass, die Technische Fakultät in die Realität umsetzen zu können, bildete 1964 die Forderung der Universität Salzburg nach der Angliederung einer Rechts- und Staatswissenschaftlichen Fakultät.¹³⁶ Als ein entsprechender Entwurf zur Begutachtung ausgesandt wurde, forderte das Kuratorium des Linzer Hochschulfonds die Einrichtung einer Technisch-Naturwissenschaftlichen Fakultät in Linz,¹³⁷ wie es sie an den Technischen Hochschulen in Wien und Graz (insbesondere mit dem Studium der Technischen Chemie und Technischen Physik) gab.¹³⁸ Dabei wurde immer wieder auf die bedeutende chemische Industrie in Oberösterreich Bezug genommen,¹³⁹ zu der die Österreichischen Stickstoffwerke, die Chemiefaser Lenzing AG und einige Papier- und Zellulosefabriken zählten.

Nachdem sich Unterrichtsminister Piffl-Perčević bereit erklärt hatte, diesem Wunsch Folge zu leisten, und zugesagt hatte, einen neuen Entwurf einer Hochschulorganisationsgesetzesnovelle auszuarbeiten, brachte sich jedoch die Rektorenkonferenz ins Spiel, die beschlossen hatte, einen Ausschuss für die Hochschulplanungen in Österreich und deren Abstimmung einzusetzen. Damit erhielt die Haltung der Rektorenkonferenz neuerlich eine besondere Bedeutung, und sie wurde unter ihrem damaligen Vorsitzenden Karl Fellinger eingeladen, ihre nächste Sitzung in Linz abzuhalten. Als diese am 15. und 16. März 1965 ebenso wie Unterrichtsminister Piffl-Perčević in Linz weilte, verlief der erste Tag zwar anders als erhofft, da abermals die Befürchtungen im Raum standen, dass es zu einer Schmälerung des ohnehin zu geringen Hochschulbudgets und einer Konkurrenzierung zwischen den bestehenden Hochschulen kommen könnte. Schlussendlich führte die Besichtigung der Baupläne und -arbeiten aber doch zu einem Meinungsumschwung und der Verabschiedung einer Resolution, in der sich die Rektorenkonferenz für die Angliederung einer Technisch-Naturwissenschaftlichen Fakultät aussprach und empfahl, die weitere Entwicklung in Richtung naturwissenschaftlich-technischer Lehre und Forschung zu fördern. Die vom Hochschulfonds ebenfalls erhobene Forderung, die Linzer Hochschule in diesem Zusammenhang in »Universität« umzubenennen, lehnte sie jedoch als »noch nicht spruchreif« ab.¹⁴⁰ Gleichfalls konnte auch keine Umbenennung in »Hochschule für Sozial- und Wirtschaftswissenschaften und technische Wissenschaften in Linz« erreicht werden.¹⁴¹

Hiermit war der Weg für die gesetzliche Einrichtung der Technisch-Naturwissenschaftlichen Fakultät frei, die am 30. Juni 1965 gemeinsam mit der Erweiterung der Salzburger Universität um eine Rechts- und Staatswissenschaftliche Fakultät beschlossen wurde. Hiernach sollte sich die Hochschule für Sozial- und Wirtschaftswissenschaften in Linz nun in eine Fakultät für Sozial- und Wirtschaftswissenschaften und eine Technisch-Naturwissenschaftliche Fakultät gliedern,¹⁴² und die neue Fakultät – wie dies bereits 1962 seitens des Gesetzgebers angesprochen worden war – auch zu einer Entlastung der übrigen Technischen Hochschulen beitragen.¹⁴³

Abbildung 23: Besuch der Rektorenkonferenz in Linz am 15. und 16. März 1965.

Eine Möglichkeit für die Einführung des juristischen Studiums ergab sich ein Jahr später, als die Universität Innsbruck die Errichtung einer Fakultät für Ingenieurwesen und Architektur beantragte und damit ihre bereits in frühere Jahrhunderte zurückreichende Forderung nach technischen Studien erneuerte.[144] Nachdem das juristische Studium bereits in früheren Jahren als Erweiterungsmöglichkeit angesprochen, der Technisch-Naturwissenschaftlichen Fakultät aber zunächst Priorität eingeräumt worden war, wurde dies nun in Linz zum Anlass genommen, einen erneuten Ausbau der Hochschule zu fordern. Eine tragende Rolle spielte hierbei – neben dem Wunsch der oberösterreichischen Rechtsanwaltskammer – Ludwig Fröhler, der selbst Jurist war und nach der Konstituierung des ersten Professorenkollegiums am 19. Oktober 1965 zum ersten Rektor gewählt worden war.[145]

Fröhler setzte sich zunächst beim Hochschulfonds und später mit diesem beim Unterrichtsministerium für die Genehmigung des juristischen Studiums ein. Als Begründung wurde einerseits genannt, dass dessen Einrichtung mit einem geringen Mehraufwand verbunden sein würde, da ohnehin bereits einige juristische Lehrkanzeln im Rahmen des sozial- und wirtschaftswissenschaftlichen Studiums vorgesehen waren, und dass dieses infolge der Strobler Konferenz auch an anderen Universitäten eingeführt werden könnte, wodurch Linz seinen besonderen Status verloren habe.

Zwölf »Gründungsprofessoren« und keine Frau

Die Berufung von Professoren für die Linzer Hochschule wurde erstmals 1959 – als ein erster Lehrkanzelplan vorlag – zum Thema. Bis mit ihr begonnen werden konnte, sollte es jedoch dauern, da noch Anfang der 1960er Jahre unklar war, wann mit dem Studienbetrieb begonnen werden konnte. Zudem musste auch erst ein Prozedere für die Ausarbeitung von Berufungsvorschlägen gefunden werden.

Da ein Professorenkollegium an der Linzer Hochschule noch nicht bestand und daher dem Unterrichtsministerium auch keine Vorschläge vorlegen konnte, wurde mit diesem vereinbart, dass das Hochschulkuratorium Besetzungsvorschläge ausarbeiten und diese den fachverwandten Ordinarien vorlegen sollte, aus denen ein Besetzungsvorschlag erarbeitet werden sollte. Weil die Rektorenkonferenz darin eine Verletzung des Hochschulorganisationsgesetzes sah, wurde jedoch der Weg eingeschlagen, dass (wie für Salzburg) Berufungskommissionen aus den Vertretern der bestehenden Hochschulen für die Erstellung von Terna-Vorschlägen eingerichtet wurden und der Hochschulfonds hierzu Stellung beziehen konnte. Als im Juni 1964 ein Vorschlag des Hochschulfonds für die Besetzung der ersten acht Lehrkanzeln vorlag, kam es daher im Oktober desselben Jahres zu einem neuen Vorschlag der Berufungskommissionen. Damit konnte nun endgültig begonnen werden, Professoren für die neue Hochschule zu gewinnen, wobei der Hochschulfonds auch in die Berufungsgespräche eingebunden war. Um diese positiv zu beeinflussen, sollte er zusätzliche Zuwendungen bzw. »Aufbauzulagen« (über die Leistungen des Ministeriums hinaus) anbieten können, die zu einem wichtigen Thema in den Studierendenprotesten der späten 1960er und frühen 1970 Jahren wurden.

Abbildung 24:
Konstituierung des ersten Professorenkollegiums am 19. Oktober 1965.
Von links nach rechts: Landeshauptmann Heinrich Gleißner, Rudolf Strasser, Ludwig Fröhler, Josef Kolbiger, Erich Bodzenta, Vizebürgermeister Theodor Grill.

Bei der Suche nach Professoren wurden zumindest teilweise die Fühler nach internationalen Größen (wie dem »Soziologie-Papst« René König) ausgestreckt und mehrere Reisen unternommen, um Gespräche mit attraktiven Kandidaten zu führen. Professoren für die Linzer Hochschule zu bekommen, war jedoch nicht einfach, da der »Professorenmarkt« in den 1960er Jahren angesichts zahlreicher Hochschulgründungen in der Bundesrepublik Deutschland und einem Ausbau des Universitätswesens in Österreich bereits zu einem umkämpften Feld geworden war. Zudem war der Rekrutierungsprozess – wenn auch mehrfach betont wurde, dass die ersten Berufungen nur nach fachlichen Kriterien erfolgen sollten – mit politischen Interventionen bzw. einem großkoalitionären »Tauschgeschäft« und einer gesteigerten Aufmerksamkeit in »ideologiebehafteten« Fächern (wie der Soziologie oder Volkswirtschaftslehre) verbunden. Ein großes Interesse an der Auswahl der ersten Professoren zeigte nicht zuletzt die SPÖ, die für sich eine Möglichkeit sah, nun stärker im konservativ bzw. ÖVP-dominierten Hochschulwesen Fuß fassen zu können.

Das erste Professorenkollegium der Linzer Hochschule für Sozial- und Wirtschaftswissenschaften wurde am 19. Oktober 1965 konstituiert. Ihm gehörten Ludwig Fröhler (Lehrkanzel für öffentliches Recht), Rudolf Strasser (Lehrkanzel für Privatrecht und Arbeitsrecht), Erich Bodzenta (Lehrkanzel für Soziologie II) und Josef Kolbinger (Lehrkanzel für Betriebswirtschaftslehre) an. Gleichzeitig wurde Ludwig Fröhler zum Rektor und Rudolf Strasser, der bereits seit Jahren in die Hochschulgründung eingebunden war, zum Vizerektor gewählt. Bis zur Hochschuleröffnung im Oktober 1966 kamen neben der Bestellung von Othmar Köckinger zum Leiter der Universitätsverwaltung bzw. Rektoratsdirektor zum 1. Juni 1966 noch folgende Personen hinzu: Adolf Adam (Lehrkanzel für Statistik und Ökonometrie), Wolfgang Bauerreiss (Lehrkanzel für Handels- und Wertpapierrecht), Hajo Riese (Lehrkanzel für Volkswirtschaftslehre, Volkswirtschaftspolitik und Finanzwissenschaften), Theodor Scharmann (Lehrkanzel für Psychologie), Friedrich Fürstenberg (Lehrkanzel für Soziologie I), Ernest Kulhavy (Lehrkanzel für Betriebswirtschaftslehre), Kurt Rothschild (Lehrkanzel für Volkswirtschaftslehre, Volkswirtschaftspolitik und Finanzwissenschaften) und Jakobus Wössner (Lehrkanzel für Sozialphilosophie und allgemeine Soziologie).

Abbildung 25: Die Mitglieder des Professorenkollegiums bei der Inaugurationsfeier von Professor Adolf Adam zum Rektor 1967. Links im Bild: Marianne Meinhart.

Damit startete die Linzer Hochschule mit einem zwölfköpfigen Professorenkollegium, das rein männlich zusammengesetzt war, nachdem der Hochschulfonds auf den Vorschlag der Berufungskommission vom Herbst 1964 den Wunsch geäußert hatte, dass »für die Besetzung der ersten acht Lehrkanzeln […] Frauen ganz allgemein nicht in Betracht gezogen werden« sollten und sich der Unterrichtsminister damit »einverstanden« erklärt hatte. Im vorhergehenden Besetzungsvorschlag waren mit Renate Mayntz aus Berlin (auf Platz drei für die Lehrkanzel II für Soziologie) und Gertrude Neuhauser aus Innsbruck (auf Platz zwei für die Lehrkanzel für Volkswirtschaftspolitik) immerhin zwei Frauen genannt worden.

In den Mitgliederkarteien der NSDAP wurden einst sechs der zwölf Gründungsprofessoren geführt; ein siebter (hier nicht aufscheinender) Gründungsprofessor, hatte der SA angehört. Wie eine Recherche im Österreichischen Staatsarchiv, der NSDAP-Ortsgruppenkartei in der Fachbibliothek für Zeitgeschichte an der Universität Wien und im Deutschen Bundesarchiv in Berlin ergeben hat, war damit mehr als die Hälfte der neuen Professoren großteils bereits in jungen Jahren in die NSDAP und ihre Wehrorganisationen aufgenommen worden. Herausragend ist dabei Wolfgang Bauerreiss. Er war nicht nur Mitglied der NSDAP und wurde (ebenso wie Adam) vom NS-Staat als illegaler Nationalsozialist anerkannt, sondern hatte sich auch zur SS gezählt. Seine 1938 erteilte (und kaum ausgeübte) Lehrbefugnis verlor er 1945 und erhielt diese trotz intensiver Bemühungen bis 1966 nicht wieder. Rothschild hatte die NS-Zeit in der Emigration verbracht. Ein zweiter Emigrant kam 1968 mit dem Zeithistoriker Karl R. Stadler dazu, für dessen Bestellung – ebenso wie im Fall Rothschilds – sich vor allem der von 1960 bis 1966 und von 1970 bis 1983 amtierende Justizminister Christian Broda (SPÖ) eingesetzt hatte.

Die erste Frau, die eine ordentliche Professur an der Linzer Hochschule besetzte, war Marianne Meinhart. Sie wurde 1967 zur außerordentlichen und 1969 zur ordentlichen Professorin für Römisches Recht ernannt und bekleidete im Studienjahr 1972/73 als erste Frau in Österreich die Funktion einer Dekanin. Damit übernahm sie eine Position, die in Linz mit Katharina Pabel als Dekanin der Rechtswissenschaftlichen Fakultät erst 2015 wieder von einer Frau besetzt werden sollte.

Seine erste provisorische Unterbringung fand das Rektorat in einem Haus der Starhembergs mit der Adresse Promenade 9. Für die Arbeit der ersten Professoren wurden vor der Eröffnung des Hochschulgebäudes Räume im aufgelassenen Amerikahaus in der Goethestraße 22, dann in der Altenbergerstraße 39 angemietet. (Maria Wirth)

Quellen: Kreczi, Hochschulfonds, S. 42 f., S. 72, S. 82 ff., S. 104 und S. 129; Strasser, Jurist in bewegten Jahren, S. 146–153; Rudolf Strasser, Der Gründungsprorektor erinnert sich, in: Universitäts-Nachrichten, Jg. 8, H. 2, 1986, S. 14 f.; Hochschulstart mit Hindernissen, in: Neues Österreich, 11.7.1965; Maria Wirth, Christian Broda. Eine politische Biographie, Göttingen 2011, S. 308; Peter Apathy, Meinhart, Marianne, in: Brigitta Keintzel u. Ilse Korotin (Hg.), Wissenschaftlerinnen in und aus Österreich, Wien 2002, S. 507–509; Fachbibliothek für Zeitgeschichte an der Universität Wien, NSDAP-Ortsgruppenkartei; Deutsches Bundesarchiv Berlin, Ehemaliges Berlin Document Center; ÖStA, AdR, BMU, GZ 80.089-I/1-64, GZ 88.104-I/1-64, GZ 102.922-I/1/64, GZ 109.531-I/1/64, GZ 109.531-I/1/64, GZ 110.422-1a/63, GZ 125 474-I/1/64, PA Wolfgang Bauerreiss, PA Karl R. Stadler; ÖNB, HS, AChB, Mappen III.83, III.84, III.87, IV.230.

Andererseits wurde darauf verwiesen, dass es einen Juristenmangel in Oberösterreich gebe und sich das Fehlen einer juristischen Ergänzung – dort, wo dies nicht nachgeholt worden war – auch bei den in der Bundesrepublik Deutschland errichteten Hochschulen für Sozial- und Wirtschaftswissenschaften als Nachteil erwiesen habe.[146] Das Unterrichtsministerium stand diesem Ansinnen jedoch ablehnend gegenüber, weshalb diesmal der Weg über eine parlamentarische Initiative gesucht wurde, hierfür aber zwei Anläufe notwendig waren. So scheiterte ein Antrag von Alfred Maleta auf Gründung einer Juristischen Fakultät bereits im ÖVP-Klub am Widerstand des Unterrichtsministers, der hierüber geradezu »entsetzt« und »empört« war.[147] Erst ein neuerlicher Initiativantrag, der von den aus Oberösterreich stammenden Abgeordneten Alfred Maleta (ÖVP), Viktor Kleiner (SPÖ) und Friedrich Peter (FPÖ) im Nationalrat eingebracht wurde und nun auf einer breiteren Parteienbasis stand, führte zum Erfolg. Danach sollte das Jusstudium im Gegensatz zum ersten Anlauf Maletas jedoch nicht mehr im Rahmen einer eigenen Fakultät,

Abbildung 26: Vogelperspektive auf das Hochschulgelände, 1960er Jahre.

sondern durch die Erweiterung der bestehenden Sozial- und Wirtschaftswissenschaftlichen Fakultät eingerichtet werden,[148] wie sie am 15. Juli 1966 gemeinsam mit der Einrichtung einer Fakultät für Bauingenieurwesen und Architektur an der Universität Innsbruck und den neuen Studiengesetzen auch beschlossen wurde. Die Linzer Hochschule sollte sich nun in eine Sozial-, Wirtschafts- und Rechtswissenschaftliche sowie eine Technisch-Naturwissenschaftliche Fakultät gliedern.[149] Den Namen »Universität« zu tragen, wurde ihr aber abermals verwehrt.[150]

Mit dieser unerwartet raschen Erweiterung hatte sich das Profil der Linzer Hochschule entscheidend gewandelt. Nachdem sie zunächst als »Spezialhochschule« für Sozial- und Wirtschaftswissenschaften gegründet worden war und sowohl durch ihre inhaltliche Ausrichtung auf die Forschungsgegenstände Mensch und Gesellschaft sowie Mensch und Wirtschaft als auch durch die Verwirklichung eines »Hochschuldorfes« einen neuen Hochschultyp hatte darstellen wollen, hieß es nun – seitdem die Forderungen in Richtung technisch-naturwissenschaftlicher Ausbildung vorangetrieben worden waren –, dass sie eine Hochschule mit »unkonventionell gemischten Studienrichtungen« sein würde.[151] Als Hochschule »neuen Stils« (oder »neuer Prägung«) sollte sie sich durch eine »neuartige Zusammenfassung von altüberkommenen und neuen Fakultäten« auszeichnen, wie es sie sonst in Österreich nicht gab, und damit eine »Absage an die Universität konventioneller Gliederung in die vier

Abbildung 27: Einzug der Professoren bei der Hochschuleröffnung am 8. Oktober 1966.

Abbildung 28: Festtribüne am Linzer Hauptplatz bei der Hochschuleröffnung.

Abbildung 29: Festtribüne am Linzer Hauptplatz bei der Hochschuleröffnung. Unterrichtsminister Theodor Piffl-Perčević und Bürgermeister a. D. Ernst Koref (von links nach rechts) begrüßen sich.

traditionellen Fakultäten« (Philosophie, Recht, Medizin, Theologie) sein.[152] Zudem sollte es eine »gegenseitige Zuordnung« geben und durch die enge Kooperation der Fakultäten Neues geschaffen werden.[153] Ohne Kritik, die von Bürgermeister Aigner auch bei der Hochschuleröffnung angesprochen wurde, ging diese Erweiterung jedoch nicht vonstatten. So wurde nicht nur bemängelt, dass es klüger gewesen wäre, eine eigene Technische Hochschule für Linz anzustreben. Es wurde auch angemerkt, dass durch die Aufnahme des Rechtsstudiums das moderne Konzept durchbrochen worden sei[154] – waren doch auch die Betreiber der Hochschulgründung ursprünglich mit der Absicht angetreten, das »Juristenmonopol« in der Verwaltung zu durchbrechen.[155]

Die Stimmung bei der Hochschuleröffnung am 8. Oktober 1966 konnte dies jedoch nicht trüben. Sie wurde zu einem Fest für die gesamte Stadt, die mit knapp über 200.000 Einwohnern und Einwohnerinnen Mitte/Ende der 1960er Jahre über eine prosperierende Industrie verfügte und einen der stärksten Wirtschaftsstandorte in Österreich darstellte.[156] Sie wurde nicht nur vom Hochschulfonds mit einer »Eröffnungsschrift« begleitet,[157] sondern auch von den Medien breit rezipiert. Einen ersten Höhepunkt bildete nach einem akademischen Festzug vom Landhaus zum Rathaus die feierliche Schlüsselübergabe auf dem Linzer Hauptplatz. Bei dieser

Abbildung 30: Rektor Ludwig Fröhler übernimmt den Schlüssel zur Hochschule.

Abbildung 31: Bundespräsident Jonas besucht und eröffnet die Hochschule. Von links nach rechts: Josef Bergmann, Landeshauptmann Heinrich Gleißner, Bundespräsident Franz Jonas, Rektor Ludwig Fröhler, Hubert Zeitlhofer.

Die Gründung

Abbildung 32: Festakt in der Hochschule im Rahmen der Hochschuleröffnung.

Abbildung 33: Tag der offenen Tür im Rahmen der Hochschuleröffnung.

übernahm Rektor Fröhler in Anwesenheit der Vertreter von 34 nationalen und internationalen Hochschulen und Universitäten, Politikern – darunter Unterrichtsminister Piffl-Perčević, Landeshauptmann Gleißner und Bürgermeister Aigner – sowie weiten Teilen der Bevölkerung symbolisch den Schlüssel der Linzer Hochschule, der vom oberösterreichischen Künstler Friedrich Mayer geschaffen worden war. Einen zweiten Höhepunkt stellte der anschließende Festakt in der Hochschule dar, der nach dem Einzug der Professoren die offizielle Eröffnung durch Bundespräsident Franz Jonas (SPÖ) umfasste. Danach folgte ein Tag der offenen Tür für die Bevölkerung.[158]

Abbildung 34: Bürgermeister Edmund Aigner und Landeshauptmann Heinrich Gleißner bei der Hochschuleröffnung.

Der Studienbetrieb an der neuen Linzer Hochschule für Sozial- und Wirtschaftswissenschaften wurde im Wintersemester 1966 mit rund 560 ordentlichen Studierenden aufgenommen. Der erste Student, der immatrikuliert wurde, war zur allgemeinen Überraschung nicht Linzer, sondern Wiener,[159] wenn auch der Großteil der Studierenden an der neuen Hochschule aus Oberösterreich stammte[160] und sich darunter auffällig viele Berufstätige befanden, die ohne Hochschulgründung in Linz nicht studiert hätten.[161] Das Studienangebot umfasste die Studienrichtungen Soziologie, Sozialwirtschaft, Volkswirtschafts- und Betriebswirtschaftslehre, Rechtswissenschaften sowie das Doktorat der Sozial- und Wirtschaftswissenschaften,[162] wobei es die Sozialwirtschaft, um die die Linzer Hochschule seit der Strobler Konferenz besonders gekämpft hatte, ausschließlich hier gab und auch weiterhin geben sollte.[163]

In Österreich gab es damit nun endgültig zwei Hochschulen mehr, nachdem der Studienbetrieb in Salzburg bereits 1964 aufgenommen worden war. 1970 sollte mit der gesetzlichen Gründung der Hochschule für Bildungswissenschaften in Klagenfurt, die 1973 ihren regulären Lehrbetrieb aufnahm, eine weitere hinzukommen,[164] womit das universitäre Netzwerk im Zuge der Bildungsexpansion der 1960er Jahre eine Erweiterung erfuhr, wie es sie seit der Errichtung der Republik nicht gegeben hatte.

Timeline

4.11.1945	In einem Memorandum an das Staatsamt für Volksaufklärung, für Unterricht und Erziehung und für Kultusangelegenheiten wird die Wiedereröffnung der Technischen Hochschule in Linz gefordert.
Herbst 1949	Der Professor für darstellende Geometrie Josef Krames macht den Vorschlag, in Linz eine Expositur einer bestehenden österreichischen Technischen Hochschule zu schaffen.
1950	Bürgermeister Ernst Koref schlägt dem Unterrichtsministerium vor, eine Privatschule der Stadt Linz mit Hochschulcharakter zu gründen.
1951	Im Rahmen der 1947 eröffneten Volkshochschule Linz wird das »Technische Studium« begonnen.
1952–1953	Verhandlungen zur Errichtung einer Expositur der Technischen Hochschule Graz in Linz.
19.9.1953	Gründung des »Vereins zur Förderung eines Technischen Hochschulstudiums in Linz«.
19.11.1953	Die Rektorenkonferenz spricht sich gegen die staatliche Anerkennung der technischen Kurse an der Volkshochschule aus und lehnt die Gründung einer Technischen Hochschule in Linz ab.
September 1954	Ministerialrat Heinrich Drimmel erklärt, dass eine dritte Technische Hochschule für Österreich nicht tragbar sei, eine Hochschule anderer Richtung jedoch die Zustimmung des Unterrichtsministeriums erhalten könnte.
1955	In das neue Hochschulorganisationsgesetz wird kein Passus über Expositauren aufgenommen.
Herbst 1956	Landeshauptmann Heinrich Gleißner reist in die USA und kommt mit der Erkenntnis zurück, dass den Sozial- und Wirtschaftswissenschaften eine immer größere Bedeutung zukommt.
30.4.1957	Bürgermeister Ernst Koref befürwortet in einem Schreiben an Landeshauptmann Gleißner eine Hochschule für Sozial- und Wirtschaftswissenschaften.
23.7.1957	Unterrichtsminister Heinrich Drimmel spricht sich in Linz für die Gründung einer neuen Hochschule »aus wilder Wurzel« aus.
31.7.1958	Unterrichtsminister Heinrich Drimmel werden erstmals konkrete Pläne für die Errichtung einer Hochschule für Sozialwissenschaften übermittelt.
9.9.1958	Unterrichtsminister Drimmel erklärt sich dazu bereit, ein Bundesgesetz zur Errichtung der Hochschule vorzubereiten.
14.3.1959	Gründung des »Kuratorium Hochschule für Sozialwissenschaften in Linz«.

29.6.–10.7.1960	Eine Studienkommission bereist Deutschland, Dänemark und England.
25.5.1961	Das Unterrichtsministerium schlägt vor, die Studienordnung und die Hochschulorganisationsgesetzesnovelle getrennt voneinander zu beraten.
2.6.1961	Finanzminister Josef Klaus lässt Unterrichtsminister Drimmel wissen, dass er der Gründung der Linzer Hochschule nur dann zustimmen werde, wenn auch Salzburg eine Universität erhält.
15.6.1961	Im Unterrichtsministerium findet eine Enquete zur geplanten Hochschule in Linz statt.
27.10.1961	Erweiterung der Hochschule für Sozialwissenschaften zu einer Hochschule für Sozial- und Wirtschaftswissenschaften.
22.12.1961	Der Vertrag über den Ankauf von Schloss Auhof samt Gelände zwischen Heinrich Rüdiger von Starhemberg und dem Land Oberösterreich sowie der Stadt Linz wird abgeschlossen.
6.2.1962	Die Rektorenkonferenz gibt bei einem Besuch in Linz ihren Widerstand gegen die Hochschulgründung in Linz auf.
7.2.1962	Ein Schreiben des Finanzministers an den Unterrichtsminister hält das Verhandlungsergebnis zur junktimierten Gründung der Linzer Hochschule und der Universität Salzburg nach der ÖVP-Tagung am Semmering fest.
28.6.1962	Der Nationalrat beschließt die Errichtung der Linzer Hochschule für Sozial- und Wirtschaftswissenschaften und des Linzer Hochschulfonds.
19.12.1963	Konstituierung des Linzer Hochschulfonds.
11./12.6.1964	Eine Konferenz in Strobl am Wolfgangsee (»2. Fakultätentag«) leitet die Vereinheitlichung des sozial- und wirtschaftswissenschaftlichen Studiums ein.
3.7.1964	Spatenstich für die Linzer Hochschule für Sozial- und Wirtschaftswissenschaften.
15./16.3.1965	Die Rektorenkonferenz spricht sich bei einem Besuch in Linz für die Errichtung der Technisch-Naturwissenschaftlichen Fakultät aus.
30.6.1965	Die Technisch-Naturwissenschaftliche Fakultät wird durch eine Änderung des Hochschulorganisationsgesetzes errichtet.
19.10.1965	Das erste Professorenkollegium konstituiert sich. Gleichzeitig erfolgt die Wahl von Ludwig Fröhler zum ersten Rektor.
15.7.1966	Das Allgemeine Hochschul-Studiengesetz und das Bundesgesetz über die sozial- und wirtschaftswissenschaftlichen Studien werden beschlossen. Mit einer neuerlichen Änderung des Hochschulorganisationsgesetzes wird festgelegt, dass sich die Hochschule in Linz in eine Sozial-, Wirtschafts- und Rechtswissenschaftliche Fakultät und in eine

	Technisch-Naturwissenschaftliche Fakultät gliedert. Damit wird auch das Rechtsstudium in Linz eingeführt.
8.10.1966	Eröffnung der Hochschule für Sozial- und Wirtschaftswissenschaften.
WS 1966/67	Aufnahme des Studienbetriebs mit den Studienrichtungen Soziologie, Sozialwirtschaft, Volkswirtschafts- und Betriebswirtschaftslehre, Rechtswissenschaften und dem Doktorat der Sozial- und Wirtschaftswissenschaften.

Anmerkungen

1 Die Demarkationslinie bildete die Donau. Arabelle Bernecker u. Elisabeth Kramer (Red.), Geteilte Stadt. Linz 1945–55. Begleitpublikation zur Ausstellung im Nordico Stadtmuseum Linz, 17.4.–26.10.2015, Salzburg 2015.
2 ÖStA, AdR, BMU, GZ 9537/III-4s/45.
3 Christian Fleck, Autochthone Provinzialisierung. Universität und Wissenschaftspolitik nach dem Ende der nationalsozialistischen Herrschaft in Österreich, in: Österreichische Zeitschrift für Geschichtswissenschaft, Jg. 7, H. 1, 1996, S. 67–92; Fleck, Christian, Österreichs Unis nach 1945 »selbstprovinzialisiert«, ORF online, 25.4.2005, unter: http://sciencev1.orf.at/science/news/134822, aufgerufen am 19.7.2016.
4 Auch die Kriegsschäden konnten im Großen und Ganzen erst bis Mitte der 1950er Jahre behoben werden. Engelbrecht, Geschichte des österreichischen Bildungswesens, Bd. 5: Von 1918 bis zur Gegenwart, S. 449 ff.; Schübl, Universitäten im Wandel, S. 312. Schübl, Der Universitätsbau in der Zweiten Republik, S. 25.
5 Dass die Volkshochschule eine Ersatzfunktion für die fehlende Hochschule haben sollte, zeigen bereits die ersten Konzepte, in denen von einem »Institut für Wissenschaft und Kunst« die Rede war. Nach ihrer Gründung zeichnete sich die Volkshochschule durch eine starke Wissenschaftsorientierung aus und führte auch Hochschulwochen durch. Herbert Grau, 25 Jahre Volkshochschule Linz, in: Linz aktiv, H. 44, 1972, S. 4–14; Gerhard Aumayr, Wirksamkeit und Andragogik des oberösterreichischen Volksbildners Herbert Grau, Dissertation, Salzburg 1988; Christian Stifter, Zur Entwicklungsgeschichte der Volkshochschule Linz 1947–1996, unveröffentlichter Projektendbericht: 50 Jahre Volkshochschule Linz, Wien 1998; Christian Stifter, Ein Modell emanzipatorischer Bildungsarbeit. Zur Geschichte der Volkshochschule Linz, in: Hubert Hummer u. a. (Hg.), Menschenrecht Bildung. Volkshochschule Linz, Linz 1998, S. 15–62; Christian Stifter, Die Volkshochschule auf dem Weg zur Professionalisierung und Qualifizierung – dargestellt am Beispiel der Volkshochschule Linz 1945–1995, in: Urs Hochstrasser (Hg.), Der Wandel im Selbstverständnis der Volkshochschulrolle im Bildungswesen seit 1945. Protokoll der 18. Konferenz des Arbeitskreises Historischer Quellen der Erwachsenenbildung, Deutschland – Österreich – Schweiz, Bern 1998, S. 31–43.
6 Stifter, Die Volkshochschule auf dem Weg zur Professionalisierung und Qualifizierung, S. 38; Stifter, Ein Modell emanzipatorischer Bildungsarbeit, S. 23.
7 Josef Lenzenweger, Die Gründung der Linzer Hochschule, in: Heribert Forstner u. a. (Hg.), Oberösterreicher. Landeshauptmann Heinrich Gleißner. Zeitgenossen berichten, Linz 1985, S. 92.
8 Josef Krames war seit 1939 Professor an der Technischen Hochschule in Wien. Nach seiner Enthebung 1945 war er im Bundesamt für Eich- und Vermessungswesen tätig. 1957 wurde er neuerlich an die Technische Hochschule in Wien berufen. Juliane Mikoletzky (Hg.), Eine Sammlung außerordentlicher Geschlossenheit. Die Rektorengalerie der Technischen Universität Wien, Wien 2015, S. 137.

9 Karl Mayrhofer war seit 1936 Professor für Mathematik an der Universität Wien. 1945 wurde er im Zuge der Entnazifizierung entlassen und 1947 in den Ruhestand versetzt. 1954 wurde er als Dozent rehabilitiert und 1957 wieder zum ordentlichen Professor ernannt. Roman Pfefferle u. Hans Pfefferle, Glimpflich entnazifiziert. Die Professorenschaft der Universität Wien von 1944 in den Nachkriegsjahren, Göttingen 2014, S. 298.
10 Herbert Grau, Hochschulbestrebungen: Technische Hochschule, in: Kulturverwaltung der Stadt Linz (Hg.), Linzer Kulturhandbuch, Bd. 1, Linz 1965, S. 100.
11 Zudem hatte sich auch der Prorektor der Technischen Hochschule in Wien Leo Kirste in der »Zeitschrift des Österreichischen Ingenieur- und Architektenvereines« für eine Aufteilung des Technischen Studiums in verschiedene Stufen ausgesprochen und dem Studium der ersten vier Semester eine besondere Bedeutung zugesprochen.
12 Grau, Hochschulbestrebungen: Technische Hochschule, S. 97 ff.
13 Ebd., S. 98 f.
14 Später wurde auch versucht, die VÖEST als Mittträger für das Technische Studium an der Volkshochschule zu gewinnen, diese lehnte jedoch ab.
15 Ebd., S. 100 f.; Kreczi, Hochschulfonds, S. 14; Koref, Die Gezeiten meines Lebens, S. 350 f.
16 Grau, Hochschulbestrebungen: Technische Hochschule, S. 101; Einladung zur konstituierenden Generalversammlung und Bericht über die gründende Generalversammlung des Vereines zur Förderung eines technischen Hochschulstudiums in Linz am 19.9.1953 im Linzer Rathaussaal. ÖStA, AdR, BMU, GZ 68.955/I/3/53 und GZ 72.341-I/3/53.
17 Grau, Hochschulbestrebungen: Technische Hochschule, S. 101 f.; Hanns Kreczi, Vor 10 Jahren: Spatenstich zum Bau der Linzer Hochschule, in: Linz aktiv, H. 51, 1974, S. 10.
18 Hanns Kreczi, Hochschulbestrebungen: Meisterschule für Architektur, in: Kulturverwaltung der Stadt Linz (Hg.), Linzer Kulturhandbuch, Bd. 1, Linz 1965, S. 110 ff.; Herbert Grau, Linzer Hochschulbestrebungen der Gegenwart, in: Linzer Hochschulfonds (Hg.), Eröffnungsschrift Hochschule Linz, Linz 1966, S. 76.
19 Bericht über die gründende Generalversammlung des Vereines zur Förderung eines technischen Hochschulstudiums in Linz am 19.9.1953 im Linzer Rathaussaal. ÖStA, AdR, BMU, GZ 72.341-I/3/53.
20 ÖStA, AdR, BMU, GZ 68.955/I/3/53.
21 OÖLA, Heinrich Gleißner – Hochschulakten, Fsz. 1 (304/1961): Schreiben von Ministerialrat Heinrich Drimmel an Landeshauptmann Heinrich Gleißner vom 3.9.1953.
22 Walter Höflechner, Die österreichische Rektorenkonferenz 1911–1938, 1945–1969, Wien 1993, S. 186.
23 ÖStA, AdR, BMU, GZ 37.958/I/3/55.
24 Als »Fachhochschulen« galten die Montanistische Hochschule Leoben, die Hochschule für Bodenkultur Wien, die Tierärztliche Hochschule Wien und die Hochschule für Welthandel Wien.
25 Engelbrecht, Geschichte des österreichischen Bildungswesens, Bd. 5: Von 1918 bis zur Gegenwart, S. 449 ff.; Sascha Ferz, Ewige Universitätsreform. Das Organisationsrecht der österreichischen Universitäten von den theresianischen Reformen bis zum UOG 1993, Frankfurt 2000, S. 335 ff.; Thomas König, Die Entstehung eines Gesetzes: Österreichische Hochschulpolitik in den 1950er Jahren, in: Österreichische Zeitschrift für Geschichtswissenschaften, Jg. 23, H. 2, 2012, S. 57–81.
26 Lenzenweger, Die Gründung der Linzer Hochschule, S. 92.
27 OÖLA, Heinrich Gleißner – Hochschulakten, Fsz. 1 (304/1961): Schreiben von Unterrichtsminister Heinrich Drimmel an Bürgermeister Ernst Koref vom 5.5.1955.
28 Diese Pläne stammten von Engelbert Wist, Nikolaus Valters (Wien) und Alfred Silber. Grau, Hochschulbestrebungen: Technische Hochschule, S. 107 f.
29 So ging Gleißner in einem längeren Radiointerview, das er am 4. Oktober 1956 in Washington über sein Reiseprogramm gab, mit keinem Wort auf das Thema Hochschule ein. Österreich »am Wort«. Das Online-Archiv der Österreichischen Mediathek, Interview mit dem Landeshauptmann von Ober-

österreich, Dr. Heinrich Gleißner vom 4.10.1956, unter: http://www.oesterreich-am-wort.at/treffer/atom/08E691AB-0F4-00101-000002F8-08E59363/, aufgerufen am 15.6.2016.
30 Josef Bergmann, Aus der Chronik der Linzer Hochschule, in: Linzer Hochschulfonds (Hg.), Eröffnungsschrift Hochschule Linz, Linz 1966, S. 79; Kreczi, Vor 10 Jahren: Spatenstich zum Bau der Linzer Hochschule, S. 12.
31 Heinrich Gleißner, Zehn Jahre Universität Linz, in: Gustav Otruba (Red.), Johannes Kepler Universität Linz. Hochschule für Sozial- und Wirtschaftswissenschaften 1966–1976, Linz 1976, S. 13 f.
32 Koref, Die Gezeiten meines Lebens, S. 351.
33 Kreczi, Hochschulfonds, S. 14.
34 Grau, Hochschulbestrebungen: Technische Hochschule, S. 108.
35 Ebd.
36 Die Akademie sollte folgende Schwerpunkte haben: Familien-, Gewerbe- und Industrie-, Agrar- und Politische Soziologie. August Maria Knoll, Akademie für angewandte Soziologie und Politik in Linz?, in: Die Furche, 13.4.1957.
37 Kreczi, Hochschulfonds, S. 17 f.
38 Ebd., S. 18; Grau, Hochschulbestrebungen: Technische Hochschule, S. 109; Lenzenweger, Die Gründung der Linzer Hochschule, S. 93.
39 Grau, Hochschulbestrebungen: Technische Hochschule, S. 109 f.
40 Hierzu gehörte nicht nur, dass der Ausbau des Bildungsbereiches mit enormen Erwartungen verbunden war, sondern auch eine starke Wissenschaftsgläubigkeit. Schübl, Universitäten im Wandel, S. 313.
41 Im Bereich des »Bildungsnotstands« wurden infrastrukturelle Mängel bzw. notwendige bauliche Maßnahmen, eine Aufstockung der Dienstpostenpläne und die Einkommensverhältnisse der Hochschullehrer und -lehrerinnen angesprochen. Vgl. hierzu etwa den Bericht der Rektorenkonferenz über die zur Behebung des Notstandes der wissenschaftlichen Hochschulen und Kunstakademien erforderlichen Mittel aus dem Mai 1963. ÖNB, HS, AChB, Mappe III.86.
42 Dies zeigte sich auf politischer Ebene mit der Installierung des Rats für Hochschulfragen, der Ende 1967 die Arbeitsgemeinschaft für Hochschulentwicklung ins Leben rief, die ein umfassendes Konzept für den Ausbau der Universitäten entwickeln sollte. 1968 wurde auch eine parlamentarische Hochschulreformkommission ins Leben gerufen. Engelbrecht, Geschichte des österreichischen Bildungswesens, Bd. 5: Von 1918 bis zur Gegenwart, S. 522 f.
43 Kreczi, Hochschulfonds, S. 19 f.; Kreczi, Vom Technischen Studium zur Reform-Universität Linz, S. 24.
44 Kreczi, Hochschulfonds, S. 19 f.
45 ÖStA, AdR, BMU, GZ 79226-1/1958.
46 Kreczi, Hochschulfonds, S. 19 ff.
47 Zu den allgemeinen Wissenschaftsgebieten gehörten Sprachen, Philosophie, Psychologie, Geschichte, Geographie, Mathematik, Buchhaltung. Bei den Wirtschaftswissenschaften wurden politische Ökonomie, Betriebswirtschaftslehre, Sondergebiete, Warenkunde, Technologie genannt. Bei »Soziologie und Politik« wurden Soziologie, Politik, Publizistik, vergleichende Sozial- und Wirtschaftswissenschaften angeführt.
48 Kreczi, Hochschulfonds, S. 21 und S. 26.
49 Ebd., S. 26.
50 ÖStA, AdR, BMU, GZ 79226-1/1958.
51 Kreczi, Hochschulfonds, S. 32 f.
52 Rudolf Strasser, Jurist in bewegten Jahren. Erinnerungen, Wien 2007, S. 139 f.
53 Kreczi, Hochschulfonds, S. 27 ff. Vgl. hierzu auch: Ernst Koref, Eine Hochschule für Sozialwissenschaft in Linz, in: Österreichische Hochschulzeitung, Jg. 11, H. 7, 1.4.1959, S. 1 f.
54 Kreczi, Hochschule für Sozial- und Wirtschaftswissenschaften, S. 113; Kreczi, Hochschulfonds, S. 46.

55 Diese waren der Verfassungsjurist Walter Antoniolli, der Völkerrechtler Alfred Verdroß und der Nationalökonom (bzw. Volkswirtschaftler) Theodor Pütz.
56 Kreczi, Hochschulfonds, S. 34 f.; AStL, Bestand Edmund Aigner, Schuber 25: Entwurf einer Studien- und Prüfungsordnung an der Hochschule für Sozialwissenschaften in Linz sowie Bericht über die vorläufigen Ergebnisse der Beratungen des wissenschaftlichen Ausschusses des Kuratoriums Hochschule für Sozialwissenschaften in Linz.
57 AStL, Bestand Edmund Aigner, Schuber 25: Entwurf einer Hochschul-Organisationsnovelle.
58 Kreczi, Hochschulfonds, S. 45.
59 Ebd., S. 35 f. und S. 44 ff.
60 Strasser, Jurist in bewegten Jahren, S. 144 f.
61 Dies waren die Kammer der Gewerblichen Wirtschaft, die Vereinigung österreichischer Industrieller, der Österreichische Arbeiterkammertag, der Österreichische Gewerkschaftsbund und die Präsidentenkonferenz der Österreichischen Landwirtschaftskammern. ÖStA, AdR, BMU, GZ 67.608-1/61.
62 So wurde darauf hingewiesen, dass in den letzten zwei Jahren auf je 10.000 Einwohner 63 Studierende aus ganz Österreich, 69 aus Wien, 39 aus Tirol, 37 aus der Steiermark und 27 aus Oberösterreich kommen würden. Kreczi, Hochschulfonds, S. 36 ff.
63 Kreczi, Vom Technischen Studium zur Reform-Universität Linz, S. 25; Kreczi, Hochschule für Sozial- und Wirtschaftswissenschaften, S. 114; ÖStA, AdR, BMU, GZ 74.501-1/61 und GZ 102.734-1/61; AStL, Bestand Ernst Koref, Schuber 125: Gedächtnisprotokoll über den Verlauf der Enquete vom 15.6.1961.
64 Kreczi, Hochschulfonds, S. 46.
65 Ebd., S. 45 f.
66 Ebd., S. 53; Lenzenweger, Die Gründung der Linzer Hochschule, S. 93.
67 Im Rahmen der Studienreise wurden in Deutschland Göttingen und Wilhelmshaven, in Dänemark Aarhus, Kopenhagen und Middlefart, in England Oxford, Exeter und London besucht. ÖStA, AdR, BMU, GZ 42.041-1/61; AStL, Bestand Edmund Aigner, Schuber 25: Bericht über die Studienreise nach England, Dänemark und Deutschland vom 29.6. bis 19.7.1960.
68 So sollte es keine Aufenthaltspflicht geben und das Zusammenleben auch kein Element des Lehrbetriebs sein. Kreczi, Hochschulfonds, S. 25 f.; Kreczi, Hochschule für Sozial- und Wirtschaftswissenschaften, S. 116; Hubert Zeitlhofer, Der Hochschulbezirk und seine Gestaltung, in: Österreichische Hochschulzeitung, Jg. 16, H. 20, 15.12.1964, S. 6 f.; Heinrich Gleißner, Gedanken zur Linzer Hochschulfrage, in: Der Akademiker, Jg. 9, H. 12, 1961, S. 6.
69 Kreczi, Hochschulfonds, S. 53; Lenzenweger, Die Gründung der Linzer Hochschule, S. 93.
70 Kreczi, Hochschulfonds, S. 54; OÖLA, Heinrich Gleißner, Hochschulakten, Fsz. 1 (305/1962): Konvolut Ankauf Auhof.
71 Kreczi, Vor 10 Jahren: Spatenstich zum Bau der Linzer Hochschule, S. 14.
72 Kreczi, Hochschulfonds, S. 16.
73 Höflechner, Die österreichische Rektorenkonferenz, S. 214.
74 Ebd., S. 240; Kreczi, Hochschulfonds, S. 47 f.
75 Höflechner, Die österreichische Rektorenkonferenz, S. 243 f.
76 Kreczi, Hochschulfonds, S. 48.
77 Gleichzeitig wurde das verbliebene Lyzeum aufgelöst. Die medizinisch-chirurgische Lehranstalt wurde 1871 geschlossen. Vgl. hierzu ausführlich: Franz Ortner, Die Universität Salzburg. Die dramatischen Bemühungen um ihre Wiedererrichtung 1810–1962, Salzburg 1987.
78 Am 7.5.1960 wurde auch der Vorschlag angenommen, ein von der katholischen Kirche getragenes Internationales Forschungszentrum gänzlich von der staatlichen Universität zu trennen. Dieses wurde am 5.8.1961 als »privatrechtliche Institution« eröffnet und umfasste zunächst sieben Institute – darunter eines für Zeitgeschichte und eines für politische Wissenschaft.
79 Ernst Hanisch, Die Wiedererrichtung der Universität 1962 im historischen Kontext, in: Reinhold

Reith (Hg.), Die Paris Lodron Universität Salzburg. Geschichte – Gegenwart – Zukunft, Salzburg 2012, S. 81 f.; Josef Thonhauser, Die Entwicklung im Bildungsbereich, in: Ernst Hanisch u. Robert Kriechbaumer (Hg.), Salzburg. Zwischen Globalisierung und Goldhaube, Wien 1997, S. 572 ff.; Franz Horner, Die Wiedererrichtung der Universität (1962) und die Entwicklung der Wissenschaft in Stadt und Land, in: Heinz Dopsch u. Hans Spatzenegger (Hg.), Geschichte Salzburgs. Stadt und Land, Bd. 2, Teil 3, Salzburg 1991, S. 1907 ff.; Franz Horner, Die Entwicklung der Wissenschaft, in: Eberhard Zwink (Hg.), Die Ära Lechner. Das Land Salzburg in den sechziger und siebziger Jahren, Salzburg 1988, S. 481 ff.

80 Lenzenweger, Die Gründung der Linzer Hochschule, S. 96 f.; Strasser, Jurist in bewegten Jahren, S. 144.
81 Im Budget 1962 waren erstmals Mittel für die Universität in Salzburg gewidmet. Kreczi, Hochschulfonds, S. 48.
82 Finanzminister Klaus ließ dies Unterrichtsminister Drimmel in einem Schreiben vom 2.6.1961 wissen. Kreczi, Hochschulfonds, S. 48 f.
83 Als im Salzburger Landtag das Budget 1962 debattiert wurde, verweigerte eine Mehrheit von SPÖ und FPÖ sogar eine symbolische Beteiligung in Form von 20.000 Schilling. Hans Lechner, Die dramatischen Bemühungen bis zur Wiedergründung, in: Eberhard Zwink (Hg.), Studiengebäude. Baudokumentation. Universität und Ersatzbauten (Schriftenreihe des Landespressebüros), Salzburg 1984, S. 59 f.; Hanisch, Die Wiedererrichtung der Universität 1961 im historischen Kontext, S. 84.
84 Kreczi, Hochschulfonds, S. 49.
85 Dies veranlasste Unterrichtsminister Drimmel, der von dieser Entwicklung keineswegs begeistert war, dazu, zwei Tage nach der Besprechung mit Lechner einen ministeriellen Gesetzesentwurf zu versenden, der Salzburg eine Universität zusprach und die Frage des Hochschulfonds nicht mehr ansprach. Lechner, Die dramatischen Bemühungen bis zur Wiedergründung, S. 59 f.; Horner, Die Wiedererrichtung der Universität (1962) und die Entwicklung der Wissenschaft in Stadt und Land, S. 1910.
86 Lechner, Der Weg zur Universität Salzburg, S. 60.
87 Lenzenweger, Die Gründung der Linzer Hochschule, S. 99.
88 Kreczi, Hochschulfonds, S. 49 f.; Lenzenweger, Die Gründung der Linzer Hochschule, S. 98.
89 Maßgeblich hierfür war der starke Bedarf an Mittelschullehrern. Horner, Die Wiedererrichtung der Universität (1962) und die Entwicklung der Wissenschaft in Stadt und Land, S. 1910; Horner, Die Entwicklung der Wissenschaft, S. 485; Lechner, Die dramatischen Bemühungen bis zur Wiedergründung, S. 58.
90 Vizekanzler und SPÖ-Vorsitzender Bruno Pittermann ließ Landeshauptmann Lechner bereits im Juli 1961 wissen, dass die sozialistischen Regierungsmitglieder nur dann einer Errichtung der Salzburger Universität zustimmen werden, wenn die Landespartei keinen Widerstand erhebt. Nach einer gemeinsamen Sitzung der Parteipräsidien von Oberösterreich und Salzburg in Anwesenheit von Pittermann am 30.3.1962 wurde beschlossen, dass die SPÖ keinen Einwand erheben wird. Kreczi, Hochschulfonds, S. 51 f.; Lechner, Die dramatischen Bemühungen bis zur Wiedergründung, S. 59 f.
91 Lenzenweger, Die Gründung der Linzer Hochschule, S. 97; Hanisch, Die Wiedererrichtung der Universität 1961 im historischen Kontext, S. 81.
92 Lenzenweger, Die Gründung der Linzer Hochschule, S. 98 f.
93 Eine Formulierung, der sowohl ÖVP, SPÖ und FPÖ zustimmen konnten, wurde Ende Mai 1962 gefunden. Hiernach sollte die Universität Salzburg zunächst grundsätzlich als »Volluniversität« gegründet werden, der Zeitpunkt, zu dem neben der Philosophischen Fakultät weitere Fakultäten errichtet werden sollten, aber unbestimmt bleiben. Horner, Die Wiedererrichtung der Universität (1962) und die Entwicklung der Wissenschaft in Stadt und Land, S. 1910; Lechner, Die dramatischen Bemühungen bis zur Wiedergründung, S. 60 f.
94 StPNR, IX. GP, 103. Sitzung, 5.7.1962, S. 4524 ff.
95 Bundesgesetz vom 5. Juli 1962, mit dem das Hochschul-Organisationsgesetz abgeändert wird, BGBl. 188/1962.

96   Regierungsvorlage zu einem Bundesgesetz mit dem das Hochschul-Organisationsgesetz abgeändert wird. StPNR, IX. GP, 693 der Beilagen.
97   Bundesgesetz vom 5. Juli 1962, mit dem das Hochschul-Organisationsgesetz abgeändert wird, BGBl. 188/1962.
98   Die entsprechenden Finanzierungszusagen waren bereits erfolgt. Der Linzer Gemeinderat gab seine Erklärung am 4.9.1961 ab. Jene des oberösterreichischen Landtags erfolgte am 6.6.1962 bzw. am 27.6.1962. Nachdem ein Landtagsbeschluss vor den Neuwahlen nicht mehr möglich war, hatte sich das Unterrichtsministerium bereit erklärt, eine Zustimmung der oberösterreichischen Landesregierung zur Kenntnis zu nehmen. Kreczi, Hochschulfonds, S. 47 und S. 61.
99   Die vom Fonds zur Verfügung gestellten oder mit seinen Mitteln angeschafften Grundstücke, Gebäude und sonstigen Gegenstände sollten auch nach dem erwähnten Zeitpunkt der Hochschule zur Verfügung stehen. Gleichzeitig sollte der Fonds die Hochschule weiterhin fördern können.
100 Bei einer weiteren Förderung der Hochschule wurde diese nach Ablauf der Zehn-Jahres-Frist in Aussicht gestellt.
101 Bundesgesetz vom 5. Juli 1962 über die Errichtung des Linzer Hochschulfonds, BGBl. 189/1962 sowie Regierungsvorlage über die Errichtung des Linzer Hochschulfonds, StPNR, IX. GP, 694 der Beilagen.
102 Engelbrecht, Geschichte des österreichischen Bildungswesens, Bd. 5: Von 1918 bis zur Gegenwart, S. 457.
103 Kreczi, Hochschulfonds, S. 144.
104 Vgl. zur Ford Foundation nach 1945: Volker Rolf Berghahn, Transatlantische Kulturkriege: Shepard Stone, die Ford-Stiftung und der europäische Antiamerikanismus, Stuttgart 2004.
105 Fleck, Wie Neues nicht entsteht.
106 Kreczi, Hochschulfonds, S. 22 ff. sowie AStL, Bestand Edmund Aigner, Schuber 25: Korrespondenzen hinsichtlich einer Unterstützung aus den USA.
107 Im Hochschulfonds-Errichtungsgesetz war festgelegt, dass das Statut nach Anhörung des Linzer Bürgermeisters mit Genehmigung des Unterrichtsministeriums durch den Landeshauptmann von Oberösterreich verordnet wird, was am 9.9.1963 geschah.
108 AStL, Bestand Edmund Aigner, Schuber 25: Protokoll und Reden der konstituierenden Sitzung des Hochschulfonds vom 19.12.1963.
109 Fritz Fanta, Der Architektur-Wettbewerb für die Linzer Hochschule, in: Linz aktiv, H. 2, 1962, S. 9–13.
110 Kreczi, Hochschulfonds, S. 54 f. und S. 102 ff.; Kreczi, Vor 10 Jahren: Spatenstich zum Bau der Linzer Hochschule, S. 15.
111 Für die endgültige Planung schlossen Land und Stadt mit den Preisträgern und den Verfassern des zweiten angekauften Projekts unter der Federführung von Perotti am 21.10.1963 einen Architektenvertrag.
112 Artur Perotti, Gestaltungsproblem der Linzer Hochschule, in: Linzer Hochschulfonds (Hg.), Eröffnungsschrift Hochschule Linz, Linz 1966, S. 152.
113 Nachdem die Studentenbetreuung aus dem Bauprogramm ausgeschieden war, dachte der Hochschulfonds zunächst noch daran, diese besonders zu fördern. Zu diesem Zweck erwarb er ein Grundstück nördlich der Auhofkaserne, auf dem ein »Studentendorf« errichtet werden sollte. Träger der Studentenwohnungen sollte eine besondere Organisation sein, die als Verwaltungsgemeinschaft aller an der Errichtung von Studentenwohnungen für die Linzer Hochschule interessierten Vereinigungen gedacht war. Die mit der Technisch-Naturwissenschaftlichen Fakultät auf den Hochschulfonds zukommenden Kosten und die Sonderinteressen der Organisationen, die Studentenheime errichteten, verhinderten jedoch die Realisierung des »Studentendorfes« auf dem Hochschulgelände.
114 Zeitlhofer, Der Hochschulbezirk und seine Gestaltung, S. 7.
115 Kreczi, Hochschulfonds, S. 197 (Abbildung 38); Hubert Zeitlhofer, Das Baukonzept der Linzer Hochschule, in: Linzer Hochschulfonds (Hg.), Eröffnungsschrift Hochschule Linz, Linz 1966, insbes. S. 143.

116 Strasser, Jurist in bewegten Jahren, S. 147.
117 Gemeinschafts- oder Geselligkeitsräume waren nach dem Wegfall eines eigenen Gemeinschaftshauses nun im Mensagebäude und im Schloss vorgesehen. Für die Verwaltung war die Errichtung eines eigenen Verwaltungsgebäudes im Zuge einer weiteren Bauetappe vorgesehen. Die Mensa wollte der Hochschulfonds ursprünglich selbst betreiben und später der Hochschülerschaft übertragen. Hierfür wurde ein eigener Verein gegründet. 1995 wurde die Führung der Mensa der Österreichischen Mensabetriebsgesellschaft übertragen.
118 Kreczi, Hochschulfonds, S. 103 ff.
119 Ebd., S. 39 ff.
120 Schübl, Der Universitätsbau in der Zweiten Republik, S. 55.
121 Kreczi, Hochschulfonds, S. 74.
122 Engelbrecht, Geschichte des österreichischen Bildungswesens, Bd. 5: Von 1918 bis zur Gegenwart, S. 453 f.
123 Regierungsvorlage zu einem Bundesgesetz, mit dem das Hochschul-Organisationsgesetz abgeändert wird. StPNR, IX. GP, 693 der Beilagen.
124 Vgl. hierzu auch: AStL, Bestand Edmund Aigner, Schuber 25: Ansprache von Unterrichtsminister Heinrich Drimmel anlässlich der Konstituierung des Linzer Hochschulfonds vom 19.12.1963.
125 Kreczi, Hochschulfonds, S. 7 ff.; Bergmann, Gedanken zur Errichtung, S. 4 f.
126 Strasser, Jurist in bewegten Jahren, S. 144 f.
127 So wurde explizit darauf hingewiesen, dass das Studium der Handelswissenschaften an der Hochschule für Welthandel durch das Bundesgesetz eine neue zeitgemäße Form erhalten und dies auch für das ebenso hier angesiedelte Studium der Wirtschaftspädagogik gelten sollte. Das an der Rechts- und Staatswissenschaftlichen Fakultät der Universität Innsbruck mögliche Studium der Wirtschaftswissenschaften sollte durch jenes der Volkswirtschaft abgelöst werden.
128 Bundesgesetz vom 15. Juli 1966 über die Studien an den wissenschaftlichen Hochschulen (Allgemeines Hochschul-Studiengesetz), BGBl. 177/1966; Bundesgesetz vom 15. Juli 1966 über sozial- und wirtschaftswissenschaftliche Studienrichtungen, BGBl. 179/1966.
129 Vgl. hierzu etwa die »Erläuternden Bemerkungen zur Regierungsvorlage« zum Bundesgesetz über die sozialwissenschaftliche Studienrichtungen, StPNR, XI. GP, 24 der Beilagen.
130 In Linz rechnete man zunächst nicht mit einem Ausbau vor dem Auslaufen der Fondsverpflichtungen 1972. Kreczi, Hochschulfonds, S. 68.
131 AStL, Bestand Edmund Aigner, Schuber 25: Rede von Landeshauptmann Heinrich Gleißner anlässlich der Konstituierung des Linzer Hochschulfonds vom 19.12.1963.
132 Regierungsvorlage für ein Bundesgesetz, mit dem das Hochschul-Organisationsgesetz abgeändert wird. StPNR, IX. GP, 693 der Beilagen.
133 Kreczi, Hochschulfonds, S. 67; Kreczi, Vom Technischen Studium zur Reform-Universität Linz, S. 26; AStL, Bestand Edmund Aigner, Schuber 25: Rede von Landeshauptmann Heinrich Gleißner anlässlich der Konstituierung des Linzer Hochschulfonds vom 19.12.1963.
134 Oliver Schael, Von der Aufgabe der Erziehung. Das gescheiterte Reformexperiment der »Hochschule für Arbeit, Politik und Wirtschaft« in Wilhelmshaven-Rüstersiel (1949–1962), in: Detlef Schmiechen-Ackermann u. a. (Hg.), Hochschulen und Politik in Niedersachsen nach 1945, Göttingen 2014, S. 53–79.
135 OÖLA, Heinrich Gleißner – Hochschulakten, Fsz. 2 (305/1962): Rede des Landeshauptmannes Dr. Heinrich Gleißner anlässlich der Spatenstichfeier für die Linzer Hochschule am 3.7.1964.
136 Kreczi, Hochschulfonds, S. 97.
137 Hierbei wurde zunächst jedoch noch ganz allgemein die Technik für Linz gefordert, um festzustellen, ob das Unterrichtsministerium die volle Technik gewähren würde. Kreczi, Hochschulfonds, S. 66.
138 Kreczi, Hochschulfonds, S. 89.

139 Vgl. etwa: Regierungsvorlage zu einem Bundesgesetz, mit dem das Hochschul-Organisationsgesetz abermals abgeändert wird. StPNR, X. GP, 772 der Beilagen.
140 Kreczi, Hochschulfonds, S. 97 ff.; Lenzenweger, Die Gründung der Hochschule in Linz, S. 104 f.; Höflechner, Die österreichische Rektorenkonferenz, S. 288 f.; ÖStA, AdR, BMU, GZ 54.868-I/5/65.
141 Kreczi, Hochschulfonds, S. 148.
142 Bundesgesetz vom 30. Juni 1965, mit dem das Hochschul-Organisationsgesetz abermals abgeändert wird. BGBl. 195/1965.
143 Regierungsvorlage zu einem Bundesgesetz, mit dem das Hochschul-Organisationsgesetz abermals abgeändert wird. StPNR, X. GP, 772 der Beilagen.
144 Die Bemühungen um die Errichtung einer Ausbildungsstätte für Techniker in Innsbruck gehen bis ins späte 18. Jahrhundert zurück und führten zu einer zeitweise bestehenden Lehrkanzel für Ingenieurwesen. Nachdem die technischen Vorlesungen zwischen 1838 und 1849 eingestellt worden waren, intensivierten sich die Bemühungen zu Beginn des 20. Jahrhunderts wieder. In den frühen 1960er Jahren wurde die 600-Jahr-Feier »Tirol bei Österreich« zum Anlass für erneute Forderungen genommen.
145 Strasser, Jurist in bewegten Jahren, S. 142.
146 Verwiesen wurde von Fröhler auf die frühere Nürnberger Hochschule, die Mannheimer Hochschule und die Hochschule in Wilhelmshaven. Kreczi, Hochschulfonds, S. 66.
147 Horner, Die Entwicklung der Wissenschaft, S. 486.
148 Kreczi, Hochschulfonds, S. 66 f. und S. 100 f.; Kreczi, Vom Technischen Studium zur Reform-Universität Linz, S. 27; Lenzenweger, Die Gründung der Linzer Hochschule, S. 105.
149 Bundesgesetz vom 15. Juli 1966, mit dem das Hochschul-Organisationsgesetz neuerlich abgeändert wird. BGBl. 180/1966.
150 Kreczi, Hochschulfonds, S. 148.
151 Ebd., S. 65 ff.; Kreczi, Vom Technischen Studium zur Reform-Universität Linz, S. 26; Strasser, Blick in die Zukunft, S. 9.
152 Strasser, Blick in die Zukunft, S. 9.
153 Schrittweiser Ausbau zu geplanten Schwerpunkten. Ein Interview mit dem Rektor der Hochschule für Sozial- und Wirtschaftswissenschaften Ludwig Fröhler, in: Österreichische Hochschulzeitung, Jg. 19, H. 6, 15.5.1967, S. 2.
154 Kreczi, Hochschulfonds, S. 67.
155 Strasser, Jurist in bewegten Jahren, S. 142.
156 Otto Lackinger, Die Linzer Industrie im 20. Jahrhundert, Linz 2007.
157 Linzer Hochschulfonds (Hg.), Eröffnungsschrift Hochschule Linz, Linz 1966.
158 Kreczi, Hochschulfonds, S. 101 f.; Strasser, Der Gründungsprorektor erinnert sich, S. 15.
159 Othmar Köckinger, Die Hochschulverwaltung, in: Gustav Otruba (Red.), Johannes Kepler Universität Linz. Hochschule für Sozial- und Wirtschaftswissenschaften 1966–1976, Linz 1976, S. 28.
160 1975 wurde der Anteil der Studierenden aus Oberösterreich mit 85 Prozent angegeben. Erwin Wenzl, Die Linzer Hochschule und ihre Bedeutung für Oberösterreich, in: Österreichische Hochschulzeitung, Jg. 27, H. 3, 1.3.1975, S. XXIII.
161 Linzer Professoren über Linzer Studenten, in: Österreichische Hochschulzeitung, Jg. 19, H. 6, 15.3.1967, S. 13; Erich Bodzenta u. a., Effekte der Hochschulgründung in Linz, Bd. 1, Linz 1968, S. 54 ff.
162 Anzumerken ist dabei, dass nach der Verabschiedung des Studiengesetzes über die sozial- und wirtschaftswissenschaftlichen Studienrichtungen vom Wissenschaftsministerium die Stundenzahl der Pflicht- und Wahlfächer im Wege von Verordnungen (»Studienordnungen«) festgelegt werden musste und die Hochschulen Studienpläne zu erstellen hatten. Der Studienbeginn wurde in Linz aufgenommen, obwohl damals noch die Studienordnungen und im Gefolge auch die Studienpläne fehlten.

163 Hochschule für Sozial-und Wirtschaftswissenschaften in Linz, Verzeichnis der Lehrveranstaltungen. Personalverzeichnis, Linz 1966.
164 Zehn Jahre Universität Klagenfurt 1970–1980. Geschichte und Dokumentation, Klagenfurt 1980; Johannes Grabmayer (Red.), 40 Jahre Universität Klagenfurt. Ein Album, Klagenfurt 2010; Erich Leitner, Das Ringen um eine Landesuniversität, in: Helmut Rumpler (Hg.), Kärnten. Von der deutschen Grenzmark zum österreichischen Bundesland, Wien 1998, S. 656–677.

3 Die Aufbauphase – der lange Weg zur Technisch-Naturwissenschaftlichen Fakultät und die Transformation zur Johannes Kepler Universität Linz (1966–1978/79)

Nach der Hochschuleröffnung stand der weitere Aufbau der Linzer Hochschule für Sozial- und Wirtschaftswissenschaften auf der Tagesordnung, wobei vor allem die Ausgestaltung der erst vor Kurzem eingerichteten Technisch-Naturwissenschaftlichen Fakultät zentral war. Zugleich ergaben sich durch die Übergabe vom Hochschulfonds an den Bund 1972 und durch das Universitäts-Organisationsgesetz 1975 neue Rahmenbedingungen bzw. institutionelle Veränderungen, die auch die Schaffung einer neuen Fakultät umfassten. In politischer Hinsicht erfolgte mit der Einrichtung des Ministeriums für Wissenschaft und Forschung durch die SPÖ-Alleinregierung im Jahr 1970 ein wichtiger Schritt, nachdem die Universitäten bis dahin sowohl während der Großen Koalition als auch der von 1966 bis 1970 amtierenden ÖVP-Alleinregierung ins Unterrichtsministerium ressortiert hatten. Generell wurde die Bildungsoffensive mit dem Ausbau der weiterführenden Schulen, der Abschaffung der Aufnahmeprüfungen an allgemeinbildenden höheren Schulen 1971 und der Aufhebung der Studiengebühren 1972 fortgesetzt, was zu einem Ansturm auf die Universitäten führte, der den Anstieg der Hörer und Hörerinnen in den 1950er und 1960er Jahren bescheiden aussehen ließ.[1]

Der Aufbau der Technisch-Naturwissenschaftlichen Fakultät

Als die Technisch-Naturwissenschaftliche Fakultät 1965 per Gesetz eingerichtet wurde, war vorgesehen, eine Fakultät im herkömmlichen Sinn zu schaffen. Maßgeblich war hierfür die Befürchtung, dass eine allein auf neue Studienrichtungen aufgebaute Hochschule nur schwer die Anerkennung als Universität finden würde und dass die Errichtung der ersten Fakultät bzw. die hierfür notwendigen langjährigen Verhandlungen gezeigt hatten, mit welchen Problemen zu kämpfen war, wenn man etwas Neues schaffen wollte.[2]

Im April 1966 wurde für die Ausgestaltung der Fakultät ein eigener »Ausschuss Technik« ins Leben gerufen, dem neben Vertretern des Fonds, der Wirtschaft und der Naturwissenschaften auch Mitglieder des Professorenkollegiums angehörten. Noch bevor es hierzu kam, hatte der Hochschulfonds jedoch den aus Linz stammenden ehemaligen Leiter des Labors der Stickstoffwerke und nunmehrigen Direktor des Instituts für Pflanzenernährung an der Justus-Liebig-Universität in Gießen Hans Linser um eine Planungsstudie ersucht, die dieser im Frühjahr 1966 vorlegte.³ In deren Zentrum stand die sogenannte »finale Forschung«, nach der es die Aufgabe der Fakultät sein sollte, von außen an die Hochschule herangetragene Aufgaben durch die Zusammenarbeit der einzelnen Fachgebiete zu erfüllen und die Ausbildung entsprechend geschulter Fachkräfte vorzunehmen. Kernfächer sollten die Mathematik, Physik, Chemie, Biochemie und Biologie sein. Anders als vorgesehen führte Linser somit nicht aus, welche Vorkehrungen in Linz zu treffen seien, um eine Technisch-Naturwissenschaftliche Fakultät wie in Wien oder Graz einzurichten oder wie durch eine Zusammenarbeit mit der Sozial-, Wirtschafts- und Rechtswissenschaftlichen Fakultät neue Studienrichtungen geschaffen werden könnten. Er legte ein neues Konzept vor – wenn die genannten Disziplinen mit Ausnahme der Biochemie und Biologie auch in den Studienordnungen der Technischen Hochschulen in Wien und Graz als Hauptgebiete der Technisch-Naturwissenschaftlichen Fakultäten angeführt wurden.⁴

Trotzdem wurde das Konzept Linsers in den folgenden Besprechungen nicht weiter diskutiert, sondern dieses vom Hochschulfonds, der die vorgesehenen Schwerpunktbereiche prinzipiell guthieß, zum Ausgangspunkt für die Bauplanung gemacht, während er die nähere geistige Konzeption in erster Linie den Professoren überlassen wollte. Die auf dem Konzept von Linser aufbauende Planungsstudie, die von einer Gruppe um Artur Perotti erstellt wurde und am 3. November 1966 vorlag, hatte es jedoch in sich. Sie sah die Errichtung von fünf Institutstürmen – je einen pro Hauptfachgebiet – mit einem zentralen Großgerätepool und Verbindungsgelenken vor, für die Kosten in Höhe von 1,2 Milliarden Schilling veranschlagt wurden. Vorgeschlagen wurde damit ein Großprojekt, das die finanziellen Möglichkeiten des Hochschulfonds bei Weitem sprengte.⁵

Auf Antrag von Landeshauptmann Gleißner wurde deswegen beschlossen, das vorliegende Projekt der Öffentlichkeit nicht zugänglich zu machen sowie Linser und Perotti mit einem neuen und billigeren Entwurf zu beauftragen, der als »Zusammenfassung der Funktions- und Raumplanung der Technisch-naturwissenschaftlichen Fakultät Linz« vom 9. März 1967 das ursprüngliche Konzept zwar prinzipiell beibehielt, die vorgesehenen Gebäude aber deutlich minimierte. So waren nun nur mehr zwei Institutstürme, zwei Praktikagebäude, ein verkleinerter Gerätepool und weitere Räumlichkeiten für die Verwaltung und Lehre vorgesehen. Die Realisierung des Bauvorhabens sollte in drei Abschnitten erfolgen, von denen der erste Bauabschnitt einen Institutsturm und zwei Praktikagebäude für die ersten Jahre, d. h. bis zur geplanten Übergabe der Hochschule an den Bund, vorsah.⁶

Im Gegensatz zur ersten Planungsstudie war der neue Vorschlag somit deutlich realistischer, weshalb er vom Hochschulfonds am 14. Juni 1967 genehmigt wurde.

Zudem einigten sich Hochschulfonds und Hochschule im Juli 1967 auch darauf, dass man sich bei der inhaltlichen Ausrichtung der Technisch-Naturwissenschaftlichen Fakultät am alten Muster der Technischen Hochschulen orientieren wolle, wobei jedoch die Reformvorschläge für das Technikstudium, das damals als weiterer Schritt in der Studienordnung auf dem Programm stand, berücksichtigt werden sollten. Neuerungen wollte man (zumindest vorerst) nicht anstreben.[7]

In der Eingabe ans Unterrichtsministerium, die für die Konstituierung der Fakultät notwendig war, und am 17. Oktober 1967 erfolgte, wurde daher auch auf die Orientierung an den bestehenden Fakultäten eingedenk der laufenden Studienreform verwiesen, gleichzeitig aber das Raum- und Funktionsprogramm, das auf der reduzierten Planungsstudie von Linser und Perotti beruhte, sowie ein weiteres Vorprojekt[8] vorgelegt. Zudem wurde darauf verwiesen, dass angenommen werde, dass für die Technisch-Naturwissenschaftliche Fakultät in Linz jedenfalls Mathematik, Physik und Chemie in Betracht kämen. Im Zuge der weiteren Beratungen[9] wurde im Juli 1968 festgehalten, dass die Studienrichtungen Technische Mathematik, Technische Physik und Technische Chemie errichtet werden könnten. Schwerpunktbildungen sollten sich nach den besonderen Gegebenheiten in Linz (Schwerindustrie, Bestehen der Sozial-, Wirtschafts- und Rechtswissenschaftlichen Fakultät) richten, wobei neue Studienrichtungen jedoch ins Studiengesetz aufgenommen werden müssten. Gleichfalls wurde das vorgelegte Raum- und Funktionsprogramm im Laufe des Jahres 1968 genehmigt.[10]

Hierauf aufbauend erfolgte am 26. November 1968 die Konstituierung der Technisch-Naturwissenschaftlichen Fakultät. Ihren Lehrbetrieb nahm sie im Studienjahr 1969/70 mit den Studienrichtungen Technische Mathematik, Lehramt für Mathematik und Physik an höheren Schulen, Informatik sowie dem Kurzstudium Rechentechnik auf,[11] nachdem an der Sozial-, Wirtschafts- und Rechtswissenschaftlichen Fakultät inzwischen auch die Sozial- und Wirtschaftsstatistik hinzugekommen war. Als neue Studienrichtung wurde damit – wenn es zuvor auch geheißen hatte, dass man (zumindest vorerst) keine Neuerungen anstrebe – neben der Rechentechnik die Informatik aufgenommen,[12] die auch erst auf Druck aus Linz in das Bundesgesetz über die technischen Studienrichtungen vom 10. Juli 1969 Eingang gefunden hatte. Maßgeblich eingesetzt hatte sich hierfür Adolf Adam, der bereits zuvor das Linzer Informationswissenschaftliche Programm (LIP) gestartet hatte und nach der Überführung seiner Lehrkanzel an die Technisch-Naturwissenschaftliche Fakultät zum ersten Dekan der Fakultät wurde. In Linz konnte daher erstmals in Österreich die Informatik als Studienrichtung angeboten werden.[13]

Bis die für die Technisch-Naturwissenschaftliche Fakultät vorgesehenen Neubauten errichtet werden konnten, sollte es jedoch dauern. Als absehbar war, dass sie eine Größenordnung erreicht hatten, die nur durch einen schrittweisen Ausbau zu bewerkstelligen war, wurde zunächst beschlossen, einen »Übergangsbau« zu errich-

Abbildung 35: Spatenstich zum Institutsgebäude II mit Landeshauptmann Heinrich Gleißner und Bürgermeister Edmund Aigner (von links nach rechts) am 22. Jänner 1968.

ten. Dieser war zu Beginn nur für die Technisch-Naturwissenschaftliche Fakultät vorgesehen. Da auch die Sozial-, Wirtschafts- und Rechtswissenschaftliche Fakultät unter einem immer stärkeren Raummangel litt, galt es jedoch auch für sie zusätzliche Räumlichkeiten zu schaffen. Wesentlich war hierfür nicht nur die rasche Genehmigung des Rechtsstudiums, sondern auch der starke Anstieg der Studierenden. Das bisher als großzügig beurteilte Hochschulgelände, das seit 1967 auch das sanierte Schloss Auhof und das fertige Mensagebäude umfasste,[14] war fast über Nacht zu eng geworden. Um rasch Platz schaffen zu können, wurde beschlossen, ein zweites Institutsgebäude (heute Juridicum) anstatt eines der beiden Praktikagebäude der reduzierten Baustudie größer als vorgesehen zu bauen und die Errichtung eines Gebäudes für die Bibliothek, die provisorisch im Mensagebäude untergebracht wurde, zurückzustellen. Der Spatenstich zum Institutsgebäude II erfolgte am 22. Jänner 1968. Die Übergabe an die Hochschule wurde am 28. Oktober 1969 vorgenommen, sodass nun erste Räumlichkeiten für den Studienbetrieb an der Technisch-Naturwissenschaftlichen Fakultät vorhanden waren.[15]

Die Arbeiten an den weiteren Gebäuden, sprich der geplanten ersten Baustufe der reduzierten Planungsstudie von Perotti/Linser, und damit verbunden die weitere Diskussion über die inhaltliche Ausrichtung der Fakultät zogen sich aber weiter

Abbildung 36: Karikatur aus den »Oberösterreichischen Nachrichten« vom 14./15. November 1970.

in die Länge und führten auch zu einer medial ausgetragenen Kontroverse darüber, ob ein Konzept für die Technisch-Naturwissenschaftliche Fakultät vorhanden sei. Hinzu kamen Konflikte an der Hochschule, in denen kritisiert wurde, dass die rasche Einrichtung des Rechtsstudiums – auch was die erforderlichen Personalstellen beträfe – den Aufbau der Technisch-Naturwissenschaftlichen Fakultät gefährdet habe bzw. den Juristen die Vorherrschaft an der Hochschule übertragen hätte, womit vor allem die beiden bestimmenden Protagonisten Ludwig Fröhler und Rudolf Strasser angesprochen waren.[16] Deutlich sichtbar wurde dabei – beginnend mit der zurückgehaltenen Studie von Linser – auch der schlechte Informationsfluss unter den beteiligten Akteuren (Hochschulfonds, Hochschule, Öffentlichkeit), auf den im November 1970 sogar in einer eigenen Pressekonferenz in Anwesenheit von Landeshauptmann Gleißner reagiert werden musste.[17]

Wichtige Weichenstellungen ergaben sich hingegen dadurch, dass die Hochschule nach der Konstituierung der Technisch-Naturwissenschaftlichen Fakultät ein Gremium aus dem damaligen Rektor Strasser, Vizerektor Fröhler und Dekan Adam einrichtete, das nun vorrangig für die Planung und Einrichtung der Fakultät zuständig sein sollte. Fröhler, der bereits entscheidenden Einfluss auf die Einführung des Rechtsstudiums hatte, setzte sich in Absprache mit Strasser für eine Schwerpunktbildung im Bereich der Chemie ein. Während der Hochschulfonds bis dahin

Abbildung 37: Studierende im Physikgebäude, Oktober 1971.

grundsätzlich am Konzept Linsers festgehalten hatte und die Reduzierungen mehr den Charakter von Zurückstellungen aufwiesen, kam es nun zu wichtigen Veränderungen, die in einer Besprechung bei Landeshauptmann Gleißner im Februar 1969 auch vom Hochschulfonds gebilligt wurden. Hiernach sollte der Chemie in den zu erbauenden Räumlichkeiten nun so viel Platz wie möglich zur Verfügung gestellt werden bzw. sie und nicht die Physik den ersten Schwerpunkt der Technisch-Naturwissenschaftlichen Fakultät bilden, während die Biologie und Biochemie nicht einmal mehr angesprochen wurden.[18]

Der Linzer Gemeinderat fasste am 21. April und die Landesregierung am 9. Juni 1969 den Grundsatzbeschluss zum Bau der Technisch-Naturwissenschaftlichen Fakultät. Gleichfalls wurde im Juni 1969 auch ein neuer Architektenvertrag mit Perotti (mit der Auflage, die Architekten Helmut Eisendle und Franz Treml als Mitarbeiter zu beschäftigen) abgeschlossen. Ein endgültiges Bauprogramm existierte jedoch noch nicht. Dieses begann erst, als entsprechende Detailplanungen und ein Planungsabschluss vorlagen, Gestalt anzunehmen. Erstellt wurden diese für die Chemie von Edwin Hengge von der Technischen Hochschule in Graz und für die Physik von Wilhelm Macke, der von Hannover an die Linzer Hochschule wechselte, während Gerhard Derflinger in seiner Funktion als Fakultätsbeauftragter für die Planung der Technisch-Naturwissenschaftlichen Fakultät für den Planungsabschluss

Linzer Studierende einst und jetzt

Als die Linzer Hochschule 1966 eröffnet wurde, war sie mit 562 ordentlichen Studierenden eine überschaubare Einrichtung. Zwei Jahre später waren es bereits über 1.000 und 1976 mit 3.200 Studierenden fast sechsmal so viele ordentliche Hörer und Hörerinnen wie zu Beginn. Die Linzer Studierenden waren in der Anfangszeit zum Großteil Männer. Der Frauenanteil oszillierte zwischen 12 und 22 Prozent und lag somit deutlich unter dem gesamtösterreichischen Durchschnitt (24–36 Prozent) und dem Wert der ebenfalls neu bzw. wiedergegründeten Universität Salzburg (30–44 Prozent). Eine Studie zu den Effekten der Hochschulgründung aus dem Jahr 1968 zeigte, dass die Linzer Studierenden insgesamt älter und häufiger berufstätig waren als an den anderen Universitätsstandorten in Österreich. Außerdem gab es mehr Studierende aus sozioökonomisch schwächeren Familien, bei denen es sich vorwiegend um bereits arbeitende Studierende handelte. Hinsichtlich der regionalen Herkunft ist mit rund 80 Prozent der hohe Anteil an Studierenden aus Oberösterreich auffallend, dem 1970 ein relativ geringer Anteil von nur 5 Prozent an ausländischen Studierenden (bei rund 16 Prozent in Gesamtösterreich) gegenüberstand. Besonders beliebt waren die Studienrichtungen Betriebswirtschaftslehre und Rechtswissenschaften (40 und 32 Prozent aller Inskribierten), wobei die Rechtswissenschaften mehrheitlich von älteren und bereits berufstätigen Studierenden belegt wurden. Eine weitere Studie aus dem Jahr 1973 bestätigt das skizzierte Bild weitgehend: Der Anteil der Studierenden aus den an den Hochschulen unterrepräsentierten Bevölkerungsschichten (Arbeiterschaft und Landwirtschaft) war in Linz im Vergleich zu den anderen Hochschulen sehr groß, was sowohl auf Linz als Industriestandort mit einem landwirtschaftlich geprägten Umland als auch auf das Studienangebot zurückzuführen ist. Die Linzer Studierenden der Anfangszeit waren somit eine heterogen zusammengesetzte Gruppe, die sich in einigen wesentlichen Punkten deutlich von jenen an anderen österreichischen Universitäten unterschied. Das bildungspolitische Ziel dieser Zeit, die Universitäten zu öffnen und mehr Personen aus hochschulfernen Schichten an die Universität zu bringen, konnte die Linzer Hochschule nur zum Teil (im Falle bereits Berufstätiger) erreichen.

Aktuell hat die JKU rund 18.000 ordentliche Studierende. Im Ranking der beliebtesten Studien liegt das Diplomstudium Rechtswissenschaften (6.500) vorne. Es folgen die Bachelorstudien Wirtschaftswissenschaften (2.000), Wirtschaftsrecht (900) sowie Informatik, Wirtschaftsinformatik und Soziologie mit jeweils rund 600 Inskribierten. Unter den Masterstudien haben Recht und Wirtschaft für Techniker/innen (380) sowie Politische Bildung (300) die meisten Studierenden. Der Frauenanteil unter den Studierenden ist zwar auf 49 Prozent angestiegen, liegt aber weiterhin deutlich unter dem österreichischen Schnitt von 53 Prozent. Wesentlich ist dafür, dass Frauen in den technischen Studienrichtungen weiterhin stark unterrepräsentiert sind – obwohl mit Initiativen wie »FIT – Frauen in die Technik« versucht wird, gegenzusteuern und Mädchen bereits in der Schule auf die Möglichkeit einer technischen Ausbildung hinzuweisen. So lag der Frauenanteil an der Technisch-Naturwissenschaftlichen Fakultät im Wintersemester 2013/14 bei nur 27 Prozent, während er an der Rechtswissenschaftlichen und der Sozial- und Wirtschaftswissenschaftlichen Fakultät 52 bzw. 56 Prozent ausmachte. Der Altersdurchschnitt der Linzer Studierenden ist mit 29 Jahren noch immer deutlich höher als der gesamtösterreichische Wert von 27 Jahren. Verhältnismäßig viele Studierende nahmen das Studium über den zweiten Bildungsweg auf (14 Prozent, Österreich: 7 Prozent). Im Hinblick auf die Bildungsherkunft der Studierenden ist festzustellen, dass mit 47 Prozent der größte Anteil mittleren Bildungsschichten (Abschluss einer Lehre oder berufsbildenden mittleren Schule) zuzurechnen ist, weitere 46 Prozent stammen aus höheren (mindestens Matura) und 7 Prozent aus niederen Bildungsschichten (maximal Pflichtschulabschluss). Somit kann hinsichtlich der Bildungsherkunft der Studierenden an der JKU auch heute noch kaum von einer sozialen Öffnung gesprochen werden.

Wie in den Anfangsjahren gehört die JKU gleichfalls zur Gruppe jener Universitäten, deren Studierende zum überwiegenden Teil aus dem eigenen Bundesland kommen. Im Wintersemester 2013/14 stammten mehr als drei Viertel der neu zugelassenen Studierenden aus Oberösterreich, während der Anteil ausländischer Studierender an der JKU 2015 bei 10 Prozent und an allen österreichischen Universitäten bei 26 Prozent lag. Und auch der hohe Anteil an berufstätigen Studierenden ist im Vergleich zu früheren Jahren geblieben. So hat eine Studierendenbefragung aus dem Wintersemester 2012/13 nicht nur gezeigt, dass mit 74 Prozent fast drei Viertel der Studierenden arbeiten, während der österreichweite Vergleichswert bei 64 Prozent lag, sondern auch das hohe Erwerbsausmaß der JKU-Studierenden deutlich gemacht.

Abbildung 38: Universitätsdirektor Othmar Köckinger (Vierter von links) im Gespräch mit Studierenden.

Sie arbeiten im Durchschnitt 30 Stunden in der Woche, während österreichweit die erwerbstätigen Studierenden auf eine Wochenarbeitszeit von 20 Stunden kommen. Besonders hoch sind die Erwerbsquote und das -ausmaß beim Multimediastudium Jus (91 Prozent und 39 Stunden), das sich auch besonders an diese Studierendengruppe wendet, auffallend niedrig hingegen bei den Studienrichtungen an der Technisch-Naturwissenschaftlichen Fakultät (56 Prozent und 19 Stunden). Ähnlich wie in früheren Jahren zeigt die JKU auch in jüngerer Vergangenheit die konstant niedrigste Studienabschlussquote aller österreichischen Universitäten, was einem hohen Anteil berufstätiger Studierender sowie der oft schwierigen Vereinbarkeit von Studium und Beruf geschuldet ist. Im Studienjahr 2012/13 lag die Studienabschlussquote an der JKU bei etwa 36 Prozent, österreichweit bei rund 48 Prozent. Das seit Oktober 2015 im Amt befindliche Rektorat will hier mit einer geänderten Studieneingangsphase, einem Frühwarnsystem bei sinkender Prüfungsaktivität sowie einem verbesserten persönlichen Umgang mit den Studierenden gegensteuern. (Andreas Reichl)

Quellen: Erich Bodzenta u.a., Effekte der Hochschulgründung in Linz, 4 Bde., Linz 1968; Liselotte Wilk u. Hermann Denz, Die Linzer Studenten 1973, Dissertation, Linz

> 1974; Statistik Austria (Hg.), Hochschulstatistik 2005/06, Wien 2006; Bundesministerium für Wissenschaft, Forschung und Wirtschaft (Hg.), Universitätsbericht 2014, Wien 2014; JKU goes Gender. Frauen und Männer an der Johannes Kepler Universität Linz, Gleichstellungsbericht 2013/14 (online); Carola Iller u. Marlene Lentner, Heterogenität in der Studierendenschaft – soziale Öffnung oder »adultification« an der Johannes Kepler Universität?, in: WISO Sonderheft, Jg. 37, 2014, S. 90–111; Johann Bacher u. Daniela Wetzelhütter, Erwerbstätigkeit von Studierenden und Schwierigkeiten der Vereinbarkeit von Studium und Beruf, in: WISO Sonderheft, Jg. 37, 2014, S. 114–141; Studium-Abbruch: Höchste Rate in Linz, in: Oberösterreichische Nachrichten, 19.8.1970; 36 Prozent – JKU mit schlechtester Abschlussquote, in: Oberösterreichische Nachrichten, 15.10.2015 (online).

verantwortlich war. Hiernach sollten nun das geplante Praktikagebäude der Physik gewidmet werden und der vorgesehene Institutsturm großteils der Chemie zur Verfügung stehen. Hörsäle, Werkstätten und Gerätepool, die Linser als gesonderte Bauten konzipiert hatte, wurden reduziert und in die nunmehr vorgesehenen Gebäude integriert.[19]

Nach einer neuerlichen Genehmigung der Bauplanung durch das Wissenschafts- und Bautenministerium war nun der Weg für eine weitere Bauetappe frei. Begonnen wurde mit dem Bau des Physikgebäudes und einem Verbindungsgang zum Chemieturm. Der Spatenstich wurde am 28. Oktober 1969 in Anwesenheit von Bürgermeister Theodor Grill (SPÖ), Landeshauptmann Gleißner, Rektor Strasser und Unterrichtsminister Alois Mock als Vertreter der ÖVP-Alleinregierung gesetzt. Die offizielle Inbetriebnahme wurde am 18. Oktober 1971 vorgenommen.[20]

Danach folgte ein zunächst nicht geplanter Ausbau der Institutsgebäude I und II, bei dem die Stiegenhauszwischenräume und eine Reihe von Garderoben zu Institutsräumen ausgebaut wurden, um der wachsenden Raumnot der Sozial-, Wirtschafts- und Rechtswissenschaftlichen Fakultät zu begegnen.[21] Der rasche Anstieg der Studierenden, insbesondere im Bereich des Rechtsstudiums und der Betriebswirtschaftslehre, führte dazu, dass im Wintersemester 1976/77 bereits 3200 ordentliche Hörer und Hörerinnen an der Linzer Hochschule eingeschrieben waren. Die junge Hochschule wurde damit schon bald Teil der bundesweiten Entwicklung und wuchs für Rektor Hans Bach schneller, als es »für ihre harmonische Entwicklung erwünscht sein konnte«,[22] was den angestrebten engen Kontakt zwischen Lehrenden und Lernenden gefährdete und die Raumfrage auch in den kommenden Jahren zum dominanten Thema machte.[23]

Mit dem Bau des Chemieturmes, der nun den Namen »TNF-Turm« tragen sollte, wurde jedoch erst im Dezember 1972 begonnen, nachdem seine Finanzierung im Vorfeld der für das Jahr 1972 vorgesehenen Übergabe der Hochschule an den Bund neuerlich zum Thema wurde. Maßgeblich war hierfür, dass das Wissenschaftsministerium davon ausgegangen war, dass ihm mit der Übergabe an den Bund keine

Abbildung 39: Unterzeichnung der Übergabeverträge am 2. Oktober 1972. Sitzend von links nach rechts: Rektor Hans Bach, Landeshauptmann Erwin Wenzl, Wissenschaftsministerin Hertha Firnberg, Bürgermeister Franz Hillinger, Sektionschef Josef Krzisch (Bundesministerium für Bauten und Technik). Im Hintergrund stehend: Universitätsdirektor Othmar Köckinger.

finanziellen Belastungen für die Bauvollendung der Technisch-Naturwissenschaftlichen Fakultät bevorstehen würden, der Bau des TNF-Turmes dem Hochschulfonds aber immer größere Schwierigkeiten bereitete und er an seine finanziellen Grenzen gestoßen war. Erst in mühsamen Verhandlungen konnte man sich darauf einigen, dass der Bund die Bau- und Errichtungskosten tragen werde, Land und Stadt (anstatt der bisher praktizierten 50-50-Aufteilung) aber gemeinsam einen Beitrag von 29 Millionen für den Bau, der schlussendlich 430 Millionen Schilling kostete, zu leisten hatten.[24]

Die Übergabe an den Bund erfolgte – wie bereits bei der gesetzlichen Errichtung im Jahr 1962 vorgesehen – am 2. Oktober 1972 in einem feierlichen Akt in der Linzer Hochschule in Anwesenheit von Wissenschaftsministerin Hertha Firnberg als Mitglied der nunmehr im Amt befindlichen SPÖ-Alleinregierung, Landeshauptmann Erwin Wenzl (ÖVP), Bürgermeister Franz Hillinger (SPÖ) sowie Altlandeshauptmann Gleißner und Altbürgermeister Koref. Im zugrunde liegenden Vertragswerk, das Rektor Bach für die Hochschule unterzeichnete, wurde vor allem die Einweisung der Republik Österreich in das Eigentum sowie den rechtlichen und physischen Besitz der Hochschule inklusive der hierfür benötigten Liegenschaften geregelt. Da-

Abbildung 40: Bau des TNF-Turms.

mit waren die Aufgaben des Hochschulfonds, der bis dahin mehr als 360 Millionen Schilling für die Hochschule aufgebracht hatte,[25] de facto erfüllt. Da sich der Fonds im Zuge der Verhandlungen über den Chemieturm jedoch dazu bereit erklärt hatte, die Bauherrschaft über das Gebäude zu übernehmen, bestand er weiter und tut es noch heute mit der Intention, die Linzer Hochschule zu unterstützen.

Die Fertigstellung des TNF-Turms, bei dem sich in der Folgezeit noch weitere Änderungen am Raum- und Funktionsprogramm ergaben und im Wissenschaftsministerium zur Erkenntnis führte, in Zukunft für laborintensive Institute keine Baukörper in Hochhausform mehr zu errichten, erfolgte in den Jahren 1977 und 1978. Ende 1977 konnte die erste Ausbaustufe und im Juni 1978 die zweite Ausbaustufe in Betrieb genommen werden. Die feierliche Übergabe des damals höchsten Hochschulbaus in Österreich erfolgte am 22. November 1978 ebenfalls in Anwesenheit von Wissenschaftsministerin Firnberg.[26] 1979 wurde auch das Hörsaalgebäude in Betrieb genommen, da 1974 beschlossen worden war, die im TNF-Turm vorgesehenen Hörsäle nun doch wieder aus diesem herauszunehmen und Einsparungen im technischen Bereich des TNF-Turms die Errichtung eines eigenen Gebäudes ermöglicht hatten.[27] Der in der reduzierten Planungsstudie noch vorgesehene zweite Turm wurde jedoch nicht realisiert.

Im Bereich des Studienangebots führte der Bau des TNF-Turms dazu, dass nun auch die Chemie angeboten werden konnte. Nachdem zu Beginn des Jahrzehnts im

Bereich der Sozial-, Wirtschafts- und Rechtswissenschaftlichen Fakultät die Wirtschaftspädagogik und an der Technisch-Naturwissenschaftlichen Fakultät die Technische Physik sowie das Doktorat der Technischen Wissenschaften hinzugekommen waren, konnte nun der Lehrbetrieb in den Studienrichtungen Lehramt Chemie und Wirtschaftsingenieur Technische Chemie (zunächst als Studienversuch, ab dem Studienjahr 1985/86 als Regelstudium) sowie das Doktorat der Naturwissenschaften aufgenommen werden. Hierbei war das Wirtschaftsingenieurwesen-Technische Chemie wie die 1975/76 begonnene Betriebs- und Verwaltungsinformatik,[28] die ebenfalls als Studienversuch gestartet war und 1985/86 in das Studium der Wirtschaftsinformatik übergeleitet wurde, als interfakultäres Studium konzipiert. Die beiden Studienrichtungen sollten damit – wenn dies auch nicht leicht umzusetzen war – eine Brücke zwischen den Fakultäten schlagen, wie dies in den 1960er Jahren unter dem Terminus der »gegenseitigen Zuordnung« bereits vorgesehen war und erstmals mit der Sozialwirtschaft (mit Bausteinen der Soziologie, der Betriebs- und Volkswirtschaftslehre, der Rechtswissenschaft und der Gesellschafts- und Sozialpolitik) bzw. später auch mit der Sozial- und Wirtschaftsstatistik umgesetzt werden sollte.[29]

Die Transformation zur Johannes Kepler Universität Linz

Wichtige Neuerungen institutioneller Art brachte nach der Übergabe der Hochschule vom Hochschulfonds an den Bund das neue Universitäts-Organisationsgesetz vom 11. April 1975 mit sich, das ein Kernelement der sozialdemokratischen Hochschulpolitik darstellte und mit Beginn des Studienjahres 1975/76 in Kraft trat. Dieses sah vor, dass alle wissenschaftlichen Hochschulen nun einheitlich als Universitäten bezeichnet wurden und die klassische Gliederung in vier Fakultäten (Philosophie, Theologie, Recht und Medizin) aufgegeben wurde. Die Institute traten als kleinste selbstständige organisatorische Einheiten zur Durchführung von Lehr- und Forschungsaufgaben an die Stelle der früheren Lehrkanzeln. Vor allem wurde jedoch – wie dies bei den Kunsthochschulen bereits vorweggenommen worden war – eine nach Qualifikation und Funktion abgestufte Mitbestimmung der universitären Gruppen (Professoren, akademischer »Mittelbau«, Studierende) in allen Kollegialorganen der Universitäten eingebaut. Das Gesetz stand damit ganz im Zeichen der Demokratisierungsbestrebungen der Zeit und reagierte auf die europaweiten Studierendenunruhen der späten 1960er Jahre bzw. die Forderung nach Mitbestimmung, sollte für die sozialdemokratische Regierung aber auch ein Instrument sein, um die Dominanz des konservativen Elements an den Universitäten zu brechen.[30]

Linz 1968 – Ereignisse und Stellenwert

Der Kollege grinste süffisant und meinte »So, so, Du beschäftigst Dich mit Linz, 1968. Und, was war da los? Fritz Keller hat doch sein Buch über die 1968er in Wien ›Eine heiße Viertelstunde‹ benannt. Was war dann in Linz? Ein lauwarmer Augenaufschlag, zehn Sekunden, eine Minute?« Als am 8. Oktober 1966 in der Donaustadt die Hochschule für Sozial- und Wirtschaftswissenschaften feierlich eröffnet wurde, dachte wohl niemand an Aufruhr. Nach einem Festzug vom Landhaus zum Rathaus übergab Eva Dorninger im Auftrag des Linzer Hochschulfonds den Schlüssel der Hochschule an den Rektor Ludwig Fröhler. Dem Festakt wohnten mehrere Tausend Menschen bei.

Das gesellschaftliche Klima Oberösterreichs war in der zweiten Hälfte der 1960er Jahre sehr konservativ. Gleichzeitig gab es einen bereits merkbaren Widerstand gegen den Konformismus der Nachkriegsgesellschaft. Die Jugend hörte seit den frühen 1960er Jahren Beatles und Rolling Stones, Rock`n Roll und Beat. Die ersten Miniröcke wurden getragen, einige Burschen ließen sich die Haare länger wachsen. Schließlich wurden Sexualität und individuelle Freiräume zum Thema ebenso wie das Verhalten der Vätergeneration während des Nationalsozialismus. Im Juni 1968 organisierte die Linzer Hochschülerschaft (ÖH) eine radikaldemokratische Rektorenwahl, bei der Studierende, Assistenten und Assistentinnen, Professoren in gleicher Form wahlberechtigt waren. Die meisten Stimmen erhielt der linksgerichtete Kurt Rothschild, von den Professoren wurde allerdings Rudolf Strasser zum Rektor bestellt. Im November 1968 erschienen in der Studentenzeitschrift »Cogito« kritische Artikel zu den Themen Sexualmoral, Abtreibung und Vietnam-Politik der USA. Im Dezember 1968 beteiligten sich Linzer Studierende führend an den Protesten gegen einen Bischof. Der Inaugurationsfeier des neuen Rektors Strasser blieb die Hochschülerschaft fern (»Boykott«). Interessierte Aktivisten und Aktivistinnen hatten überdies 1968 Reisen nach Berlin und Paris unternommen und das dortige Klima an den Universitäten miterlebt. Den Einfluss der Wiener Szene gab es ohnedies.

1969 bis 1971 waren wohl die ereignisreichsten Jahre mit Breitenwirkung an der Hochschule Linz. Im März 1969 sorgte die Herausgabe der Schrift »Kritik 69« durch die Studentin Renate Janota für Aufregung, eine Streitschrift hinsichtlich von Fragen der Sexualität aber auch der Gleichberechtigung der Geschlechter. Etwa zeitgleich fand eine Demonstration gegen das Franco-Regime in Linz statt. Im April 1969 folgte eine Demonstration gegen Fahrpreiserhöhungen im öffentlichen Verkehr (»kleiner Sturm auf das Rathaus«), im Juni eine Versammlung gegen die weit rechtsgerichtete NDP. Und an der Hochschule in Linz wurden immer mehr Hörerversammlungen, Sit-ins und Teach-ins abgehalten, die Studierenden politisierten sich. Strenge Besuchsregeln in einem Studentenheim führten 1969 zum empörten Protest der Studentinnen. Zu einer Eskalation kam es im Oktober 1970: Der Student Manfred Eder hatte die hohen Einkünfte der Linzer Gründungsprofessoren kritisiert, Gelder würden nicht zur Förderung von Forschung und Lehre, sondern zur privaten Vermögensbildung verwendet. Die »Oberösterreichischen Nachrichten« titelten: »Geheimzulagen an Linzer Professoren machen böses Blut.« Dekan Wolfgang Bauerreiss ließ in der Folge den Lehrbetrieb einstellen, der finanziell begünstigte Prorektor Strasser verweigerte das Gespräch. Studenten besetzten sein Institut ebenso wie das Rektorat. Schließlich konnte der Konflikt durch das persönliche Eingreifen der Wissenschaftsministerin beruhigt werden.

1971 setzte sich die Proteststimmung fort, bei den ÖH-Wahlen im Jänner wurde die enorme Wahlbeteiligung von 60,8 Prozent erreicht. Im Zuge eines Aufstands gegen die harten Methoden in einem Erziehungsheim in Linz-Süd leistete die ÖH im Sommer 1971 aktive Unterstützung. Zu dieser Zeit konnte man auch von einem gewissen Schulterschluss zwischen Studierenden und Assistenten und Assistentinnen sowie Teilen der Professorenschaft sprechen. An der Hochschule herrschte eine reformorientierte Aufbruchstimmung. Kurt Rothschild fungierte 1971/72 als Rektor, die Zahl der Studierenden nahm deutlich zu. An der an den Interessen der regionalen Wirtschaft orientierten Hochschule waren Institute für Soziologie, Philosophie und Geschichte eingerichtet worden. Der akademische Boden in Linz galt damals als ziemlich interessant. 1972 hatten viele Teilnehmer und Teilnehmerinnen aus Linz die Anti-Vietnamkriegs-Demonstration am Salzburger Flughafen gegen den Staatsbesuch des US-Präsidenten Richard Nixon mitgeprägt. Um Namen zu nennen: Michael Pollak, Christian Pollak, Herbert Vorbach, Josef Weidenholzer, Othmar Friedl, Peter Kuthan, Edith Friedl, Margit Knipp, Greta Skau, Wolfgang Moringer hießen damals einige »local heroes« der Studentenbewegung. Im Jänner 1973 wurde in Linz auch eine lokale »Demo« gegen Nixon abgehalten.

Abbildung 41: Anti-Vietnamkriegs-Demonstration unter Beteiligung von Linzer Studierenden anlässlich eines Zwischenstopps von US-Präsident Richard Nixon am 20. Mai 1972 in Salzburg.

Linz, frühe 1970er Jahre: 200.000 Einwohner, 1500 Studierende, eine neu gegründete Hochschule: Für diese Dimension waren die Geschehnisse erstaunlich – die Hochschule war gleichzeitig ein Ort des Protests und des Aufbruchs. Die Chiffre »1968« beschrieb eine internationale Protest-, Jugend- und Studentenbewegung, sie dauerte länger als nur ein Jahr, die Bewegung war politisch und mehr als das – sie traf das Lebensgefühl einer Generation. Die linksgerichtete, aber nicht parteipolitische Rebellion – sie reichte weit in katholische Kreise hinein – verlor in Österreich ab 1972 an Elan: Der Protest wurde durch die nun amtierende Regierung Bruno Kreiskys kanalisiert, etwa durch das Verbot der Körperstrafen, die Bundesheerreform, die Diskussionen um die »Fristenlösung« und die Universitätsreform von 1972 (gebührenfreier Zugang zum Studium für Inländer und Inländerinnen). Es folgten das Schulunterrichtsgesetz (1974) und das auf flachere Hierarchien und Hochschuldemokratie bedachte Universitäts-Organisationsgesetz (1975). In Linz sollte der Schwung einer einschlägigen Aufbruchstimmung bis Ende der 1970er Jahre reichen. 1975 wurde die Hochschule zur Johannes Kepler Universität Linz, an der JKU begann sich nun auch die Anti-AKW-Bewegung zu formieren. Von 1977 bis 1979 fungierte mit dem Philosophen Rudolf Wohlge-

> nannt erneut ein Linksintellektueller als Rektor. Danach folgten andere Entwicklungen. (Michael John)
>
> Vgl. ausführlicher: Michael John, Protest, Unruhe und ein violetter Mantel. 1968 und die Folgejahre in Linz, in: Fritz Mayrhofer u. Walter Schuster (Hg.), Linz im 20. Jahrhundert, Bd. 2, Linz 2010, S. 837–884.

Für die Linzer Hochschule bedeutete das neue Universitäts-Organisationsgesetz, dass nun auch sie zur Universität wurde und sie sich – nachdem im Gesetz die Möglichkeit hierzu geschaffen worden war – offiziell »Johannes Kepler Universität Linz« nennen konnte. Bezug genommen wurde damit auf den berühmten Mathematiker und Astronomen, der zu Beginn des 17. Jahrhunderts 14 Jahre in Linz verbracht hatte, seither mehrfach als Namenspatron für Bildungseinrichtungen in Erwägung gezogen worden war[31] und auch bei der Linzer Hochschule schon früh in Diskussion war. So war er nicht nur seit der De-jure-Errichtung der Technisch-Naturwissenschaftlichen Fakultät im Jahr 1965 mehrfach als Namenspatron vorgeschlagen worden,[32] um deren Vorhandensein sichtbarer zu machen,[33] sondern auch das Professorenkollegium hatte bereits am 10. Mai 1966 beschlossen, dass die Hochschule »Johannes Kepler-Hochschule für Sozial- und Wirtschaftswissenschaften« heißen sollte.[34] Gleichfalls waren auch die Feierlichkeiten zum 400sten Geburtstag von Johannes Kepler zum Anlass genommen worden, um der Linzer Hochschule im August 1971 im Rahmen eines internationalen Symposiums den Namen Keplers voranzustellen. Einen offiziellen Charakter hatte der von Professor Adam initiierte und durchgeführte Taufakt,[35] der nach einem Beschluss des Linzer Gemeinderates und des Akademischen Senats erfolgte und auch vom Ministerium zur Kenntnis genommen worden war, jedoch nicht.[36] Dies brachte erst die Umbenennung infolge des neuen Universitäts-Organisationsgesetzes.[37]

Eine weitere Konsequenz war, dass sich die Linzer Hochschule nun in drei Fakultäten, also eine Sozial- und Wirtschaftswissenschaftliche, eine Rechtswissenschaftliche und eine Technisch-Naturwissenschaftliche Fakultät gliederte, was ebenfalls eine Entscheidung gesetzlich sanktionierte, die bereits Anfang der 1970er Jahre getroffen worden war. Wesentlich war hierfür, dass 1966 zwar das Rechtsstudium, aber keine Juridische Fakultät genehmigt worden war. Dadurch, dass die Rechtswissenschaften bald an Gewicht gewannen bzw. die Fakultät durch die Zusammenfassung der Sozial-, Wirtschafts- und Rechtswissenschaften unter einem Dach eine Größe erreicht hatte, die nicht mehr handhabbar war,[38] war bereits 1971 eine interne Trennung der Fakultäten vorgenommen worden. D. h., dass nach Rücksprache mit dem Ministerium schon damals eine ständige Fakultätskommission für die Sozial- und Wirtschaftswissenschaften und eine ebensolche für die Rechtswissenschaften geschaffen worden waren,[39] wenn die Hochschülerschaft auch zu Bedenken gegeben

Abbildung 42: Internationales Kepler-Symposion am 13. und 14. August 1971.

hatte, dass die Trennung der ursprünglichen Absicht widerspreche, die juristischen Fächer möglichst eng in die Sozial- und Wirtschaftswissenschaften zu integrieren.[40] Die tatsächliche Teilung wurde aber erst 1975 erreicht. Die konstituierende Sitzung der neuen Rechtswissenschaftlichen Fakultät fand am 18. Dezember 1975 und die der neuen Sozial- und Wirtschaftswissenschaftlichen Fakultät am 8. Jänner 1976 statt.[41] Erster Dekan der Rechtswissenschaftlichen Fakultät wurde Rudolf Strasser, jener der neuen Sozial- und Wirtschaftswissenschaftlichen Fakultät Ernest Kulhavy.

Die neue Drittelparität sollte hingegen auch die Universität Linz von der »Ordinarien«- zur »Gruppenuniversität« führen, nachdem dort bereits in den 1960er und frühen 1970er Jahren erste Beteiligungsformen eingeführt worden waren. So war schon Ende 1969 ein Hochschulkonvent (ähnlich wie er 1970 im Kunsthochschulorganisationsgesetz verankert wurde[42]) eingeführt worden, der als Kontakt- und Diskussionsgremium zwischen Professoren/Professorinnen, Assistenten/Assistentinnen und Studierenden gedacht war und ausschließlich empfehlende Beschlüsse fassen konnte.[43] Ebenfalls 1969 waren auch Studienkommissionen mit Vertretern der Studierenden und Assistenten/Assistentinnen für beide damals bestehenden Fakultäten eingerichtet worden, nachdem diese erstmals im Bundesgesetz über die technischen Studien vorgesehen waren und das Ministerium empfohlen hatte, Studienkommissionen für die Vorbereitung der Studienpläne auch an jenen Fakultäten einzusetzen, bei denen diese gesetzlich noch nicht verankert waren.[44] Und auch in verschiedenen Fakultätskommissionen sowie einer im Sommer 1973 konstituierten Kommission für die weitere Entwicklung und Planung der Linzer Hochschule waren Studierende und Assistenten/Assistentinnen vertreten,[45] was vonseiten der Universitätsleitung immer wieder herangezogen wurde, um zu demonstrieren, dass die junge Hochschule eine »Vorreiterrolle« in der Demokratisierung der Universitäten übernommen habe.[46] Dass die Hochschule (oder zumindest Teile von ihr) aber auch Probleme mit der neuen Mitbestimmung hatte, verdeutlichen der Umstand, dass sich sogar Professoren im Hochschulkonvent nicht ernst genommen fühlten,[47] oder die lebhafte Diskussion darüber, wie weit die universitäre Demokratie reichen solle. So teilte etwa Friedrich Fürstenberg mit, dass er aus genau jenem Grund den Hochschulkonvent verlassen werde, während 1973 in ein und derselben Ausgabe der »Österreichischen Hochschulzeitung« Rektor Hans Bach entschieden darauf verwies, dass Studierende in Berufungskommissionen nicht vertreten sein sollten, während Paul Otto Runck als Dekan der Technisch-Naturwissenschaftlichen Fakultät darauf hinwies, dass genau dies an seiner Fakultät beschlossen worden sei.[48] Im Vorfeld der parlamentarischen Verabschiedung des Universitäts-Organisationsgesetzes schrieb der neue Rektor Helmut Paul dann sogar die oberösterreichischen Nationalratsabgeordneten mit der Aufforderung an, gegen das Gesetz zu stimmen,[49] nachdem sich auch die Rektorenkonferenz gegen dieses gestellt hatte.[50] Weder er noch die restlichen Professoren konnten das neue Universitäts-Organisationsgesetz, das vonseiten der Ordinarien seit Beginn des Reformprozesses auf Ablehnung gestoßen war,[51] jedoch verhindern. Im Demokratisierungskonzept der SPÖ-Regierung spielte es ein zu zentrales Element.

Die Aufbauphase der Linzer Hochschule war mit der Formierung der Technisch-Naturwissenschaftlichen Fakultät, dem skizzierten Ausbau des Studienangebots, der Übergabe an den Bund und den Änderungen, die das neue Universitäts-Organisationsgesetz mit sich brachte, abgeschlossen. Wünsche zur Angliederung einer Philosophischen Fakultät wurden zwar vereinzelt geäußert, führten aber zu keiner Änderung in der Fakultätenstruktur.[52] Gleiches galt auch für die Vorstöße zur Etablierung einer Medizinischen Fakultät[53] und für die zweifellos am konkretesten gewordenen Bestrebungen zur Eingliederung der in Linz ansässigen Philosophisch-Theologischen Lehranstalt, die in ihren Wurzeln auf die Fusionierung der protestantischen Landschaftsschule mit der Lateinschule der Jesuiten zurückging, später zur k. und k.-Studienanstalt für Theologie und 1850 zur bischöflichen Diözesanlehranstalt geworden war.[54] Entsprechende Absichten hatte es von katholischen Kreisen zwar bereits im Vorfeld der Hochschulgründung und -eröffnung gegeben,[55] und auch von wichtigen Entscheidungsträgern des Linzer Hochschulfonds wie Landeshauptmann Gleißner war die Einbindung als Fakultät in die Linzer Hochschule als mögliche Ausbauvariante schon damals angesprochen worden.[56] In den frühen 1970er Jahren waren die Bemühungen jedoch intensiviert worden und hatten nun – was in den

50 Jahre ÖH an der JKU

Bereits 1945 wurde die damalige »Österreichische Hochschülerschaft« (heute: Österreichische Hochschülerinnen- und Hochschülerschaft, ÖH) durch eine Verordnung der provisorischen Staatsregierung als Körperschaft öffentlichen Rechts konstituiert. Als wesentlichste Aufgabe obliegt der ÖH »die Vertretung der allgemeinen und studienbezogenen Interessen ihrer Mitglieder«, der Studierenden, vor allem gegenüber universitären Organen und staatlichen Behörden und Einrichtungen. Die ÖH finanziert sich hauptsächlich aus den verpflichtenden Studierendenbeiträgen (ähnlich der Kammerumlage bei Arbeiter- und Wirtschaftskammer).

Abbildung 43: Wahlwerbung bei den ersten ÖH-Wahlen 1967.

Im Sommer 1966, noch bevor die Hochschule für Sozial- und Wirtschaftswissenschaften am 8. Oktober 1966 offiziell eröffnet wurde, hatte der Zentralausschuss der ÖH eine Außenstelle in Linz errichtet, um dem Hochschülerschaftsgesetz, das eine studentische Vertretung verlangte, Genüge zu tun. Peter Wittmann, ehemaliger ÖH-Vorsitzender der Universität Wien, u. a. wurden beauftragt, die Studierendenvertretung aufzubauen und die ersten Hochschülerschaftswahlen vorzubereiten. Sie fanden am 25. Jänner 1967 mit vier zur Wahl stehenden Fraktionen statt und brachten eine absolute Mehrheit für den bürgerlichen »Wahlblock«, der fünf der sieben Mandate besetzen konnte. Marbod Pühringer wurde erster Vorsitzender. Bei der ÖH handelte es sich anfangs um eine kleine Gruppe von Studierenden, die – bereits in Referaten organisiert – sich darum kümmerten, ihre Kollegen und Kolleginnen zu vertreten. Als Büro diente zu dieser Zeit ein Raum im Starhemberg'schen Palais auf der Promenade, den der damalige Landesrat und spätere Landeshauptmann Erwin Wenzl der ÖH zur Verfügung stellte. Studentische Mitbestimmung und das Recht auf Mitgestaltung (z. B. bei Lehrinhalten und Didaktik, aber auch bei der Bestellung von Professoren und Professorinnen und anderem Universitätspersonal) wurden gefordert, erstarrte Strukturen sollten aufgebrochen werden. In den 1960er und 1970er Jahren war die Linzer Studierendenschaft – wie an vielen anderen europäischen Universitäten auch – politisiert. Es war eine Zeit, die heute längst vergessene Protestformen wie Sit-ins, Go-ins oder Teach-ins selbstbewusst in den universitären Alltag einbrachte, um Aufmerksamkeit für durchzusetzende Anliegen zu generieren.

In den letzten Jahrzehnten hat sich die ÖH in Linz zu einer kraftvollen Institution entwickelt. Aufgrund der steigenden Zahl an Inskribierten gibt es mittlerweile 15 Mandate in der Universitätsvertretung, dem höchsten Gremium der ÖH an der JKU, zu besetzen. Diese kümmert sich um die Interessen aller Studierenden, bestimmt über die Budgetverteilung der ÖH sowie weitere grundlegende Fragen. Auch die Wahl des Vorsitzteams und der einzelnen Referenten und Referentinnen obliegt ihr. Um die vorhandenen Mandate bewerben sich heute deutlich mehr Fraktionen als früher, zumeist ist unter mehr als zehn Parteien zu wählen. Bei den letzten Wahlen 2015 erreichte die Aktionsgemeinschaft (AG) mit rund 42 Prozent die meisten Stimmen. Sie bildet gemeinsam mit der Österreichischen Studentenunion (ÖSU) die ÖH-Exekutive, aktuelle Vorsitzende ist Helena Ziegler. Inhaltlich hat sich die ÖH in Linz immer stärker in eine, viele studentische Bereiche umfassende Serviceeinrichtung entwickelt. Die Bewältigung dieser Aufgaben erfordert viel Einsatz von allen Beteiligten. Aktuell arbeiten mehrere Hundert Studierende ehrenamtlich in der Vertretung ihrer Kommilitonen und Kommilitoninnen. Es verwundert nicht, dass es oft nicht einfach ist, dieses Engagement und das eigene Studium unter einen Hut zu bringen. Neben den einzelnen Studien- und Fakultätsvertretungen gibt es mittlerweile die beträchtliche Anzahl von 15 Referaten. Vom Organisationsreferat, welches das ÖH Sommerfest oder die Mensafeste organisiert, dem Sozialreferat, das Beratungen in wichtigen Studierendenlebenslagen anbietet, bis hin zum Gesellschafts- und Bildungspolitikreferat, das beispielsweise eine Podiumsdiskussion zur Bundespräsidentenwahl 2016 veranstaltete, findet man hier zahlreiche Angebote. Mit Serviceeinrichtungen wie dem Plagiatscheck, der Steuerberatung, einer ÖH JKU App, die an Lehrveranstaltungen erinnert, oder einer Job- und Wohnbörse kümmert sich die ÖH um die Belange der Studierenden. Als Dauerbrenner unter den Services hat sich der »ÖH Courier«, der erstmals im Studienjahr 1972/73 erschienen ist, als kostenloses Studierendenmagazin etabliert. Dieser wurde früher noch mühselig von Hand geklammert und designt, heute erscheint er im zweiwöchigen Rhythmus und informiert über die aktuellen Geschehnisse rund um den Campus und das Studierendenleben. (Helena Ziegler)

Quellen: Verordnung vom 3. September 1945 über die Einrichtung einer studentischen Selbstverwaltung an den Hochschulen wissenschaftlicher und künstlerischer Richtung, StGBl. 170/1945; Bundesgesetz vom 12. Juli 1950 über die Österreichische Hochschülerschaft, BGBl. 174/1950; Bundesgesetz vom 9. Juli 2014, mit dem das Hochschülerinnen- und Hochschülerschaftsgesetz 2014 erlassen wird, BGBl. I 45/2014; Kreczi, Hochschulfonds, S. 73 f.; Johannes Kepler Universität Linz (Hg.) u. Johann Drachsler (Red.), Die Johannes Kepler Universität Linz 1966–2000, Linz 1999, S. 118 ff.; Interview mit Marbod Pühringer, in: ÖH Courier, H. 1, WS 2013/14, S. 5 f.; ÖH Courier, H. 13, SS 2015, S. 4 f.

1960er Jahren noch nicht der Fall war – auch die Unterstützung des Linzer Bischofs. So war 1970 auf Initiative von Weihbischof Alois Wagner und Rudolf Zinnhobler von der Diözesanlehranstalt ein Hochschulkomitee gebildet worden, das die Eingliederung in die Linzer Hochschule verfolgte. 1973 waren nach einer positiven Stellungnahme der Bischofskonferenz und des Heiligen Stuhls auch die Bundesregierung[57] und später die Leitung der Linzer Universität mit dem Anliegen konfrontiert worden. Die Linzer Hochschule zeigte sich gegenüber einer Eingliederung der Diözesanlehranstalt, die 1971 zur »Philosophisch Theologischen Hochschule der Diözese Linz« wurde, auch aufgeschlossen, wenn keine Einbußen bei den anderen Fakultäten entstehen würden. Im August 1975 kam aus Wien jedoch die Mitteilung, dass das Projekt aufgrund der hohen Kosten zurückgestellt werden müsse, worauf die Philosophisch-Theologische Hochschule den Plan entwickelte, als »Zwischenlösung« eine Päpstliche Fakultät anzustreben. Damit sollte es – wenn schon keine finanzielle Übernahme durch den Bund zu erreichen war – zumindest Verbesserungen beim Graduierungsrecht geben. Die Folge war, dass die Philosophisch Theologische Hochschule der Diözese Linz 1978 in den Rang einer Katholisch-Theologischen Fakultät erhoben wurde, womit die Bestrebungen zur Eingliederung in die Johannes Kepler Universität Linz endgültig gescheitert waren. 2000 wurde sie als erste Privatuniversität Österreichs akkreditiert.[58]

Timeline

1967	Das sanierte Schloss Auhof und das Mensagebäude werden in Betrieb genommen.
22.1.1968	Spatenstich zum Institutsgebäude II (heute Juridicum) durch Bürgermeister Edmund Aigner.
26.11.1968	Konstituierung der Technisch-Naturwissenschaftlichen Fakultät.
20.5.1969	Erstmalige Sponsion von Magistern der sozial- und wirtschaftswissenschaftlichen Studienrichtungen.
2.7.1969	Erstmalige Durchführung einer Promotion von Doktoren der rechtswissenschaftlichen und der sozial- und wirtschaftswissenschaftlichen Studienrichtungen.
WS 1969/70	Aufnahme des Studienbetriebs an der Technisch-Naturwissenschaftlichen Fakultät mit den Studienrichtungen Technische Mathematik, Lehramt für Mathematik und Physik an Höheren Schulen, Informatik sowie dem Kurzstudium Rechentechnik.
28.10.1969	Übergabe des Institutsgebäudes II an die Hochschule und Spatenstich für das Physikgebäude.
18.3.1971	Das Professorenkollegium beschließt eine interne Teilung der Sozial-, Wirtschafts- und Rechtswissenschaftlichen Fakultät in Fakultätskommissionen, die vom Wissenschaftsministerium genehmigt wird.
13.8.1971	Im Rahmen des Internationalen Kepler-Symposiums anlässlich des 400. Geburtstages von Johannes Kepler wird die Linzer Hochschule nach ihm benannt. Hierbei handelt es sich jedoch nur um eine inoffizielle Umbenennung.
18.10.1971	Das Physikgebäude wird in Betrieb genommen.
2.10.1972	Übergabe der Hochschule vom Hochschulfonds an den Bund.
3.11.1972	Erstmalige Durchführung einer Promotion von Doktoren der technischen Studienrichtungen.

14.12.1973	Erstmalige Durchführung einer Sponsion von Diplomingenieuren der technischen Studienrichtungen.
28.3.1974	Erstmalige Durchführung einer Sponsion von Magistern der technisch-naturwissenschaftlichen Studienrichtungen.
11.4.1975	Das neue Universitäts-Organisationsgesetz wird verabschiedet. Mit ihm erhält die Linzer Hochschule den Namen Universität und eine Gliederung in drei Fakultäten (Rechtswissenschaftliche, Sozial- und Wirtschaftswissenschaftliche, Technisch-Naturwissenschaftliche Fakultät).
24.6.1975	Da das neue Universitäts-Organisationsgesetz die Möglichkeit geschaffen hat, dem offiziellen Namen einer Universität eine Bezeichnung hinzuzufügen, beschließt der Senat, den offiziellen Namen von »Universität Linz« in »Johannes Kepler Universität Linz« zu erweitern.
1977–1979	Der TNF-Turm und das Hörsaalgebäude werden in Betrieb genommen.
25.12.1978	Die bisherige Philosophisch-Theologische Hochschule der Diözese Linz wird in den Rang einer Päpstlichen Theologischen Fakultät erhoben. Damit sind die Bemühungen um eine Eingliederung als Theologische Fakultät in die Johannes Kepler Universität Linz endgültig gescheitert.

Anmerkungen

1 Schübl, Universitäten im Wandel, S. 315.
2 Kreczi, Hochschulfonds, S. 89 und S. 118.
3 OÖLA, Hochschulfonds, Karton 65: Josef Bergmann, Das Konzept der Technisch-naturwissenschaftlichen Fakultät in Linz, 14.12.1970.
4 Ebd. Vgl. zum Konzept zudem: Hans Linser, Die technisch-naturwissenschaftliche Fakultät, in: Linzer Hochschulfonds (Hg.), Eröffnungsschrift Hochschule Linz, Linz 1966, S. 39–43.
5 Kreczi, Hochschulfonds, S. 88 ff., S. 118 f. und S. 150 ff.
6 Gleichzeitig wurde eine Reduzierung der Studierenden von 1500 auf 700 vorgenommen. Kreczi, Hochschulfonds, S. 152.
7 OÖLA, Hochschulfonds, Karton 65: Josef Bergmann, Das Konzept der Technisch-naturwissenschaftlichen Fakultät in Linz, 14.12.1970; Kreczi, Hochschulfonds, S. 150.
8 Das Vorprojekt war von den Architekten Perotti, Treml und Eisendle im Einvernehmen mit Linser erstellt worden.
9 Die Eingabe aus Linz wurde sowohl in der Arbeitsgemeinschaft für Hochschulentwicklung als auch in einem eigenen interministeriellen Komitee beraten. Zudem gab es Verhandlungen, in die auch Vertreter der Hochschule einbezogen wurden.
10 Kreczi, Hochschulfonds, S. 118 f. und S. 155.
11 Später wurde die Bezeichnung in »Kurzstudium Datentechnik« geändert.
12 Anzumerken ist dabei, dass sich auch die Technisch-Naturwissenschaftliche Fakultät bei der Einrichtung der Studien mit provisorischen Studienplänen behelfen musste, da die neuen Studienordnungen noch nicht vorlagen. Helmut Paul, Rechenschaftsbericht des Rektors, in: Universitätsdirektion der Johannes Kepler Universität Linz (Hg.), Ansprachen und Vorträge anlässlich der Zehnjahresfeier der Johannes Kepler Universität Linz am Samstag, dem 30.10.1976, Linz 1976, S. 58.

13 Adam war Leiter des Instituts für Statistik und Datenverarbeitung. In der sozial- und wirtschafts-statistischen Studienrichtung hatte er bereits zuvor großen Wert auf die Verbindung mit moderner Datenverarbeitung gelegt. Kreczi, Hochschulfonds, S. 125; Adolf Adam, Das Linzer Informationswissenschaftliche Programm LIP, in: Österreichische Hochschulzeitung, Jg. 20, H. 7, 1.4.1968, S. 3; Fünf Jahre Linzer Hochschule. Ein Gespräch mit dem Rektor Prof. Dr. G. Derflinger, in: Österreichische Hochschulzeitung, Jg. 23, H. 8, 15.4.1971, S. 1; Peter Weiß, 20 Jahre Technisch-Naturwissenschaftliche Fakultät, in: Universitäts-Nachrichten, Jg. 10, H. 4, 1989, S. 1 f.; Urbaan M. Titulaer, 25 Jahre Technisch-Naturwissenschaftliche Fakultät, in: Blickpunkte, Jg. 44, H. 2, 1994, S. 61; Johannes Kepler Universität Linz, 25 Jahre Informatik in Linz. Vierteljahresbericht 1990–1993, Linz 1994; Gerhard Chroust u. Hans-Peter Mössenböck (Hg.), Informatik macht Zukunft. Zukunft macht Informatik. 40 Jahre Informatik-Studium in Österreich, Wien 2009.

14 Die Bautätigkeit auf dem Linzer Hochschulgelände. Die ÖHZ sprach mit Prof. Artur Perotti, in: Österreichische Hochschulzeitung, Jg. 20, H. 7, 1.4.1968, S. 15.

15 Kreczi, Hochschulfonds, S. 152 f.

16 In diese Diskussion schaltete sich 1970, nachdem man endgültig vom Konzept Linsers abgegangen war, auch dieser mit scharfer Kritik ein. Studierende sprachen in Flugblättern den schleppenden Aufbau der Technisch-Naturwissenschaftlichen Fakultät an. Miloš Lánský sagte als Dekan 1971 öffentlich aus, dass ein geschlossenes Konzept über den Aufbau der Fakultät eigentlich nicht bestehe. Hanns Kreczi, Linzer Kulturpolitik miterlebt und mitgestaltet (1959–1985), in: Historisches Jahrbuch der Stadt Linz 1994, Linz 1995, S. 221 ff.; OÖLA, Hochschulfonds, Karton 65: Unterlagen zum Aufbau der Technisch-Naturwissenschaftlichen Fakultät; Krise an Linzer Hochschule, in: Oberösterreichische Nachrichten, 10.2.1969; Hochschule: Sauer auf die Vorherrschaft der Juristen, in: Oberösterreichische Nachrichten, 13.2.1969; Hochschul-Lage gespannt. Warum Adam zurücktrat, in: Oberösterreichische Nachrichten, 11.11.1969; Hochschulkonzept nebelhaft. Noch immer keine Klarheit, in: Oberösterreichische Nachrichten, 13.11.1970; Arena der Einzelinteressen, in: Oberösterreichische Nachrichten, 18.11.1970.

17 Der Linzer Hochschulfonds stellte gestern fest: Vorwurf der Konzeptlosigkeit ist unberechtigt, in: Oberösterreichische Nachrichten, 13.11.1970; Informationsfluss ist nicht Sache des Hochschulfonds, in: Tagblatt, 13.11.1970.

18 Kreczi, Hochschulfonds, S. 155 f.

19 Ebd., S. 156 ff.

20 Das Werden der Johannes Kepler-Universität in Linz. II. Teil Baufortschrittsfilm. Dokumentation der Peter Puluj Filmproduktion Leonding im Auftrag des Linzer Hochschulfonds, o. J. [1978].

21 Kreczi, Hochschulfonds, S. 160.

22 Hans Bach, Der Ausbau der Linzer Hochschule, in: Österreichische Hochschulzeitung, Jg. 25, H. 10, 15.5.1973, S. 9.

23 Vgl. hierzu etwa: Hans Bach, Die Sozial-, Wirtschafts- und Rechtswissenschaftliche Fakultät, in: Hochschule Linz 1972 (Sonderdruck der Österreichischen Hochschulzeitung, Jg. 24, H. 8, 15.4.1972), Wien 1972, S. 8; Hochschule Linz, in: Österreichische Hochschulzeitung, Jg. 25, H. 10, 15.5.1973, S. 1; Hochschule Linz – 1974, in: Österreichische Hochschulzeitung, Jg. 26, H. 10, 15.5.1974, S. 1; Gustav Otruba, Die Sozial-, Wirtschafts- und Rechtswissenschaftliche Fakultät, in: Österreichische Hochschulzeitung, Jg. 26, H. 10, 15.5.1974, S. 2; Ernest Kulhavy, Die Sozial- und Wirtschaftswissenschaftliche und die Rechtswissenschaftliche Fakultät, in: Gustav Otruba (Red.), Johannes Kepler Universität Linz. Hochschule für Sozial- und Wirtschaftswissenschaften 1966–1976, Linz 1976, S. 37; Helmut Paul, Rechenschaftsbericht des Rektors, in: Universitätsdirektion der Johannes Kepler Universität Linz (Hg.), Ansprachen und Vorträge anlässlich der Zehnjahresfeier der Johannes Kepler Universität Linz am Samstag, dem 30. Oktober 1976, Linz 1976, S. 59.

24 Kreczi, Hochschulfonds, S. 160 f.; Schübl, Der Universitätsbau in der Zweiten Republik, S. 442 f.

25 Erwin Wenzl, Die Linzer Hochschule und ihre Bedeutung für Oberösterreich, in: Österreichische Hochschulzeitung, Jg. 27, H. 3, 1.3.1975, S. XXIII.
26 Das Werden der Johannes Kepler Universität in Linz. II. Teil Baufortschrittsfilm. Dokumentation der Peter Puluj Filmproduktion Leonding im Auftrag des Linzer Hochschulfonds, o. J. [1978]; Bundesministerium für Wissenschaft und Forschung, Hochschulbauten in Österreich 1970–1982, Wien 1982, S. 86.
27 Schübl, Der Universitätsbau in der Zweiten Republik, S. 442 f.
28 Lutz J. Heinrich, Geschichte der Wirtschaftsinformatik. Entstehung und Entwicklung einer Wissenschaftsdisziplin, Berlin 2012².
29 Kreczi, Hochschulfonds, S. 122 und S. 128; Paul, Rechenschaftsbericht des Rektors, S. 58.
30 Schübl, Universitäten im Wandel, S. 313 und S. 317; Engelbrecht, Geschichte des österreichischen Bildungswesens, Bd. 5: Von 1918 bis zur Gegenwart, S. 527 ff. Vgl. zur Hochschulpolitik der SPÖ-Alleinregierung bzw. zum Universitäts-Organisationsgesetz 1975 zudem Robert Kriechbaumer, Die Ära Kreisky. Österreich 1970–1983, Wien 2006, S. 172 ff. sowie Ferz, Ewige Universitätsreform, S. 425 ff.
31 Zu verweisen ist etwa auf Diözesanbischof Franz Josef Rudigier, die Baupläne der Nationalsozialisten oder Schulbenennungen in der Zweiten Republik. Adolf Adam, Die geistesgeschichtlichen Wurzeln der OÖ. Landesuniversität, in: Blickpunkte, Jg. 41, H. 3, 1991, S. 22; Mayrhofer u. Schuster, Bilder des Nationalsozialismus in Linz, S. 83.
32 Kreczi, Hochschulfonds, S. 148.
33 AJKU, A 00 Rektorat, Jacket 25: Schreiben von Adolf Adam an Rudolf Strasser vom 19.9.1969.
34 AJKU, A 00 Rektorat, Jacket 32: Protokoll der 10. Sitzung des Professorenkollegiums vom 10.5.1966. Vgl. hierzu auch: Hanns Kreczi, Kepleriana – Ehre und Verpflichtung, in: Linzer Hochschulfonds (Hg.), Eröffnungsschrift Hochschule Linz, Linz 1966, S. 56.
35 Adam war auch Vorsitzender der 1969 an der Linzer Hochschule eingerichteten Kepler-Kommission, die das Kepler-Jahr vorbereiten sollte. Franz Pichler, Kurzreferat anlässlich der Eröffnung der Kepler-Ausstellung im Rektorat, Schloss Auhof, 19.11.2012; AJKU, A 00 Rektorat, Jacket 195: Umlaufbeschluss der Technisch-Naturwissenschaftlichen Fakultät vom 16.4.1969.
36 Der Linzer Gemeinderat fasste seinen Beschluss am 28.1.1971, der Akademische Senat am 11.3.1971. Ein Landesbeschluss soll zu dieser Zeit bereits seit längerer Zeit bestanden haben. AJKU, A 00 Rektorat, Jacket 3: Schreiben von Rektor Gerhard Derflinger an das Wissenschaftsministerium vom 20.3.1971; AJKU, A 00 Rektorat, Jacket 1+2: Schreiben von Gerhard Derflinger an den Hochschulfonds vom 9.4.1971.
37 Der Senat der Hochschule beschloss in seiner Sitzung am 24.6.1975, den offiziellen Namen »Universität Linz« in »Johannes Kepler Universität Linz« zu erweitern. Kreczi, Hochschulfonds, S. 148.
38 Kulhavy, Die Sozial- und Wirtschaftswissenschaftliche und die Rechtswissenschaftliche Fakultät, S. 37; AJKU, A 00 Rektorat, Jacket 175: Schreiben von Wolfgang Bauerreiss an den Linzer Hochschulfonds vom 19.4.1971.
39 Diese Kommissionen hielten am 18. und 25.11.1971 ihre erste Sitzung ab. Kreczi, Hochschulfonds, S. 149.
40 Bach, Die Sozial-, Wirtschafts- und Rechtswissenschaftliche Fakultät, S. 8.
41 Kulhavy, Die Sozial- und Wirtschaftswissenschaftliche und die Rechtswissenschaftliche Fakultät, S. 39.
42 Engelbrecht, Geschichte des österreichischen Bildungswesens, Bd. 5: Von 1918 bis zur Gegenwart, S. 527 f.
43 Ludwig Fröhler u. Rudolf Strasser, Der Anfang der Hochschule für Sozial- und Wirtschaftswissenschaften und ihre Entwicklung bis zum Sommersemester 1970, in: Gustav Otruba (Red.), Johannes Kepler Universität Linz. Hochschule für Sozial- und Wirtschaftswissenschaften 1966–1976, Linz 1976, S. 32; AJKU, A 00 Rektorat, Jacket 13: ÖSU-Information zum Hochschulkonvent, undatiert (Ende 1969).
44 Das Gesetz über die technischen Studienrichtungen sah die Studienkommissionen noch zeitlich befris-

tet vor. AJKU, Studienabteilung, 6-50-24: Schreiben von Rudolf Strasser an die Österreichische Hochschülerschaft vom 19.11.1969; Engelbrecht, Geschichte des österreichischen Bildungswesens, Bd. 5: Von 1918 bis zur Gegenwart, S. 527 f.
45 Bach, Der Ausbau der Linzer Hochschule, S. 9 ff.
46 Kulhavy, Die Sozial- und Wirtschaftswissenschaftliche und die Rechtswissenschaftliche Fakultät, S. 38.
47 AJKU, A 00 Rektorat, Jacket 15: Schreiben von Friedrich Fürstenberg an den Rektor, den Vorsitzenden der Assistentenschaft und der Hochschülerschaft, 21.12.1970.
48 Bach, Der Ausbau der Linzer Hochschule, S. 9; Paul Otto Runck, Die Technisch-naturwissenschaftliche Fakultät, in: Österreichische Hochschulzeitung, Jg. 25, H. 10, 15.5.1973, S. 18; Birgit Durstmüller, Universität Linz: Vorreiter bei der Mitbestimmung, in: Universitäts-Nachrichten, Jg. 8, H. 2, 1986, S. 6.
49 AJKU, A 02 Rektorat, 2/56: Rundschreiben von Rektor Helmut Paul vom 3.4.1975.
50 AJKU, A 00 Rektorat, Jacket 311: Resolution der Rektorenkonferenz vom 11.3.1975.
51 Ilse Reiter-Zatloukal, Restauration – Fortschritt – Wende. Politik und Hochschulrecht 1945–2015, in: Mitchel G. Ash u. Josef Ehmer (Hg.), Universität – Politik – Gesellschaft. 650 Jahre Universität Wien – Aufbruch ins neue Jahrhundert, Bd. 2, Göttingen 2015, S. 473 ff.
52 Kreczi, Hochschulfonds, S. 115.
53 Vgl. hierzu Kapitel 6.
54 Die Umbenennung in »Philosophisch-Theologische Lehranstalt der Diözese Linz« erfolgte Anfang der 1930er Jahre.
55 So hat sich Josef Lenzenweger, der Dozent für Kirchengeschichte an der Universität Graz sowie Professor an der Linzer Diözesanlehranstalt war und auch dem 1959 gebildeten Hochschulkuratorium angehörte, bereits im Vorfeld der gesetzlichen Errichtung der Linzer Hochschule für eine Katholische Fakultät an der Linzer Hochschule eingesetzt. 1965 wurde die Katholisch-Theologische Fakultät im Vorfeld der Angliederung der Technisch-Naturwissenschaftlichen Fakultät dann auch zum Thema einer Serie im »Linzer Volksblatt« und einer Flugschrift von Referenten des bischöflichen Seelsorgeamtes. Lenzenweger, Die Gründung der Linzer Hochschule, S. 40 ff.; Kreczi, Hochschulfonds, S. 168 (Anm. 20); OÖLA, Heinrich Gleißner – Hochschulakten, Fsz. 2 (305/1962): Flugschrift »Zur Frage einer Theologischen Fakultät in Linz«, 15.5.1965.
56 So hat Gleißner die Theologische Fakultät etwa bei der Konstituierung des Linzer Hochschulfonds 1963 oder bei der Spatenstichfeier 1964 angesprochen. AStL, Bestand Edmund Aigner, Schuber 25: Rede von Landeshauptmann Heinrich Gleißner anlässlich der Konstituierung des Linzer Hochschulfonds vom 19.12.1963; OÖLA, Heinrich Gleißner – Hochschulakten, Fsz. 2 (305/1962): Rede des Landeshauptmannes Dr. Heinrich Gleißner anlässlich der Spatenstichfeier für die Linzer Hochschule am 3.7.1964.
57 Paul, Rechenschaftsbericht des Rektors, S. 65; Theologische Fakultät für Linzer Uni nützlich, in: Oberösterreichische Nachrichten, 14.5.1976.
58 Kreczi, Hochschulfonds, S. 168 (Anm. 20); Zinnhobler, Das Studium der Theologie in Linz, S. 20 ff. Vgl. zum Graduierungsrecht und der Anerkennung von akademischen Graden: Kalb, Die Katholisch-Theologische Universität Linz, S. 374 ff.

4 Universitärer Alltag und Innovationen (1979–1993)

Mit den 1980er Jahren brach nach den turbulenten Jahren der Gründung und des Aufbaus in der Entwicklung der Johannes Kepler Universität Linz eine vergleichsweise ruhige Phase an. Es kehrte der universitäre Alltag ein, der für die Universität jedoch auch bedeutete, dass sie vermehrt mit den Problemen einer Massenuniversität zu kämpfen hatte. Zu wichtigen Innovationen und Erweiterungen kam es erst wieder ab Mitte bzw. vor allem Ende des Jahrzehnts, wobei diese verschiedene Bereiche betrafen. Dies bedeutete nicht nur, dass neue Gebäude und Einrichtungen dazu kamen und das Lehrangebot weiter wuchs, sondern dass die Universität angesichts der wirtschaftlichen und politischen Entwicklungen auch ihre Außenbeziehungen sowie den internationalen Kontakt und die Verbindungen zur Wirtschaft intensivierte. Im Bereich der Technisch-Naturwissenschaftlichen Fakultät führte dies sogar dazu, dass von einer zweiten »Gründerzeit« die Rede war.[1]

Die »Mühen des Alltags« – steigende Studierendenzahlen und eine erste Expansion im Bereich der Universitätslehrgänge

Zu Beginn des neuen Jahrzehnts war die Johannes Kepler Universität Linz zunehmend mit den »Mühen des Alltags« konfrontiert. Die Studierendenzahlen stiegen wie an den anderen österreichischen Universitäten weiter an und nahmen hier noch stärker zu, als erwartet worden war. So kam es allein zwischen 1976 und 1986 zu einer Zunahme der ordentlichen Hörer und Hörerinnen von rund 3200 auf ca. 8650, was beinahe eine Verdreifachung bedeutete. Der starke Andrang an die Universität wurde damit fortgesetzt und sollte – wie auch im bundesweiten Vergleich – noch bis Anfang der 1990er Jahre andauern.[2]

Wie 1981 in den »Universitäts-Nachrichten« zu lesen war, die 1979 als erste Zeitschrift der Universität gegründet worden waren, um nicht nur als Organ nach innen, sondern – im Sinne einer verstärkten Öffentlichkeitsarbeit – vor allem als Medium nach außen zu fungieren,[3] war der Andrang der Studierenden nur mit der »Aufbringung aller physischen und psychischen Reserven« zu bewältigen. Große Herausforderungen bildeten dabei, dass die Entwicklung im Personalbereich mit der Zunahme der Studierenden nicht mithalten konnte sowie eine immer kritischer werdende Raumsituation, die 1981 von Rektor Ernst Rudolf Reichl dank der Errichtung des TNF-Turms lediglich im Bereich dieser Fakultät als »noch befriedigend«

Abbildung 44: Überreichung des »Großen Sparstifts« an Wissenschaftsminister Hans Tuppy durch den ÖH-Vorsitzenden Ernst Marth anlässlich der Übergabe der Comparex-Rechenanlagen an die Johannes Kepler Universität Linz am 23. November 1987.

Abbildung 45: Studierende an der Johannes Kepler Universität Linz zu Beginn der 1980er Jahre.

bezeichnet werden konnte.⁴ Mehr Raum und Personal zu erhalten, blieb daher auch in den folgenden Jahren eine wiederkehrende Forderung,⁵ wobei die Universitäten jedoch mit einer sich allgemein verschlechternden Budgetsituation nach den Jahren des »wirtschaftlichen Booms« und damit auch weniger finanziellen Mitteln konfrontiert waren. Generell konnten nach 1975 weder die Aufstockung der Planstellen für das wissenschaftliche Personal noch die Flächengewinne an den Universitäten mit der Steigerungsrate bei den Studierenden mithalten.⁶

Im Bereich des Studienangebots war es nach der Einführung der Chemie Ende der 1970er Jahre zu einer gewissen Konsolidierung gekommen. Bis Mitte der 1980er Jahre sollte dieses aus Rechtswissenschaften (Rechtswissenschaftliche Fakultät), Soziologie, Sozialwirtschaft, Volkswirtschaft, Betriebswirtschaft, Sozial- und Wirtschaftsstatistik und Wirtschaftspädagogik (Sozial- und Wirtschaftswissenschaftliche Fakultät), Informatik, dem Kurzstudium Datentechnik, Technischer Mathematik, Technischer Physik, dem Lehramt für Mathematik, Physik und Chemie (Technisch-Naturwissenschaftliche Fakultät) und den interfakultären Studienrichtungen Betriebs- und Verwaltungs- bzw. Wirtschaftsinformatik sowie dem Wirtschaftsingenieur Technische Chemie bestehen. Zu einer Ergänzung kam es erst im Studienjahr 1986/87 mit der Einführung der Statistik an der Sozial- und Wirtschaftswissenschaftlichen Fakultät, an der sich Anfang der 1980er Jahre auch eine erste Expansion im Bereich der Universitätslehrgänge abzuzeichnen begann. Angesprochen wurde damit die Weiterbildung, wie sie bereits im Hochschulorganisationsgesetz 1955 und dann verstärkt im Allgemeinen Hochschulstudiengesetz 1966 sowie dem Universitäts-Organisationsgesetz 1975 als weiteres Aufgabengebiet der Universität neben der Lehre und Forschung festgehalten worden war.⁷

An der Linzer Hochschule hatte es bereits seit 1973 Weiterbildungsveranstaltungen gegeben. Sie war damit eine der ersten Universitäten, die der Fortbildung als universitärem Bildungsauftrag nachkam,⁸ und baute diesen in den kommenden Jahren mit Vorbereitungskursen für Studienberechtigungsprüfungen, der studienrichtungs- und berufsgruppenspezifischen Absolventen- und Absolventinnenfortbildung, Weiterbildungsmaßnahmen für das eigene Personal und ein- bis mehrjährigen Universitätslehrgängen aus. So kam es im Juli 1981 nicht nur zur Einrichtung einer eigenen Senatsabteilung für Weiterbildung, sondern auch zum Start des ersten Universitätslehrgangs. Dienen sollten diese entweder der Vermittlung einer ergänzenden Ausbildung neben oder nach einem ordentlichen Studium oder der Vermittlung vorwiegend praktischer Kenntnisse für Teilnehmer und Teilnehmerinnen mit einschlägiger Berufspraxis.⁹ Der erste Lehrgang widmete sich der Ausbildung von Exportkaufleuten und wurde unter der Leitung von Ernest Kulhavy gestartet, der nicht nur zu den ersten Professoren an der Linzer Hochschule für Sozial- und Wirtschaftswissenschaften gehört hatte, sondern auch Vorstand des Instituts für Handel, Absatz und Marketing war und damit das erste Institut im deutschsprachigen Raum

Abbildung 46: Zeugnisverleihung beim Lehrgang für Exportkaufleute, Jänner 1983.

Abbildung 47: Eröffnung des Bibliotheksgebäudes am 14. November 1984.

aufgebaut hatte, das die Bezeichnung »Marketing« in seinem Namen trug.[10] Der Exportlehrgang war – nachdem Kulhavy an einer großangelegten Studie über das Exportverhalten österreichischer Betriebe gearbeitet hatte – in relativ kurzer Zeit in enger Zusammenarbeit und mit Unterstützung der Wirtschaftskammer ins Leben gerufen worden und konnte im Herbst 1981 starten.[11] 1985 folgte ein zweiter Lehrgang für mathematische Methoden für Anwender und Anwenderinnen; weitere Lehrgänge traten in den folgenden Jahren hinzu.

Im Bereich der Bauentwicklung kam es mit der Errichtung eines eigenen Gebäudes für die Bibliothek zu einem Nachziehverfahren. Mit dem Aufbau einer Bibliothek, deren Grundstock der wissenschaftliche Buchbestand des kurz zuvor aufgelösten Amerikahauses bildete, war zwar bereits im April 1965 begonnen worden. Bis die Bibliothek über ein eigenes Gebäude verfügte, sollte es jedoch dauern, da der Bibliotheksbau immer wieder zurückgestellt wurde, um Räumlichkeiten für die Institute der rasch wachsenden Universität zu schaffen. So war sie – wie auch die ersten Institute – zunächst in der Goethestraße und nach der Übersiedlung an den Campus mit der Aufnahme des Hochschulbetriebs dann provisorisch im Obergeschoss des Mensagebäudes untergebracht worden. Als Ende der 1970er Jahre die vorhandenen Kapazitäten erschöpft waren, mussten für die Buchaufstellung Arbeitsräume herangezogen und der Bibliotheksverwaltung Räume im TNF-Turm zur Verfügung gestellt werden. Der Bau des Bibliotheksgebäudes wurde damit immer dringlicher und konnte im März 1979 in einem Vertrag mit dem Wissenschaftsministerium in die Wege geleitet werden. Die Planung des Gebäudes wurde neuerlich der Architektengruppe Artur Perotti (Federführung), Helmut Eisendle und Franz Treml übertragen.[12] Die Bauleitung übernahm abermals – obwohl er die Hochschule 1972 an den Bund übergeben hatte – der Hochschulfonds. Der Spatenstich wurde am 7. Juli 1981 gesetzt. Die Eröffnung des neuen Bibliotheksgebäudes erfolgte am 14. November 1984[13] und wurde angesichts der Anwesenheit von Wissenschaftsminister Heinz Fischer (SPÖ) von den Studierenden auch dazu genutzt, gegen Kürzungen bei Stipendien zu demonstrieren.[14] Durchgeführt wurde damit in der Gegenwart eines Mitglieds der von 1983 bis 1986 regierenden SPÖ-FPÖ-Koalition eine Protestaktion, wie sie in den 1980er Jahren keine Seltenheit war.[15]

Ein weiterer Bau folgte mit dem zwischen 1983 und 1985 nach Plänen von Franz Xaver Goldner errichteten Gebäude für Mikroelektronik, das von der VOEST ALPINE mit einer finanziellen Beteiligung des Landes Oberösterreich und der Stadt Linz errichtet wurde, um Platz für das neue Institut für Mikroelektronik zu schaffen,[16] mit dem die Universität Linz den ersten österreichischen Lehrstuhl für Biophysik erhielt.[17] Das neue Institut sollte einerseits der wachsenden Bedeutung der Mikroelektronik Rechnung tragen, nachdem diese als Förderschwerpunkt auch in der »Forschungskonzeption '80« der Bundesregierung (1983) festgehalten worden war.[18] Andererseits sollte das Institut auch einer verstärkten Zusammenarbeit mit

Abbildung 48: Eröffnung des Gebäudes für Mikroelektronik am 11. Oktober 1985 mit Bundesminister Heinz Fischer und Professor Hartwig Thim (von links nach rechts).

der Wirtschaft und Industrie dienen, nachdem das Wissenschaftsministerium bereits mit Erlass vom 18. Februar 1983 ein Forschungsinstitut für Mikroprozessortechnik an der Johannes Kepler Universität Linz eingerichtet hatte. Dieses war mit finanzieller Unterstützung des Landes Oberösterreich, der oberösterreichischen Kraftwerke AG und der VÖEST ins Leben gerufen worden und verfolgte das Ziel, eine anwendungsbezogene Forschung im Bereich der Mikroprozessortechnik unter Einschluss der Beratung von Unternehmen zu leisten.[19] Wie auch das spätere Institut für Mikroelektronik kann es daher als Vorbote für die sich Ende der 1980er Jahre intensivierende Zusammenarbeit mit der Wirtschaft und Industrie gesehen werden. Diese war zwar bereits in früheren Jahren als Ziel genannt worden, und auch die Etablierung der Chemie war in Hinblick auf die vorhandene chemische Industrie (allerdings vor allem im Bereich des Lehramts) vorgenommen worden. Eine wirkliche Dynamik trat jedoch erst jetzt ein.[20]

Erweiterungen und Innovationen – eine zweite »Gründerzeit«

Die Kooperation mit der Wirtschaft und Industrie nahm – als eine wichtige Entwicklungslinie der Zeit – ab Mitte des Jahrzehnts deutlich zu und führte zu mehreren Neugründungen. Besonders prominente Beispiele sind hierfür die Gründung

Von der Stahl- und Verstaatlichtenkrise zur verstärkten Technologie- und Kulturförderung

Linz entwickelte sich in den Nachkriegsjahrzehnten zum wichtigsten Industriezentrum in Österreich. Der zentrale Motor für diese Entwicklung war die Verstaatlichte Industrie bzw. insbesondere die VÖEST, die auf den in der NS-Zeit errichteten Hermann-Göring-Werken basierte. Eine wichtige Entscheidung wurde bereits in den unmittelbaren Nachkriegsjahren mit der Weiterführung als Großbetrieb getroffen. Die Linzer Werke wurden 1945 von der amerikanischen Besatzungsmacht als »Deutsches Eigentum« beschlagnahmt und nach deren Herauslösung aus dem Verbund mit den Werken in der Steiermark und in Wien noch im selben Jahr unter der neuen Bezeichnung »Vereinigte Österreichische Eisen- und Stahlwerke AG« (VÖEST) zusammengefasst. Am 16. Juli 1946 wurden sie an die österreichische Bundesregierung übergeben. Nur wenige Tage später folgte – wie es auch im Bereich der Stickstoffwerke bzw. der »Österreichischen Stickstoffwerke AG« der Fall war – die Verstaatlichung. Diese sollte generell der angeschlagenen österreichischen Wirtschaft zu einer soliden Basis verhelfen, dem Kapitalmangel entgegensteuern, eine ausländische Übernahme und vor allem eine Inanspruchnahme als »Deutsches Eigentum« durch die Besatzungsmächte (wie es vonseiten der Sowjetunion der Fall war) verhindern. Der Wiederauf- und Ausbau erfolgte mit maßgeblicher Unterstützung aus dem amerikanischen Marshall-Plan und führte dazu, dass die beiden Betriebe zu einem der größten Arbeitgeber in Österreich wurden und das Image von Linz entscheidend prägten. Linz wurde zu »der« Industriestadt in Österreich, die 1974 mit 46.000 Personen ihren höchsten Beschäftigtenstand in der Industrie aufwies. In den folgenden Jahren schlitterte die Verstaatlichte Industrie infolge der Erdölkrisen von 1973 und 1979, einer weltweiten Stahlkrise und aufgrund politischer Fehlentscheidungen jedoch in eine Krise. Wesentlich war hierfür, dass die VÖEST AG 1973 mit der schwer defizitären steirischen Alpine Montan AG, mit der sie bereits in der NS-Zeit vereint war, zur VÖEST ALPINE AG (ab 1978 VOEST ALPINE AG) zusammengeschlossen wurde und dass auch die Chemie Linz AG (wie die »Österreichischen Stickstoffwerke AG« ab 1973 hießen) durch Spekulationen der Handelstochter Merx geschädigt wurde. Weitere Fusionierungen mit maroden Betrieben taten das Gleiche. Vor allem führte die austrokeynesianische Wirtschaftspolitik, die das Primat der Vollbeschäftigung verfolgte und davon ausging, dass die Wirtschaftskrise durch den Einsatz von Staatsgeldern »übertaucht« werden könnte, jedoch dazu, dass wichtige Strukturreformen unterblieben. Durch den massiven Einsatz von staatlichen Geldern blieb das Unternehmen so zwar zahlungsfähig, wichtige Änderungen in den Produktionsprogrammen und Produktpaletten unterblieben jedoch. Erst als 1985 durch riesige Spekulationsverluste der Konzerntochter »Intertrading« im Ölgeschäft die Krise offenkundig wurde, setzte ein Umdenken ein. Dies führte 1987/88 zunächst zu einer Zerschlagung der VOEST ALPINE AG bzw. ab Mitte der 1990er Jahre zu einer sukzessiven Privatisierung sowie zu einer Forcierung von High-Tech-Produkten und ab 1987 auch zu einer Neustrukturierung der Chemie Linz, die langfristig einen wirtschaftlichen Erfolg für die meisten Nachfolgeunternehmen garantierte. Daneben wurden aber auch vonseiten des Landes und der Stadt verstärkt Initiativen für eine positive Weiterentwicklung der Wirtschaft gesetzt, bei denen die Förderung von modernen Technologien bzw. der Wissenstransfer von der Forschung in die Anwendung ebenfalls eine wichtige Rolle spielten – wie etwa die Schaffung des Linzer Innovations- und Gründerzentrums (1986), des Technologiezentrums an der Wiener Straße (1990) und des Techcenters am Winterhafen (2002) belegen. Um dem negativen Image der verschmutzten Industriestadt zu begegnen, das sich im Schlagwort »In Linz, da stinkt's« manifestierte, wurden hingegen beginnend mit dem Spruch »In Linz beginnt's« (1973) bereits in den 1970er Jahren wichtige Schritte mit dem weiteren Ausbau von Kultureinrichtungen (Forum Metall 1977, Ars Electronica und Klangwolke 1979) gesetzt. In den 1980er Jahren wurden dann unter den Bürgermeistern Hugo Schanovsky und Franz Dobusch (beide SPÖ) auch die Umweltsanierung in Angriff genommen und die Parole ausgegeben, dass Linz die sauberste Industriestadt in Österreich werden muss. Weitere wichtige Kultureinrichtungen wie das Kunstmuseum Lentos (2003) folgten und sollten die in Vorbereitung auf das Kulturhauptstadtjahr 2009 getroffene Aussage, wonach Linz sowohl eine Industrie- als auch eine Kulturstadt sei, absichern. (Maria Wirth)

Quellen: Oliver Rathkolb, Mythos VÖEST, in: Fritz Mayrhofer u. Walter Schuster (Hg.), Linz im 20. Jahrhundert, Bd. 2, Linz 2010, S. 885–926; Anneliese Schweiger, Wirtschaft, in: Fritz Mayrhofer u. Walter Schuster (Hg.), Linz zwischen Wiederaufbau und Neuorientierung. 1945–1984, Linz 2007, S. 73–97; Walter Schuster, Identität um Image, in: Fritz Mayrhofer u. ders. (Hg.), Linz von der Industrie- zur Informationsgesellschaft. 1984–heute, Linz 2008, S. 15–31; Anneliese Schweiger, Wirtschaft, in: Fritz Mayrhofer u. Walter Schuster (Hg.), Linz von der Industrie- zur Informationsgesellschaft. 1984–heute, Linz 2008, S. 133–163; voestalpine, Die Geschichte der voestalpine, unter: http://www.voestalpine.com/group/de/konzern/historie/, aufgerufen am 1.7.2016.

des Forschungsinstituts für Symbolisches Rechnen, das zur Keimzelle des Softwareparks Hagenberg wurde, und der Start des Mechatronikstudiums. Aber auch die Errichtung des Halbleiterphysik-Gebäudes am Campus sowie ein Ausbau der Industriemathematik und die Etablierung des Linzer Zentrums für Supercomputing sind in diesem Kontext zu sehen. Maßgeblich war hierfür nicht nur, dass diese Entwicklung in den staatlichen Technologieprogrammen – wie dem Technologiepolitischen Konzept der Bundesregierung (1989)[21] – immer stärker gefordert und durch eine Novellierung des Universitäts-Organisationsgesetzes 1987 unterstützt wurde, die die Teilrechtsfähigkeit der Institute brachte und Drittmittelprojekte erleichterte.[22] Wesentlich war auch, dass sich die Linzer und oberösterreichische Wirtschaft angesichts der Krise der Stahlindustrie und Verstaatlichten Industrie im Wandel befand, sich neu zu orientieren begann und hierbei auch von der Johannes Kepler Universität Linz wichtige Impulse ausgehen sollten.[23]

Das Forschungsinstitut für Symbolisches Rechnen (RISC) wurde im Juni 1987 gemeinsam mit der VOEST ALPINE gegründet und wurde unter der Leitung von Bruno Buchberger vom Institut für Mathematik 1989 im 25 Kilometer entfernten

Abbildung 49: Professor Bruno Buchberger und Herbert Exner (Leiter der Forschungsabteilung für Fertigungsautomation der VOEST ALPINE AG) bei der Eröffnung des Forschungsinstituts für Symbolisches Rechnen (RISC) am 30. Juni 1987 (von links nach rechts).

Schloss Hagenberg im Mühlviertel untergebracht. Wie Landeshauptmann Josef Ratzenböck (ÖVP) bereits bei der Gründungsfeier am 30. Juni 1987 verkündete, sollte es dazu beitragen, neue Erkenntnisse rasch und damit international konkurrenzfähig in den wirtschaftlichen Kreislauf einzubinden,[24] aber auch der gesamten Region neue Impulse verleihen.[25] Schon vor der Übersiedlung des Instituts ins unlängst mit Geldern des Landes Oberösterreich renovierte Schloss Hagenberg war somit bereits davon die Rede, dass es zum Ausgangspunkt eines Softwareparks werden sollte und dass der Zuzug von weiteren Forschungsinstituten der Johannes Kepler Universität Linz ebenso wie die Ansiedlung von Softwareunternehmen gewünscht sei.[26] Für den Aufbau des »oberösterreichischen Silicon Valley« wurde eine Entwicklungsgesellschaft bestehend aus dem Land Oberösterreich, der Handelskammer und der Stadt Linz geschaffen,[27] gleichfalls gab es eine Unterstützung durch die Raiffeisenlandesbank.[28] Die Ansiedlung erster Firmen und weiterer Universitätseinrichtungen folgte – wenn dies von der Universität auch nicht allzu gerne gesehen wurde – mit dem Forschungsinstitut für Anwendungsorientierte Wissensverarbeitung (FAW) und dem Fuzzy Logic Laboratorium (FLLL) zu Beginn der 1990er Jahre.[29] 2003 ließ sich auch das Research Institute for Pervasive Computing (RIPE) am Softwarepark nieder, nachdem ab 1993 auch erste Fachhochschullehrgänge unter der Beteiligung von Buchberger in Hagenberg platziert worden waren.[30]

Abbildung 50: Die Mechatronik war zuerst auf dem VOEST-Gelände untergebracht.

Den Ausgangspunkt für das Mechatronikstudium bildete eine von der Kammer der Gewerblichen Wirtschaft und der Arbeiterkammer in Auftrag gegebene Studie des Wirtschaftsforschungsinstituts, die besagte, dass in Oberösterreich rund 1000 akademisch ausgebildete Techniker und Technikerinnen fehlten. Vertreter der Industrie und Wirtschaft traten deshalb 1987 an den Dekan der Technisch-Naturwissenschaftlichen Fakultät Peter Weiß heran, um eine Strategie für die Behebung dieses Defizits zu entwickeln. Im Folgenden wurden eine Arbeitsgruppe mit Vertretern der Universität, des Hochschulfonds und der Sozialpartner eingesetzt und die Idee eines neuen Studiums entwickelt, das in Österreich bis dahin einzigartig war und auch im internationalen Vergleich erst Fuß zu fassen begann.[31] Um dem Wunsch von Industrie und Wirtschaft nach interdisziplinär ausgebildeten Technikern (»Generalisten«) nachzukommen, wurde ein Studium entwickelt, das eine Kombination aus Mechanik und Maschinenbau, Elektrotechnik und Elektronik bzw. Informatik und Computerwissenschaften vorsah.[32] Eine Präsentation des ausgearbeiteten Konzepts ergab die Zusicherung des Wissenschaftsministeriums, den Studienaufbau mit der Einrichtung von zehn neuen Ordinariaten bis 1993 zu unterstützen. Land und Stadt erklärten sich zudem bereit, 70 Millionen Schilling zu den Investitionskosten beizusteuern, die 1989 für die ersten Jahre mit 350 Millionen beziffert wurden.[33] Weitere 40 Millionen kamen von der oberösterreichischen Industrie und Wirtschaft, mit denen ein massiver

Abbildung 51: Spatenstich zum Gebäude für Halbleiterphysik am 9. Mai 1990 mit Wissenschaftsminister Erhard Busek, Bürgermeister Franz Dobusch, Rektor Ernest Kulhavy und Landeshauptmann Josef Ratzenböck (von links nach rechts).

Ausbau der Technisch-Naturwissenschaftlichen Fakultät möglich war. Das Mechatronikstudium konnte 1990 (zunächst als Studienversuch, ab 1995 als Regelstudium) gestartet werden und bildete damit das »erste echte Technikstudium«,[34] nachdem an der Johannes Kepler Universität Linz technische Kernstudien wie Maschinenbau, Elektrotechnik oder Bauingenieurwesen bis dahin nicht vorhanden gewesen waren. Die zugesagten zehn neuen Ordinariate wurden sukzessive bis Ende des Jahrzehnts eingerichtet. Ein weiteres Ordinariat kam aus dem Bereich der Elektrotechnik aus dem Bestand der Fakultät hinzu.[35] Da am Universitätscampus selbst nicht genug Platz für die neuen Einrichtungen war, mussten für diese jedoch Räumlichkeiten auf dem Werksgelände der VOEST ALPINE angemietet werden, was sowohl Vor- als auch Nachteile mit sich brachte. So wurde einerseits eine Mitbenützung des Mechatroniklabors im VOEST-Ausbildungszentrum ermöglicht, das nur wenig später im Zuge des (von den Austrian Industries und der Universität Linz entwickelten) neuen Lehrberufes »Mechatronik« eingerichtet wurde.[36] Andererseits brachte es aber auch Probleme der Dislozierung mit sich und war mit Arbeitsbedingungen (Schadstoffausstoß, Sicherheitsmaßnahmen, komplizierte Anfahrtswege) verbunden, die immer schwerer zu akzeptieren waren. Kurz davor, d. h. 1988, war es mit der Unterstützung der VOEST auch bereits zur Einrichtung eines eigenen Ordinariats für Industriema-

Abbildung 52: Eröffnung des Managementzentrums am 31. Jänner 1991 mit Bischof Maximilian Aichern, Landeshauptmann Josef Ratzenböck, Wissenschaftsminister Erhard Busek, Rektor Ernest Kulhavy und Sektionschef (Bundesministerium für wirtschaftliche Angelegenheiten) Wilhelm Kranzelmayer (von links nach rechts).

thematik und dessen Besetzung mit Heinz Engl gekommen, um die anwendungsorientierte Ausrichtung der Linzer Mathematik weiter auszubauen.[37]

Am Campus selbst wurde 1992 das Linzer Zentrum für Supercomputing (LIZENS) als gemeinsame Initiative des Landes Oberösterreich, der Stadt Linz und der Johannes Kepler Universität Linz eröffnet, dessen vorhandene Ressourcen (Hochleistungsrechner, Visualisierungslabor, Know-how) für komplexe nummerische Simulationen nicht nur der Wissenschaft, sondern auch der Wirtschaft und Industrie zur Verfügung stehen sollten.[38] Gleichfalls wurde 1992 in Auhof auch ein neues Gebäude für die Halbleiterphysik mit der Unterstützung des Linzer Hochschulfonds eröffnet, von dem sich das Land und die Stadt ebenfalls einen wichtigen Input in Richtung Hochtechnologie erwarteten. Ursprünglich hatte der Hochschulfonds, der hier ein letztes Mal die Bauleitung übernahm, sogar die ganzen Kosten für das Gebäude übernehmen wollen, wenn sich das Wissenschaftsministerium dazu bereit erklären würde, ein Institut für Halbleiterphysik zu etablieren. Infolge einer Ausweitung der Gebäudeplanungen, die die Ansiedlung weiterer Einrichtungen der Universität (wie der Abteilung für Festkörperphysik und dem Forschungsinstitut für Optoelektronik) ermöglichte, kam es jedoch nur zu einer Beteiligung.[39] Linz wurde damit zum österreichischen Zentrum der universitären Halbleiterforschung.[40]

Für die Campusentwicklung bedeutet dies, dass das Universitätsgelände nach der feierlichen Eröffnung des Halbleitergebäudes am 14. Oktober 1992 bereits aus zwölf Gebäuden (inklusive des Hörsaalzentrums zwischen TNF-Turm und Physikgebäude) bestand, da inzwischen auch das Managementzentrum und das Kopfgebäude hinzugekommen waren. Der Bau des Managementzentrums, das zunächst als »Mehrzweckgebäude« oder »Institutsgebäude III« bezeichnet wurde, war aufgrund der drängenden Platznot bereits 1982 beim Wissenschaftsministerium beantragt worden und sollte direkt im Anschluss an den Bau des Bibliotheksgebäudes erfolgen, nachdem bereits 1974 auf dessen Notwendigkeit hingewiesen worden war. Die angespannte Budgetlage ließ – wenn 1984 auch mit den Planungen begonnen wurde – aber erst einen Baubeginn im Jahr 1988 zu, was jedoch den positiven Effekt hatte, dass gleichzeitig eine Aufstockung des Verbindungsganges vom TNF-Turm zum Physikgebäude erreicht werden konnte.[41] Die Eröffnung des Managementzentrums, das – wie bereits die meisten Gebäude zuvor und später auch das Gebäude für Halbleiterphysik – nach Plänen von Artur Perotti, Franz Treml und Helmut Eisendle unter der Bauleitung des Hochschulfonds entstand, fand am 31. Jänner 1991 statt.[42] Untergebracht wurden darin die betriebswirtschaftlichen Institute sowie das 1983 eingerichtete Fremdsprachenzentrum. Das Kopfgebäude, das durch eine weitere Aufstockung des Südendes des Verbindungsganges vom TNF-Turm zum Physikgebäude entstand, konnte ebenfalls 1991 in Betrieb genommen werden und brachte zusätzliche Räume für die Institute der Sozial- und Wirtschaftswissenschaftlichen Fakultät, aber auch für die Verwaltung.

Die in den späten 1980er und frühen 1990er Jahren zunehmende Internationalisierung – als eine weitere prägende Entwicklungslinie der Zeit – war einerseits eng mit dem Vorstand des Instituts für Unternehmensführung Gerhard Reber und dem damaligen Rektor Ernest Kulhavy verbunden, der als Marketingfachmann der Öffentlichkeitsarbeit und den Außenkontakten eine größere Aufmerksamkeit widmete. Andererseits war sie auch von den politischen Entwicklungen – dem voranschreitenden europäischen Integrationsprozess, dem Ansuchen Österreichs um einen Beitritt zu den Europäischen Gemeinschaften 1989, dem Fall des Eisernen Vorhangs und der dadurch möglichen Öffnung zu den ehemals kommunistischen Nachbarstaaten – beeinflusst.

Niedergeschlagen hat sich diese Entwicklung zum einen in einem massiven Anstieg von Partnerschaftsverträgen[43] und Kooperationsprojekten mit ausländischen, vor allem mittel- und osteuropäischen Universitäten. Während die Johannes Kepler Universität Linz bis 1989 Partnerschaftsverträge mit sieben Universitäten (Toronto, Emory Atlanta, Texas A & M, Paris, Straßburg, Fribourg, Halle-Wittenberg) hatte, erhöhten sich diese allein bis 1991 auf das Doppelte, wobei ein besonderer Höhepunkt der erste »Dies Academicus« am 8. Oktober 1990 anlässlich des 25-Jahr-Jubiläums der Universität darstellte – kam es hier in Anwesenheit von 28 Rekto-

Abbildung 53: Der »Dies Academicus« am 8. Oktober 1990 stand im Zentrum der Intensivierung der Beziehungen zu den ost- und mitteleuropäischen Staaten.

ren doch zur Unterzeichnung von Partnerschaftsverträgen mit sieben Universitäten (Karls-Universität Prag, Wirtschaftsuniversität Prag, Technische Universität Prag, Technische Universität Brünn, Wirtschaftsuniversität Budapest, Technische Universität Budapest, beide Fakultäten in Budweis, die zu einer südböhmischen Universität zusammengefasst werden sollten).[44] Die stärkere Ausrichtung gegen Osten manifestierte sich aber auch in der Donaurektorenkonferenz 1991, bei der rund 60 Rektoren bzw. deren offizielle Vertreter aus sieben von acht Donauländern in Anwesenheit von Wissenschaftsminister Erhard Busek (ÖVP) in Linz zusammentrafen,[45] und der Veranstaltung von speziellen Sommerhochschulen für Studierende aus den Reformländern. So kam es 1990 – als das Format der Sommerschulen gleich mehrfach zur Anwendung kam[46] – erstmals zu einer Sommerschule für hochsemestrige Studenten und Studentinnen aus den Reformländern Osteuropas, bei der Professoren der Universität sowie Unternehmer und Manager aus der oberösterreichischen Wirtschaft vortrugen. Abgehalten wurde diese unter dem Titel »Wirtschaft zwischen Plan und Markt« teils am Uni-Campus und teils in Gmunden am Traunsee, was auch – zum allerdings vergeblichen – Wunsch führte, das dort befindliche Seeschloss Orth als »Forschungsinsel« bzw. Dependance für die Universität gewinnen zu können.[47] In den folgenden Jahren sollte, nachdem auch 1990/91 weitere Partneruniversitäten aus dem Osten dazu gekommen waren,[48] dann jedoch wieder verstärkt das Augenmerk gegen Westen gerichtet werden, was das Partnerschaftsnetzwerk der Linzer Universität bis 1996 auf 44 Universitäten anwachsen ließ.[49]

Zum anderen schlug sich die verstärkte Internationalisierung auch im Bereich der Studienmöglichkeiten nieder. So kam es an der Johannes Kepler Universität Linz – noch bevor Österreich 1992 am seit 1987 bestehenden Erasmus-Programm teilnahm[50] – mit dem »Kepler-Internationalisierungsprogramm« zu einem ersten Mobilisierungsprogramm. Dieses konnte mithilfe von Christoph Leitl als neuem oberösterreichischem Wirtschaftslandesrat (ÖVP) am 25. April 1991 der Öffentlichkeit vorgestellt werden und ermöglichte im Folgenden mittels Stipendien zahlreichen Studierenden einen Auslandsaufenthalt.[51] Weiterbestanden hat es auch, nachdem die Johannes Kepler Universität Linz zum ersten Mal im Studienjahr 1992/93 am Erasmus-Programm teilgenommen hatte.[52]

Im Bereich des Lehrangebots wurde im Studienjahr 1992 einerseits speziell für ausländische Studierende das Ergänzungsstudium für die Betriebswirtschaften eingeführt. Andererseits kam – neben der Technischen Chemie, die zu einer Konsolidierung der klassischen Fächer an der Technisch-Naturwissenschaftlichen Fakultät führen sollte[53] – das Studium der Handelswissenschaften hinzu. Dieses war als »Europastudium« mit der Verpflichtung zum Erlernen von mindestens zwei Fremdsprachen und der Absolvierung eines Auslandsaufenthalts verbunden[54] und wurde wie die Betriebswirtschaftslehre bald zu einem besonders stark nachgefragten Studium[55] – wenn die ÖH auch protestiert hatte, dass ihr Start ohne die erforderlichen Mittel erfolgen würde.[56] Bei den Universitätslehrgängen, die weiter ausgebaut wurden, ist etwa auf das 1988 in Zusammenarbeit mit dem European Consortium for Mathematics in Industry gestartete Postgraduate-Programm für Industriemathematik zu verweisen.[57] Und auch im Bereich der neuen Linzer Internationalen Management Akademie (LIMAK) kam der internationalen Ausrichtung eine besondere Bedeutung zu.

Die LIMAK wurde im Juni 1989 gegründet. Versuche, eine postgraduale Managementausbildung an der Linzer Hochschule zu etablieren, hatte es zwar bereits seit den 1960er Jahren gegeben, doch erst jetzt konnten diese langfristig in die Tat umgesetzt werden. So hatte Guntram Weissenberger, ein gebürtiger Oberösterreicher, der als Geschäftsmann in den USA lebte, noch vor der Hochschulgründung eine erste Initiative zur Einrichtung eines entsprechenden Studiengangs ergriffen, der mit Unterstützung aus den USA aufgebaut werden sollte.[58] Die Pläne versandeten aber im Nichts.[59] In den späten 1960er Jahren war es dann Michael Hofmann, ein junger Assistent am Institut für Betriebswirtschaftslehre, der ebenfalls nach amerikanischem Vorbild an der Linzer Hochschule die Managementausbildung auf Basis von Case-Studies einführen wollte. Da er hier keine Professur erhielt, baute er diese Anfang der 1970er Jahre jedoch in Wien an der Hochschule für Welthandel auf. In Linz kam es zwar zeitgleich ebenfalls zu einer ersten postuniversitären Managementausbildung mit der auf Vereinsbasis erfolgten Gründung des Linzer Instituts für Management-

Abbildung 54: Empfang der Koordinationsstelle für Frauenforschung und Frauenstudien Linz im Oktober 1993. Am Pult: Professorin Ursula Floßmann.

Ausbildung (LIMA).[60] Da es in den Verhandlungen über den Lehrplan schon bald zu Konflikten kam,[61] war dem Verein jedoch kein langes Leben beschieden. Er löste sich bereits im Frühjahr 1975 wieder auf. Erst ein neuerlicher Anlauf, der Ende der 1980er Jahre auf Initiative von Generaldirektor Peter Strahammer von der VOEST ALPINE erfolgte, war Erfolg versprechender.[62] Nun wurde in Kooperation mit der Stadt Linz, dem Land Oberösterreich, der Handelskammer, der Industriellenvereinigung und der Arbeiterkammer unter Beteiligung von Vertretern der Wirtschaft (Raiffeisenlandesbank, VOEST ALPINE, Quelle AG, Textil Linz AG) der Verein LIMAK mit dem Ziel der Managementausbildung bzw. der Organisation von langfristigen berufsbegleitenden Aus- und Weiterbildungsveranstaltungen, der Durchführung von Seminaren, der Herausgabe von Broschüren zu wissenschaftlichen und fachlichen Themen sowie der Ausbildung von Führungskräften in der Öffentlichkeit gegründet. Die Zielgruppen sollten in erster Linie Mitarbeiter und Mitarbeiterinnen aus Unternehmen und Verwaltung sein, wobei der Kooperation mit ausländischen Partnern bzw. einer internationalen Ausrichtung der Programme eine große Bedeutung zukommen sollte. Erster wissenschaftlicher Leiter wurde Gerhard Reber,[63] der auch dem Fremdsprachenzentrum (bzw. -institut) und dem Institut für Internationale Managementstudien vorstand, das 1988 gegründet worden war, um die einzelnen Internationalisierungsbemühungen zu koordinieren.[64] Der Programmstart erfolgte im Frühjahr 1991 und damit im selben Jahr, als die LIMAK als Institut an der Johannes Kepler Universität Linz akzeptiert wurde.[65] Angesiedelt wurde sie zunächst im Linzer Innovations- und Gründerzentrum, das mit Beteiligung der Universität gegründet worden war und als eine Art »Inkubator« ausgewählten Firmen bis zu fünf Jahre Platz bieten sollte.[66] Dann wurde sie im frisch sanierten und durch einen Neubau erweiterten Bergschlössl auf der Gugl untergebracht.[67]

Im Bereich der Organisationsstruktur schlug sich die verstärkte Internationalisierung hingegen darin nieder, dass mit Erlass des Wissenschaftsministeriums vom 19. Juli 1990 ein Außeninstitut als besondere Universitätseinrichtung errichtet wurde. Dessen Aufgabe sollte es sein, nicht nur die Auslandsbeziehungen, sondern generell die Beziehungen nach außen – darunter auch den Wissens- und Technologietransfer zur Wirtschaft – sowie die Öffentlichkeitsarbeit zu unterstützen.[68] Zuvor war im März 1988 von der Handelskammer und der Johannes Kepler Universität Linz bereits die Technologietransferstelle (TTL) geschaffen worden,[69] der weitere Einrichtungen für den Technologietransfer unter Mitarbeit bzw. Beteiligung der Universität (wie die 1991 geschaffene Oberösterreichische Technologie- und Marketinggesellschaft TGM oder die 1993 gebildete Oberösterreichische Arbeitsgemeinschaft für Forschungs- und Technologiekooperation) folgten.[70] Mit Erlass des Wissenschaftsministeriums vom 31. Juli 1991 wurde dann auch das Büro für Auslandsbeziehungen als Vorläufer des heutigen Auslandsbüros eingerichtet.[71]

Weitere neue Einrichtungen, die mit Entwicklungen ganz anderer Art verbunden waren, betrafen 1990 die Einrichtung eines Arbeitskreises für Gleichbehandlungsfragen und 1991 die Etablierung einer interuniversitären Koordinationsstelle für Frauenforschung und -studien. Wesentlich für die Schaffung dieser Einrichtungen war, dass in den 1980er Jahren – verspätet, aber doch – die Diskussion über die Geschlechterdemokratie auch im universitären Bereich Platz zu greifen begann.[72] So folgte dem Gleichbehandlungsgesetz für die Privatwirtschaft (1979) nicht nur ein Gleichbehandlungsgesetz inklusive Frauenfördergebot für den Bund (1993), sondern auch eine Novelle des Universitäts-Organisationsgesetzes (1990), die bestimmte, dass an allen Universitäten Arbeitskreise für Gleichbehandlungsfragen einzusetzen seien.[73]

Gleichfalls waren die Diskussionen über die Novelle des Universitäts-Organisationsgesetzes bzw. vor allem die ungenügende institutionelle Infrastruktur, die der Frauenforschung österreichweit entgegenstand, auch maßgeblich dafür verantwortlich, dass mehrere Universitäten im Sommersemester 1991 Anträge an das Wissenschaftsministerium für die Einrichtung von Koordinationsstellen für Frauenforschung und Frauenstudien einbrachten,[74] die in der Folgezeit in Wien, Linz und Graz geschaffen wurden. Jene in Linz wurde mit Erlass des Ministeriums vom 15. Oktober 1992 mit einem Wirkungsbereich für die Universität Linz und die Hochschule für künstlerische und industrielle Gestaltung in Linz mit folgenden Aufgaben

25 Jahre Arbeitskreis für Gleichbehandlungsfragen (AKG) – Genese und Praxis der Frauengleichstellung an der JKU

Der steigende Anteil an weiblichen Studierenden in den 1970er Jahren führte zunächst zu einer Selbstorganisation von Frauen an den Universitäten. Frauen aus unterschiedlichen universitären Bereichen – Studentinnen, wissenschaftlicher Nachwuchs, Professorinnen – reflektierten kritisch die Studien- und Arbeitsbedingungen der JKU. Ab 1990 erfolgte die Verrechtlichung von Gleichbehandlung und Frauenförderung in der sukzessiven Einführung der zum Teil heute noch geltenden rechtlichen Grundlagen für Gleichbehandlung und Frauenförderung an österreichischen Universitäten. Es wurden spezielle Institutionen zur Durchsetzung und Kontrolle der Gleichstellungsanliegen an Universitäten, wie die Arbeitskreise für Gleichbehandlungsfragen, geschaffen, die im Rahmen der Novellierung des Universitäts-Organisationsgesetzes (UOG) 1975 in § 106a gesetzlich verankert wurden.

Die AKGs wurden 1991 (ausgestattet mit Kontrollrechten in Personalangelegenheiten) mit der Aufgabe, Diskriminierungen aufgrund des Geschlechts entgegenzuwirken, eingerichtet und 1993 noch weiter ausgebaut. Seither überwachen sie die Einhaltung einschlägiger Rechtsnormen und sind für alle Angehörigen einer Universität zuständig. Sie agieren selbstständig und unabhängig. Die Weisungsfreiheit ist eine Verfassungsbestimmung. Die Mitglieder unterliegen der Amtsverschwiegenheit und dürfen nicht benachteiligt werden, ebenso ist das Selbstbeschickungsrecht der AKGs zu wahren.

An der JKU wurde in der 159. Sitzung des Senats am 4. Dezember 1990 der Beschluss über die Einrichtung eines AKG gemäß § 106a UOG idF BGBl 1990/364 gefasst. Je vier Mitglieder pro Fakultät sollten entsandt werden. Des Weiteren wurde über die Delegierung von Liselotte Wilk vom Institut für Soziologie in den Arbeitskreis »Frauen in den Hochschulen« der Rektorenkonferenz sowie die Erstellung eines Frauenförderungsplans als eine in die Satzung integrierte Bestimmung entschieden und beschlossen, folgenden Passus in Ausschreibungstexte aufzunehmen: »Die Johannes Kepler Universität strebt eine Erhöhung des Anteils an Frauen im wissenschaftlichen Personal an und fordert deshalb qualifizierte Frauen nachdrücklich auf, sich zu bewerben.« Die konstituierende und erste Sitzung des AKG fand am 5. März 1991 statt. In dieser wurde Ursula Floßmann, Professorin für österreichische und deutsche Rechtsgeschichte, zur Vorsitzenden gewählt. In der zweiten Sitzung des AKG am 18. März 1991 wurde Barbara Trost zur stellvertretenden Vorsitzenden bestimmt. Der AKG bestand ursprünglich aus zwölf Haupt- und Ersatzmitgliedern. Die ersten Hauptmitglieder waren Rudolf Ardelt, Astrid Deixler-Hübner, Birgit Feldbauer, Ursula Floßmann, Franz Pichler, Marianne Roth, Ingrid Schaumüller-Bichl, Birgit Schröder, Barbara Trost, Marlies Tschemer, Josef Wabro, Liselotte Wilk. Der erste Entwurf einer Satzung nach dem UOG 1993 sah nurmehr zehn AKG-Mitglieder vor. Ab 1995 erfolgte die Aufstockung auf 16 Haupt- und Ersatzmitglieder. Gegenwärtig besteht der AKG aus 15 Haupt- und 15 Ersatzmitgliedern.

1995 wurde ein erster Frauenförderungsplan für das Wissenschaftsressort per Verordnung erlassen. In diesem wurden konkrete Maßnahmen zur Gleichbehandlung und Frauenförderung festgeschrieben. Ab Juni 1998 wurde eine Arbeitsgruppe des AKG zur Erstellung eines Frauenförderungsplans (FFP) eingerichtet, der die damalige AKG-Vorsitzende Karin Neuwirth, die stellvertretende Vorsitzende Cäcilia Innreiter-Moser und Christiane Takacs sowie Elisabeth Menschl angehörten. Ende 1998 erfolgte ein Senatsbeschluss zur Einrichtung einer Senatsarbeitsgruppe für die Erarbeitung eines FFP. Diese Senatsarbeitsgruppe wurde 1999 unter dem Vorsitz von Gerti Kappel, Professorin für Informatik, eingerichtet. Ende 1999 wurde der FFP im Senat beschlossen, wobei der Entwurf des AKG wesentlich verwässert wurde – etwa bezüglich der budgetären Verpflichtung seitens der JKU gegenüber dem AKG. Die Gegenstimme des AKG wurde ignoriert. Der FFP ist ein wichtiges strategisches Instrument, das dazu geeignet ist, die gesetzlichen Vorgaben zu verstärken und entsprechend den individuellen Bedürfnissen der JKU zu präzisieren.

Das Universitätsgesetz (UG) 2002 wurde u. a. als »Gender-Mainstreaming-Pilotprojekt« vermarktet und zog die Befürchtung nach sich, dass das Prinzip der Geschlechtergleichstellung an den »vollrechtsfähigen« Universitäten zurückgedrängt werde. Der AKG und vor allem die Vorsitzende Karin Neuwirth kämpften um den Erhalt der bestehenden Standards – wie etwa Beibehaltung des Bundesgleichbehandlungsgesetzes, Beibehaltung des AKG samt seiner Kompetenzen, Beibehaltung des Standards der Frauenförderung sowie für rechtsverbindliche Vorgaben zur Gleichstellung von Frauen und Männern an der JKU.

Positiv ist anzumerken, dass das UG 2002 die Gleichstellung von Frauen und Männern als leitenden Grundsatz und Aufgabe der Universitäten als Teil des öffentlichen Auftrags der Universitäten definiert und ausdrücklich das Frauenförderungsgebot normiert. Entsprechend dem UG 2002 besteht die Aufgabe des AKG darin, Diskriminierungen durch Universitätsorgane aufgrund des Geschlechts, der ethnischen Zugehörigkeit, der Religion oder Weltanschauung, des Alters oder der sexuellen Orientierung zu verhindern und in diesen Angelegenheiten zu beraten sowie zu unterstützen. Zudem sind die Arbeitskreise für die Kontrolle der Frauenquote bei der Zusammensetzung von Kollegialorganen bzw. bei den Wahlvorschlägen für den Senat zuständig. 2009 wurde mit der Novellierung des UG 2002 eine Verpflichtung der Universitäten zur Erfüllung einer 50-Prozent-Frauenquote bei der Zusammensetzung sämtlicher universitärer Kollegialorgane eingeführt. Hierbei gilt es zu beachten, dass die Quotenregelung qualifikationsabhängig ist.

Der Erhalt des vor dem UG 2002 bestehenden Rechtsstandes ist bis zu einem gewissen Grad geglückt, aber es gibt nach wie vor legistische Mängel im UG, die der geänderten Rechtskultur an den Universitäten nicht immer entsprechen. Anzuführen sind hier insbesondere nach wie vor bestehende Rechtsschutzmängel in Bezug auf die Tätigkeit als AKG-Mitglied. Geblieben sind die klassischen Aufgaben des AKG verbunden mit einem neuen Ansatz, die Frauenförderung im System der finanziellen Steuerung zu verankern. An der JKU bietet sich tendenziell immer noch folgendes Bild: Je höher die Karrierestufe, desto niedriger der Frauenanteil. Die Bemühungen des AKG, Frauen in Leitungsfunktionen von wissenschaftlichen Organisationseinheiten zu bringen, zeigen noch nicht den entsprechenden Erfolg. (Elisabeth Menschl)

errichtet: der Koordination und Beratung von Wissenschaftlerinnen und Studentinnen, der Herausgabe eines kommentierten Frauenvorlesungsverzeichnisses und eines Traueninformationsblattes, der Unterstützung von Frauenaktivitäten an Universitäten und Hochschulen künstlerischer Richtung und deren Präsentation in der

Abbildung 55: Besuch der Fernuniversität Hagen bei Rektor Johannes Hengstschläger (4. von links) im März 1992.

Öffentlichkeit sowie der Förderung des weiblichen Nachwuchses.[75] Erste Leiterin der Koordinationsstelle, die zum 1. Juli 1993 endgültig eingerichtet war,[76] wurde die Vorständin des Instituts für österreichische und deutsche Rechtsgeschichte und Pionierin für Legal Gender Studies Ursula Floßmann, die im Sommersemester 1993 auch die einzige Frau unter den ordentlichen und außerordentlichen Professoren an der Johannes Kepler Universität Linz war.[77]

Schließlich wurde Ende 1991 als weitere Neuerung auch das Fernstudienzentrum als »Besondere Universitätseinrichtung« an der Johannes Kepler Universität Linz eingerichtet, wenngleich es sich hierbei auch weniger um eine Neuerung, als mehr um eine »Verlegung« handelte. Die Anfänge des Fernstudienwesens reichen in Österreich bis in die 1970er Jahre zurück und waren von der Motivation getragen, das Studium bzw. Weiterbildungsmaßnahmen für immer breitere Bevölkerungskreise (auch Berufstätige) zu öffnen und die Universitäten vom starken Andrang der Studierenden zu entlasten.[78] Dies führte 1979 zunächst zur Einrichtung eines interuniversitären Forschungsinstituts für Fernstudien an der neuen Universität für Bildungswissenschaften in Klagenfurt, das mit der Entwicklung und Erprobung von Fernstudienprogrammen beauftragt wurde. In den kommenden Jahren folgte eine Vereinbarung mit der seit 1974 bestehenden Fernuniversität in Hagen (1980) sowie die Einrichtung von Studienzentren in Bregenz (1981), Wien (1982) und Klagenfurt (1987), die organisatorisch Einheiten des interuniversitären Forschungsinstituts für Fernstudien waren und die Betreuung der Studierenden an der Fernuniversität in

Hagen übernehmen sollten. Ende der 1980er Jahre entbrannte jedoch eine heftige Diskussion darüber, ob die geplanten Ziele im Rahmen des bestehenden Instituts erreicht würden bzw. erreichbar wären, was dazu führte, dass der gesamte Betreuungs-, Forschungs- und Entwicklungsbereich aus diesem »herausgenommen« und ins neu an der Johannes Kepler Universität Linz etablierte Zentrum für Fernstudien eingegliedert wurde. Gleichfalls wurde der Standort an der Universität Klagenfurt, die in den 1980er Jahren generell in eine Krise schlitterte und nur durch eine Neuorientierung bzw. neue Lehrangebote (Informatik, Betriebswirtschaft, Kulturwirtschaft) überleben konnte,[79] 1992 geschlossen.[80] Aufgabe des neuen Zentrums in Linz, das offiziell mit Erlass des Wissenschaftsministeriums vom 2. Oktober 1991 geschaffen wurde, sollte weiterhin die Entwicklung von Fernstudienangeboten, die Betreuung von Fernstudenten und -studentinnen sowie die Kooperation mit ausländischen Fernuniversitäten sein.[81]

Timeline

7.7.1981	Spatenstich zum Bibliotheksgebäude.
23.7.1981	Einrichtung einer Abteilung für Weiterbildung, die direkt dem Senat angegliedert ist.
24.10.1983	Baubeginn des Gebäudes für Mikroelektronik.
13.10.1984	Eröffnung des Bibliotheksgebäudes.
11.10.1985	Eröffnung des Gebäudes für Mikroelektronik.
1987–1990	Durch eine Aufstockung des Verbindungsganges vom TNF-Turm zum Physikgebäude entsteht das Kopfgebäude.
30.6.1987	Gründung des Forschungsinstituts für Symbolisches Rechnen (RISC).
15.3.1988	Baubeginn des Managementzentrums (Institutsgebäude III).
Juni 1989	Gründung des Vereins LIMAK (Linzer Internationale Management Akademie).
28.10.1989	Offizielle Eröffnung der Räumlichkeiten für das RISC im renovierten Schloss Hagenberg als Keimzelle des Softwareparks Hagenberg.
9.5.1990	Spatenstich zum Halbleiterphysik-Gebäude.
19.7.1990	Mit Erlass des Wissenschaftsministeriums wird das Außeninstitut als besondere Universitätseinrichtung geschaffen.
WS 1990/91	Einführung der Mechatronik als Studienversuch.
8.10.1990	Der erste »Dies Academicus« wird zur Unterzeichnung von Partnerschaftsabkommen mit zahlreichen Universitäten aus dem ost- und mitteleuropäischen Raum genutzt.
4.12.1990	Der Akademische Senat richtet einen Arbeitskreis für Gleichbehandlungsfragen ein.

31.1.1991	Eröffnung des Managementzentrums.
25.4.1991	Das »Kepler-Internationalisierungsprogramm« wird der Öffentlichkeit vorgestellt.
31.7.1991	Mit Erlass des Wissenschaftsministeriums wird ein Büro für Auslandsbeziehungen eingerichtet.
10.9.1991	Die Donaurektorenkonferenz mit rund 60 Rektoren aus acht Donauländern findet in Linz statt.
2.10.1991	Per Erlass des Bundesministeriums für Wissenschaft und Forschung wird das Zentrum für Fernstudien eingerichtet.
14.11.1991	Übernahme des Kopfgebäudes und des Halbleiterphysik-Gebäudes in die Verwaltung der Johannes Kepler Universität Linz.
WS 1992/93	Einführung des Studiums der Handelswissenschaften.
14.10.1992	Eröffnung des Halbleiterphysik-Gebäudes und des neuen Supercomputerzentrums LIZENS (Linzer Zentrum für Numerische Simulation).
15.10.1992	Mit Erlass des Wissenschaftsministeriums wird die Koordinierungsstelle für Frauenforschung und Frauenstudien als interuniversitäre Einrichtung installiert.

Anmerkungen

1 Weiß, 20 Jahre Technisch-Naturwissenschaftliche Fakultät, S. 2.
2 Schübl, Der Universitätsbau in der Zweiten Republik, S. 30.
3 Wege zur Landesuniversität, in: Universitäts-Nachrichten, Jg. 1, H. 1979/1980, S. 1.
4 Ernst Rudolf Reichl, Tagessorgen und weitreichende Pläne, in: Österreichische Hochschulzeitung, Jg. 33, H. 10, 1981, S. III.
5 Karl Vodrazka, Alle Probleme werden drängender, in: Österreichische Hochschulzeitung, Jg. 35, H. 10, 1983, S. 15; Hans Dolinar, 20 Jahre Universität Linz, in: Österreichische Hochschulzeitung, Jg. 38, H. 11, S. 13.
6 So stagnierte – nachdem dieser bis dahin kontinuierlich gestiegen war – ab 1975 auch der Anteil des Hochschulbudgets am Bundeshaushalt. Zu einer Steigerung kam es erst wieder ab 1985. Schübl, Der Universitätsbau in der Zweiten Republik, S. 32 und S. 48 f.
7 Engelbrecht, Geschichte des österreichischen Bildungswesens, Bd. 5: Von 1918 bis zur Gegenwart, S. 534.
8 Wege zur Landesuniversität, in: Universitäts-Nachrichten, Jg. 1, H. 1, 1979/80, S. 1; Peter Oberndorfer, Die Johannes Kepler-Universität Linz an der Schwelle zum fünfzehnten Geburtstag, in: Österreichische Hochschulzeitung, Jg. 32, H. 9, 1980, S. I.
9 Manfred Bayer, Weiterbildung durch Wissenschaft, in: Österreichische Hochschulzeitung, Jg. 41, H. 11, 1989, S. 20–22; Otto Nigsch u. Wolfgang Pichler, Universität Linz. Weiterbildung der Absolventen, Linz 1980; Manfred Bayer u. Harald Stiegler (Hg.), Wissenschaftliche Weiterbildung an der Johannes Kepler Universität Linz. Angebotsentwicklung und Bedarfsartikulation, Linz 1992.
10 Vgl. zur Geschichte des Instituts und seines Namens: Ernest Kulhavy, Institut für Internationales Marketing der Johannes Kepler Universität Linz (JKU). Die Gründungsgeschichte des Instituts, das als erstes universitäres Institut im deutschsprachigen Raum Europas das Marketing in seinen Namen aufnahm (1966), Linz 2008.

11 Ebd., S. 20 f.
12 Artur Perotti u. a., Die Planung der Linzer Universitätsbibliothek, in: Bibliotheksdirektion der Universität Linz (Hg.) u. Helmut Gamsjäger (Red.), Universitätsbibliothek Linz. Festschrift zur Eröffnung des Neubaus der Universitätsbibliothek der Johannes-Kepler-Universität Linz, Linz 1984, S. 27–32.
13 Im freiwerdenden Teil des Mensagebäudes wurden nun die Repräsentationsräume der Universität installiert. Robert Rehberger, Die Universitätsbibliothek Linz 1965–1984, in: Bibliotheksdirektion der Universität Linz (Hg.) u. Helmut Gamsjäger (Red.), Universitätsbibliothek Linz. Festschrift zur Eröffnung des Neubaus der Universitätsbibliothek der Johannes-Kepler-Universität Linz, Linz 1984, S. 20–24; Schübl, Der Universitätsbau in der Zweiten Republik, S. 444; Ernest Kulhavy, 25 Jahre Universität Linz, in: Wissen schafft Perspektiven, Sondernummer von Lebendiges Linz, Jg. 14, H. 80 c, 1991, S. 4.
14 Minister Fischer zog in Linz Hintertür der Sozialsuppe vor, in: Oberösterreichische Nachrichten, 15.11.1984.
15 So gab es auch mehrfach Streikdrohungen für zusätzliche Lehrveranstaltungen. Uni Linz: Ministerium gibt Streikdrohung nach, in: Oberösterreichische Nachrichten, 14.10.1986; Studenten drohen mit Boykott, in: Oberösterreichische Nachrichten, 3.3.1987.
16 Schübl, Der Universitätsbau in der Zweiten Republik, S. 444; Christian Freimüller, Das lebensnahe Gegenteil eines Elfenbeinturms. Praxisbezogene Forschung an der Linzer Johannes-Kepler-Universität, in: Linz aktiv, H. 92, 1984, S. 17–19; Mikroelektronik erhält Institut an Universität, in: Linz aktiv, H. 95, 1985; S. 53 f.; Laborgebäude für Mikroelektronik, in: Linz aktiv, H. 97, 1985/1986, S. 53 f.; Laborgebäude für Mikroelektronik eröffnet, in: Universitäts-Nachrichten, Jg. 7, H. 2, S. 5 f.
17 Titulaer, Fünfundzwanzig Jahre Technisch-Naturwissenschaftliche Fakultät, S. 61 ff.
18 Bundesministerium für Wissenschaft und Forschung, Österreichische Forschungskonzeption 80, Wien 1983.
19 AJKU, A 02 Rektorat, 226: Vertragsentwurf zur Gründung des Forschungsinstituts für Mikroprozessortechnik der Universität Linz, undatiert.
20 Johannes Kepler Universität Linz (Hg.) u. Drachsler (Red.), Die Johannes Kepler Universität Linz 1966–2000, S. 229 ff.
21 Gemeint sind damit Projekte, die nicht aus dem eigentlichen Unibudget bzw. durch das Wissenschaftsministerium finanziert sind. Bundesministerium für Wissenschaft und Forschung, Technologiepolitisches Konzept der Bundesregierung und Katalog operationeller technologiepolitischer Maßnahmen, Wien 1989.
22 Reiter-Zatloukal, Restauration – Fortschritt – Wende, S. 480 f.; UOG und Drittmittelfinanzierung, in: Universitäts-Nachrichten, Jg. 10, H. 5, 1989, S. 5.
23 AK für Ausbau der Technisch-Naturwissenschaftlichen Fakultät, in: Österreichische Hochschulzeitung, Jg. 40, H. 11, 1988, S. 22; Investitionen gegen die Imagekrise, in: Oberösterreichische Nachrichten, 12.12.1988.
24 Auch der Festvortrag von Buchberger war dem Thema »Universität und Industrie: Perspektiven für eine Kooperation« gewidmet. Forschungsinstitut für symbolisches Rechnen an der Linzer Uni, in: Amtliche Linzer Zeitung, 2.7.1987; Forschungsinstitut für Symbolisches Rechnen an der Linzer Uni gegründet, in: Universitäts-Nachrichten, Jg. 8, H. 6, 1987, S. 1 f.
25 Softwarepark Hagenberg, Geschichte, unter: http://www.softwarepark-hagenberg.com/geschichte.html, aufgerufen am 28.6.2016.
26 Softwarepark Schloss Hagenberg geplant, in: Universitäts-Nachrichten, Jg. 9, H. 40, S. 3 f.
27 Softwarepark Hagenberg nimmt Konturen an, in: Linz aktiv, H. 118, 1991, S. 92 f.
28 Softwarepark Hagenberg, Geschichte, unter: http://www.softwarepark-hagenberg.com/geschichte.html, aufgerufen am 28.6.2016.
29 Linz – Hagenberg – und zurück: Eine Vision wird Wirklichkeit, in: News vom Campus, H. 28, 2005, S. 4 f.
30 Vgl. zur weiteren Entwicklung: Softwarepark Hagenberg, Geschichte, unter: http://www.softwarepark-

hagenberg.com/geschichte.html, aufgerufen am 28.6.2016; Bruno Buchberger u. a., Hagenberg Research, Heidelberg 2009.
31 So gab es in Japan zuvor eine interdisziplinäre Technikausbildung durch ein »training on the job« bzw. in der Bundesrepublik Deutschland, Großbritannien und Finnland postgraduale interdisziplinäre Ausbildungswege.
32 Aus der Zusammensetzung der Begriffe *Mecha*nik, Elek*tron*ik und Informat*ik* ergibt sich auch der Name Mechatronik. Der erste vorgeschlagene Name »Mechanotronik« erschien zu lang, »Mechatronik« wurde gewählt, ohne zu wissen, dass dieser Name in Japan bereits 25 Jahre zuvor kreiert worden war. AJKU, S 01 Sachsammlung, Mappe Mechatronik: Mitschrift der Festveranstaltung 20 Jahre Mechatronik am 3.3.2011.
33 Peter Weiß, Mechatronik, Eine neue interdisziplinäre Studienrichtung, in: Österreichische Hochschulzeitung, Jg. 41, H. 11, 1989, S. 7–11; Peter Weiß, Mechatronik – Das neue Technikstudium an der TNF, in: Universitäts-Nachrichten, Jg. 10, H. 3, 1989, S. 1–3; Peter Weiß, Der geplante Ausbau der TNF, in: Universitäts-Nachrichten, Jg. 10, H. 5, 1989, S. 3 f.; Peter Weiß, Der Studienversuch »Mechatronik«, in: Österreichische Hochschulzeitung, Jg. 43, H. 3, 1991, S. 16 f.; Peter Weiß, Das Linzer Mechatronik-Programm, in: Blickpunkte, Jg. 41, H. 1, 1991, S. 72–77; AJKU, S 01 Sachsammlung, Mappe Mechatronik: Peter Weiß, Das Linzer Mechatronik-Programm, undatiert und Konzept Mechatronik vom 22.9.1988.
34 Titulaer, Fünfundzwanzig Jahre Technisch-Naturwissenschaftliche Fakultät, S. 61.
35 Hans Irschik, Mechatronik – Ausbildung und technischer Fortschritt, in: Österreichische Ingenieur- und Architekten-Zeitschrift, Jg. 157, H. 1–6, 2012, S. 69–75.
36 Dieser neue Beruf integrierte die Berufsbilder der Lehrberufe Anlagenmonteur und Elektromechaniker, ergänzt durch Datenverarbeitung und computerunterstützte Techniken. Johannes Kepler Universität Linz (Hg.) u. Drachsler (Red.), Die Johannes Kepler Universität Linz, S. 227; Mechatronik: Studium nun auch Lehrberuf, in: Universitäts-Nachrichten, Jg. 15, H. 1, 1993, S. 1–3.
37 Im Konkreten übernahm die VOEST ALPINE die Finanzierung von zwei der drei Assistentenstellen. Heinz Engl, Industriemathematik, in: Österreichische Hochschulzeitung, Jg. 40, H. 11, 1988, S. 18 f.
38 Technologischer »Quantensprung«, in: Universitäts-Nachrichten, Jg. 14, H. 1, 1992, S. 3; LIZENS – Chance für die Wirtschaft. Acht Institute bieten ihr know-how, in: Universitäts-Nachrichten, Jg. 14, H. 2, S. 3; AJKU, A 02 Rektorat, 455: Beilagen des Schreibens von Jens Volkert an Rektor Ernest Kulhavy vom 20.12.1990.
39 Der Bund steuerte auch diesmal finanzielle Mittel aus dem ASFINAG-Sonderfinanzierungsprogramm bei. Schübl, Der Universitätsbau in der Zweiten Republik, S. 447; »Bauabteilung Hochschule Linz« zieht nach 30 Jahren Bilanz, in: Universitäts-Nachrichten, Jg. 14, H. 2, S. 6.
40 Johannes Hengstschläger, Linzer Zentrum für Halbleiterphysik, in: Blickpunkte, Jg. 43, H. 1, 1993, S. 56–59; AJKU, A 02 Rektorat, 648: Rede von Rektor Johannes Hengstschläger anlässlich der Eröffnung des Halbleiterphysikgebäudes am 14.10.1992.
41 Die nötigen finanziellen Mittel wurden im Rahmen des ASFINAG-Sonderfinanzierungsprogrammes bereitgestellt.
42 Schübl, Der Universitätsbau in der Zweiten Republik, S. 446; Spatenstich für das Institutsgebäude III, in: Universitäts-Nachrichten, Jg. 9, H. 4, 1988, S. 1 f.
43 Gegenstand dieser Verträge waren Studentenaustausche, Besuche und Gegenbesuche von Professoren und Professorinnen, die Zulassung zum Studium und Anrechnung von Zeugnissen, Studiengebühren oder Nostrifizierungen.
44 Ernest Kulhavy, Johannes Kepler Universität Linz. Bericht des scheidenden Rektors über die akademischen Jahre 1989/90 und 1990/91, Linz 1993, S. 10 ff.; Kulhavy, 25 Jahre Universität Linz, in: Österreichische Hochschulzeitung, Jg. 43, H. 3, 1991, S. 5; AJKU, A 02 Rektorat, 456: Exposé über die Internationalisierung der Johannes Kepler Universität Linz, 1. Version, 20.10.1990.
45 Kulhavy, Johannes Kepler Universität Linz. Bericht des scheidenden Rektors, S. 50 f.

46 1990 gab es drei Sommerschulen: Die RISC-Sommerschule in Computer-Algebra, eine Sommerschule in Ökonomischer Psychologie und jene für Studierende aus Mittel- und Osteuropa. Die erste Frauensommeruniversität in Linz hatte es 1988 gegeben. Frauenbüro der Stadt Linz (Hg.), Stille Heldinnen. 100 Jahre Linzer Frauengeschichte, Linz 2011, S. 26; Wolfgang Astecker, Heißer Sommer – kühle Köpfe, in: Wissen schafft Perspektiven, Sondernummer von Lebendiges Linz, Jg. 14, H. 80 c, 1991, S. 36 f.
47 Ernest Kulhavy, Johannes Kepler Universität Linz. Bericht des scheidenden Rektors, S. 39 f.; Kulhavy, 25 Jahre Universität Linz, S. 5; Ernest Kulhavy, Johannes-Kepler-Universität – Gegenwart und Ausblick, in: Blickpunkte, Jg. 41, H. 3, 1991, S. 19.
48 Ernest Kulhavy, Bericht Mitteleuropa-Ost 1989–1994. Bericht über die Betreuung der ost-mitteleuropäischen Partneruniversitäten (Tschechien, Ungarn, Polen, Slowakei) der Johannes Kepler Universität Linz, Linz 1994.
49 Gerhard Reber u. Evelyne Glaser, Weltweite Kontakte, in: Wissen mit Zukunft. Johannes Kepler-Universität feiert 30-Jahr-Jubiläum. Sondernummer von Lebendiges Linz, Jg. 19, H. 113 b, 1996, S. 15.
50 OEAD, Erasmus in Österreich Statistischer Überblick (Stand: August 2015), unter: http://www.lebenslanges-lernen.at/fileadmin/lll/dateien/lebenslanges_lernen_pdf_word_xls/erasmus/erasmus_allgemein/statistiken/era-statistik_aktuell.pdf, aufgerufen am 1.7.2016.
51 Kulhavy, Bericht Mitteleuropa-Ost 1989–1994, S. 10.
52 Die Linzer Studenten sind EG-mobil, in: Universitäts-Nachrichten, Jg. 14, H. 4, 1993, S. 8; Johannes Kepler Universität Linz, Universitätsjahresbericht 2010, Linz 2011, S. 33.
53 Heinz Falk, Die Technisch-Naturwissenschaftliche Fakultät, in: Österreichische Hochschulzeitung, Jg. 43, H. 3, 1991, S. 15.
54 Kulhavy, Johannes Kepler Universität Linz. Bericht des scheidenden Rektors, S. 26; Friedrich Schneider, Die Sozial- und Wirtschaftswissenschaftliche Fakultät, in: Österreichische Hochschulzeitung, Jg. 43, H. 3, 1991, S. 10.
55 Johannes Hengstschläger, Akzente verschoben, in: Universitäts-Nachrichten, Jg. 18, H. 1, 1996, S. 6.
56 ÖH Courier, H. 23, 1992 (Sonderausgabe zum Studium der Handelswissenschaften); Uni Linz: Geburtswehen bei Handelswissenschaften, in: Oberösterreichische Nachrichten, 16.4.1992.
57 Postgraduate-Programm für Industriemathematik, in: Universitäts-Nachrichten, Jg. 9, H. 3, 1988, S. 1 f.; Engl, Industriemathematik, in: Österreichische Hochschulzeitung, Jg. 40, H. 11, 1988, S. 19.
58 Dies waren die Harvard Business School und die Ford Foundation, die abermals um Unterstützung angesucht wurde.
59 Kreczi, Hochschulfonds, S. 85 ff.
60 Der Verein hielt am 13.7.1973 seine konstituierende Sitzung ab und zählte die VOEST ALPINE, die Chemie Linz, die Kammern und Hochschulprofessoren, mit Ende des Jahres auch das Land Oberösterreich und die Stadt Linz zu seinen Mitgliedern.
61 Unterschiedliche Meinungen vertraten vor allem die VOEST ALPINE und die Professoren des wissenschaftlichen Beirats.
62 Ebd., S. 137 ff.; Kulhavy, Institut für Internationales Marketing der Johannes Kepler Universität Linz (JKU), S. 30 f.
63 Reber hatte bereits zuvor am Institut für Personalorganisation an der Johannes Kepler Universität Linz die Fortbildung von Führungskräften angeboten. Kontakt zwischen Wirtschaft und Wissenschaft – ein vieldiskutiertes Thema, in: Universitäts-Nachrichten, Jg. 4, H. 4, 1983, S. 10.
64 Konrad Breit u. Gerhard Reiber, Aspekte der Internationalisierungsbemühungen, in: Österreichische Hochschulzeitung, Jg. 41, H. 11, 1989, S. 9 f.
65 Anzumerken ist dabei, dass die Etablierung von Instituten an der Hochschule bzw. Universität eine lange Tradition hatte. Kreczi, Hochschulfonds, S. 133 ff.
66 Linzer Innovations- und Gründerzentrum eröffnet, in: Universitäts-Nachrichten, Jg. 8, H. 1, 1986, S. 1 f.

67 Georg Heckmann u. Peter Kraft, Die Linzer Management Akademie (LIMAK) und ihr geplanter Standort im Bergschlössl mit neuem Gästehaus, in: Linz aktiv, H. 118, 1991, S. 16–20; Linzer Management Akademie ist nun »Institut der Universität«. Ausbildungsziel: Vom Spezialisten zum Generalisten, in: Universitäts-Nachrichten, Jg. 12, H. 6, 1991, S. 9.
68 AJKU, A 04 Rechtsabteilung, 1297: Bericht des Außeninstitutes der Johannes Kepler Universität für das Studienjahr 1994/1995, Statuten des Außeninstituts.
69 AJKU, A 04 Rechtsabteilung, 1297: Folder Technologietransfer Linz.
70 So wurde 1993 unter Beteiligung der Universität die Oberösterreichische Arbeitsgemeinschaft für Forschungs- und Technologiekooperation gegründet. Bei der Oberösterreichischen Technologie- und Marketinggesellschaft TGM war die Johannes Kepler Universität Linz zwar kein Gesellschafter, sie sollte jedoch eine »zentrale Rolle« spielen. An der Gründung der Oberösterreichischen Arbeitsgemeinschaft für Forschungs- und Technologiekooperation war sie beteiligt. AJKU, A 04 Rechtsabteilung, 78: Schreiben von Rektor Johannes Hengstschläger an das Wissenschaftsministerium vom 22.2.1993; OÖ Technologie- und Marketinggesellschaft – TMG im Dienste der Entwicklung Oberösterreichs, in: Technisch-Naturwissenschaftliche Fakultät der Johannes Kepler Universität Linz (Hg.), 25 Jahre Technisch-Naturwissenschaftliche Fakultät, Linz 1993, S. 73–75.
71 Wie auch das Außeninstitut wurde das Auslandsbüro zunächst zeitlich befristet eingerichtet. AJKU, A 04 Rechtsabteilung, 147: Schreiben von Edith Zakel an Rektor Johannes Hengstschläger betreffend Verlängerung der besonderen Dienststelle »Büro für Auslandsbeziehungen« vom 22.7.1993.
72 Brigitte Schramm, Frauenspezifische Maßnahmen im Hochschulbereich, in: Bundesministerium für Frauenangelegenheiten u. Bundeskanzleramt. Bericht über die Situation der Frauen in Österreich. Frauenbericht 1995, Wien 1995, S. 193–225.
73 Bundesgesetz vom 7. Juni 1990, mit dem das Universitäts-Organisationsgesetz (UOG) geändert wird, BGBl. 364/1990.
74 Edeltraud Ranftl, Fraueninitiative und Einrichtung zur Frauenförderung, in: Universitäts-Nachrichten, Jg. 13, H. 1, 1991, S. 7 f.; Petra Kodré, Koordinationsstelle für Frauenforschung und Frauenstudien in Linz?, in: ÖH Courier, H. 24, 4.5.1992, S. 6.
75 AJKU, A 04 Rechtsabteilung, 1081: Schreiben von Wissenschaftsminister Erhard Busek betreffend die Errichtung einer Koordinationsstelle für Frauenforschung und Frauenstudien in Linz vom 15.10.1992.
76 Interuniversitäre Koordinationsstelle eingerichtet: »Ein lautstarkes Projekt aller an Frauenforschung Interessierten«, in: Universitäts-Nachrichten, Jg. 15, H. 2, 1993, S. 17.
77 Johannes Kepler Universität Linz, Studienführer, Verzeichnis der Lehrveranstaltungen, Personenverzeichnis, Sommersemester 1993.
78 Engelbrecht, Geschichte des österreichischen Bildungswesens, Bd. 5: Von 1918 bis zur Gegenwart, S. 534; Fernstudium – eine neue Form der universitären Wissensvermittlung, in: Universitäts-Nachrichten, Jg. 2, H. 5, 1981, S. 2.
79 Leitner, Das Ringen um eine Landesuniversität, S. 668 ff.
80 Josef Reif, Fernstudien: Eine Kooperation zwischen der Fernuniversität in Hagen (D) und der Johannes Kepler Universität Linz, in: WISO Sonderheft, Jg. 37, 2014, S. 156 ff.; Johannes Hengstschläger, Neues Zentrum für Fernstudium an der Linzer Uni, in: Universitäts-Nachrichten, Jg. 13, H. 4, 1991, S. 1 f.; Johannes Hengstschläger, Johannes Kepler Universität Linz, in: Österreichische Hochschulzeitung, Jg. 44, H. 4, 1992, S. 16; Johannes Hengstschläger, Fernstudien. Die alternative und ergänzende Form der universitären Ausbildung, in: Blickpunkte, Jg. 43, H. 2, 1993, S. 60–62.
81 Vgl. zur weiteren Entwicklung, insbesondere der Kooperation mit Hagen: Reif, Fernstudien: Eine Kooperation zwischen der Fernuniversität in Hagen (D) und der Johannes Kepler Universität Linz, S. 159 ff.

5 Umbrüche – von der halbautonomen zur autonomen Universität (1993–2004)

Die weiteren 1990er und 2000er Jahre waren durch die Verabschiedung und Implementierung von zwei neuen Universitäts-Organisationsgesetzen dominiert, mit denen sich die »permanente Universitätsreform« in den letzten Jahren des 20. und zu Beginn des 21. Jahrhunderts enorm beschleunigte. In einem bis dahin unbekannten Tempo wurden erst 1993 und dann 2002 neue gesetzliche Regelungen verabschiedet, die die Universitäten und ihr Verhältnis zum Staat grundlegend veränderten. Für die Johannes Kepler Universität Linz bedeutete dies, dass sie – wie auch die anderen Universitäten – schrittweise in die Autonomie entlassen wurde, als den staatlichen Universitäten mit der Zulassung von Fachhochschulen 1993[1] und Privatuniversitäten 1999 neue Konkurrenz erwuchs. Zudem führten neue Möglichkeiten im Studienrecht und der Einsatz digitaler Medien, vor allem aber der Beitritt Österreichs zum Bologna-Prozess auch zu entscheidenden Veränderungen im Lehrangebot, während sich die immer größer werdende Bedeutung des Drittmittelbereichs nicht zuletzt in der Bauentwicklung niederschlug.

Universitätsrechtliche Veränderungen

Als von der seit 1986 amtierenden SPÖ-ÖVP-Koalition unter Wissenschaftsminister Erhard Busek 1993 das neue Universitäts-Organisationsgesetz verabschiedet wurde,[2] war die Johannes Kepler Universität Linz bereits zum dritten Mal in ihrer noch jungen Geschichte mit einem neuen Organisationsgesetz konfrontiert. Dieses stellte die bis dahin tiefstgreifende Reform für die österreichischen Universitäten dar und sollte unter dem Vorzeichen von ökonomischer Führung und der Schaffung ergebnisorientierter Strukturen einerseits die Umgestaltung in Richtung »Managementuniversität« und »Wirtschaftsbetrieb« vorantreiben. Andererseits sollte sie den universitären Autonomiebestrebungen Rechnung tragen, nachdem bis dahin alle zentralen Entscheidungen vom Wissenschaftsministerium gefällt worden waren. Als wichtigste Neuerungen brachte das Gesetz eine Stärkung der monokratischen Organe (Rektor, Dekane, Institutsvorstände), während der Einfluss der nach dem Universitäts-Organisationsgesetz 1975 starken und oftmals als zu schwerfällig empfundenen Kollegialorgane auf Fragen strategischer Bedeutung zurückgedrängt wurde und für die Beratung der Universitätsleitung ein eigener Beirat eingerichtet werden musste. Hinsichtlich des Verhältnisses zum Staat schrieb das Gesetz die

50 Jahre Personalvertretung an der JKU

Aus eigener Erfahrung berichten kann ich in der Tat über 29 der 50 Jahre! Als mich im Herbst 1987 Friedrich Bauer, der seinerzeitige Dienststellenausschussvorsitzende der Hochschullehrer und -lehrerinnen, um die Kandidatur gebeten hatte, war ich allen Warnungen zum Trotz diesem Ruf gefolgt – wohl wissend, ich würde mit dieser Entscheidung meine wissenschaftliche Karriere aufgeben, mich mit Leib und Seele dem Ehrenamt verschreiben und Tag und Nacht der wissenschaftlichen Belegschaft der JKU dienen.

Der Dienststellenausschuss des allgemeinen Universitätspersonals ist ein gewerkschaftliches, politisch fraktioniertes Organ. Erstmals erwähnt findet man unter dem Titel »Sonstige Dienstzweige« ein Wahlergebnis für diesen Personenkreis aus dem Jahr 1969, wonach die damals zu vergebenden sechs Mandate auf »Namenslisten« fielen. Erst bei den folgenden Wahlen ergab sich eine Zusammensetzung aus Vertretern und Vertreterinnen der Fraktion sozialistischer Gewerkschafter und der Fraktion christlicher Gewerkschafter, zu welchen später auch die Grünen sowie wiederum diverse Namenslisten hinzukamen. Die Bediensteten der Bibliothek bildeten eine eigene Gruppe und wurden durch einen eigenen Dienststellenausschuss vertreten. Dem wissenschaftlichen Dienststellenausschuss waren und sind politisch fraktionierte Listen fremd. Aus der Zeit, als der gemeinsame Arbeitgeber des gesamten Personals das Wissenschaftsministerium war, stammt bereits jene Kuriosität des praktizierten österreichischen Arbeitsrechts, die bis heute (nunmehr im Betriebsrat) fortlebt: Zur Wahl wissenschaftlicher Personalvertretungsorgane treten de facto Vorgesetzte gegen Untergebene an! Seit jeher – konkret seit der ersten Personalvertretungswahl am 30. November 1967 – gab es also die gegeneinander antretenden Gruppen »Mittelbau« und »Professoren« (mit jeweils unterschiedlichen Listenbezeichnungen), wobei in den frühen Jahren naturgemäß ein Binnen-I für »ProfessorInnen« kein Thema war. Auch nach dem infolge des UG 2002 eingetretenen Wechsels zum Betriebsrat gemäß Arbeitsverfassungsgesetz findet diese in Wirtschaftsunternehmen praktisch kaum gelebte Art der Zusammensetzung im Gesetz noch Deckung, weil der Kreis der vom Geltungsbereich ausgenommenen »leitenden Angestellten« so eng interpretiert wird, dass formal selbst Institutsvorstände aktiv und passiv wahlberechtigt sind.

Blickt man auf die Konfliktfelder, die in den Aufgabenbereich des Betriebsrats fallen, so machen jene innerhalb von Instituten nur einen, wenn auch sehr wesentlichen Teil aus. Darüber hinaus umfasst die gesetzliche Aufgabe, »die wirtschaftlichen, sozialen, gesundheitlichen und kulturellen« Interessen der Arbeitnehmer und Arbeitnehmerinnen zu wahren und zu vertreten, vielfältige Belange gegenüber Rektorat, Ministerium, Institutionen und Öffentlichkeit. Zur Erfüllung all dieser Aufgaben hat von Gesetzes wegen der Arbeitgeber die erforderlichen Sachmittel zur Verfügung zu stellen. Heute agieren beide Betriebsräte zusammen in einem Büro im Hochschulfondsgebäude, das für Sitzungen sowie für individuelle Betreuungsgespräche, Konfliktmanagement und Mediationen genützt wird. Ich erinnere mich noch gut an die Anfangsjahre, als man von einer gesetzlichen Pflicht zur Beistellung von Sacherfordernissen noch wenig wusste (oder wissen wollte). Mein Arbeitszimmer als Dienststellenausschussvorsitzende des wissenschaftlichen Personals – einen

Dienstraum hatten damals nur die allgemeinen Bediensteten – war zu jener Zeit mein privates Wohnzimmer, telefoniert wurde vom privaten Telefonanschluss (naturgemäß damals Festnetz!), und für Besprechungen mit Klienten und Klientinnen wählten wir nicht selten Lokale außerhalb der Universität. In den Auseinandersetzungen über die Zurverfügungstellung des notwendigsten Schreibmaterials hieß es am Ende regelmäßig: »Keine Chance!«, und die Sache endete meist damit, dass ich von meinem eigenen Geld in der Trafik Kuverts und Schreibpapier kaufte.

Abbildung 56: Proteste gegen das Sparpaket.

Kommunikation steht im Zentrum des Personalvertretungsalltags, wobei auch heute noch in der individuellen Betreuung das Telefon die größte Rolle spielt. Oft haben sich psychischer Druck am Arbeitsplatz zusammen mit privaten Stresssituationen bereits so verdichtet, dass Klienten und Klientinnen spät nachts stundenlangen Gesprächsbedarf mit der Personalvertretung haben. Einzelne dieser Fälle sind mir mehr als zwei Jahrzehnte lang gut im Gedächtnis geblieben. 1996 hat die E-Mail-Kommunikation Einzug in die Personalvertretungsarbeit gefunden – und zwar quasi mit einem Paukenschlag! Als am 1. März 1996 ein Linzer Kollege als Erster in Österreich den Begutachtungsentwurf für die völlige Neugestaltung der universitären Lehre sowie des Dienst- und Besoldungsrechts im Rahmen des geplanten Strukturanpassungsgesetzes 1996 (auch als »1. Sparpaket« bekannt) in die Hände bekam, war eiliges Handeln gefragt: Die bis dahin gepflogene Praxis der auf Quasi-Werkvertragsebene neben den Dienstpflichten zugekauften Lehre (Lehraufträge) sollte mit einem Schlag ersatzlos und entschädigungslos gestrichen werden! Da aber Assistenten und Assistentinnen damals (wie auch heute) einen beträchtlichen Anteil der universitären Lehre trugen, hätte dies für manche der Kollegen und Kolleginnen im Mittelbau Einkommenseinbußen bis gegen 30 Prozent bedeutet. Wir mussten handeln! Dass es schließlich gelang, von Linz ausgehend über das Wochenende zwischen 1. und 4. März eine österreichweite Zurücklegung der Lehraufträge als Protestmaßnahme zu bewirken, war – abgesehen von einer Tag-und-Nacht-Arbeit vieler Engagierter – nicht zuletzt auch der erstmaligen Einsetzung der »neuen« Kommunikationstechnologie E-Mail zu verdanken. Der darauf folgende innovative und kreative Arbeitskampf brachte österreichweit bis zu 70.000 Menschen als soziale Bewegung aus den Universitäten auf die Straße; und es gelang schließlich, die Anerkennung der »Mittelbaulehre« als Inhalt der Dienstpflichten und die damit einhergehende finanzielle Abgeltung im Wege der Lehrzulage zu erstreiten und einige der schlimmsten sozialen Einschnitte abzuwenden.

Die neuen Zeiten für die Universitäten wurden bereits mit dem UOG 1993, der Teilautonomie und der seit jener Zeit stetig zunehmenden Bedeutung von Drittmitteln eingeläutet. Erst infolge des UG 2002 wurde auch die Personalvertretung gesetzlich der unternehmerischen Struktur der Universität angepasst und 2004 – nach dem Auslaufen der Funktionsperiode der Dienststellenausschüsse – in den Betriebsrat übergeführt. Die Zunahme der Beschäftigten – vor allem durch die

> arbeitsvertragliche Anstellung von Lektoren und Lektorinnen sowie Drittmittelbediensteten – führte zu einem raschen Anstieg der Zahl der Betriebsratsmitglieder auf mittlerweile 15 im wissenschaftlichen und auf zwölf in dem nunmehr mit der Bibliotheksvertretung zusammengeführten allgemeinen Betriebsrat. Längst ist es aufgrund der exorbitant angewachsenen Aufgaben in beiden Betriebsräten zu internen Kompetenzaufteilungen gekommen, und das Sekretariat leistet seit vielen Jahren hervorragende Arbeit, um den ständig steigenden Verwaltungsaufwand – insbesondere im Servicebereich – zu bewältigen. Nicht nur der Information über die vielfältigen Serviceangebote, über die – erst im letzten Jahrzehnt vorangetriebenen – gemeinschaftsbildenden Aktivitäten zur Förderung des sozialen Zusammenhalts, sondern auch über alle für die Beschäftigten relevanten tatsächlichen und rechtlichen Entwicklungen dient die Ostern 2012 erstmals erschienene Betriebsratszeitung »Betriebsrats-News«. (Barbara Trost)
>
> Quellen: Personalvertretungswahlen, in: Gustav Otruba (Red.), Johannes Kepler Universität Linz. Hochschule für Sozial- und Wirtschaftswissenschaften 1966–1976, Linz 1976, S. 164; AJKU, A 00 Rektorat, Jacket 36: Protokoll der 25. Sitzung des Professorenkollegiums vom 24.10.1967; AJKU, A 00 Rektorat, Jacket 37: Protokoll der 26. Sitzung des Professorenkollegiums vom 16.11.1967.

Universitäten zwar weiterhin als Einrichtungen des Bundes fest. Nachdem dies im Rahmen von zwei Novellen 1987 und 1990 bereits vorweggenommen worden war, sollten sie aber teilrechtsfähig sein und nun ihre Aufgaben im »eigenen Wirkungsbereich« frei von Weisungen des Ministeriums führen können und vermehrt Kompetenzen im Bereich der inneren Organisation sowie im Budget- und Personalbereich erhalten. So mussten die Universitäten nun eigene Satzungen erlassen, erhielten ein jährliches Gesamtbudget (anstelle der bisherigen Detailsteuerung durch das Ministerium) und bekamen die Durchführung von Berufungsverfahren übertragen.[3] In Kraft treten sollte das Gesetz stufen- und universitätsweise, wobei die Johannes Kepler Universität Linz zu jenen Universitäten bestimmt wurde, die das Gesetz am frühesten anzuwenden hatten.[4] Sie hatte es bereits ab dem Studienjahr 1994/95 und damit in einer Zeit umzusetzen, als es durch die Sparpakete der Regierung auch im Wissenschaftsbereich zu finanziellen Kürzungen und mehrfachen Protestaktionen kam.[5] Im Oktober 1996 trat sie in das Universitäts-Organisationsgesetz 1993 ein.[6] Zuvor war das neue Gesetz lediglich an der Universität Klagenfurt, der Universität für Bodenkultur in Wien und der Montanuniversität in Leoben wirksam geworden, während die beiden größten Universitäten in Wien und Graz erst fünf Jahre nach der Verabschiedung dem neuen Gesetz unterstellt wurden.[7]

Wichtige Schritte in der Umsetzung des Gesetzes stellten die Erstellung der erforderlichen (Mindest-)Satzung und die Bestellung der neuen Organe dar,[8] von denen vor allem der Wahl des ab nun hauptberuflich tätigen Rektors große Bedeutung zukam. Zu diesem wurde am 4./5. Mai 1995 Franz Strehl gewählt, der von Innsbruck nach Linz zurückkehrte,[9] wo er studiert und später auch gearbeitet hatte. Er trat mit Beginn des Wintersemesters 1995/96 sein neues Amt an. Da bis zur vollständigen Implementierung des Gesetzes aber auch der alte Rektor Johannes Hengstschläger im Amt blieb, hatte die Johannes Kepler Universität Linz nun zum ersten Mal in ihrer Geschichte zwei Rektoren.[10] Die Bestellung der neu einzurichtenden Vizerektoren, die – wie es das Gesetz vorsah – über einen eigenen Wirkungskreis verfügen sollten, erfolgte wie die Einrichtung des Universitätsbeirats bis zum Oktober 1996. Erster Vizerektor für Forschung wurde Hans Irschik von der Technisch-Naturwissenschaftlichen Fakultät, erster Vizerektor für Lehre Bruno Binder von der Rechtswissenschaftlichen Fakultät. Friedrich Schneider von der Sozial- und Wirtschaftswissenschaftlichen Fakultät übernahm das Vizerektorat für Auslands- und Außenbeziehungen, was die Bedeutung der Außenkontakte nach deren Intensivierung in den 1980er und frühen 1990er Jahren erneut zum Ausdruck brachte.[11] In den Universitätsbeirat wurden 15 Vertreter und Vertreterinnen aus Politik, Verwaltung, Wirtschaft und dem Kreis ehemaliger Studierender aufgenommen – darunter Landeshauptmann Josef Pühringer (ÖVP), Bürgermeister Franz Dobusch (SPÖ), der Vorstandsvorsitzende der VOEST ALPINE STAHL AG Peter Strahammer und der Generaldirektor der Raiffeisenlandesbank Oberösterreich Ludwig Scharinger.[12] Dieser hatte wie Christoph Leitl, Landeshauptmann Pühringer und Bürgermeister Dobusch nicht nur zu den frühesten Absolventen der Linzer Hochschule für Sozial- und Wirtschaftswissenschaften gehört,[13] sondern sollte in der Entwicklung der Universität auch in den kommenden Jahren eine entscheidende Rolle spielen. Abgeschlossen war die Umsetzung des neuen Gesetzes – wie Strehl und sein Team in einem großen Rückblick 2000 deutlich machten – damit jedoch noch nicht. Sie beschäftigte die Universitätsleitung auch in den kommenden Jahren und war mit der Reorganisation von internen Verwaltungsabläufen, der Entwicklung von neuen Wegen im Budgetmanagement und der Bearbeitung von mit dem Gesetz einhergehenden Regelungen (Bedarfsberechnungs- und Budgetverordnung, Evaluierungsverordnung) verbunden. Desgleichen sollte der Weg in die Halbautonomie – wie dies von Strehl bereits 1996 angekündigt worden war[14] – auch mit der Entwicklung von Leitbildern für die Profilbestimmung und Strategieentwicklung verbunden sein, die ab 1997 sukzessive in Angriff genommen wurde.[15]

Lange in Geltung blieb das Universitäts-Organisationsgesetz 1993 jedoch nicht, da unter der neuen, ab 2000 regierenden ÖVP-FPÖ-Koalition ein neues Universitätsgesetz erlassen wurde, das den vollständigen Paradigmenwandel brachte und dazu führte, dass die heutigen Universitäten in vielfältiger Weise nicht mehr mit jenen früherer Jahre vergleichbar sind.[16] Im Zeichen eines neoliberalen Kurses, in dessen Zentrum der »schlanke Staat« stand, wurde 2002 – bei einem großen Widerstand der Universitäten, der sich auch an der Johannes Kepler Universität Linz manifestierte[17] – ein weiteres Universitäts-Organisationsgesetz verabschiedet,[18] das

Abbildung 57: Protestmaßnahme gegen das Universitätsgesetz 2002. Am Megafon der damalige Universitätsassistent Alois Birklbauer, daneben ÖH-Vorsitzender Peter McDonald.

unter dem Schlagwort des »New Public Management« das Universitäts-Organisationsgesetz 1993 weiterentwickelte bzw. vollendete. Mit diesem wurden die Universitäten nun – bei einem Wegfall des staatlichen Planstellensystems – in beispielloser Geschwindigkeit zu juristischen Personen öffentlichen Rechts und in die Vollrechtsfähigkeit entlassen, womit sie die volle Geschäftsfähigkeit in privatrechtlichen Belangen erhielten. Gleichzeitig wurden die monokratische Organe bzw. vor allem der Rektor in seiner »Managementfunktion« weiter gestärkt, während die im Universitäts-Organisationsgesetz 1993 zumindest noch teilweise vorhandenen Mitbestimmungsrechte weiter abgebaut und der Universitätsbeirat durch einen Universitätsrat ersetzt wurde. Ähnlich dem Aufsichtsrat einer Aktiengesellschaft sollte dieser nun als eine Art zentrales Aufsichts- und Controllingorgan fungieren, womit einem außeruniversitären Gremium ein entscheidender Einfluss auf die Universitäten eingeräumt wurde. Basis der universitären Entwicklung sollten Organisations- und Entwicklungspläne sein, die die Universitäten erstellen mussten. Der Staat hatte zwar weiterhin die Rechtsaufsicht über die Universitäten sowie die Verantwortung zur Ausstattung mit Liegenschaften und zur Finanzierung, die über Leistungsvereinbarungen im Rahmen eines dreijährigen Globalbudgets erfolgen sollte. In Zeiten angespannter Hochschulbudgets, die zu einem »Management des Mangels« führten, und der Entwicklung der Universitäten zu unternehmerisch tätigen Einheiten wurden aber auch die Akquisition von Drittmitteln, Förderagenturen und die Zusammenarbeit mit der Wirtschaft immer wichtiger bzw. sogar zu einem steuernden Element.[19] In Kraft treten sollte das Gesetz – nun für alle Universitäten gemeinsam – am 1. Jänner 2004.

Hierbei bestanden die zunächst erforderlichen Arbeiten in der Einrichtung eines Gründungskonvents, der für die Überleitung in die neue Organisationsstruktur zuständig sein sollte, der Konstituierung eines ersten Universitätsrats, der einen neuen Rektor zu wählen hatte, und der Bestellung eines neuen Senats. Der Universitätsrat, der sich – wie an den anderen Universitäten – ausschließlich aus Nichtangehörigen der jeweiligen Universität zusammensetzen musste, wurde im Frühjahr 2003 mit Ludwig Scharinger an der Spitze gebildet. Weitere Mitglieder, die dem neunköpfigen, teils von der Universität und teils vom Ministerium bestellten Gremium angehörten, waren etwa der EU-Beauftragte des Landes Oberösterreich Herbert Steinwender oder der Magistratsdirektor der Stadt Linz Erich Wolny, womit auch in diesem Gremium die starke Verbindung zum Land Oberösterreich bzw. der Stadt Linz zum Ausdruck kam.[20] Zum ersten Rektor nach dem Universitätsgesetz 2002 wurde am 11. April 2003 Rudolf Ardelt gewählt, der diese Funktion bereits seit 2000 ausgeübt hatte[21] und sie neuerlich mit 1. Oktober gemeinsam mit nun vier Vizerektoren (Herbert Kalb als Vizerektor für Lehre, Günter Pilz als Vizerektor für Forschung, Friedrich Schneider als Vizerektor für Außenbeziehungen und Franz Wurm als Vizerektor für Finanz- und Ressourcenmanagement) übernahm.[22] Weitere wichtige Schritte, die bis Ende des Jahres umgesetzt wurden und auf Grund der Kürze des Umstrukturierungsprozesses die Anspannung aller Kräfte, insbesondere der Verwaltung erforderten,[23] betrafen u. a. die Umstellung auf das kaufmännische Rechnungswesen, den Aufbau eines neuen Personal- und Verrechnungsmanagements und die Erstellung einer Eröffnungsbilanz.[24] Gleichzeitig wurden aufbauend auf der Leitbildentwicklung der 1990er Jahre auch sukzessive Strategien für die gesamte Universität und ihre Fakultäten entwickelt. Wie auch nach dem Inkrafttreten des Universitäts-Organisationsgesetzes 1993 war damit die Reform jedoch nicht abgeschlossen und sollte nach dem 1. Jänner 2004 in die nächste Runde gehen,[25] nachdem sich inzwischen auch wichtige Veränderungen im Bereich der Lehre ergeben hatten.

Wesentlich war hierfür, dass sich auch in diesem Bereich die Entwicklung beschleunigte. So wurde 1997 zunächst ein Universitätsstudiengesetz verabschiedet, das den Gestaltungsspielraum der Universitäten ebenfalls erhöhte.[26] Nachdem bis dahin eine komplizierte vierstufige Regelungshierarchie (Allgemeines Hochschulstudiengesetz, Besondere Studiengesetze, Studienordnungen, Studienpläne) bestand und die meisten Entscheidungen über die Unterrichtsinhalte und Studienverläufe beim Gesetzgeber gelegen hatten, sah das neue Gesetz nun nur mehr zwei Stufen vor: das Universitätsstudiengesetz selbst und die Studienpläne, die die Universitäten

Abbildung 58: Präsenzphase im Rahmen des Multimediastudiums Jus. Am Mikrofon: Professor Andreas Riedler, daneben: Matthias Feuchter (Geschäftsführer der JKU Linz Multimediale Studienmaterialien GmbH).

in autonomer Gestaltung erlassen konnten – wenn sie vor ihrem Inkrafttreten auch noch dem Ministerium vorgelegt werden mussten.[27] Umzusetzen war das Gesetz bis zum Jahr 2002, weshalb es für die Universitäten hieß, mit Hochdruck auch die Studienreform in Angriff zu nehmen. Hierbei war die Johannes Kepler Universität Linz jene Universität, die gemeinsam mit der Universität Graz den ersten autonomen Studienplan implementierte. Als erster neuer Studienplan trat jener für das Diplomstudium der Rechtswissenschaften mit dem Studienjahr 1998/99 in Kraft.[28] Die Studienpläne für die anderen Studienrichtungen folgten sukzessive,[29] nachdem 1998 aufgrund einer Evaluierungsstudie im Auftrag des Wissenschaftsministeriums kurzfristig die Befürchtung im Raum gestanden hatte, dass die Technisch-Naturwissenschaftliche Fakultät einen Teil ihres Lehrangebots verlieren könnte.[30] Zudem wurden die neuen Möglichkeiten auch dazu genutzt, neue Studienangebote zu schaffen. So wurde im Studienjahr 2001/02 das Studium der Wirtschaftswissenschaften als Zusammenführung der Volkswirtschaft, Betriebswirtschaft und Handelswissenschaft eingeführt,[31] dem 2002/03 das Unterrichtsfach für Informatik und Informatikmanagement im Rahmen des neuen Lehramtsstudiums (weiter bestehend aus Mathematik, Physik und Chemie)[32] und – nach einer Versuchsphase ab dem Wintersemester 1998/99 – auch das Multimediastudium Jus folgte. Dieses stellte zwar keine neue Studienrichtung dar, sollte für die Studierenden in Linz aber eine Auswahlmöglichkeit in der Art der Absolvierung des Rechtsstudiums bringen und dieses auch für Studierende außerhalb von Linz öffnen. Damit wurde zu einer Zeit, als mit der Kepler Card auch der erste Studentenausweis in Form einer Chipkarte (1998/99)[33] eingeführt und das Universitätsgelände zum Wireless Campus wurde (2003),[34] ein völlig neues Angebot geschaffen. Mit ihm wurde österreichweit das erste Diplomstudium installiert, das vollständig auf E-Learning basierte und sich bald einer hohen Beliebtheit erfreute,[35] aber auch von vergleichsweise geringeren Prüfungsaktivitäten gekennzeichnet war.[36]

Zu noch weitreichenderen Veränderungen führte – als die Universitäten noch mit der Umsetzung des neuen Studiengesetzes beschäftigt waren – jedoch der Beitritt Österreichs zur Bologna-Erklärung von 1999. Um im Zeitalter der Globalisierung im Wettbewerb um Studierende, Lehrende und Forschende konkurrenzfähig bleiben zu können, wurde darin die Schaffung eines europäischen Hochschulraumes durch die Förderung der Mobilität und die Einführung einer europäischen Studienarchitektur mit vergleichbaren Abschlüssen vorgesehen. Dies bedeutete, dass nun – nicht ohne Kritik, dass dies zu einer »Verschulung« führen werde – bis zum Jahr 2010 das alte Modell der Diplom- und Doktoratsstudien in die neue Struktur der Bakkalaureats-, Master- und Doktoratsstudien überführt und das ECTS-System (European Credit Transfer System) installiert werden musste.[37] An der Johannes Kepler Universität Linz wurde dies – nachdem das Universitätsgesetz 2002 erstmals auch die Organisation der Studien geregelt und den Universitäten die Curricularfreiheit gegeben hatte[38] – schrittweise ab dem Studienjahr 2002/03 umgesetzt. Den Anfang machten die Diplomstudien Statistik, Informatik sowie Technische Mathematik, wobei aus der Technischen Mathematik das Bakkalaureatsstudium Technische Mathematik und die Masterstudien Mathematik in den Naturwissenschaften, Industriemathematik und Computermathematik hervorgingen. Der Großteil der Studien wurde jedoch erst ab 2004 ins neue System transferiert, nachdem auch das Angebot an neuen Lehrgängen (etwa im Bereich des Tourismusmanagements, des »Global Marketing Managements« oder mit dem »Aufbaustudium European Law«) in den späten 1990er Jahren beträchtlich zugenommen hatte und im Wintersemester 2003 bereits bei 25 Ausbildungsgängen lag.

Neue Gebäude, Drittelmittelerfolge und gesellschaftspolitische Schwerpunkte

Wichtige Erweiterungen gab es daneben auch in der Gebäudeentwicklung, womit der Campus auch in dieser Phase seiner Geschichte wuchs. Neben einer Vergrößerung des Mensagebäudes, das damit zum »Unicenter« wurde,[39] und einer Verbauung der Innenhöfe im Keplergebäude[40] umfasste dies vor allem die Errichtung des Banken- und Hochschulfondsgebäudes.

Abbildung 59: Eröffnung des Bankengebäudes am 15. Oktober 1997 mit CA-Generaldirektor Helmut Jell, Rektor Franz Strehl und Ludwig Scharinger, Generaldirektor der Raiffeisenlandesbank Oberösterreich (von links nach rechts).

Den Anfang machte das Bankengebäude, das in Form einer völlig neuartigen Finanzierungsform bzw. erstmals im Rahmen eines Public-privat-Partnership-Modells entstand, wie es auch andernorts praktiziert wurde.[41] Den Ausgangspunkt stellte hierfür dar, dass es – nach einer ersten Kooperation durch die Gründung des Sparkasseninstituts in den 1960er Jahren[42] – Anfang der 1990er Jahre ein Interesse der Banken an Filialen auf dem Campus gab,[43] die bestehende Raumnot die Unterbringung dieser aber nicht zuließ und auch die knappen Hochschulbudgets die Errichtung von öffentlich finanzierten Gebäuden immer schwieriger machten. Auf der Suche nach alternativen Lösungsmöglichkeiten entwickelten der damalige Rektor Johannes Hengstschläger, der (immer noch amtierende) Universitätsdirektor Othmar Köckinger[44] sowie Landesdirektor Hieronymus Spannocchi (Creditanstalt) und Generaldirektor Ludwig Scharinger (Raiffeisenlandesbank) deshalb ein Modell, das nicht nur die Gründung eines Forschungsinstituts für Bankwesen, sondern auch die Errichtung eines neuen Gebäudes durch die Banken vorsah. Andere Banken wurden zwar auch zur Zusammenarbeit eingeladen, »zogen« aber nicht mit.[45] Die Gründung des Forschungsinstituts für Bankwesen unter der Leitung von Friedrich Schneider vom Institut für Volkswirtschaftslehre erfolgte am 26. Juni 1995,[46] nachdem das Wissenschaftsministerium dessen Errichtung mit der Auflage zugestimmt hatte, dass dieses ausschließlich durch Ressourcen außerhalb des Universitätsbudgets ge-

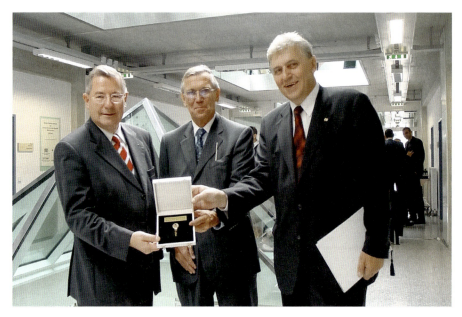

Abbildung 60: Eröffnung des Hochschulfondsgebäudes am 3. Oktober 2003. Von links nach rechts: Ludwig Scharinger, Generaldirektor der Raiffeisenlandesbank Oberösterreich, BIG-Geschäftsführer Hartwig Chromy und Rektor Rudolf Ardelt.

tragen werden müsse.[47] Der Spatenstich zum Bankengebäude wurde im März 1996 gesetzt, wobei die Universität den Baugrund zur Verfügung stellte und die beiden Banken die Finanzierung übernahmen bzw. für die Bauabwicklung (nach Plänen der Architekten Franz Treml und Helmut Eisendle) eine eigene Errichtungsgesellschaft gründeten. Die Eröffnung wurde am 15. Oktober 1997 nach einer sechzehnmonatigen Bauzeit vorgenommen. Ins neue Haus zogen neben dem Forschungsinstitut und Filialen der Banken weitere Geschäfte (wie die EDV-Firma Unicom oder eine Zweigstelle des oberösterreichischen Landesverlags) und Verwaltungseinheiten der Universität ein.[48] Später gab es durch die Raiffeisenbank und andere Banken (sowie weitere Kooperationspartner) gleichfalls eine finanzielle Unterstützung für die technische Ausstattung von Hörsälen, die sich auch in der Umbenennung der entsprechenden Räume niederschlug.[49]

Die Errichtung des (wiederum von Helmut Eisendle geplanten) Hochschulfondsgebäudes folgte in den Jahren 2002 und 2003 und war ebenfalls davon gekennzeichnet, neue Wege in der Finanzierung von Hochschulbauten zu gehen. Die Ausgangssituation stellte hier dar, dass Platz für die räumliche Versorgung von Drittmittelprojekten geschaffen werden sollte. Ursprünglich wurde daran gedacht, dass das Gebäude durch die 1992 gegründete Bundesimmobiliengesellschaft (BIG) errichtet werden sollte. Da die Universität davon ausging, dies selbst kostengünstiger

Abbildung 61: Feierliche Eröffnung des Johann Radon Institute for Applied Mathematics der Österreichischen Akademie der Wissenschaft (RICAM) an der Johannes Kepler Universität Linz. Von links nach rechts: Sektionschef Sigurd Höllinger (Wissenschaftsministerium), Rektor Rektor Rudolf Ardelt, Professor Heinz Engl, Brigitte Bukovics, Werner Welzig (Präsident der Österreichischen Akademie der Wissenschaften).

tun zu können, wurde die Baudurchführung jedoch ihr übertragen und der Gebäudeerrichtung ein Finanzierungsmodell zugrunde gelegt, das neben einem Zuschuss des Linzer Hochschulfonds vorsah, die Errichtungskosten durch spätere Mieteinnahmen (von Drittelmittelinstituten und Firmen) zu decken. Mit der Errichtung des deshalb auch als »Drittmittel«- oder »Verfügungsgebäude« bezeichneten Baus wurde im März 2002 begonnen. Die Eröffnung fand am 3. Oktober 2003 statt, worauf die ersten 19 Mieter ins neue Hochschulfondsgebäude einziehen konnten.[50]

Wie die Geschichte der beiden neuen Gebäude beweist, war deren Entstehung somit weniger durch einen weiteren Anstieg der Hörer und Hörerinnen wie in früheren Jahren, sondern vor allem durch die weiter voranschreitende Kooperation mit außeruniversitären Partnern und der zunehmenden Bedeutung von Drittmitteln in der universitären Forschung bedingt. So kam es nach Jahren, in denen diese immer weiter angestiegen waren, in den 1990er Jahren erstmals zu einer Stagnation bei den Studierendenzahlen. Nachdem diese 1993 bei rund 13.000 ordentlichen Hörern und Hörerinnen gelegen hatte, waren es im Jahr 2000 nur wenige Hundert mehr, wobei sich im österreichweiten Vergleich – bedingt durch die demographische Entwicklung und neue »Player« am Bildungsmarkt (wie den Fachhochschulen) – eine ähnliche Entwicklung abzeichnete.[51] Zu einem deutlichen »Einbruch« kam es – wiederum wie in ganz Österreich – jedoch nach der Wiedereinführung der (1972 abgeschafften) Studiengebühren 2001, die zu einer Reduzierung der durchschnittlichen Studiendauer und mehr Mitteln zur Verbesserung der Studienbedingungen führen sollten und von heftigen Protesten seitens der Studierenden begleitet war.[52]

In der Drittmittelgestion bzw. der Lukrierung von Geldern durch Forschungsförderungseinrichtungen und der Kooperation mit der Wirtschaft war – unterstützt und forciert durch die neuen gesetzlichen Rahmenbedingungen – hingegen ein Aufwärtstrend zu verzeichnen, der mit einer Intensivierung der Technologiekooperation mit dem Land Oberösterreich einherging. Ausdruck hierfür sind einerseits die Verabschiedung des strategischen Programms »Oberösterreich 2000+«, das dem Technologietransfer von der Universität in die Betriebe einen hohen Stellenwert einräumte,[53] oder die Zusammenarbeit der Johannes Kepler Universität Linz mit der TMG-Tochter Upper Austrian Research.[54] Niedergeschlagen hat sich der Trend aber auch in konkreten Zahlen und der Gründung neuer Forschungseinrichtungen – standen 2001 doch 820 Millionen Schilling aus staatlichen Budgetmitteln 250 Millionen Schilling aus Forschungsgeldern gegenüber[55] und sind an der Johannes Kepler Universität Linz 1998 durch eine Finanzierung des Forschungsförderungsfonds (FWF) doch der Spezialforschungsbereich »Numerical and Symbolic Scientific Computing« und ab 1999 vier »Kompetenzzentren« sowie drei Doppler-Labors entstanden. So wurden im Rahmen des 1998 etablierten Kplus-Programms der Bundesregierung, das die Zusammenführung von Kompetenzen universitärer Forschungseinrichtungen mit jenen aus der Wirtschaft intendierte, etwa das Software Competence Center in Hagenberg oder das Linz Center of Mechatronics aufgebaut.[56] Durch eine Förderung der 1999 gegründeten Christian Doppler Forschungsgesellschaft, die ursprünglich für die Unternehmen der ÖIAG-Gruppe geschaffen und 1995 für alle Industriefirmen geöffnet worden war, um eine Brücke zwischen der Grundlagenforschung und der industriellen Anwendung zu schlagen, kam es bis Anfang 2004 hingegen u. a. zur Gründung des CD-Labors für Plastiksolarzellen (unter der Leitung von Niyazi Serdar Sariciftci).[57] Und 2003 wurde schließlich auch das Johann Radon Institute for Applied Mathematics der Österreichischen Akademie der Wissenschaft (RICAM) an der Linzer Universität angesiedelt. Dieses sollte nach seiner feierlichen Eröffnung am 28. März 2003 unter der Leitung von Heinz Engl fortan mit einer finanziellen Unterstützung durch die Österreichische Akademie der Wissenschaften, aber auch des Landes Oberösterreich Grundlagen- und angewandte Forschung auf dem Gebiet der mathematischen Modellierung, Simulation und Optimierung komplexer Prozesse mit Anwendungen in Naturwissenschaften, Technik und Finanzwissenschaften durchführen.[58]

Gesellschaftspolitische Akzente wurden hingegen in Kooperation mit der Technischen Universität in Wien gesetzt. Nachdem an der Johannes Kepler Universität Linz bereits 1991 der Modellversuch »Informatik für Blinde« gestartet worden war, kam es im Jahr 2000 zur gemeinsamen Gründung des Interuniversitären Instituts

Abbildung 62: Die Professorinnen Christina von Braun (Berlin) und Gabriella Hauch (von links nach rechts) bei der Eineinhalb-Jahr-Geburtstagsfeier des Instituts für Frauen- und Geschlechterforschung am 18. November 2002.

für Informationssysteme (später »Institut Integriert Studieren«) zur Unterstützung sehgeschädigter Studierender.[59]

Vor allem wurde aber der Schwerpunkt im Bereich der Gender Studies weiter ausgebaut, was sich ebenfalls in institutioneller Hinsicht niederschlug – gingen aus der 1993 gegründeten Interuniversitären Koordinationsstelle für Frauenforschung doch in den Jahren 2000/01 die beim Rektorat eingerichtete Stabsstelle für Frauenförderung und das interfakultäre Institut für Frauen- und Geschlechterforschung hervor. Dabei sollte es u. a. die Aufgabe der Stabsstelle sein, Maßnahmen zur Frauenförderung zu entwickeln oder die leitenden Universitätsorgane in der Frauenpolitik zu beraten,[60] während das interfakultäre Institut für Frauen- und Geschlechterforschung in der Forschung, Lehre und Mitarbeit in Wissenschaftlerinnen-Netzwerken aktiv werden sollte.[61] Mit ihm wurde – nachdem die einzelnen Fakultäten bereits 1998/99 ihre Zustimmung gegeben hatten und das Wissenschaftsministerium mit Schreiben vom 24. Oktober 2000 der Errichtung des Instituts bzw. der mit ihr einhergehenden Satzungsänderung zugestimmt hatte[62] – das erste und einzige interfakultäre Universitätsinstitut gegründet, das sich den Gender Studies widmet. Deutlich sichtbar

Abbildung 63: Konstituierung des Vereins Studium & Beruf am 23. November 1999 als Vorläufer der heutigen Kepler Society. Am Pult: Rektor Franz Strehl.

wurde dies auch in der Zweitzuordnung von Gabriella Hauch (Institut für Neuere Geschichte und Zeitgeschichte), Ursula Floßmann (Institut für Österreichische und Deutsche Rechtsgeschichte) und Gerti Kappel (Institut für Angewandte Informatik), womit drei der damals[63] vier an der Johannes Kepler Universität Linz beschäftigten Professorinnen (bei 110 besetzten Professorenstellen) in das neue Institut eingebunden waren.[64] Zur ersten Institutsvorständin wurde in der konstituierenden Sitzung vom 18. Mai 2001 Gabriella Hauch gewählt.[65]

Außerhalb der Universitätsstrukturen im engeren Sinn entstand hingegen 1999 der Verein »FORUM Studium und Beruf« als besondere Serviceeinrichtung für die Studierenden. Er sollte zur Unterstützung beim Übertritt in die Berufstätigkeit sowie zur Kontaktpflege zwischen der Universität und ihren Absolventen und Absolventinnen dienen. In Zeiten eines beschleunigten Wandels erhielt die Johannes Kepler Universität Linz damit als Vorläufer der heutigen Kepler Society[66] auch ihren ersten Alumniclub, wie er heute zum Standard für viele Universitäten bzw. universitäre Einrichtungen geworden ist.[67]

Timeline

4./5.5.1995	Franz Strehl wird zum ersten Rektor nach dem Universitäts-Organisationsgesetz 1993 gewählt und tritt mit dem WS 1995/96 sein neues Amt an.
WS 1995/96	Das Mensagebäude wird nach einer Erweiterung zum Unicenter.
März 1996	Spatenstich für das Bankengebäude.
18.10.1996	Der neu eingerichtete Universitätsbeirat hält seine konstituierende Sitzung ab.
19.10.1996	Die JKU tritt in das Universitäts-Organisationsgesetz 1993 ein.
15.10.1997	Eröffnung des Bankengebäudes.
WS 1998/99	Der erste autonome Studienplan nach dem Studiengesetz 1997 tritt in Kraft. Er regelt das Diplomstudium der Rechtswissenschaften neu.
WS 1998/99	Die Kepler Card wird eingeführt.
23.11.1999	Der Verein »FORUM Studium & Beruf« als Vorläufer der heutigen Kepler Society hält seine Gründungsversammlung ab. Die Johannes Kepler Universität Linz verfügt damit über ihren ersten Alumniclub.
24.10.2000	Das Wissenschaftsministerium genehmigt die Errichtung des interfakultären Instituts für Frauen- und Geschlechterforschung.
15.3.2002	Spatenstich zum Hochschulfondsgebäude.
WS 2002/03	Das Rechtsstudium kann – nachdem dies versuchsweise bereits ab dem WS 1998/99 der Fall gewesen war – auch in Form eines Multimediastudiums absolviert werden.
29.10.2002	Die Gesamtstrategie der Johannes Kepler Universität Linz wird als »Fahrplan« für die weitere Entwicklung beschlossen.
WS 2003/03	Erste Studienrichtungen werden auf das Bachelor-Master-System umgestellt.
SS 2003	Das Kepler University Study Support System (KUSSS) wird eingeführt.
28.3.2003	Die Österreichische Akademie der Wissenschaften eröffnet an der Johannes Kepler Universität Linz das Johann Radon Institut für Angewandte Mathematik (RICAM).
11.4.2003	Rudolf Ardelt, der diese Funktion bereits seit 2000 ausgeübt hat, wird zum ersten Rektor nach dem Universitätsgesetz 2002 gewählt.
Frühjahr 2003	Der erste Universitätsrat nach dem Universitätsgesetz 2002 wird gebildet.
3.10.2003	Eröffnung des Hochschulfondsgebäudes.
1.1.2004	Das Universitätsgesetz 2002 ist vollwirksam.

Anmerkungen

1 Die schon in den 1960er Jahren diskutierte Einführung der Fachhochschulen war sowohl durch die Ermöglichung einer wissenschaftlich fundierten Berufsausbildung als auch durch eine Entlastung der Universitäten motiviert.
2 Bundesgesetz über die Organisation der Universitäten (UOG 1993), BGBl. 805/1993.
3 Reiter-Zatloukal, Restauration – Fortschritt – Wende, S. 480 f.; Jürgen Pirker, Die »Zeitenwende« an den österreichischen Universitäten. Umbrüche, Neuerungen und Folgewirkungen des UOG 1993, in: Elmar Schübl u. Harald Heppner (Hg.), Universitäten in Zeiten des Umbruchs. Fallstudien über das mittlere und östliche Europa im 20. Jahrhundert, Münster 2011, S. 107–120; Hans-Joachim Bodenhöfer, Bildungspolitik, in: Herbert Dachs u. a. (Hg.), Politik in Österreich. Das Handbuch, Wien 2006, S. 657; Robert Rybnicek, Neue Steuerungs- und Managementmethoden an Universitäten. Über Akzeptanz und Problematik unter den Universitätsangehörigen, Wiesbaden 2014.
4 Bundesministerium für Wissenschaft, Verkehr und Kunst (Hg.), Hochschulbericht 1996, Bd. 1, Wien 1996, S. 16 f.
5 Zugemauert, in: Oberösterreichische Nachrichten, 12.10.1995; Aktionen, wie sie die Uni noch nie sah, in: Universitäts-Nachrichten, Jg. 17, H. 4, 1996, S. 1.
6 UOG 93 – Was nun?, in: Universitäts-Nachrichten, Jg. 18, H. 2, 1996/1997, S. 2; Viele Chancen durch UOG '93. Ein ambitioniertes Arbeitsprogramm der neuen Linzer Universitätsleitung, in: Universitäts-Nachrichten, Jg. 18, H. 2, 1996/1997, S. 9.
7 Reiter-Zatloukal, Restauration – Fortschritt – Wende, S. 485.
8 Die neuen Wissenschaftsmanager, in: Universitäts-Nachrichten, Jg. 16, H. 2, 1994, S. 2.
9 Sechs Bewerber für das Rektorsamt, in: Universitäts-Nachrichten, Jg. 16, H. 4, 1995, S. 7.
10 Rektor Strehl trat sein Amt an, in: Universitäts-Nachrichten, Jg. 17, H. 1, 1995, S. 1.
11 Die Funktionäre der Universität Linz nach UOG '93, in: Universitäts-Nachrichten, Jg. 18, H. 2, 1996/1997, S. 10 f.
12 Universitätsbeirat als »Schlusspunkt«, in: Universitäts-Nachrichten, Jg. 18, H. 1, 1996/1997, S. 1.
13 News vom Campus präsentiert das »Prominente AbsolventInnen-Labyrinth«, in: News vom Campus, H. 23, 2004, S. 8 f.; Johannes Kepler Universität Linz (Hg.) u. Drachsler (Red.), Die Johannes Kepler Universität Linz 1966–2000, S. 316 ff.
14 Leitbild entwickeln, in: Universitäts-Nachrichten, Jg. 18, H. 1, 1996, S. 7.
15 Vgl. hierzu ausführlich die Sondernummer der »Universitäts-Nachrichten« vom September 2000.
16 Vgl. zur aktuellen Situation und Zukunft der Universitäten: Jürgen Mittelstrass, Die Zukunft der Universität in Zeiten Saturns, in: Reinhold Reith (Hg.), Die Paris Lodron Universität Salzburg. Geschichte – Gegenwart – Zukunft, Salzburg 2012, S. 14–27.
17 Die Uni als Partnerin der Wirtschaft, in: News vom Campus, H. 11, 2002, S. 2; Das neue UG 2002, in: News vom Campus, H. 12, 2002, S. 2.
18 Bundesgesetz über die Organisation der Universitäten und ihre Studien sowie Änderung des Bundesgesetzes über die Organisation der Universitäten und des Bundesgesetzes über die Organisation der Universitäten der Künste, BGBl. I 120/2002.
19 Reiter-Zatloukal, Restauration – Fortschritt – Wende, S. 486 f.; Pirker, Die »Zeitenwende« an den österreichischen Universitäten, S. 110 ff.; Bodenhöfer, Bildungspolitik, S. 658 f.; Margit Szöllösi-Janze, Konkurrenz um Exzellenz: Universitäten im Wettbewerb, in: Reinhold Reith (Hg.), Die Paris Lodron Universität Salzburg. Geschichte – Gegenwart – Zukunft, Salzburg 2012, S. 246–259.
20 Universitätsrat nimmt Gestalt an, in: News vom Campus, H. 15, 2002, S. 22; Alle »Neune im Überblick«, in: News vom Campus, H. 17, 2003, S. 6.
21 Designierter Rektor Ardelt: nahtloser Übergang und weiter auf dem Reformkurs, in: Universitäts-

Nachrichten, Jg. 21, H. 2, 2000, S. 1; Der Rektor als Manager und Moderator: das neue Rektoren-Team mit seinen Plänen und Zielen, in: News vom Campus, H. 1, 2000/2001, S. 7.

22   Rektorat startet in neue Amtsperiode, in: News vom Campus, H. 19, 2003, S. 5.
23   Vom UOG 1993 zum UG 2002, in: News vom Campus, H. 39, 2007, S. 4.
24   »Vor uns liegen entscheidende Reformschritte«, in: News vom Campus, H. 17, 2003, S. 6.
25   Der Reformkurs hat erst begonnen, in: News vom Campus, H. 22, 2004, S. 3.
26   Bundesgesetz über die Studien an den Universitäten (Universitäts-Studiengesetz – UniStG), BGBl. 48/1997.
27   Reiter-Zatloukal, Restauration – Fortschritt – Wende, S. 484; Bodenhöfer, Bildungspolitik, S. 657.
28   Der erste autonome Studienplan ist fertig, in: Universitäts-Nachrichten, Jg. 19, H. 6, 1998, S. 2.
29   Neue Studienpläne und viele andere Aktivitäten, in: News vom Campus, H. 6, 2001, S. 2.
30   Die Arthur D. Little International GmbH wurde 1998 vom Bundesministerium für Wissenschaft und Verkehr beauftragt, im Rahmen des Projekts »Schwerpunktsetzungen im Studienangebot« das Lehr- und Studienangebot in Form einer Pilotstudie in elf ausgewählten naturwissenschaftlichen Studienrichtungen zu untersuchen. Hierunter befanden sich die Technische Chemie bzw. das Wirtschaftsingenieurwesen Chemie, das Lehramtsstudium Chemie, die Technische Physik und das Lehramtsstudium Physik, wobei die Studie österreichweit in allen Studienrichtungen Einsparungsmöglichkeiten sah. AJKU, A 05 Rektorat, 84: Arthur D. Little International GmbH, Projekt S. I. S. Schwerpunktsetzungen im Studienangebot naturwissenschaftlicher Studienrichtungen. Bundesministerium für Wissenschaft und Verkehr, 19.10.1998; To be or not to be, in: Universitäts-Nachrichten, Jg. 20, H. 20, 1998, S. 2; Protestlawine aus Oberösterreich gegen Uni-Studie. Politik und Wirtschaft vereint, in: Universitäts-Nachrichten, Jg. 20, H. 20, 1998, S. 3; Die Entwicklung der TNF 1996–2000, in: Universitäts-Nachrichten, Sondernummer, Jg. 21, September 2000, S. 16.
31   Entwicklung in Forschung und Lehre. Die Sozial- und Wirtschaftswissenschaftliche Fakultät in Aufbruchsstimmung, in: Universitäts-Nachrichten, Sondernummer, Jg. 21, September 2000, S. 14.
32   Neues Informatik-Lehramtsstudium an der JKU, in: News vom Campus, H. 13, 2002, S. 4 f.
33   »Kepler-Card« macht das Studentenleben leichter: Service fast rund um die Uhr, in: Universitäts-Nachrichten, Jg. 20, H. 1, 1998, S. 1; KeplerCard revolutioniert den Uni-Alltag. Jetzt für alle StudentInnen verfügbar!, in: Universitäts-Nachrichten, Jg. 21, H. 2, 2000, S. 5.
34   Innovationen am Campus der JKU, in: News vom Campus, H. 15, 2003, S. 1.
35   Das Studium sieht neben Präsenzphasen (zunächst in den Studienzentren Bregenz, Villach und Stadtschlaining) ein multimedial unterstütztes Selbststudium (mittels eines Medienkoffers und des Einsatzes des Internets) vor. Andreas Riedler, Multimedia-Diplomstudium der Rechtswissenschaften, in: WISO Sonderheft, Jg. 37, 2014, S. 169–184.
36   Die Belegungszahlen an der Rechtswissenschaftlichen Fakultät haben sich seit Anfang der 2000er Jahre – verbunden mit einem hohen Anteil an Studierenden, die das das Multimediastudium wählen – mehr als verdreifacht. Bei der Zahl der Absolventen und Absolventinnen ist jedoch nur ein vergleichsweise moderater Zuwachs zu verzeichnen.
37   Bodenhöfer, Bildungspolitik, S. 658 und S. 661.
38   Reiter-Zatloukal, Restauration – Fortschritt – Wende, S. 489.
39   Mensa-Umbau kostet 85 Millionen Schilling, in: Universitäts-Nachrichten, Jg. 15, H. 2, 1993, S. 16; Trotz Konkurs der Baufirma: Neue Mensa schon im Wintersemester 1994/95 fertig, in: Universitäts-Nachrichten, Jg. 15, H. 4, 1994, S. 10 f.; Österreichs führendes Uni-Restaurant spielt alle Stückerl, in: Universitäts-Nachrichten, Jg. 17, H. 2, 1995, S. 3.
40   Keplergebäude neu: modern und aufgeschlossen, in: Universitäts-Nachrichten, Sondernummer, Jg. 21, September 2000, S. 7.
41   Maria Wirth, Der Campus Vienna Biocenter. Entstehung, Entwicklung und Bedeutung für den Life Sciences-Standort Wien, Innsbruck 2013, S. 104 ff.

42 Das Institut für Sparkassenwesen wurde 1967 als ein Institut an der Hochschule vom Österreichischen Forschungsinstitut für Sparkassenwesen und der Hochschule für Sozial- und Wirtschaftswissenschaften gegründet. Der sechsköpfige Beirat bestand je zur Hälfte aus Mitgliedern des Professorenkollegiums und der Sparkassenorganisation. Kreczi, Hochschulfonds, S. 134.

43 Bis dahin war bereits die Sparkasse mit einer Filiale im Keplergebäude vertreten. Keplergebäude neu: modern und aufgeschlossen, in: Universitäts-Nachrichten, Sondernummer, Jg. 21, September 2000, S. 7.

44 Vgl. zu Köckinger, der 35 Jahre die Funktion eines Rektorats- bzw. (ab 1975) eines Universitätsdirektors ausübte: »Ich glaube an die Uni, ich liebe die Uni, sie war 35 Jahre mein Leben«, in: News vom Campus, H. 8, 2001/2002, S. 12 f.; Universitätsdirektor i. R. HR Dr. Othmar Köckinger †, in: News vom Campus, H. 13, 2002, S. 13.

45 So wollte sich etwa die Allgemeine Sparkasse nicht am Projekt beteiligen. AJKU, A 01 Akademischer Senat, 179: Schreiben der CA Landesdirektion Oberösterreich und der Raiffeisenlandesbank an Rektor Johannes Hengstschläger vom 30.6.1992; Weitere Kooperationspartner gesucht. Uni denkt an »Mechatronikturm«. »Institutsgebäude 3« würde Dislozierungen beenden, in: Universitäts-Nachrichten, Jg. 19, H. 1, 1997, S. 16.

46 Startschuß zum Bankengebäude, in: Universitäts-Nachrichten, Jg. 16, H. 6, 1995, S. 1.

47 AJKU, A 01 Akademischer Senat, 186: Protokoll über die 177. Sitzung des Akademischen Senates vom 12.10.1993; AJKU, A 01 Akademischer Senat, 198: Schreiben des Wissenschaftsministeriums an Rektor Johannes Hengstschläger vom 26.5.1995 und Bericht des Rektors für die Sitzung des Akademischen Senats vom 20.6.1995.

48 Schübl, Der Universitätsbau in der Zweiten Republik, S. 448; Bankengebäude kostet 40 Millionen, in: Universitäts-Nachrichten, Jg. 17, H. 3, 1996, S. 4; Bankengebäude wird am 15. Oktober eröffnet, in: Universitäts-Nachrichten, Jg. 18, H. 5, 1997, S. 6; »Das Linzer Modell« als Beispiel für Kooperation Universität – Wirtschaft, in: Universitäts-Nachrichten, Jg. 19, H. 1, 1997, S. 1; Fünf Firmen im Bankengebäude erweitern die Infrastruktur am Campus, in: Universitäts-Nachrichten, Jg. 19, H. 1, 1997, S. 17; »Linzer Modell«. Das Bankengebäude machte Furore, in: Universitäts-Nachrichten, Sondernummer, Jg. 21, September 2000, S. 7.

49 Den Beginn machte die Raiffeisenlandesbank 2001 mit einer finanziellen Unterstützung für die Optimierung der multimedialen Präsentationstechniken. Der entsprechende Vertrag wurde von Ludwig Scharinger und Rektor Rudolf Ardelt am 29.5.2001 unterzeichnet. Damit wurde der größte Hörsaal (bisher Hörsaal 1) zum »Raiffeisenhörsaal«. Eine ähnliche Abmachung wurde 2003 mit der HYPO Oberösterreich abgeschlossen, in den folgenden Jahren wurde diese Entwicklung mit weiteren Sponsoren fortgesetzt. Neue Studienpläne garantieren breitgefächerte Ausbildung…, in: News vom Campus, H. 6, 2001, S. 1; HYPO Oberösterreich-Hörsaal eröffnet, in: News vom Campus, H. 16, 2003, S. 22; JKU-Campus-Plan, unter: http://www.jku.at/content/e213/e161/e6998, aufgerufen am 1.8.2016.

50 Schübl, Der Universitätsbau in der Zweiten Republik, S. 448; Das Drittmittelgebäude, in: Universitäts-Nachrichten, Sondernummer, Jg. 21, September 2000, S. 7; Die Uni wächst weiter. Drittmittelinstitute werden auf den Campus geholt, in: News vom Campus, H. 7, 2001/2002, S. 4; JKU eröffnet Hochschulfonds-Gebäude, in: News vom Campus, H. 19, 2003, S. 3.

51 Schübl, Der Universitätsbau in der Zweiten Republik, S. 30.

52 Bodenhöfer, Bildungspolitik, S. 658.

53 Von der Wissenschaft in die Wirtschaft, in: Universitäts-Nachrichten, Jg. 21, H. 3, 2000, S. 2; Technologieoffensive für Wirtschaftsstandort OÖ, in: News vom Campus, H. 11, 2002, S. 5.

54 Forschung für die Zukunft. Upper Austrian Research und JKU koordinieren ihre Schwerpunkte, in: News vom Campus, H. 7, 2001/2002, S. 3.

55 AJKU, S 01 Sachsammlung, Mappe JKU Gesamt: Rudolf Ardelt, Johannes Kepler-Universität Linz. Eine junge Universität der anderen Art, undatiertes Manuskript.

56 Weitere Kplus-Zentren, die bis Anfang 2004 etabliert wurden, waren das Kompetenzzentrum Holz und das Kompetenzzentrum für Industriemathematik. Forschung für die Zukunft. Upper Austrian Research und JKU koordinieren ihre Schwerpunkte, in: News vom Campus, H. 7, 2001/2002, S. 3; Kompetenzzentrum für Industriemathematik, in: News vom Campus, H. 16, 2003, S. 5; Peter S. Biegelbauer, Innovations in Innovation Policy Making. The Austrian Competence Centre Programme K+, IHS Reihe Soziologie 77, Wien 2006.
57 2003 existierten neben dem Christian-Doppler-Labor für Plastiksolarzellen auch ein Labor für die Automatisierung mechatronischer Systeme der Stahlindustrie und ein Labor für oberflächenoptische Methoden. CD-Labors: Forschungsförderung ohne Bürokratie, in: News vom Campus, H. 17, 2003, S. 15.
58 Johann Radon Institut für Angewandte Mathematik, in: News vom Campus, H. 15, 2003, S. 14 f.; Johann Radon Institut feierlich eröffnet, in: News vom Campus, H. 17, 2003, S. 15.
59 Geschichte der Johannes Kepler Universität Linz, unter: http://www.jku.at/content/e213/e64/e6350, aufgerufen am 31.7.2016; Möglichkeiten nutzen und ausbauen. i3s2 unterstützt sehgeschädigte Studierende in Österreich und auf internationaler Ebene, in: News vom Campus, H. 6, 2001, S. 27.
60 Ein »Frauenbüro« für die Universität Linz. Die Stabsstelle für Frauenförderung nimmt ihre Arbeit auf, in: News vom Campus, H. 3, 2000/2001, S. 5.
61 AJKU, A 05 Rektorat, 128/2: Aufstellung über die Arbeitsgebiete des Arbeitskreises für Gleichbehandlungsfragen, der Stabsstelle für Frauenförderung und des Instituts für Frauen- und Geschlechterforschung vom 16.5.2001.
62 AJKU, A 01 Rektorat, 582: Schreiben des Wissenschaftsministeriums an Senatsvorsitzenden Erich Peter Klement vom 24.10.2000.
63 Gemeint ist das späte Wintersemester 2000/01.
64 In den Hierarchien darunter sah die Frauenquote zwar besser aus, die im Frauenförderplan vorgesehene Vierzig-Prozent-Quote wurde aber nur bei den wissenschaftlichen Mitarbeiterinnen an der Rechtswissenschaftlichen Fakultät erreicht. Arbeitskreis für Gleichbehandlungsfragen: Strategische Frauenpolitik an der Universität, in: News vom Campus, H. 3, 2000/2001, S. 3; Linz einmal anders – das »Institut für Frauen- und Geschlechterforschung«, in: News vom Campus, H. 3, 2000/2001, S. 4.
65 AJKU, A 05 Rektorat, 138: Protokoll über die konstituierende Sitzung der Institutskonferenz des Instituts für Frauen- und Geschlechterforschung vom 18.5.2001.
66 Der Verein gab sich 2001 den Namen »Kepler Society«. Geschichte der Johannes Kepler Universität Linz, unter: http://www.jku.at/content/e213/e64/e6350, aufgerufen am 31.7.2016.
67 Studium und Beruf verknüpfen. Leichterer Start ins Berufsleben, in: Universitäts-Nachrichten, Jg. 21, H. 1, 1999, S. 3; FORUM Studium & Beruf. Drehscheibe für Absolventen der JKU und Wirtschaft, in: Universitäts-Nachrichten, Sondernummer, Jg. 21, September 2000, S. 23.

6 Expansion und weitere Öffnung (2004–2016)

In den Jahren nach 2004 wurde der Reformprozess, der mit dem Universitätsgesetz 2002 verbunden war, fortgesetzt. Wichtige Schritte bildeten die Verabschiedung eines Organisations- sowie eines ersten (und dann auch zweiten) Entwicklungsplanes, der neben der weiteren Umsetzung auf die Bologna-Architektur die Fahrtrichtung in Forschung und Lehre für die kommenden Jahre festlegen sollte. Mit dessen Umsetzung waren neue Erfolge im Drittmittelbereich und eine enorme Ausweitung des Studienangebots ebenso verbunden wie neue Kooperationen und eine weitere Öffnung hin zu neuen Partnern. Daneben brachte das neue Jahrtausend mit dem Bau des Science Parks aber auch die größte bauliche Erweiterung in der bisherigen Geschichte der Johannes Kepler Universität Linz und mit der Errichtung der Medizinischen Fakultät den Abschluss eines lange, in unterschiedlicher Intensivität verfolgten Ziels, das die größte inhaltlich-thematische Expansion seit der Gründung markierte. Knapp vor dem 50-Jahr-Jubiläum erfuhr die Universität somit eine beträchtliche Ausweitung, die auch den Weg in die Zukunft weist.

Fortsetzung der Reform, neue Kooperationen und die größte bauliche Erweiterung seit der Gründung

Nachdem das Universitätsgesetz am 1. Jänner 2004 in Kraft getreten war, stellte die Verabschiedung eines neuen Organisationsplanes einen weiteren wichtigen Schritt in der Universitätsreform dar. Dieser wurde zunächst provisorisch mit Jahresbeginn und mit der Genehmigung des Universitätsrates (mit weiteren Änderungen in der Satzung) Mitte März endgültig in Kraft gesetzt.[1] Darin wurden u. a. sämtliche Studienangelegenheiten unter dem Vizerektorat für Forschung und Lehre in einer zentralen Studienadministration zusammengefasst, während in der Forschung auf kleine Einheiten gesetzt wurde. So stieg durch die Umwandlung von zahlreichen Abteilungen die Anzahl der Institute an der Technisch-Naturwissenschaftlichen Fakultät von 29 auf 48, jene an der Sozialwissenschaftlichen Fakultät von 26 auf 29 und an der Rechtswissenschaftlichen Fakultät auf 16, wobei sich die Institute für die Durchführung von Projekten zu Kooperationsverbünden zusammenschließen konnten.[2]

Der erste Entwicklungsplan folgte 2006. Die Basis hierfür stellte die bereits unter Rektor Strehl eingeleitete Leitbildentwicklung dar, die unter dem Rektorat von Rudolf Ardelt mit der Entwicklung von Strategiekonzepten fortgesetzt worden war. Um den Übergang zum Universitätsgesetz 2002 vorzubereiten bzw. die Möglichkeit zu nutzen, durch zahlreiche Pensionierungen das fachliche Profil der Universität schärfen zu können, war neben Strategien für die einzelnen Fakultäten bereits im Oktober 2002 eine Gesamtstrategie beschlossen worden.[3] Im Entwicklungsplan von 2006, der auch die Grundlage für die erste Leistungsvereinbarung mit dem Wissenschaftsministerium für den Zeitraum 2007 bis 2009 schuf, wurden die zentralen Ziele und Aufgaben für die Jahre von 2006 bis 2012 festgelegt. Dies betraf sowohl die gesamtuniversitäre Weiterentwicklung (u. a. mit der Frauenförderung) als auch die Forschung und Lehre, die Weiterbildung oder den Wissenstransfer, wobei in Abstimmung mit dem neuen strategischen Programm »Innovatives Oberösterreich 2010« im Bereich der Forschung folgende Exzellenz- und Aufbauschwerpunkte definiert wurden:

Exzellenzschwerpunkte: an der Sozial- und Wirtschaftswissenschaftlichen Fakultät Management, Märkte und Wirtschaftspolitik, Dynamik und Gestaltung sozialer Systeme sowie Messen-Bewerten-Evaluieren; an der Rechtswissenschaftlichen Fakultät Unternehmensrecht; an der Technisch-Naturwissenschaftlichen Fakultät Chemical Design and Process Development, Computational Science and Engineering, Mechatronik, Nanoscience and -technology und Pervasive Computing; fakultätsübergreifend: Informations- und Kommunikationssysteme.

Aufbauschwerpunkte: an der Sozial- und Wirtschaftswissenschaftlichen Fakultät Management im internationalen Kontext und Innovationssupport; an der Rechtswissenschaftlichen Fakultät Steuerrecht, Umwelt- und Technikrecht, Wirtschaftsrecht, Recht der Daseinsvorsorge und der sozialen Sicherheit; an der Technisch-Naturwissenschaftlichen Fakultät Biosystemanalyse, Informationselektronik; fakultätsübergreifend: Gender Studies, Interkulturelle und Soziale Kompetenz.[4]

Neben »traditionellen« Stärkefeldern (wie Marketing, Unternehmensrecht oder Mechatronik), Bereichen, die bereits an Bedeutung zugenommen hatten (wie das durch Alois Ferscha vorangetriebene Pervasive Computing) oder international im Aufwind waren (wie der gesamte Bereich der Biowissenschaften[5]), wurden im Entwicklungsplan somit auch weitgehend neue Schwerpunktbereiche genannt. Große Bedeutung kam hierbei nicht zuletzt (der unter »Chemical Design und Process Development« festgehaltenen) Polymerchemie und Kunststofftechnik zu, die in relativ kurzer Zeit zu einem wichtigen Thema wurde.

Maßgeblich war hierfür, dass der Kunststoffkonzern Borealis, an dem die österreichische OMV und die IPIC (International Petroleum Investment Company) beteiligt sind, 2005/06 bekannt gegeben hatte, dass er Linz zum Zentrum seiner internationalen Forschungsaktivitäten machen wolle und hierfür ein Ausbau der Kunststoff-Forschungsinfrastruktur eine wichtige Voraussetzung sei. Dies hatte nicht nur zur Folge,

Abbildung 64: Unterzeichnung des Kooperationsvertrags zwischen dem Petroleum Institute in Abu Dhabi, der Montanuniversität in Leoben und der Johannes Kepler Universität Linz auf dem Gebiet der Polymerchemie am 9. März 2007. Von links nach rechts sitzend: Rektor Wolfhard Wegscheider (Montanuniversität Leoben), Michael Ohadi, Yousef Omair Bin Yousef, Rektor Rudolf Ardelt. Von links nach rechts stehend: Professor Reinhold Lang, Landeshauptmann Josef Pühringer, Gerhard Roiss (Borealis), Vizerektor Friedrich Schneider.

dass der Konzern durch Investitionen zu einer weiteren Stärkung der bereits in Oberösterreich gut vertretenen Kunststofftechnik beitragen wollte,[6] sondern führte auch dazu, dass sich Bund und Land bereit erklärten, beträchtliche Finanzmittel zur Verfügung zu stellen. Mit einer Unterstützung der Industrie (Borealis, OMV und anderer Unternehmen) sowie jener von Bund und Land sollte es damit – wie im April 2006 in einer großen Pressekonferenz mit Landeshauptmann Pühringer und dem Aufsichtsratsvorsitzenden der Borealis Gerhard Roiss bekannt gegeben wurde – zu einem raschen Ausbau der Polymerchemie bzw. Werkstoffforschung kommen. Konkret angekündigt wurden sowohl eine Verstärkung der Studieninhalte in Richtung Polymerchemie als auch vermehrte Forschungsarbeiten zur Herstellung, Verarbeitung und Anwendung neuer Kunststoffe. In institutioneller Hinsicht sollten durch eine Neugründung bzw. drei Neuausrichtungen vier Institute im neuen Schwerpunktbereich angesiedelt werden.[7]

In die Tat umgesetzt wurde dieses Vorhaben erstaunlich rasch unter dem seit Oktober 2007 im Amt befindlichen Rektorat von Richard Hagelauer mit Gabriele Kotsis als erster Vizerektorin für Forschung und Frauenförderung, Franz Wurm

Abbildung 65: Feier »20 Jahre Mechatronik an der JKU«, Anfang März 2011. Von links nach rechts: Senatsvorsitzender Hans Irschik, Professor Peter Weiß, Rektor Richard Hagelauer, Dekan Erich Peter Klement.

als Vizerektor für Finanz- und Ressourcenmanagement, Herbert Kalb als Vizerektor für Lehre und Friedrich Roithmayr als Vizerektor für Kommunikation und Außenbeziehungen.[8] So konnte neben den geplanten Neuausrichtungen bereits 2007 mit dem Aufbau des neuen Instituts für Polymerwissenschaften, dem später weitere Einrichtungen folgen sollten, begonnen werden und 2009 unter der Federführung von Reinhold Lang auch das erste (später ebenfalls ausgebaute) »Kunststofftechnik«-Studium offeriert werden.[9]

Ein Projekt der besonderen Art war hingegen bereits 2006 gestartet und im März 2007 auch vertraglich fixiert worden. Dieses umfasste den Aufbau eines Ausbildungsprogramms im Bereich der Polymerchemie am Petroleum Institute in Abu Dhabi und war aufgrund einer Initiative von Gerhard Roiss und Yousef Omair Bin Yousef von der Abu Dhabi National Oil Company zustande gekommen. Aufgebaut wurde das Programm, das sowohl die Entsendung von Lehrbeauftragten an das von der Abu Dhabi National Oil Company finanzierte Petroleum Institute als auch die Aufnahme von Studierenden in Linz umfasste, gemeinsam mit der Montanuniversität Leoben, mit der die Johannes Kepler Universität Linz seit 2002 im Polymer Competence Center Leoben zusammengearbeitet hatte.[10] Ins Leben gerufen wurde damit ein langfristiges Bündnis – wurde die Zusammenarbeit mit dem Petroleum Institute doch später (2013) bilateral erneuert und erweitert,[11] während mit einer weiteren

Unterstützung der Borealis und dem Land Oberösterreich im Jänner 2013 ein Open Lab an der Johannes Kepler Universität Linz eröffnet wurde. Nach dem Vorbild des Vienna Biocenter[12] sollte damit auch Linz ein »Mitmach-Labor« erhalten, um Schüler und Schülerinnen schon früh für die Welt der Wissenschaft zu begeistern.[13]

Wie auch in den »News vom Campus« als Nachfolgeorgan der »Universitäts-Nachrichten«[14] bzw. in dem ab 2002 erschienenen Forschungsmagazin »Univationen« festgehalten wurde, wurde somit auch im neuen Jahrtausend die Kooperation mit außeruniversitären Partnern, aber auch anderen Universitäten fortgesetzt. So wurden von Rektor Hagelauer bei seinem Amtsantritt auch die Initiative »JKU goes enterprise« begründet, in deren Rahmen er mit Vertretern und Vertreterinnen der Wirtschaftskammer Oberösterreich und der Universität Unternehmen in ganz Österreich besuchte, um Möglichkeiten der Kooperation auszuloten,[15] und die Zusammenarbeit in Doppler-Laboren und K-Zentren weiter vorangetrieben. Dies führte dazu, dass die Johannes Kepler Universität Linz – während dies 2003/04 noch in drei bzw. vier Fällen gegeben war – im Jahr 2014 bereits an zehn aktiven Doppler-Laboren[16] und acht K1- und K2-Zentren (im Rahmen des COMET-Programms als Nachfolger des Kplus-Programms[17]) beteiligt war.[18] Desgleichen war sie im selben Jahr auch in sechs Nationale Forschungsnetzwerke bzw. Spezialforschungsbereiche des FWF zur Förderung von Schwerpunktbildungen in der wissenschaftlichen (Spitzen-)Forschung eingebunden.[19] Verbunden waren damit auch in den Jahren nach 2004 hohe Drittmitteleinnahmen – machten diese doch von einem Drittel (2007)[20] bis zu einem Viertel (2013)[21] des Gesamtbudgets der Johannes Kepler Universität Linz aus, deren Wissenschaftler und Wissenschaftlerinnen – neben mehreren hochdotierten ERC-Grants[22] – mit Gerhard Widmer vom Institut für Computational Perception (2009)[23] und Niyazi Serdar Sariciftci vom Linz Institute for Organic Solar Cells (LIOS)/Institute of Physical Chemistry (2012)[24] mit dem Wittgenstein-Preis auch zweimal in kurzer Abfolge den prestigeträchtigsten Wissenschaftspreis in Österreich erhielten.

Im Bereich der Lehre waren – wie ebenfalls im Entwicklungsplan festgehalten wurde – die Jahre nach 2004 durch die weitere Umstellung auf die Bologna-Architektur bestimmt. Abgeschlossen war dieser Prozess, der – wie auch an anderen Universitäten[25] – im Wettbewerb um die Studierenden durch Schwerpunktsetzungen zu einer enormen Ausdifferenzierung (und generell auch zu einer wachsenden Unübersichtlichkeit) des Studienangebots führte, im Wesentlichen Ende des Jahrzehnts. Hierbei wurden alle Studienangebote mit Ausnahme des Studiums der Rechtswissenschaften an der Rechtswissenschaftlichen Fakultät, dem Diplomstudium Wirtschaftspädagogik an der Sozial- und Wirtschaftswissenschaftlichen Fakultät sowie den Lehramtsstudien an der Technisch-Naturwissenschaftlichen Fakultät, für die das später nachgeholt wurde,[26] auf die Bologna-Architektur umgestellt.[27] Neue Studienrichtungen, die hinzukamen, waren an der Rechtswissenschaftlichen Fakultät

»Unibrennt« – Studierendenproteste 2009

Wenn in der retrospektiven Betrachtung die Studierendenproteste der späten 1960er/frühen 1970er in Linz unter dem Schlagwort »Protest in der Provinz« firmieren, so kann dieses Muster auch für die Beschreibung des ersten größeren Studierendenprotests des 21. Jahrhunderts in Österreich herangezogen werden. Anders als im historischen Vergleich spielten die Hörsaalbesetzungen an der JKU im Herbst 2009 zumindest anfänglich eine nicht zu unterschätzende Rolle für die gesamtösterreichische Studierendenbewegung.

Abbildung 66: Demonstration gegen die Ökonomisierung der Bildung am 5. November 2009 vor dem Ars Electronica Center.

Zunächst aber zur Chronologie: Die Hörsaalbesetzungen der später als »unibrennt« bezeichneten Bewegung haben in Österreich im Oktober 2009 an der Akademie der Bildenden Künste und kurz darauf, am 22. Oktober 2009, im Audimax der Universität Wien begonnen. Während an der Akademie der Bildenden Künste von Beginn an auch Lehrende eingebunden waren, wurde die Besetzung des Audimax an der Universität Wien von den Studierenden initiiert. Die Besetzungen wandten sich zunächst gegen die Implementierung der durch den Bologna-Prozess angestoßenen Bachelor- und Masterstudien. Relativ rasch wurden sie aber auch zum Vehikel für eine wissenschaftspolitische Debatte zur gesellschaftlichen Rolle der Bildung an Universitäten und zum fortschreitenden Trend der Bildungsökonomisierung, also der zunehmenden Bedeutung der ökonomischen Verwertbarkeit universitärer Ausbildung. Auf das humboldtsche Bildungsideal referierend war demnach einer der ersten Slogans von »unibrennt« auch die Forderung nach »Bildung statt Ausbildung«. In den nächsten Tagen folgten die Besetzungen der Universität Graz und der Technischen Universität Wien sowie einer Reihe anderer universitärer Räumlichkeiten in Wien.

An der Universität Linz gab es angesichts der angefachten Bildungsdiskussion am 27. Oktober eine studentische Vollversammlung im Hörsaal 1. Ziemlich spontan wurde dort beschlossen, als Zeichen der Solidarisierung mit den Studierenden der Universität Wien ebenfalls den Hörsaal 1 zu besetzen. Diese Besetzung wurde zwar von Beginn an nur von einer eher kleinen Gruppe von Personen getragen, da die Universität Linz von Natur-, Rechts- und Wirtschaftswissenschaften geprägt ist und wenig Tradition in den Sozial- und Geisteswissenschaften aufweist. Dennoch trug der Umstand, dass auch sie sich an der »unibrennt«-Bewegung beteiligte, dazu bei, dass der Protest nun auch einen gesamtösterreichischen Charakter bekam. In den nächsten Tagen kam es teilweise nur temporär zu gleichen Entwicklungen an den Universitäten Klagenfurt, Salzburg und Innsbruck und damit an allen staatlichen österreichischen Universitätsstandorten.

Die »unibrennt«-Protestbewegung zeichnete sich von Beginn an einerseits durch ihre basisdemokratische Organisationsstruktur und andererseits durch eine gut funktionierende Vernetzung über neue soziale Medien wie Facebook, Twitter, Flickr oder einen über mehrere Monate laufenden Livestream aus dem Audimax aus. Letzterer war insbesondere für Solidarisierungen mit den Studierendenprotesten in anderen Universitätsstandorten von großer Bedeutung. So wurde der Livestream des Audimax in Wien auch für Versammlungen im Hörsaal 1 der JKU zum Austausch genutzt. Generell wurde allerdings die Besetzung an der Universität Linz schon von Beginn an von der ÖH entweder kaum mitgetragen oder sogar offen kritisiert, und auch die Solidarisierung der Studierenden mit den Besetzern und Besetzerinnen des Hörsaals 1 war nur wenig gegeben.

Dennoch gestaltete sich die Besetzung in den ersten Tagen, angesteckt von der Dynamik aus Wien, recht erfolgreich. Zentrales inhaltliches Thema war an der Universität Linz ebenfalls die Ökonomisierung der Bildung, die sich in Debatten um Zugangsbeschränkungen und die Wiedereinführung von Studiengebühren generell und im Linzer Kontext vor allem in der engen Verbindung zu Industrie und Wirtschaft manifestierte. In diesem Sinn benannten die Besetzer und Besetzerinnen im Hörsaal 1, der 2001 in »Raiffeisen-Hörsaal« umbenannt worden war, die Universität Linz symbolisch durch Überkleben des JKU-Logos in »Ludwig Scharinger Universität (LSU)« um. In den ersten Tagen der Besetzung in Linz (jene des Hörsaals 1 endete Mitte November) fanden im Hörsaal Lesungen, Diskussionen und Vorträge einzelner sympathisierender Lehrender und Konzerte statt. Während es Anfang November auch zu einer internationalen Solidarisierungswelle mit »unibrennt« durch Bildungsstreiks und die Besetzung von Hörsälen vor allem in Deutschland, aber etwa auch in Italien, Frankreich und Spanien kam (auch der Schweizer Soziologe Jean Ziegler hielt einen Vortrag im Audimax und bekräftigte dabei seine Unterstützung von »unibrennt«), zeigte sich in Linz relativ rasch der Mangel an einer genügend großen kritischen Masse an protestierenden Studierenden, und die Besetzung wurde in Absprache mit der Universitätsleitung in einen kleineren Seminarraum »verlegt«. Am 5. November wurde dann gemeinsam mit einigen sympathisierenden sozialen Bewegungen eine Bildungsdemonstration mit etwa 1500 Teilnehmern und Teilnehmerinnen veranstaltet, bei der der Schriftsteller Robert Menasse eine Rede hielt.

Die Besetzung des Audimax der Universität Wien dauerte hingegen noch bis zum 21. Dezember 2009 an und wurde erst durch eine polizeiliche Räumung beendet; jene des größten österreichischen Universitätshörsaals dauerte somit 61 Tage. In diesem Zeitraum erlangte der »Audimaxismus« (der 2009 auch zum österreichischen Wort des Jahres gekürt wurde) durch Fernsehbeiträge und Berichte in »Die Zeit« oder »Le Monde« zudem auch internationale mediale Aufmerksamkeit.

Zusammenfassend kann festgehalten werden, dass die »unibrennt«-Studierendenproteste einen wichtigen Beitrag geleistet haben, eine breitere wissenschaftspolitische Debatte zur gesellschaftlichen Rolle der Universitäten im Spannungsfeld zwischen freier Bildung und ökonomischen Interessen in Gang zu bringen. Allerdings zeigte sich auch, dass es nur in Einzelfällen gelungen ist, diesen Protest in konkrete Erfolge, wie selbstorganisierte Lehrveranstaltungen oder alternative Lehrangebote, umzumünzen. Sicher aber haben die Bildungsproteste im Herbst 2009 zu einer Politisierung einer großen Anzahl von Studierenden beigetragen. Gleichzeitig manifestierte sich im Verlauf, der Dauer und der Reichweite des Studierendenprotests an der Universität Linz auch die in Relation zu anderen österreichischen Hochschulstandorten geringe Bedeutung gesellschaftskritischer Inhalte in einem Großteil der an der Universität Linz angebotenen Studienrichtungen. (Stephan Pühringer)

das Bachelorstudium Wirtschaftsrecht sowie die Masterstudien Recht und Wirtschaft für Techniker/Technikerinnen sowie Steuerwissenschaften. An der Sozial- und Wirtschaftswissenschaftlichen sowie an der Technisch-Naturwissenschaftlichen Fakultät, wo sich die Zunahme des Studienangebots besonders massiv niederschlug, kamen neben dem Kunststofftechnikstudium u. a. die Masterstudien General Management, Bioinformatik oder Informationselektronik hinzu.[28]

Eine Entwicklung, die sich hierbei besonders zeigte, war – ebenfalls wie an anderen österreichischen Universitäten[29] – jene, dass der Ausbau des Lehrangebots in Form von Joint-, Double- oder Multiple-Degree-Programmen in Kooperation mit anderen Universitäten oder Bildungseinrichtungen vorgenommen wurde. Den Beginn machte das Studium der Molekularen Biologie, das 2004 gemeinsam mit der Universität Salzburg gestartet wurde. Diesem folgten u. a. das Bachelor- und Masterstudium Biologische Chemie mit der Universität Budweis, die Masterstudien Comparative Social Policy and Welfare mit den Universitäten in Tampere und Vilnius sowie Global Business mit den Universitäten in Victoria (Kanada) und in Kaohsiung (Taiwan).[30] Wie im Bereich der Forschung kam es somit auch in der Lehre zu einer weiteren Öffnung, die sowohl die Zusammenarbeit mit nationalen und internationalen als auch regionalen Partnern umfasste. So baute die Sozial- und Wirtschaftswissenschaftliche Fakultät auch ihr Studienangebot im Bereich der weitgehend neu hinzukommenden Geistes- und Kulturwissenschaften mit dem Masterstudium Politische Bildung und dem Doktoratsstudium Geistes- und Kulturwissenschaften mit der Unterstützung des Landes und der Stadt aus und etablierte das Bachelorstudium Kulturwissenschaften gemeinsam mit der Fernuniversität Hagen und den anderen in Linz vertretenen Hochschulen (Katholisch-Theologische Privatuniversität, Anton-Bruckner-Privatuniversität, Kunstuniversität Linz).[31] Kooperiert wurde mit lokalen Partnern bzw. im Falle der Kunstuniversität des Weiteren auch beim neuen Studium Webwissenschaften[32] und mit den Fachhochschulen Oberösterreich beim Master Digital Business Management.[33]

Insgesamt wuchs das Studienangebot hierdurch von 23 Bakkalaureats-, Diplom- und Masterstudien sowie Doktoratsstudien im Jahr 2004[34] auf 61 Studienrichtungen im Jahr 2014 an.[35] Dabei war es – wie es etwa beim Wirtschaftsrecht oder den Webwissenschaften zum Ausdruck kam – nicht nur ein wesentliches Ziel, weiter an interdisziplinären oder -fakultären Studienrichtungen zu arbeiten sowie im Sinne der Internationalisierung den Anteil an englischsprachigen Lehrveranstaltungen zu heben.[36] Ein wichtiges Anliegen war es auch, den mit dem Multimediastudium Jus eingeschlagenen Weg im Bereich des E-Learnings zu forcieren, genderspezifische

Lehrangebote auszubauen und die Unterstützung beeinträchtigter Studierender zu intensivieren. So wurde im Herbst 2009 auch das Multimedia Studien Service an der Sozial- und Wirtschaftswissenschaftlichen Fakultät (MUSSS) gestartet, um besonders (den in Linz seit jeher stark vertretenen) berufstätigen Studierenden die Absolvierung eines Studiums zu erleichtern. Konzipiert wurde dieses als alternatives Studienformat für bestimmte Lehrveranstaltungen, wobei MUSSS im Sinne des Blended Learning multimediabasierte Fernstudienelemente mit jenen des Präsenzstudiums kombinierte und vorrangig für jene Module implementiert wurde, die von den Studierendenzahlen her besonders nachgefragt waren.[37] Hinsichtlich der Gender Studies wurden hingegen sukzessive Gender-Lehrinhalte in den einzelnen Studienrichtungen eingebaut, die vom Institut für Frauen- und Geschlechterforschung, dem Institut für Legal Gender Studies und den Abteilungen Theoretische Soziologie und Sozialanalysen sowie Wirtschafts- und Organisationssoziologie des Soziologieinstituts getragen wurden. Nachgekommen wurde damit dem Frauenförderungs- und Entwicklungsplan der Johannes Kepler Universität Linz, der entsprechende Lehrveranstaltungen in allen Curricula vorsah.[38] Die Unterstützung beeinträchtigter Studierender wurde ausgehend von der Arbeit des »Institut Integriert Studieren« von sehbehinderten Studierenden auf solche mit anderen Beeinträchtigungen (Mobilität, Hören) erweitert.[39]

Gleiches, d. h. eine weitere Expansion gab es auch bei den seit den 1980er Jahren an der Johannes Kepler Universität Linz angesiedelten Lehrgängen. Ihre Anzahl stieg vom Wintersemester 2003 bis zum Wintersemester 2013 von 25 auf 30 an, wobei es auch hier zu weiteren Kooperationen kam. So wurde etwa die Zusammenarbeit mit der LIMAK Anfang 2006 auf eine neue gesetzliche Basis gestellt, wodurch diese zur »LIMAK Johannes Kepler University Business School« wurde,[40] und diese 2009 gemeinsam mit den Fachhochschulen Oberösterreich zur »LIMAK Austrian Business School« ausgebaut. Verbunden war damit, dass nun alle Management-Weiterbildungsangebote der drei Gründungsorganisationen an der neuen Business School angesiedelt wurden.[41] Bereits 2007 war zudem mit den Fachhochschulen in Hagenberg auch eine »International School for Informatics« (ISI) für ausländische Studierende gestartet worden.[42]

Und auch im Bereich der Studierendenzahlen war nach der Stagnationsphase in den 1990er Jahren eine Steigerung zu verzeichnen. Nachdem diese im Wintersemester 2000 bei rund 13.700 ordentlichen Hörern und Hörerinnen lagen, machten sie im Wintersemester 2015 bereits über 18.000 aus. Eine wichtige Wende markierte hierbei das Wintersemester 2009, nachdem die Studiengebühren 2008 de facto wieder abgeschafft bzw. das Studium für inländische Studierende und EU-Bürger und Bürgerinnen innerhalb der Mindeststudiendauer plus zwei Toleranzsemestern von Gebühren befreit worden war. Da der Verfassungsgerichtshof die Regelung von 2008 »reparieren« ließ, war damit die Diskussion über den freien Studienzugang jedoch nicht zu Ende. Sie blieb – wie nicht zuletzt die österreichweiten »unibrennt«-Aktionen zeigten[43] – auch in den folgenden Jahren ein wichtiges Thema und führte auf rechtlicher Ebene dazu, dass Ende 2012 die Regelung von 2008 im Wesentlichen wieder in Kraft gesetzt wurde. Wenig zuvor bzw. im Oktober desselben Jahres hatten mehrere Universitäten – darunter auch die Johannes Kepler Universität Linz – beschlossen, im eigenen Wirkungsbereich Studiengebühren einzuführen.[44]

In der Bauentwicklung waren die Jahre nach 2004 vor allem durch die Errichtung des Science Parks, aber auch durch weitere Zubauten und ihm nachfolgende Gebäude bestimmt, womit neben dem Forschungsbereich, dem Lehrangebot und den Studierendenzahlen auch hier ein Wachstum zu verzeichnen war.

Der Ausgangspunkt für die Entstehung des Science Parks war die Raumsituation im Bereich der Mechatronik. Da für die neuen Institute bei der Etablierung der Mechatronik in den frühen 1990er Jahren kein Platz am Campus vorhanden war, mussten diese auf dem VOEST-Gelände untergebracht werden. Erforderlich war damit eine Außenanmietung, wie es sie in der Geschichte der Linzer Universität seit jeher in unterschiedlicher Intensität immer wieder gegeben hatte. Nicht zuletzt, weil die Arbeitsbedingungen dort alles andere als optimal waren, wurde es bald zu einem wichtigen Anliegen, die Mechatronikinstitute an den Campus zu holen.

Am Beginn der Planungen stand zunächst jedoch die Idee, einen »Mechatronik«- oder »Hightech-Turm« zu errichten, mit dem der Campus doch noch seinen zweiten Turm erhalten hätte – waren doch noch in der reduzierten Planungsstudie für den Aufbau der Technisch-Naturwissenschaftlichen Fakultät aus den 1970er Jahren zwei Türme vorgesehen gewesen. Erstmals angeregt wurde ein solcher »Mechatronik«- oder »Hightech«-Turm 1997.[45] So wurde dieser auch von Rektor Strehl bei der Eröffnung des Bankengebäudes am 15. Oktober 1997 als wichtiges Anliegen der Universität bezeichnet.[46] Vom Wissenschaftsministerium wurde der Bau eines solchen Gebäudes »unter der Auflage des bloßen Ausgleichs der Außenanmietungen Mechatronik und Freistädterstraße«[47] im Folgenden auch am 11. Mai 1998 genehmigt. Zu der ab Herbst 1999 geplanten Errichtung kam es wegen der Nationalratswahlen vom 3. Oktober 1999, der »Anlaufprobleme« der hiernach gebildeten ÖVP-FPÖ-Regierung und der damals ventilierten Überlegungen, alle Bundesliegenschaften an die Bundesimmobiliengesellschaft (BIG) zu übergeben, jedoch nicht.[48] Vielmehr wurde um die Jahrtausendwende ein zweites, größeres Projekt entwickelt, das nach dem Vorbild des Software Parks Hagenberg, des Vienna Biocenters[49] und Cambridges die Errichtung eines »Science Parks« vorsah und vom neuen Rektorat unter Rudolf Ardelt vorangetrieben wurde. Dabei sollte der neue Science Park – wie dies bereits bei früheren Plänen angeklungen war – nicht nur zu einer Hereinnahme von Außenanmietungen wie vor allem der Mechatronik beitragen.[50] Er sollte auch Platz für Kompetenzzentren, außeruniversitäre Forschungseinrichtungen, Fachhochschullehrgänge oder Spin-off-Firmen der Johannes Kepler Universität Linz

Abbildung 67: Rektor Rudolf Ardelt und BIG-Geschäftsführer Christoph Stadlhuber (von links nach rechts) beim Spatenstich für Bauteil 1 des Science Parks am 11. Mai 2007.

bringen[51] und in thematischer Hinsicht der Mechatronik, der Informationselektronik sowie den Biowissenschaften gewidmet werden.[52] Angesiedelt werden sollte der geplante Science Park im Osten des Unigeländes, während der »Mechatronik-Turm« noch für die Westseite des Campus vorgesehen war. Bebaut werden sollte damit ein Territorium, auf dem sich in der NS-Zeit ein Zwangsarbeiterlager[53] und seit den späten 1960er Jahren Sportanlagen der Universität befunden hatten.[54]

Für die Umsetzung des Vorhabens wurde im Oktober 2001 eine Steuerungsgruppe eingesetzt, die die Erstellung eines Raum- und Funktionsprogrammes unter Einschluss der Außenanmietungen und interner Erweiterungsnotwendigkeiten möglich machen sollte. Im Folgejahr bekam Helmut Eisendle, der bereits zahlreiche Bauvorhaben an der Linzer Universität architektonisch begleitet hatte,[55] den Auftrag, einen Masterplan für den Science Park zu entwerfen. Dieser sah – je nach Bedarf – eine Umsetzung in mehreren Ausbaustufen vor.[56] Die BIG, die in der Folgezeit alle Teile des bestehenden Science Parks errichtete, sprach sich bis zum Herbst 2003 grundsätzlich für den Bau aus.[57] Über den im Anschluss ausgerufenen Architektenwettbewerb wurde am 29. Juni 2005 entschieden, wobei eine 40-köpfige Jury den Entwurf von »caramel architekten« aus Wien zum Siegerprojekt kürte. Vorgesehen hat dieser zunächst fünf Gebäudeteile,[58] später wurde dieser Plan auf vier Gebäude abgeändert.[59]

Abbildung 68: Eröffnung des Polymer Technology Centers in den Bauteilen 2 und 3 des Science Parks am 13. Mai 2013. Von links nach rechts: Professor Zoltan Major, Landesrätin Doris Hummer, Rektor Richard Hagelauer, Wissenschaftsminister Karlheinz Töchterle, Professor Reinhold Lang, Professor Jürgen Miethlinger, Professor Georg Steinbichler.

Der Spatenstich für den ersten Bauteil des Science Parks wurde am 11. Mai 2007 in Anwesenheit von 300 Gästen nicht nur doppelt, sondern auch gleich von einer Reihe von Personen gesetzt. So fuhren nicht nur Rektor Ardelt und BIG-Geschäftsführer Christoph Stadlhuber mit dem Bagger auf, sondern es griffen neben diesen u. a. auch Wissenschaftsminister Johannes Hahn (ÖVP) als Vertreter der ab 2007 wieder regierenden SPÖ-ÖVP-Koalition, der Universitätsratsvorsitzende Ludwig Scharinger und Architekt Günter Katherl zur Schaufel.[60] Jener für den zweiten und dritten Bauteil folgte am 14. Juli 2009. Vorgenommen wurde er in Form eines gemeinsamen Spatenstichs für die beiden Gebäude und den Ausbau des Juridicums,[61] der im Oktober 2010 eröffnet werden konnte und der Universität die modernste rechtswissenschaftliche Bibliothek in Österreich brachte.[62]

Die Eröffnung des ersten Bauteils erfolgte am 9. Oktober 2009 durch eine symbolische Schlüsselübergabe durch den neuen BIG-Geschäftsführer Wolfgang Gleissner an Rektor Richard Hagelauer. Ins neue Gebäude (mit 143 Metern Länge und fast 20.000 Quadratmetern Bruttogeschossfläche) zogen vor allem die vorher am VOEST-Gelände angesiedelten (und später auch weitere[63]) Mechatronikinstitute, aber auch das Austrian Center of Competence in Mechatronics (ACCM) ein.[64]

Abbildung 69: Ansicht des Science Parks bei Nacht.

Die Eröffnung des zweiten Science-Park-Bauteils (mit 122 Metern Länge und rund 10.000 Quadratmetern Nutzfläche) erfolgte durch BIG-Geschäftsführer Hans-Peter Weiss und Rektor Richard Hagelauer am 28. Oktober 2011. Aufgenommen hat der neue Bauteil u. a. die Institute der Fachbereiche Kunststofftechnik, Mathematik und Statistik sowie das Johann Radon Institute for Computational and Applied Mathematics (RICAM) der Österreichischen Akademie der Wissenschaften.[65] Und als 2013 das Polymer Technology Center eröffnet werden konnte, wurde auch dieses in den Bauteilen 2 und 3 des Science Parks angesiedelt. Mit Laboren und Technika, kunststofftechnischen Verarbeitungsmaschinen, Messgeräten und Prüfeinrichtungen, Büros und Computerarbeitsplätzen für die Studierenden wurde damit eine moderne Infrastruktur für den neuen Schwerpunkt im Bereich Polymerchemie/Kunststofftechnik geschaffen.[66]

Die Fertigstellung von Bauteil 3 des Science Parks (mit 86 Metern Länge und 8600 Quadratmetern Hauptnutzfläche) wurde am 23. Oktober 2012 ebenfalls mit einer symbolischen Schlüsselübergabe der BIG an Rektor Richard Hagelauer begangen, wobei mit Wissenschaftsminister Karlheinz Töchterle (parteilos/ÖVP), Wirtschaftsminister Reinhold Mitterlehner (ÖVP), der einst selbst in Linz studiert hatte,[67] Landeshauptmannstellvertreter Franz Hiesl (ÖVP) und der Linzer Vizebürgermeisterin Christiana Dolezal (SPÖ) abermals[68] eine Reihe hochrangiger Politiker und Politikerinnen vor Ort waren – handelte es sich bei der Errichtung des Science Parks doch um eines der zentralen Vorzeigeprojekte der BIG im Hochschulbau. Im neuen Gebäude haben neben Teilen des Polymer Technology Centers die Fachbereiche Informatik und Wirtschaftsinformatik – darunter nun auch das Institut für Pervasive Computing – Platz gefunden.[69]

Damit kam es bei einer Gesamtinvestition von 84 Millionen Euro[70] zu einer enormen räumlichen Ausweitung des Campus, wenn auch weiterhin »Außenstellen« – wie das 2012 in der Gruberstraße eröffnete Life-Science-Zentrum, das nun entgegen ersten Planungen die Biowissenschaften umfassen sollte[71] – vorhanden waren bzw. – so im Fall des RISC in Hagenberg – noch ausgebaut wurden. Der Bauteil 4, der für Spin-offs der Johannes Kepler Universität Linz vorgesehen war,[72] wurde bis dato nicht umgesetzt. Gleichfalls ist die anfangs vorgesehene starke Hereinnahme von außeruniversitären Partnern (zumindest bis jetzt) nur rudimentär erfolgt. Dafür wurde am westlichen Campusende mit Geldern der BIG und des Landes Oberösterreich aber das Technikum errichtet,[73] durch das die Chemie an einem Ort zusammengeführt und dem Kompetenzzentrum Wood ein neuer Platz gegeben werden konnte.[74] Mit dem ebenfalls 2015 fertiggestellten Teichwerk hat die Linzer Universität schließlich nicht nur ihr gegenwärtig letztes Gebäude am Campus in Linz-Auhof erhalten, sondern auch ein schwimmendes Lokal auf dem Uniteich, das als Bar, Café, Bühne und Eventlocation genutzt wird. Das nach einem Entwurf von Maximilian Luger mit einer finanziellen Beteiligung des Landes, der Industriellenvereinigung und mehreren Industrie- und Wirtschaftsbetrieben errichtete Gebäude soll damit vor allem zu einer Bereicherung des Campuslebens beitragen.[75]

Eine vierte Fakultät – die Medizin in Linz

Ein weiterer Meilenstein in der Geschichte der Johannes Kepler Universität Linz stellte die Errichtung einer Medizinischen Fakultät dar, womit ein immer wieder formuliertes Anliegen in die Tat umgesetzt wurde.

Die Gründung einer Medizinischen Fakultät spielte bereits bei den Hochschulbestrebungen im 19. Jahrhundert eine wichtige Rolle. Unter den damals verfolgten Plänen stellte die Einrichtung einer medizinischen Ausbildung zweifellos das am hartnäckigsten verfolgte Ziel dar. In der NS-Zeit war unter den zahllosen nicht umgesetzten Bauvorhaben auch die Schaffung einer »ärztlichen Akademie« für die fachliche Weiterbildung von Ärzten und des ärztlichen Hilfspersonals vorgesehen. Im eigentlichen Gründungsprozess der Johannes Kepler Universität Linz nach 1945 war die Medizin kein Thema, was sich jedoch bald ändern sollte. So verfassten Primarii des AKH in Linz im Sommer 1973 eine Denkschrift mit der Aufforderung, in Linz eine Medizinische Fakultät einzurichten, und Ende des Jahrzehnts wurden Pläne zur Errichtung eines Klinikums (für die Ausbildung von Studierenden anderer Universitäten) als »Übergangslösung« zur eigenen Fakultät gewälzt. Von Wissenschaftsministerin Firnberg kam jedoch ein wiederholtes »Nein«, da die Ausbauphase in Linz »abgeschlossen« sei (1978) bzw. – wenn es überhaupt zu einer weiteren Medizinischen Fakultät kommen würde – Salzburg aufgrund des Hochschul- bzw. Universitäts-Organisationsgesetzes zu bevorzugen wäre, in dem eine Medizinische Fakultät bereits festgeschrieben worden war.[76] In den 1980er Jahren wurde die Schaffung einer Medizinischen Fakultät von Rektor Hans Dolinar dann auch in Zusammenarbeit mit Salzburg angesprochen.[77] Im kommenden, von Sparpaketen bestimmten Jahrzehnt wurde es dann wieder ruhiger um die Medizin, bis das Thema ab den 2000er Jahren erneut aufgegriffen und ab nun beständig weiterverfolgt wurde. So wurden um die Jahrtausendwende als langfristige Szenarien für die Universität nicht nur die Trennung der Sozial- und Wirtschaftswissenschaftlichen Fakultät in eine Geistes- und Kulturwissenschaftliche sowie Wirtschafts- und Sozialwissenschaftliche Fakultät oder die Einrichtung einer eigenen Informatikfakultät genannt. Verwiesen wurde erneut auch auf eine Medizinische Fakultät,[78] nachdem 1999 die Möglichkeit geschaffen worden war, dass oberösterreichische Medizinstudenten und -studentinnen der Universität Wien einen Großteil der Pflichtpraktika des dritten Studienabschnitts in Linz absolvieren könnten.[79]

Konkrete Maßnahmen wurden ab Mitte des Jahrzehnts ergriffen, in denen für die Durchsetzung des Vorhabens eine Koalition aus Land, Stadt, Medizinischer Gesellschaft, Ärztekammer, den Krankenanstalten, »Oberösterreichischen Nachrichten« sowie der Johannes Kepler Universität Linz geschmiedet[80] und folgende Motive genannt wurden: ein bereits spürbarer Ärztemangel, die gute oberösterreichische Spitalslandschaft mit 110 habilitierten Ärzten und Ärztinnen und der Umstand, dass an der Universität bereits zahlreiche Institute und Abteilungen im medizinnahen Bereich Forschung betrieben wurden.[81]

Erste wichtige Schritte markierten 2006 ein Beschluss der Medizinischen Gesellschaft und der oberösterreichischen Landtagsparteien zur Einrichtung einer Medizinischen Universität. Nachdem mit dem Universitätsgesetz 2002 die Medizinischen Fakultäten in Wien, Innsbruck und Graz 2004 ausgegliedert und zu eigenen Universitäten geworden waren, zielten die Bestrebungen in Linz nun somit ebenfalls auf die Einrichtung einer Medizinischen Universität ab. 2009 folgten eine Machbarkeitsstudie der Medizinischen Gesellschaft und ein erneuter Beschluss des Oberösterreichischen Landtages, mit dem die Landesregierung aufgefordert wurde, an die Bundesregierung heranzutreten, um eine Grundsatzentscheidung für eine Medizinische Universität zu erreichen. Gleichfalls verabschiedete der Nationalrat im Februar 2009 auch eine Entschließung, in der der Wissenschaftsminister beauftragt wurde, den Bedarf an zusätzlichen Ausbildungsplätzen für Humanmedizin zu erheben und mit dem Land Oberösterreich in Verhandlungen zu treten, falls ein zusätzlicher Ausbildungsstandort gerechtfertigt wäre.[82] Dabei stand jedoch noch immer die Einrichtung einer Medizinischen Universität im Raum. Zu einer Neuorientierung in Richtung Medizinischer Fakultät kam es erst aufgrund eines Treffens mit Wissenschaftsminister Karlheinz Töchterle im November 2011, als auch die »Oberösterreichischen Nachrichten« unter dem Titel »Ärzte für Oberösterreich« eine Unterschriftenaktion (mit 136.000 Unterzeichnungen bis April 2012) starteten, um eine universitäre Mediziner- und Medizinerinnenausbildung nach Linz zu bringen.

Weitere wichtige Schritte folgten 2012 mit der Einrichtung einer »gemischten Kommission« aus Vertretern und Vertreterinnen des Bundes, des Landes, der Stadt, der Ärztekammer, der Medizinischen Gesellschaft sowie der Universität und dem Start von Verhandlungen mit dem Bund,[83] die nicht nur von einem breiten medialen Echo, sondern auch von einem langanhaltenden »Gegenwind« begleitet waren. So hielten nicht nur andere Universitäten, der Rechnungshof und der Wissenschaftsrat als Beratungsgremium des Wissenschaftsministeriums und der Hochschulkonferenz mit Vertretern und Vertreterinnen der Universitäten und Fachhochschulen[84] fest, dass kein Bedarf an einer neuen Fakultät bestehe und eine Neugründung nicht die richtige Antwort auf den Ärztemangel sei. Auch der Wissenschaftsminister »bremste« mit dem Hinweis auf die Finanzierung.[85]

2013 schlossen im März eine Pressekonferenz, auf der das Forschungskonzept mit Klinischer Altersforschung und Versorgungsforschung vorgestellt wurde, und im April eine Präsentation des Gesamtkonzepts vor Vertretern und Vertreterinnen des Wissenschafts-, Finanz- und Gesundheitsministeriums, des Wissenschaftsrats, der Senate, der Hochschulkonferenz und der Hochschülerschaft an. Gleichfalls kam es im April 2013 nach einem »Gipfelgespräch« mit Bundeskanzler Werner Faymann (SPÖ), Wissenschaftsminister Töchterle, Finanzministerin Maria Fekter (ÖVP), Gesundheitsminister Alois Stöger (SPÖ) und Staatssekretär Josef Ostermayer (SPÖ) auch zu einem ersten »Durchbruch« in den Verhandlungen. Diesem folgte im Mai die Aussendung eines Entwurfs für eine Novelle des Universitätsgesetzes, der die grundsätzliche Einrichtung einer Medizinischen Fakultät ermöglichen sollte.[86] Ein zweiter »Durchbruch« konnte am 10. Juli 2013 erreicht werden, als die Hochschulkonferenz »grünes Licht« für das Projekt gab, dies aber an Bedingungen – darunter mehr Geld für die Hochschulen und Grundlagenforschung – knüpfte und auch der Wissenschaftsrat das Engagement aus Linz zur Kenntnis nehmen musste, die Errichtung der Medizinischen Fakultät aber mit einer internationalen Gründungskommission[87] und durch ihn selbst in die »richtigen Bahnen lenken« wollte. Zudem war hinsichtlich der Finanzierung bereits wenig zuvor eine Einigung zwischen dem Bund, der Stadt Linz und dem Land Oberösterreich zustande gekommen. Hiernach sollte der Bund bis 2017 aus den Rücklagen des Finanzministeriums 36 Millionen Euro zur Verfügung stellen und das Unibudget ab 2018 um die nötigen Mittel aufgestockt werden, während das Land Oberösterreich bzw. die Gemeinden bis 2042 ihrerseits 225 Millionen Euro beisteuern sollten.[88] Damit war der Weg zur Grün-

Abbildung 70: Dekan Meinhard Lukas, Rektor Josef Smolle (Medizinische Universität Graz) und Vizerektor Herbert Kalb bei der Gründungsfeier der Medizinischen Fakultät am 29. September 2014 (von links nach rechts).

dung der Medizinischen Fakultät frei, die vonseiten der Johannes Kepler Universität Linz neben Rektor Hagelauer vor allem von Vizerektor Kalb und dem Dekan der Rechtswissenschaftlichen Fakultät Meinhard Lukas[89] getragen worden war. Protest blieb – wie es auch in der Gründungsphase der Universität der Fall war – jedoch auch jetzt nicht aus und wurde vom Land Salzburg nun derart geäußert, dass seine »Wünsche« nach einer staatlichen Medizinischen Fakultät (mit dem Hinweis auf finanzielle Gründe) stets abgelehnt worden seien. 2003 hätte man in Salzburg daher auch die Paracelsus Medizinische Privatuniversität gegründet, für die nun ebenfalls Geld vom Bund verlangt wurde.[90]

Aufhalten konnte dies die Medizinische Fakultät in Linz jedoch nicht. Im August 2013 wurde im Nationalrat erst jene Novelle verabschiedet, die in gesetzlicher Hinsicht die Einrichtung der Medizinischen Fakultät erlaubte,[91] und im Ministerrat (erstmals) eine Vereinbarung gemäß Artikel 15a der Bundesverfassung zwischen Bund und Land »abgesegnet«, die die organisatorische und finanzielle Beteiligung des Landes Oberösterreich an der Errichtung und am Betrieb der Medizinischen Fakultät sowie an der Durchführung des Studiums regelte.[92] Beschlossen wurde damit die wohl wichtigste Basis für die Verwirklichung der Medizinischen Fakultät, die am 24. Februar auch den Nationalrat und am 26. Februar 2014 den Bundesrat passierte.[93] Festgehalten wurde damit, dass der Bund bis zum geplanten Vollausbau

Abbildung 71: Gründung der Kepler Universitätsklinikum GmbH am 16. Jänner 2015. 1. Reihe von links nach rechts: Klinikum-Geschäftsführer Heinz Brock, Bürgermeister Klaus Luger, Landeshauptmann Josef Pühringer, Klinikum-Geschäftsführerin Elgin Drda; 2. Reihe von links nach rechts: Landtagsabgeordnete Maria Buchmayr, Dieter Widera (Geschäftsführer der Oberösterreich Landesholding GmbH), Rektor Richard Hagelauer.

2028 einen jährlich steigenden Betrag für Personalkosten, Infrastruktur und laufende Sachkosten (von 2,74 Millionen Euro für 2014 bis 58,33 Millionen Euro im Jahr 2028) übernehmen werde. Das Land hatte in Zusammenarbeit mit der Stadt Linz unter Heranziehung der Areale und Einrichtungen des Allgemeinen Krankenhauses der Stadt Linz, der Landes-Frauen- und Kinderklinik Linz sowie der Landes-Nervenklinik Wagner-Jauregg Linz hingegen eine öffentliche Krankenanstalt mit eigenem Rechtsträger zu errichten. Zudem sollten für Neu-, Ergänzungs- und Umbauten samt Ersteinrichtung das Land und die Gemeinden aufkommen.[94]

Nachdem auf Universitätsseite bereits einer Änderung des Organisationsplanes zugestimmt worden war,[95] konnte damit am 1. März 2014 das erste Aufnahmeverfahren für das Medizinstudium ausgeschrieben werden. Die Gründung der Medizinischen Fakultät wurde am 29. September 2014 mit 600 Gästen gefeiert, unter denen sich auch die ersten Medizinstudenten und -studentinnen befanden – hatten doch insgesamt 60 Bewerber und Bewerberinnen das Aufnahmeverfahren passiert.[96] Der Studienbeginn wurde im Wintersemester 2014/15 aufgenommen, wobei das Medizinstudium – wie es bereits in der Vereinbarung gemäß Art. 15a der Bundesverfassung festgehalten worden war – an der Johannes Kepler Universität Linz als einziger

Universität in Österreich in Form eines Bachelor-Master-Studiums konzipiert war.[97] Diesem Konzept entsprechend wurde mit dem Bachelorstudium begonnen, das im Rahmen einer Kooperation mit der Medizinischen Universität Graz vorsah, dass die Studierenden die ersten vier Semester vorerst ausschließlich in Graz absolvieren sollten, um dann nach Linz zu wechseln.[98] Wie bei anderen Lehrangeboten wurde damit auch im Bereich der Medizin der Weg beschritten, zusammen mit anderen Bildungseinrichtungen neue Studien aufzubauen.

Ebenfalls im Oktober 2014 trat mit dem aus Regensburg kommenden Krebsexperten Ferdinand Hofstädter der erste Dekan der neuen Medizinischen Fakultät sein Amt an, der bis 2015, als ihm Petra Apfalter in dieser Funktion nachfolgte, als Vizerektor auch Teil des seit 2011 bestehenden zweiten Rektorats von Richard Hagelauer war.[99] Das AKH, die Landesfrauen- und Kinderklinik sowie die Landesnervenklinik Wagner-Jauregg, die gemeinsam das Universitätsklinikum und den neuen Campus der Medizinischen Fakultät bildeten, wurden am 1. Jänner 2016 mit den Unterschriften von Landeshauptmann Josef Pühringer und Bürgermeister Klaus Luger (SPÖ) in die Kepler Universitätsklinikum GmbH eingebracht.[100] Knapp vor ihrem 50-Jahr-Jubiläum konnte die Johannes Kepler Universität Linz, die seit Oktober 2015 vom Rektorat unter Meinhard Lukas geleitet wird und seit 2013 mit dem nunmehrigen Raiffeisenlandesbank-Generaldirektor Heinrich Schaller auch einen neuen Universitätsratsvorsitzenden hat,[101] damit einen weiteren wichtigen Entwicklungsschritt machen.

Die Johannes Kepler Universität Linz heute: Gegenwart und zukünftige Projekte – eine dritte »Gründerzeit«

Mit ihrer jüngsten Erweiterung besteht die Johannes Kepler Universität Linz heute – ein halbes Jahrhundert, nachdem sie als Linzer Hochschule für Sozial- und Wirtschaftswissenschaften eröffnet worden war – aus vier Fakultäten. Neben der Sozial- und Wirtschaftswissenschaftlichen Fakultät, mit der die Errichtung der Universität begann, sind dies die Technisch-Naturwissenschaftliche, die Rechtswissenschaftliche und die neue Medizinische Fakultät. Die Anzahl der hier angesiedelten bzw. gesamtuniversitären Institute liegt bei über 120 Einrichtungen. Das Studienangebot ist von weniger als zehn Studienrichtungen im Jahr 1966 auf über 60 angewachsen und wird gegenwärtig von 25 Universitätslehrgängen an den Fakultäten und der LIMAK Austrian Business School begleitet.[102] Die Anzahl der ordentlichen Studierenden ist von nicht einmal 600 im Jahr 1966 auf über 18.000 im Jahr 2015 angestiegen und macht – wenn die außerordentlichen Studierenden dazugerechnet werden – heute sogar über 19.000 Personen aus. Der Universitätscampus in Linz-Auhof ist auf 20 Gebäude angewachsen.[103] Zudem gibt es neben dem neuen Campus

Abbildung 72: Vogelperspektive auf den Universitätscampus in Linz-Auhof (noch ohne das Technikum und Teichwerk).

der Medizinischen Fakultät noch mehrere »Außenstellen« der Universität in Linz und im Softwarepark Hagenberg, wobei an allen Standorten zusammen inzwischen über 2700 Mitarbeiter und Mitarbeiterinnen (darunter 107 Professoren und 19 Professorinnen[104]) arbeiten. Das internationale Netzwerk umfasst gegenwärtig rund 300 Partneruniversitäten in mehr als 50 Ländern.[105] Im Laufe ihres 50-jährigen Bestehens hat die Johannes Kepler Universität Linz somit in allen Bereichen ein enormes Wachstum verzeichnen können.

Die wichtigsten Eckdaten für die kommenden Jahre sind im aktuellen Entwicklungsplan für die Jahre 2013 bis 2018 abgesteckt. Hiernach wird die Johannes Kepler Universität Linz im Bereich der Forschung im Wesentlichen jene Schwerpunkte beibehalten, die bereits der Entwicklungsplan für den Zeitraum 2006 bis 2012 vorgesehen hat. Gleichfalls soll auch im Bereich der Lehre weiter an der Entwicklung von Double- oder Joint-Degree-Programmen gearbeitet werden, die Internationalisierung (u. a. durch den Ausbau englischsprachiger Lehrveranstaltungen) forciert und das E- bzw. Blended-Learning-Angebot ausgebaut werden.[106] Zentrale Aufgaben werden daneben der weitere Aufbau der Medizin sowie jener der neuen Pädagogen- und Pädagoginnenausbildung und des Linz Institute of Technology sein.

Hierbei werden im Bereich des Medizinstudiums schon in Bälde wichtige Schritte folgen. So wird im Wintersemester 2016/17 der Wechsel der ersten Bachelorstudenten und -studentinnen von Graz nach Linz erfolgen und im Wintersemester 2017/18 auch mit dem Masterstudium begonnen werden.[107] Zukünftige Bachelorstudenten und -studentinnen werden ab dem Wintersemester 2018/19 ihr Studium im Rahmen der Kooperation mit der Medizinischen Universität Graz[108] nicht mehr nur in Graz, sondern auch in Linz beginnen können.[109] Dafür sollen schrittweise 24 klinische und acht nichtklinische Lehrstühle eingerichtet und die Anzahl der Studienplätze bis zum Vollausbau im Jahr 2028 etappenweise auf 1800 ausgebaut werden. Auf dem neuen Campus der Medizinischen Fakultät in der Nähe des Kepler Universitätsklinikums werden mit einem Baubeginn im Jahr 2018 bis 2021 vier neue Gebäude für Hörsäle, Labors, Büros und eine Bibliothek nach Plänen des Architekten Peter Lorenz aus Innsbruck entstehen.[110] Damit soll die Universität, für die bis zur Fertigstellung Flächen neben dem Life-Science-Zentrum in der Gruberstraße sowie in der Blutzentrale adaptiert und angemietet werden,[111] nicht nur ihre Sichtbarkeit und Präsenz in der Linzer Innenstadt erhöhen. Sie soll nach dem Vorbild des Softwareparks in Hagenberg auch Teil eines neuen »Medical Valley« mit starker Medizintechnik werden.[112]

Ebenfalls im Wintersemester 2016/17 wird – infolge eines Gesetzesbeschlusses aus dem Jahr 2013 mit dem Ziel, die Ausbildung aller Lehrer und Lehrerinnen der Sekundarstufe auf eine einheitliche Basis zu stellen – auch mit der neuen Pädagogen- und Pädagoginnenausbildung begonnen. Dabei ist eine enge Kooperation im Rahmen des »Clusters Mitte« (als einer von vier neuen bundesländerübergreifenden Bildungsregionen) vorgesehen, zu dem sich bereits 2014 zehn Einrichtungen aus Oberösterreich und Salzburg zusammengeschlossen haben.[113] In das neue Lehramtsstudium wird die Johannes Kepler Universität Linz einerseits ihre Kompetenzen im Bereich der MINT-Fächer Mathematik, Informatik, Physik und Chemie einbringen, in denen sie bereits Gymnasiallehrer und -lehrerinnen ausgebildet hat. Andererseits wird sie sich – ermöglicht durch eine finanzielle Unterstützung des Landes Oberösterreich – am »Lehramt Neu« auch mit Unterrichtsangeboten entlang ihrer bisherigen sozial-, wirtschafts- und kulturwissenschaftlichen Felder (Geschichte/Sozialkunde/Politische Bildung, Psychologie und Philosophie, Geographie und Wirtschaft sowie Englisch) beteiligen. Konzipiert ist das neue Lehramtsstudium – wie es 2013 vorgesehen wurde – nach dem Bachelor-Master-System. Der Vollausbau ist nach dem Start mit dem Bachelorstudium im Wintersemester 2016/17 für das Studienjahr 2021/22 mit dem Bachelor- und Masterstudium geplant, mit dem eine neue »School of Education« entstehen soll.[114]

Eine weitere starke Marke soll zudem mit dem 2015 in die Wege geleiteten Linz Institute of Technology entstehen, das als neues Zentrum die technologische Lehre und Forschung bündeln soll. Vorgesehen ist dabei nicht nur eine starke Einbindung des Landes Oberösterreich, der Stadt Linz und der oberösterreichischen Industrie, sondern – etwa im Bereich der Produktionsforschung – auch ein weiterer Ausbau der Linzer Technik und ein verstärkter internationaler Austausch mit regelmäßigen Schwerpunktsetzungen.[115]

50 Jahre nach ihrer Eröffnung fehlt es der Johannes Kepler Universität Linz somit nicht an großen Projekten für die Zukunft. Diese zeugen nicht nur von einem neuen Aufbruch, sondern legen es nahe, auch von einer dritten »Gründerzeit« zu sprechen. Spannende Zeiten sind somit vorprogrammiert – und das auch angesichts der Herausforderungen, mit denen heute alle Universitäten konfrontiert sind. Dazu gehören neben einer zunehmenden Verknüpfung mit Entwicklungen auf europäischer und internationaler Ebene und dem wachsenden Wettbewerbsdruck die Studienplatzbewirtschaftung und Finanzierung ebenso wie die grundsätzliche Entscheidungsfrage, ob die Universitäten primär Bildung ohne wirtschaftlichen Hintergedanken oder ökonomisch verwertbares Wissen generieren sollen.[116] Generell müssen sich die Hochschulen heute mehr denn je ständig neu erfinden. Was in den 1960er Jahren noch für wenige (explizit) gelten sollte, ist heute zur Realität für alle geworden: nämlich zur permanenten Reform bzw. Veränderung bereit zu sein.

Timeline

2.3.2004	Der Universitätsrat bestätigt den ersten Organisationsplan nach dem Universitätsgesetz 2002.
3.11.2004	Ein erster Teil des Entwicklungsplans wird vom Universitätsrat genehmigt. Er legt die Widmung der 2004 bis 2006 freien bzw. freiwerdenden Professuren fest.
7.2.2006	Durch einen neuen Kooperationsvertrag wird die LIMAK zur LIMAK Johannes Kepler University Business School.
29.3.2006	Der Entwicklungsplan der Johannes Kepler Universität Linz 2006–2012 wird vom Universitätsrat genehmigt.
20.4.2006	Landeshauptmann Josef Pühringer, der Aufsichtsratsvorsitzende der Borealis Gerhard Rois und Richard Hagelauer als Dekan der Technisch-Naturwissenschaftlichen Fakultät geben bekannt, dass Borealis den Forschungsstandort Linz weiter ausbauen wird und an der Johannes Kepler Universität Linz der Aufbau eines Forschungs- und Ausbildungsschwerpunkts für Polymerechemie/Kunststofftechnologie geplant ist.
9.3.2007	Die Johannes Kepler Universität Linz, die Montanuniversität Leoben und das Petroleum Institute (PI) in Abu Dhabi unterzeichnen einen Vertrag für den Aufbau eines Polymerchemie-Ausbildungsprogramms am PI.
11.5.2007	Spatenstich zum Bauteil 1 des Science Parks.

1.10.2007	Richard Hagelauer, der im April zum Rektor gewählt wurde, übernimmt sein neues Amt.
14.7.2009	Spatenstich für die Bauteile 2 und 3 des Science Parks sowie den Juridicum-Anbau.
16.7.2009	Die LIMAK, Fachhochschulen Oberösterreich und die Johannes Kepler Universität Linz bekunden in einem Letter of Intend die Gründung der LIMAK Austrian Business School.
WS 2009/10	Das Multimediale Studien Service SOWI (JKU MUSSS) startet als alternatives Studienformat für bestimmte Lehrveranstaltungen des Studienangebots der Sozial- und Wirtschaftswissenschaftlichen Fakultät.
9.10.2009	Eröffnung von Bauteil 1 des Science Parks.
6.10.2010	Eröffnung des Zubaus an das bestehende Juridicum.
28.10.2011	Eröffnung von Bauteil 2 des Science Parks.
22.5.2012	Das neue Life-Science-Zentrum in der Gruberstraße wird eröffnet.
25.6.2012	Gründung der »gemischten Kommission« zur Gründung der Medizinischen Fakultät in Linz.
17.10.2012	Der Entwicklungsplan für die Jahre 2013–2018 wird veröffentlicht.
23.10.2012	Eröffnung von Bauteil 3 des Science Parks.
18.1.2013	Eröffnung des JKU Open Labs.
13.5.2013	Eröffnung des Polymer Technology Centers.
27.6.2013	Eröffnung des Zubaus des RISC im Softwarepark Hagenberg.
10.7.2013	Die Hochschulkonferenz stimmt unter Auflagen der Einrichtung einer Medizinischen Fakultät in Linz zu.
24.2.2014	Der Nationalrat stimmt der Vereinbarung gemäß Artikel 15a der Bundesverfassung zwischen dem Bund und dem Land Oberösterreich über die Errichtung und den Betrieb einer Medizinischen Fakultät und die Einrichtung des Studiums der Humanmedizin an der Universität Linz zu.
1.–3.3.2014	Das Aufnahmeverfahren für die ersten Studienplätze im Medizinstudium findet statt.
WS 2014/15	Das Medizinstudium wird im Rahmen einer Kooperation mit der Medizinischen Universität Graz in Graz gestartet.
16.1.2015	Die Kepler Universitätsklinikum GmbH wird gegründet.
5.5.2015	Spatenstich für das Technikum.
1.10.2015	Meinhard Lukas, der am 9. Februar 2015 zum Rektor gewählt wurde, tritt sein neues Amt an.
23.11.2015	Eröffnung des Teichwerks.
15.12.2015	Das Technikum wird von der BIG an die Johannes Kepler Universität Linz übergeben.
WS 2016/17	Die ersten Medizinstudenten und -studentinnen wechseln von Graz nach Linz. Start der neuen Pädagogen- und Pädagoginnenausbildung.

Anmerkungen

1 Dieser wurde später noch weiterentwickelt. AJKU, Sammlung Digitaltexte, Organisationspläne: Organisationsplan vom 28.4.2004.
2 Uni Neu: Autonom wirtschaftende Organisationseinheiten, in: News vom Campus, H. 22, 2004, S. 4; Johannes Kepler Universität Linz, Universitätsjahresbericht 2004, Linz 2005, S. 10 f. und S. 15.
3 Vgl. hierzu Heft 14 der »News vom Campus« aus dem Jahr 2002 sowie AJKU, A 01 Rektorat, 473: Gesamtstrategie JKU Linz.
4 Stärken stärken und Neues wagen! Der Entwicklungsplan der JKU, in: News vom Campus, H. 32, 2006, S. 3; Johannes Kepler Universität Linz, Universitätsjahresbericht 2006, Linz 2007, S. 10 ff.; AJKU, Entwicklungsplan der Johannes Kepler Universität Linz, 2006–2012 (Stand: 31.1.2006).
5 Vgl. zur Bedeutung der Life Sciences: Wirth, Campus Vienna Biocenter.
6 2006 kamen fast 40 Prozent der gesamten Kunststoffwerkschöpfung in Österreich aus Oberösterreich.
7 Johannes Kepler Universität Linz, Universitätsjahresbericht 2005, Linz 2006, S. 35; Johannes Kepler Universität Linz, Universitätsjahresbericht 2006, Linz 2007, S. 10 und S. 33; Linz wird Forschungszentrale für Kunststofftechnologie. »Karten werden neu gemischt – die JKU mischt mit!«, in: News vom Campus, H. 33, 2006, S. 22; Forschungspartnerinnen mit Zukunft, in: News vom Campus, H. 36, 2006, S. 36; AJKU, S01 Sachsammlung, Mappe Borealis: Informationen zur Pressekonferenz vom 20.4.2006 sowie Zusatzinformation der JKU zur Pressekonferenz »Neuer Meilenstein für den Forschungsstandort Oberösterreich« vom 3.5.2006.
8 Die neue Universitätsleitung steht fest, in: News vom Campus, H. 39, 2007, S. 3.
9 Johannes Kepler Universität Linz, Universitätsjahresbericht 2007, Linz 2008, S. 13; Kunststofftechnik an JKU: Tempo war entscheidend, in: Campus News, H. 45, 2009, S. 19; 5 Jahre JKU Kunststofftechnik – Eine Erfolgsgeschichte, in: Campus News, H. 71, 2015, S. 5.
10 Wesentlich war zudem, dass das Petroleum Institute ein wissenschaftlicher Partner von Borouge, einem Joint Venture von Borealis und der Abu Dhabi National Oil Company, war.
11 Abu Dhabi, die Linzer kommen! Neue Unipartnerschaft öffnet Tür und Tor zur arabischen Welt, in: News vom Campus, H. 35, 2006, S. 14 f.; Studieren für den Scheich – Erfahrungsbericht aus Abu Dhabi, in: News vom Campus, H. 36, 2006, S. 6 f.; »Hochwertige internationale Ausbildung«, in: News vom Campus, H. 36, 2006, S. 7; Forschungspartnerinnen mit Zukunft, in: News vom Campus, H. 36, 2006, S. 36; Kooperation JKU – Petroleum Institute in Abu Dhabi, in: News vom Campus, H. 37, 2007, S. 30; AJKU, A 05 Rektorat: Agreement of Cooperation between Montanuniversität Leoben, Austria, Johannes Kepler Universität Linz, Austria and The Petroleum Institute, Abu Dhabi, United Arab Emirates (UAE) vom 9.3.2007; Geschichte der Johannes Kepler Universität Linz, unter: http://www.jku.at/content/e213/e64/e6350, aufgerufen am 31.7.2016; AJKU, S 01 Sachsammlung, Mappe Polymerchemie und Kunststofftechnik: Zweifache Auszeichnung für S. E. Yousef Omair Bin Yousef (Beitrag auf der JKU-Homepage vom 2.5.2013).
12 Wirth, Campus Vienna Biocenter, S. 87 f.
13 Johannes Kepler Universität Linz, Universitätsjahresbericht 2013, Linz 2014, S. 43; JKU Open Lab eröffnet, in: Campus News, H. 61, 2013, S. 17; Erfolgsgeschichte »JKU Open Lab« – einmal Forschung zum Anfassen, bitte!, in: Campus News, H. 67, 2014, S. 29.
14 Die »News vom Campus« haben die »Universitäts-Nachrichten« im Jahr 2000 abgelöst. Ab 2007 erschienen die »Campus News«.
15 Johannes Kepler Universität Linz, Universitätsjahresbericht 2009, Linz 2010, S. 31.
16 Diese waren zu folgenden Bereichen eingerichtet: Laser-Assisted Diagnostics, Integrated Radar Sensors), Nanoskopische Methoden in der Biophysik, Modellierung partikulärer Strömungen, Mikroskopische und spektroskopische Materialcharakterisierung, Client-Centric Cloud Computing, Monitoring and Evolution of Very-Large-Scale Software Systems, Kombinatorische Oxidchemie, Effiziente inter-

modale Transportsteuerung, Strukturfestigkeitskontrolle von Leichtbaukonstruktionen. Johannes Kepler Universität Linz, Universitätsjahresbericht 2014, Linz 2015, S. 19.

17 Das Programm löste 2006 das bestehende Kompetenzzentrumprogramm ab und verfolgte weiterhin die Vernetzung von wissenschaftlicher Grundlagenforschung und angewandter bzw. unternehmerisch orientierter Forschung und Entwicklung.

18 Dies waren: ACCM/LCM (Austrian Center of Competence in Mechatronics/Linz Center of Mechatronics GmbH), SCCH (Software Competence Center Hagenberg), K1-MET (Metallurgisches Kompetenzzentrum), K-Wood (Kompetenzzentrum für Holzverbundwerkstoffe und Holzchemie Linz), FTW (Competence Center for Information and Communication Technologies), Xtribology, CTR (Carinthian Tech Research AG) und ACMIT (Austrian Center for Medical Innovation and Technology). Johannes Kepler Universität Linz, Universitätsjahresbericht 2014, Linz 2015, S. 19.

19 Dies waren: Geometry + Simulation, labor&welfareSTATE – The Austrian Center for Labor Economics and the Analysis of the Welfare State, RiSE – National Research Network Rigorous Systems Engineering, Algorithmische und Enumerative Kombinatorik, Nanostrukturen für Infrarot-Photonik (IR-ON), Quasi-Monte-Carlo-Methoden: Theorie und Anwendungen. Johannes Kepler Universität Linz, Universitätsjahresbericht 2014, Linz 2015, S. 19.

20 Johannes Kepler Universität Linz, Universitätsjahresbericht 2007, Linz 2008, S. 7.

21 Johannes Kepler Universität Linz, Universitätsjahresbericht 2013, Linz 2014, S. 46.

22 Zwischen 2008 und 2016 waren dies drei ERC Advanced und drei ERC Starting Grants. Information der Abteilung für Forschungsunterstützung vom 23.8.2016.

23 Johannes Kepler Universität Linz, Universitätsjahresbericht 2009, Linz 2010, S. 11.

24 Johannes Kepler Universität Linz, Universitätsjahresbericht 2012, Linz 2013, S. 7.

25 Reiter-Zatloukal, Restauration – Fortschritt – Wende, S. 489.

26 Ab dem WS 2016/17 werden auch die Lehramtsfächer im Bachelor-Master-System angeboten.

27 Johannes Kepler Universität Linz, Universitätsjahresbericht 2012, Linz 2013, S. 31.

28 Geschichte der Johannes Kepler Universität Linz, unter: http://www.jku.at/content/e213/e64/e6350, aufgerufen am 31.7.2016.

29 Internationale Joint- und Double-Degrees an österreichischen Universitäten. Erhebung der Universitätenkonferenz, Dezember 2013, unter: https://uniko.ac.at/modules/download.php?key=6505_DE_O&cs=899E, aufgerufen am 25.9.2016.

30 Ebd.

31 Johannes Kepler Universität Linz, Universitätsjahresbericht 2006, Linz 2007, S. 19; Johannes Kepler Universität Linz, Universitätsjahresbericht 2008, Linz 2009, S. 7; Johannes Kepler Universität Linz, Universitätsjahresbericht 2009, Linz 2010, S. 20; Johannes Kepler Universität Linz, Universitätsjahresbericht 2010, Linz 2011, S. 22 f.; Neues Bachelorstudium »Kulturwissenschaften«, in: Campus News, H. 54, 2011, S. 16; SPÖ Linz (Hg.), Bürgermeister Franz Dobusch. 20 gute Jahre für Linz. Es gibt noch viel zu tun, Linz 2008, S. 357.

32 Webwissenschaften – Zeitgerecht und modern, in: Campus News, H. 54, 2011, S. 17.

33 Neuer Master – »Digital Business Management«, in: Campus News, H. 54, 2011, S. 16.

34 Johannes Kepler Universität Linz, Universitätsjahresbericht 2004, Linz 2005, S. 4.

35 Johannes Kepler Universität Linz, Universitätsjahresbericht 2014, Linz 2015, S. 31.

36 Die Zahl der englischsprachigen Lehrveranstaltungen machte im Studienjahr 2013/14 rund 20 Prozent des gesamten Lehrangebots aus, wobei dies vor allem auf die Technisch-Naturwissenschaftliche Fakultät zurückführbar war. 2015 wurden 16 Studien als englischsprachige Studien angeboten. 14 Studien waren auch in Englisch studierbar. Johannes Kepler Universität Linz, Universitätsjahresbericht 2014, Linz 2015, S. 44; Internationalisierung des Lehr- und Studienangebots, in: Campus News, H. 70, 2015, S. 5.

37 Johannes Kepler Universität Linz, Universitätsjahresbericht 2009, Linz 2010, S. 10; Bessere Vereinbarkeit von Studium und Beruf an der SOWI-Fakultät, in: Campus News, H. 45, 2009, S. 20.

38 Johannes Kepler Universität Linz, Universitätsjahresbericht 2013, Linz 2014, S. 39.
39 Johannes Kepler Universität Linz, Universitätsjahresbericht 2007, Linz 2008, S. 31.
40 Johannes Kepler Universität Linz, Universitätsjahresbericht 2006, Linz 2007, S. 33.
41 Johannes Kepler Universität Linz, Universitätsjahresbericht 2009, Linz 2010, S. 11; 20 Jahre LIMAK – Rückblick und Ausblick in die Zukunft, in: Campus News, H. 48, 2009, S. 24; Starke Vernetzung gibt Aufwind für ein neues Business School Projekt, in: Campus News, H. 50, 2010, S. 24.
42 Geschichte der Johannes Kepler Universität Linz, unter: http://www.jku.at/content/e213/e64/e6350, aufgerufen am 31.7.2016.
43 Stefan Heissenberger (Hg.), Uni brennt. Grundsätzliches – Kritisches – Atmosphärisches, Wien 2010².
44 Von der Einführung der Studiengebühren bis zum VfGH-Urteil, unter: http://derstandard.at/1308 680625614/Chronologie-Von-der-Einfuehrung-der-Studiengebuehren-bis-zum-VfGH-Urteil, aufgerufen am 17.8.2016; Johannes Kepler Universität Linz, Universitätsjahresbericht 2012, Linz 2013, S. 6.
45 Schübl, Der Universitätsbau in der Zweiten Republik, S. 446 f.
46 Die Finanzierung war damals noch unklar. Strehl sprach deshalb bei der Eröffnung des Bankengebäudes auch davon, dass die Universität noch auf der Suche nach Sponsoren sei. Zudem kündigte er an, dass das Gebäude auch Platz für jene Forschungsaufträge bringen solle, mit denen die Universität künftig selbst Geld verdienen müsse. Weitere Kooperationspartner gesucht. Uni denkt an »Mechatronikturm«. »Institutsgebäude 3« würde Dislozierungen beenden, in: Universitäts-Nachrichten, Jg. 19, H. 1, 1997, S. 16.
47 Untergebracht waren zur Jahrtausendwende in der Freistädterstraße verschiedene Einrichtungen der Sozial- und Wirtschaftswissenschaftlichen und der Technisch-Naturwissenschaftlichen Fakultät.
48 Neuer Investitionsschub an der Uni: Viertelmilliarde für Institutsgebäude 3, in: Universitäts-Nachrichten, Jg. 20, H. 4, 1999, S. 1; Zweiter Turm, Innenhof-Verbauung, neue Fassaden, Juridicum-Umbau, in: Universitäts-Nachrichten, Jg. 20, H. 4, 1999, S. 3; In Planung: Institutsgebäude III, in: Universitäts-Nachrichten, Sondernummer September 2000, S. 7; AJKU, A 05 Rektorat, 115: Protokoll über die 18. Sitzung des Universitätsbeirats vom 18.6.2002, Tischvorlage »Zukunftsperspektive JKU Science Park«.
49 Wirth, Campus Vienna Biocenter.
50 Neben universitären Einrichtungen in der Freistädterstraße wurden auch solche in der Welserstraße in Leonding angesprochen. In Leonding befand sich damals das Institut für Verfahrenstechnik.
51 SPÖ Linz (Hg.), Bürgermeister Franz Dobusch, S. 357 und S. 452; Die Uni wächst weiter. Drittmittelinstitute werden auf den Campus geholt, in: News vom Campus, H. 7, WS 2001/2002, S. 4; AJKU, A 05 Rektorat, 115: Das Projekt: Science Park, Powerpoint-Präsentation, 2000/01.
52 JKU Science Park – eine realistische Vision, in: News vom Campus, H. 11, 2002, S. 3.
53 Vgl. hierzu den Beitrag von Hermann Rafetseder in Kapitel 2.
54 Gleichzeitig wurde damals aber auch noch der Bau einer neuen Sporthalle auf dem Gelände erwogen. Nachdem die Entscheidung gefallen war, den Science Park an seiner heutigen Stelle zu bauen, wurde die Idee entwickelt, eine Freiluftsportanlage im Westen des Campus zu schaffen, umgesetzt wurde diese jedoch nicht. Kreczi, Der Linzer Hochschulfonds, S. 160 und S. 172; Christiana Baumann, Hochschulsport, in: Stefan Grössing (Gesamtleitung), Sport in Linz, Linz 1992, S. 187; AJKU, A 05 Rektorat, 115: Protokoll über die 13. Sitzung des Universitätsbeirates vom 30.10.2000; AJKU, S. 28; Digitale Schriftgutsammlungen: »Startschuss für Science Park: Linzer Universität präsentiert Siegerprojekt des Architektenwettbewerbs«, Presseinformation der Bundesimmobiliengesellschaft und der Johannes Kepler Universität Linz vom 1.7.2005.
55 »Drei Schichten für die Uni«, in: News vom Campus, H. 34, 2006, S. 17.
56 Dieser Masterplan hat ein Bauvolumen von über 60.000 Quadratmetern, eine Nutzfläche von ca. 40.000 Quadratmetern und vier Gebäudekomplexe vorgesehen. JKU Science Park – eine Vision gewinnt Kontur, in: News vom Campus, H. 19, 2003, S. 4; AJKU, A 05 Rektorat, 157/2: Rudolf Ardelt,

JKU Science Park – ein Projekt für die Zukunft. Sitzungsbeilage für die 8. Sitzung des Universitätsrates vom 18.11.2003.
57 AJKU, A 05 Rektorat, 157/2: Protokoll über die 7. Sitzung des Universitätsrates vom 1.10.2003.
58 JKU Science Park: Erster entscheidender Schritt, in: News vom Campus, H. 30, 2005, S. 3.
59 Mega-Spatenstich an der JKU, in: Campus News, H. 47, 2009, S. 21.
60 Spatenstich zum Science Park erfolgt – Jetzt fahren die Bagger auf, in: News vom Campus, H. 39, Juni 2007, S. 17.
61 Mega-Spatenstich an der JKU, in: Campus News, H. 47, 2009, S. 21.
62 Partner bei diesem Vorhaben war ebenfalls die BIG. Feierliche Eröffnung des JURIDICUM NEU an der JKU, Pressemeldung vom 7.10.2010, unter: http://www.jku.at/content/e213/e63/e43?apath=e32681/e65056/e93209/e97304, aufgerufen am 8.8.2016.
63 20 Jahre Mechatronik an der JKU, in: Campus News, H. 54, 2011, S. 25.
64 Wissen braucht Raum – 1. Bauabschnitt des Science Parks fertig, in: Campus News, H. 48, 2009, S. 21.
65 Da forscht es sich gut: Bauteil 2 feierlich eröffnet, in: Campus News, H. 56, 2011, S. 22 f.
66 Bundesminister Töchterle eröffnet Technology Center an der JKU, unter: http://www.jku.at/content/e213/e63/e58/e57?apath=e32681/e189960/e204394/e205106, aufgerufen am 17.8.2016.
67 Johannes Kepler Universität Linz (Hg.) u. Drachsler (Red.), Die Johannes Kepler Universität Linz 1966–2000, S. 320.
68 Bei der Eröffnung von Bauteil 1 waren Wissenschaftsminister Johannes Hahn, Landeshauptmann Pühringer und Bürgermeister Dobusch anwesend, bei jener von Bauteil 2 waren erneut Landeshauptmann Pühringer und Bürgermeister Dobusch sowie Wirtschaftsminister Reinhold Mitterlehner zugegen.
69 Dritter Bauabschnitt des JKU Science Parks eröffnet, in: Campus News, H. 60, 2012, S. 21.
70 Science Park Linz – Dritter Bauteil eröffnet, unter: https://www.youtube.com/watch?v=kIAxbebjNVI, aufgerufen am 20.8.2016.
71 JKU Life Science Center eröffnet, in: Campus News, H. 59, 2012, S. 23.
72 Johannes Kepler Universität Linz, Universitätsjahresbericht 2010, Linz 2011, S. 43.
73 Damit war auch eine Auflösung des bisherigen Standorts in der Welserstraße möglich. Die bis dahin dort angesiedelten Einrichtungen sind ins Technikum und in den TNF-Turm übersiedelt.
74 Investition von 25 Millionen Euro in die Technisch-Naturwissenschaftliche Fakultät, in: Campus News, H. 69, 2015, S. 25; Neubau JKU Technikum, in: Campus News, H. 71, 2015, S. 21.
75 Location mit Auftrieb, in: Campus News, H. 71, 2015, S. 20; »Stapellauf« geglückt: JKU Teich-Werk offiziell eröffnet, Pressemeldung vom 24.11.2015, unter: http://www.jku.at/content/e213/e63/e43?apath=e32681/e262488/e287353/e289434, aufgerufen am 23.8.2016.
76 Kreczi, Der Linzer Hochschulfonds, S. 116 und S. 168; Firnberg ignoriert Linzer Wünsche. Hochschule ohne Medizin, in: Oberösterreichische Nachrichten, 25./26.8.1973; Professorenpläne reifen: Linzer Stadtspital soll Klinikum werden, in: Oberösterreichische Nachrichten, 26.8.1975; Zum Thema Klinikum Linz: Nur kein Wiener Kuckucksei, in: Oberösterreichische Nachrichten, 29.8.1975; Salzburg gegen »Medizinische« in Linz, in: Oberösterreichische Nachrichten, 4.3.1978; Medizinische Fakultät für Linz urgiert, in: Oberösterreichische Nachrichten, 20.6.1978; Für medizinische Fakultät, in: Oberösterreichische Nachrichten, 29.9.1978; Firnberg sagt klares Nein zu medizinischer Fakultät, in: Oberösterreichische Nachrichten, 23.11.1978; Hartl widerspricht Firnberg, in: Oberösterreichische Nachrichten, 16.12.1978; Regionale Krankenhilfe soll Spitäler und Ärzte entlasten, in: Oberösterreichische Nachrichten, 27.2.1979; Stadt Linz und Land treten weiterhin für Klinikum ein, in: Oberösterreichische Nachrichten, 6.3.1979; Firnberg: Salzburgs Medizinische hat Vorrang, in: Salzburger Nachrichten, 10.3.1979; Auch Hartl für medizinische Fakultät, in: Oberösterreichische Nachrichten, 20.3.1979; Stadt Linz läßt neues Spital vorsorglich mit Klinikum planen, in: Oberösterreichische Nachrichten, 21.3.1979; Wege zur Landesuniversität, in: Universitäts-Nachrichten Jg. 1, H. 1, 1979, S. 1.
77 Land für Medizin in Linz, in: Oberösterreichische Nachrichten, 12.11.1985; Festliche Inauguration

des neuen Rektors. Prof. Dolinar skizzierte universitätspolitische Schwerpunkte, in: Universitäts-Nachrichten, Jg. 7, H. 2, 1985, S. 3; Hans Dolinar, Nach 20 Jahren an einem Wendepunkt, in: Universitäts-Nachrichten, Jg. 8, H. 2, 1986, S. 2; Hans Dolinar, 20 Jahre Universität Linz, in: Österreichische Hochschulzeitung, Jg. 38, H. 11, 1986, S. 13; Klinikum soll Uni aufpolieren. Studenten nicht interessiert, in: Oberösterreichische Nachrichten, 17.7.1986; Spatenstich für das Institutsgebäude III, in: Universitäts-Nachrichten, Jg. 9, H. 4, 1988, S. 1 f.

78 Johannes Kepler Universität Linz (Hg.) u. Drachsler (Red.), Die Johannes Kepler Universität Linz 1966–1976, S. 67.

79 Dies betraf im Konkreten das AKH, die Elisabethinen, die Landes-Kinderklinik und die Landes-Nervenklinik Wagner-Jauregg. Medizinstudium: Pflichtpraktika des dritten Abschnitts können in Linz absolviert werden, in: Universitäts-Nachrichten, Jg. 21, H. 1, 1999, S. 3.

80 Gipfel im Kanzleramt: Durchbruch für Linzer Med-Fakultät, in: Oberösterreichische Nachrichten, 24.4.2013 (online); Medizinische Fakultät an der JKU: Hervorragende Synergien, in: Campus News, H. 64, 2013, S. 12.

81 Johannes Kepler Universität Linz, Errichtung einer Medizinischen Fakultät an der Johannes Kepler Universität Linz, Projektbeschreibung (Fassung vom 17.2.2014/Ergänzung am 3.4.2014), Linz 2014, S. 60.

82 Die Ärztebedarfsstudie enthielt zahlreiche strukturelle Empfehlungen zur nachhaltigen Sicherung des österreichischen Gesundheitswesens, sprach sich aber nicht für eine Neugründung aus. Rechnungshof, Bericht des Rechnungshofes: Medizinische Fakultät Linz – Planung (Bund 2015/17), Wien 2015.

83 Johannes Kepler Universität Linz, Errichtung einer Medizinischen Fakultät, S. 15 f.; Bericht des Rechnungshofes: Medizinische Fakultät Linz, S. 111 ff. und S. 124 ff.; Geschichte des Projekts der Medizinischen Fakultät der JKU, unter: http://www.medges-ooe.at/index.php?id=22, aufgerufen am 17.8.2016.

84 Die Hochschulkonferenz als weiteres Beratungsgremium umfasst zudem Vertreter und Vertreterinnen der Hochschülerschaft, der Privatuniversitäten, des Wissenschaftsrats und des Ministeriums.

85 »Jungärzte als Systemerhalter für Schwesternbereich«, in: Der Standard, 25.3.2013; Pühringer: »Linz hat ein Anrecht auf eine Voll-Universität«, in: Der Standard, 8.2.2013 (online); Wissenschaftsrat: Medizin-Fakultät in Linz ist nicht notwendig, in: Der Standard, 18.4.2013 (online); Gewerkschaft gegen Linzer Medizin-Fakultät, in: Der Standard, 4.6.2013 (online); »Konzept in keiner Weise geeignet«, in: Der Standard, 11.6.2013 (online); Die politische Fakultät, in: Der Standard, 3.7.2013.

86 Johannes Kepler Universität Linz, Errichtung einer Medizinischen Fakultät, S. 15 f.; Bericht des Rechnungshofes: Medizinische Fakultät, S. 111 ff. und S. 124 ff.; Geschichte des Projekts der Medizinischen Fakultät der JKU, unter: http://www.medges-ooe.at/index.php?id=22, aufgerufen am 17.8.2016; Gipfel im Kanzleramt: Durchbruch für Linzer Med-Fakultät, in: Oberösterreichische Nachrichten, 24.4.2013 (online).

87 Diese Kommission wurde im Februar 2014 eingesetzt. Johannes Kepler Universität Linz, Universitätsjahresbericht 2014, Linz 2015, S. 47 f.

88 Hochschulkonferenz stimmt Medizin-Fakultät zu, in: Der Standard, 10.7.2013 (online); Grünes Licht für Medizin-Uni in Linz, in: Kleine Zeitung, 10.7.2013 (online).

89 Lukas fungierte von 2012 bis 2013 zunächst als Vertreter der Stadt Linz.

90 Dies führte sogar zur Androhung, eine Klage beim Verfassungsgerichtshof einzubringen. Den »Anspruch« auf eine staatliche Medizinische Universität gab Salzburg erst 2013 auf und knüpfte dies an eine Unterstützung für die Paracelsus Medizinische Privatuniversität. Hierzu ist es jedoch bisher nicht gekommen. Streit um Medizin-Fakultät: Salzburg durfte nicht, in: Salzburger Nachrichten, 12.7.2013 (online); Die neu errichtete Uni hat ihren Platz schwer erkämpft, in: Salzburger Nachrichten, 18.5.2016.

91 Die entsprechende Änderung des Universitätsgesetzes passierte am 6.7.2013 den Nationalrat und wurde am 6.8.2013 im Bundesgesetzblatt kundgetan. Bundesgesetz, mit dem das Universitätsgesetz 2002 geändert wird, BGBl. I 176/2013.

92 Der Ministerratsbeschluss erfolgte Mitte August 2013. Aufgrund der Nationalratswahlen vom 29.9.2013 und der anschließenden Regierungsbildung war ein nochmaliger Ministerratsbeschluss am 5.1.2014 notwendig. Johannes Kepler Universität Linz, Errichtung einer Medizinischen Fakultät, S. 16; Bericht des Rechnungshofes: Medizinische Fakultät Linz, S. 111 ff. und S. 124 ff.; Geschichte des Projekts der Medizinischen Fakultät der JKU, unter: http://www.medges-ooe.at/index.php?id=22, aufgerufen am 17.8.2016.

93 Vereinbarung gemäß Art. 15a B-VG zwischen dem Bund und dem Land Oberösterreich über die Errichtung und den Betrieb einer Medizinischen Fakultät und die Einrichtung des Studiums der Humanmedizin an der Universität Linz, BGBl. I 18/2014.

94 Genannt wurde in diesem Zusammenhang wiederum ein Betrag von 225 Millionen Euro bis 2018. Linzer Med-Fakultät mit parlamentarischem Segen, in: Oberösterreichische Nachrichten, 24.2.2014; Linzer Med-Fakultät steht nichts mehr im Weg, in: Die Presse, 25.2.2014 (online); In Linz inskribieren – in Graz studieren, in: Wiener Zeitung, 26.2.2014 (online).

95 Die Änderung der Organisation der JKU wurde in einem Sondermitteilungsblatt am 27.2.2014 verlautbart. Johannes Kepler Universität Linz, Universitätsjahresbericht 2014, Linz 2015, S. 9.

96 Gründung der Medizinischen Fakultät, in: Campus News, H. 68, 2014, S. 3.

97 Im September 2013 folgte auch ein entsprechender Beschluss des Rektorats. Das erste Curriculum für das Bachelorstudium wurde vom Senat am 12.2.2014 beschlossen, das aktuell gültige Curriculum wurde vom Senat am 10.5.2016 verabschiedet und ist ab WS 2016/17 gültig. Johannes Kepler Universität Linz, Universitätsjahresbericht 2014, Linz 2015, S. 49; Information des Prüfungs- und Anerkennungsservices vom 31.8.2016.

98 Hierfür war eine weitere Novellierung des Universitätsgesetzes vorgenommen worden, die am 24.2.2014 den Nationalrat passierte. Bundesgesetz, mit dem das Universitätsgesetz 2002 geändert wird, BGBl. I 16/2014.

99 Medizin-Fakultät: Uni Linz wählt neuen Vizerektor, in: Oberösterreichische Nachrichten, 30.8.2014; »Hier ist etwas Großes im Entstehen«. Vizerektor Ferdinand Hofstädter im Gespräch, in: Campus News, H. 68, 2014, S. 4 f.

100 An dieser halten das Land 74,9 Prozent und die Stadt 25,1 Prozent. Kepler Universitätsklinikum, in: Campus News, H. 69, 2015, S. 10.

101 Neuer Universitätsrat, in: Campus News, H. 62, 2013, S. 10.

102 Universitätslehrgänge, unter: http://www.jku.at/content/e262/e242/e3081, aufgerufen am 30.8.2016.

103 Hierzu zählt auch der Gebäudekomplex Aubrunnerweg/Altenbergstraße als Außenanmietung.

104 Information des Personalmanagements vom 5.9.2016.

105 Porträt, unter: http://www.jku.at/content/e213/e64, aufgerufen am 30.8.2016.

106 Entwicklungsplan der JKU 2013-2018, unter: http://www.jku.at/Rektorat/content/e6424/e6366/e6295/e226968/JKU-Entwicklungsplan2013-18Stand04122013_ger.pdf, aufgerufen am 30.8.2016.

107 Das Curriculum für den Master Humanmedizin wird im Sommersemester 2017 erlassen.

108 Medizinische Fakultät, unter: http://www.jku.at/content/e213/e236890, aufgerufen am 30.8.2016.

109 Information des Zentrums für Medizinische Lehre vom 31.8.2016.

110 Neue Medizin-Uni erhält in Linz Campus um 105 Millionen Euro, in: Oberösterreichische Nachrichten, 5.12.2015 (online).

111 Johannes Kepler Universität Linz, Errichtung einer Medizinischen Fakultät, S. 41.

112 Meinhard Lukas, Medizinfakultät Linz: Eine Provinzposse? (Gastkommentar), in: Wiener Zeitung, 5.8.2013 (online); Johannes Kepler Universität Linz, Universitätsjahresbericht 2013, Linz 2014, S. 10; Johannes Kepler Universität Linz, Universitätsjahresbericht 2014, Linz 2015, S. 7.

113 Neben der Johannes Kepler Universität gehören dem Cluster folgende Einrichtungen an: Anton Bruckner Privatuniversität, Universität für künstlerische und industrielle Gestaltung Linz, Pädagogische Hochschule Salzburg, Private Pädagogische Hochschule – Hochschulstiftung Diözese Innsbruck,

Private Pädagogische Hochschule – Hochschulstiftung Diözese Linz, Pädagogische Hochschule Oberösterreich, Katholisch-Theologische Privatuniversität Linz, Universität Mozarteum Salzburg, Paris Lodron Universität Salzburg. Johannes Kepler Universität Linz, Universitätsjahresbericht 2014, Linz 2015, S. 46 f.; Einheitliche LehrerInnenausbildung, in: Campus News, H. 67, 2014, S. 19.
114 Neue PädagogInnenbildung in OÖ startklar sowie gesamte Presseunterlage, unter: http://www.jku.at/content/e213/e63/e58/e57?apath=e32681/e292394/e307310/e307773, aufgerufen am 31.8.2016.
115 Gründung des Linz Institute of Technology, in: Campus News, H. 71, 2015, S. 3 f.
116 Mittelstrass, Die Zukunft der Universität in Zeiten Saturns; Szöllösi-Janze, Konkurrenz um Exzellenz.

Andreas Reichl

Zahlen, Daten und Fakten zur Entwicklung der Johannes Kepler Universität Linz

Entwicklung des Studienangebots

Entwicklung des Studienangebots nach Studienjahr

Nr.	Fakultät[1]	Studienrichtung	Art	Beginn	Ende
1	SOWI	Soziologie	D	1966/67	2008/09
2	SOWI	Sozialwirtschaft	D	1966/67	2008/09
3	SOWI	Volkswirtschaft	D	1966/67	2000/01
4	SOWI	Betriebswirtschaft	D	1966/67	2000/01
5	SOWI	Doktorat der Sozial- und Wirtschaftswissenschaften	O	1966/67	laufend
6	RE	Rechtswissenschaften	ASVS	1966/67	1990/91
7	SOWI	Sozial- und Wirtschaftsstatistik	D	1967/68	1994/95
8	TN	Kurzstudium der Rechen-/Datentechnik[2]	K	1969/70	1999/2000
9	TN	Technische Mathematik	D	1969/70	2002/03
10	TN	Informatik	D	1969/70	2001/02
11	TN	Lehramt Mathematik – Physik	L	1969/70	1975/76
12	SOWI	Wirtschaftspädagogik	D	1970/71	laufend
13	TN	Technische Physik	D	1970/71	2005/06
14	TN	Doktorat der Technischen Wissenschaften	O	1971/72	laufend
15	SOWI – interfakultär	Betriebs- und Verwaltungsinformatik/ Wirtschaftsinformatik	Stv D	1975/76 1985/86	1984/85 2007/08
16	TN	Lehramt Mathematik	L	1976/77	2001/02
17	TN	Lehramt Physik	L	1976/77	2001/02
18	TN	Lehramt Chemie	L	1976/77	2001/02
19	TN	Doktorat der Naturwissenschaften (vormals auch Philosophie)	O	1976/77	laufend
20	TN/SOWI TN	Wirtschaftsingenieurwesen – Technische Chemie	Stv D	1979/80 1985/86	1984/85 2008/09
21	RE	Rechtswissenschaften	D	1981/82	laufend
22	RE	Doktorat der Rechtswissenschaften	O	1983/84	laufend
23	SOWI	Statistik	D	1986/87	2001/02
24	TN	Mechatronik	Stv D	1990/91 1995/96	1994/95 2005/06
25	SOWI	Ergänzungsstudium Internationales Magisterium der Betriebswirtschaftslehre[3]	E	1991/92	1998/99

Nr.	Fakultät[1]	Studienrichtung	Art	Beginn	Ende
26	TN	Technische Chemie	D	1992/93	2008/09
27	SOWI	Handelswissenschaft	D	1992/93	2000/01
28	SOWI	Wirtschaftswissenschaften	D	2001/02	2011/12
29	TN	Diplomstudium Lehramtsstudium (UF Mathematik, UF Physik, UF Chemie, UF Informatik und Informatikmanagement)	L	2002/03	2015/16

Umstellung auf Bologna-Struktur mit Bachelor- und Masterstudien

Nr.	Fakultät[1]	Studienrichtung	Art	Beginn	Ende
30	SOWI	Statistik	B	2002/03	laufend
31	SOWI	Statistics	M	2002/03	laufend
32	TN	Informatik	B	2002/03	laufend
33	TN	Informatik/Computer Science	M	2002/03	laufend
34	TN	Technische Mathematik	B	2003/04	laufend
35	TN	Mathematik in den Naturwissenschaften	M	2003/04	laufend
36	TN	Industriemathematik	M	2003/04	laufend
37	TN	Computermathematik	M	2003/04	laufend
38	TN	Molekulare Biowissenschaften	B	2004/05	laufend
39	TN	Molekulare Biologie	M	2004/05	laufend
40	RE	Wirtschaftsrecht	B	2006/07	laufend
41	TN	Bioinformatics	M	2006/07	laufend
42	TN	Technische Physik	B	2007/08	laufend
43	TN	Mechatronik	B	2007/08	laufend
44	TN	Biological Chemistry	B	2007/08	laufend
45	TN	Netzwerke und Sicherheit	M	2007/08	2014/15
46	TN	Software Engineering	M	2007/08	2014/15
47	TN	Pervasive Computing	M	2007/08	2014/15
48	SOWI	Wirtschaftsinformatik	B	2008/09	laufend
49	SOWI	Wirtschaftsinformatik	M	2008/09	laufend
50	SOWI	Joint Masterstudium Comparative Social Policy and Welfare	M	2008/09	laufend
51	TN	Informationselektronik	B	2008/09	laufend
52	TN	Nanoscience and -technology	M	2008/09	laufend
53	TN	Technische Physik	M	2008/09	laufend

Nr.	Fakultät[1]	Studienrichtung	Art	Beginn	Ende
54	TN	Biophysik	M	2008/09	laufend
55	RE	Recht und Wirtschaft für Techniker/innen	M	2009/10	laufend
56	SOWI	Soziologie	B	2009/10	laufend
57	SOWI	Sozialwirtschaft	B	2009/10	laufend
58	SOWI	Wirtschaftswissenschaften	B	2009/10	laufend
59	SOWI	Soziologie	M	2009/10	laufend
60	SOWI	Politische Bildung	M	2009/10	laufend
61	SOWI	PhD-Program in Economics	O	2009/10	laufend
62	SOWI	Doktorat der Geistes- und Kulturwissenschaften	O	2009/10	laufend
63	TN	Kunststofftechnik	B	2009/10	laufend
64	TN	Technische Chemie	B	2009/10	laufend
65	TN	Management in Polymer Technologies	M	2009/10	laufend
66	TN	Mechatronik	M	2009/10	laufend
67	SOWI	Kulturwissenschaften	B	2010/11	laufend
68	SOWI	Sozialwirtschaft	M	2010/11	laufend
69	SOWI	Economics	M	2010/11	laufend
70	SOWI	General Management	M	2010/11	laufend
71	SOWI	Management and Applied Economics	M	2010/11	laufend
72	SOWI	Joint Master Program Global Business	M	2010/11	laufend
73	TN	Wirtschaftsingenieurswesen – Technische Chemie	M	2010/11	laufend
74	TN	Technische Chemie	M	2010/11	laufend
75	TN	Polymer Chemistry	M	2010/11	laufend
76	TN	Joint Master Program Biological Chemistry	M	2010/11	laufend
77	RE	Steuerwissenschaften	M	2011/12	laufend
78	SOWI – interfakultär	Webwissenschaften	M	2011/12	laufend
79	SOWI	Joint Master Program Digital Business Management	M	2011/12	laufend
80	SOWI	Finance and Accounting	M	2011/12	laufend
81	TN	Informationselektronik	M	2011/12	laufend
82	SOWI	General Management Double Degree Ecole Supérieure de Commerce Troyes – JKU Linz	M	2013/14	laufend
83	SOWI	Joint Master Program Global Business Russland/Italien	M	2013/14	laufend
84	TN	Bioinformatics	B	2013/14	laufend

Nr.	Fakultät[1]	Studienrichtung	Art	Beginn	Ende
85	TN	Polymer Technologies and Science	M	2013/14	laufend
86	MED	Humanmedizin	B	2014/15	laufend
87	SOWI	General Management Double Degree Southern Taiwan University of Science and Technology Tainan – JKU Linz	M	2015/16	laufend
88	SOWI/TN	Lehramt Sekundarstufe (Allgemeinbildung)	B	2016/17	laufend

1 Obwohl die Rechtswissenschaftliche Fakultät erst 1975 offiziell eingerichtet wurde – zuvor gab es die gemeinsame Sozial-, Wirtschafts- und Rechtswissenschaftliche Fakultät –, wird diese hier bereits von Anfang an einzeln ausgewiesen.
2 Ab dem Studienjahr 1978/79 wurde das Studium als »Kurzstudium der Datentechnik« geführt. Es handelt sich um kein vollwertiges Diplomstudium, abgeschlossen wurde es als »Akademisch geprüfter Datentechniker«.
3 Es handelt sich um kein vollwertiges Diplomstudium, abgeschlossen wurde es mit dem akademischen Grad »Internationales Magisterium der Betriebswirtschaftslehre«.

Abkürzungen: RE = Rechtswissenschaftliche Fakultät; SOWI = Sozial- und Wirtschaftswissenschaftliche Fakultät; TN = Technisch-Naturwissenschaftliche Fakultät; MED = Medizinische Fakultät; D = Diplomstudium; L = Lehramt; O = Doktorat; Stv = Studienversuch; B = Bachelor; M = Master; ASVS = alte Studienvorschrift des juristischen Studiums; K = Kurzstudium; E = Ergänzungsstudium; UF = Unterrichtsfach

Neu eingerichtete Studienrichtungen nach Jahrzehnten

Jahrzehnt	gesamt		nach Studienrichtungsart				nach Fakultät			
	Studienrichtungen	Anteil an Summe (in %)	Diplom[1]	Bachelor	Master	Doktorat	RE	SOWI	TN	MED
1960er	11	13	10			1	1	6	4	
1970er	9	10	7			2		2	7	
1980er	3	3	2			1		2	1	
1990er	4	5	4					2	2	
2000er	39	44	2	15	20	2	2	13	24	
2010er	22	25		4	18		1	13	7	1
Summe	88	100	25	19	38	6	6	37	44	1

1 Diplomstudien inklusive Lehramtsstudien und Studienversuchen, den Kurzstudien Rechen- bzw. Datentechnik, dem Ergänzungsstudium Internationales Magisterium der Betriebswirtschaftslehre und dem »alten« Juristischen Studium (ASVS).

Anzahl angebotener Studienrichtungen in ausgewählten Studienjahren

Studienjahr	Diplom	Bachelor	Master	Doktorat	Summe
1966/67	5			1	6
1970/71	12			1	13
1975/76	13			2	15
1980/81	16			3	19
1985/86	17			4	21
1990/91	19			4	23
1995/96	20			4	24
2000/01	18			4	22
2005/06	11	4	6	4	25
2010/11	4	16	29	6	55
2015/16	3	18	35	6	62

Quellen: Studienführer (bis 2002/03); Informationen aus dem Bundesministerium für Wissenschaft, Forschung und Wirtschaft, Abteilung IV/9 Hochschulstatistik; AJKU; Prüfungs- und Anerkennungsservice der JKU.

Rektoren und Dekane/Dekaninnen

Rektoren sowie Pro-/Prä-/Vizerektoren/Vizerektorinnen

Amtsperiode	Rektor	Pro-/Prärektor/Vizerektor/Vizerektorin[1]
1965-1967	Ludwig Fröhler	Rudolf Strasser
1967-1968	Adolf Adam	Ludwig Fröhler
1968-1970	Rudolf Strasser	Ludwig Fröhler
1970-1971	Gerhard Derflinger	Rudolf Strasser
1971-1972	Kurt Rothschild	Gerhard Derflinger
1972-1974	Hans Bach	Kurt Rothschild
1974-1977	Helmut Paul	Hans Bach, Karl Vodrazka, Rudolf Wohlgenannt
1977-1979	Rudolf Wohlgenannt	Helmut Paul, Peter Oberndorfer
1979-1981	Peter Oberndorfer	Rudolf Wohlgenannt, Ernst R. Reichl
1981-1983	Ernst R. Reichl	Peter Oberndorfer, Karl Vodrazka
1983-1985	Karl Vodrazka	Ernst R. Reichl, Hans Dolinar
1985-1987	Hans Dolinar	Karl Vodrazka, Hans Knapp
1987-1989	Hans Knapp	Hans Dolinar, Ernest Kulhavy
1989-1991	Ernest Kulhavy	Hans Knapp, Johannes Hengstschläger
1991-1996	Johannes Hengstschläger	Ernest Kulhavy, Peter Weiß, Friedrich Schneider
1995[2]-2000	Franz Strehl	Bruno Binder (Lehre) Hans Irschik (Forschung) Friedrich Schneider (Auslands- und Außenbeziehungen)
2000-2007	Rudolf Ardelt	Herbert Kalb (Lehre) Günter Pilz (Forschung) Friedrich Schneider (Auslands- und Außenbeziehungen) Franz Wurm (Finanz- und Ressourcenmanagement, ab Juni 2003)
2007-2015	Richard Hagelauer	Herbert Kalb (Lehre) Gabriele Kotsis (Forschung) Friedrich Roithmayr (Kommunikation und Außenbeziehungen) Franz Wurm (Finanzen, bis Sept. 2011) Barbara Romauer (Finanzen, ab Okt. 2011) Ferdinand Hofstädter (Medizin, ab Okt. 2014)

Amtsperiode	Rektor	Pro-/Prärektor/Vizerektor/Vizerektorin[1]
2015–lfd.	Meinhard Lukas	Petra Apfalter (Medizin) Dorothea Greiling (Personal, Diversity und IT, bis Juni 2016) Andreas Janko (Lehre und Studierende) Alexander Egyed (Forschung) Barbara Romauer (Finanzen)

1 Ab der Amtsperiode 1996–2000 treten Vizerektoren und Vizerektorinnen mit bestimmten Aufgabenbereichen an die Stelle der Pro-/Prärektoren/-rektorinnen. Die Rektorate Paul bzw. Hengstschläger erstreckten sich über mehrere Perioden, deshalb verfügten sie über mehrere Stellvertreter.
2 Bis zur vollständigen Implementierung des Universitäts-Organisationsgesetzes 1993 gab es kurzfristig zwei Rektoren.

Dekane/Dekaninnen der Sozial-, Wirtschafts- und Rechtswissenschaftlichen Fakultät (1968–1975)[1]

Amtsperiode	Dekan/Dekanin
1968–1970	Erich Bodzenta
1970–1971	Wolfgang Bauerreiss
1971–1972	Hans Bach
1972–1973	Marianne Meinhart
1973–1974	Gustav Otruba
1974–1975	Bruno Primetshofer

1 Von 1966 bis 1968 führte der Rektor die Amtsgeschäfte des Dekans.

Dekane/Dekaninnen der Rechtswissenschaftlichen Fakultät (ab 1975)

Amtsperiode	Dekan/Dekanin
1975–1977	Rudolf Strasser
1977–1979	Peter Rummel
1979–1980	Hans Ernst Folz
1980–1982	Josef Aicher
1982–1986	Peter Apathy
1986–1988	Helmut Pree
1988–1992	Heribert Franz Köck

Amtsperiode	Dekan/Dekanin
1992-1994	Rudolf Reischauer
1994-2009	Heribert Franz Köck
2009-2011	Markus Achatz
2011-2015	Meinhard Lukas
2015-lfd.	Katharina Pabel

Dekane der Sozial- und Wirtschaftswissenschaftlichen Fakultät (ab 1975)

Amtsperiode	Dekan
1975-1977	Ernest Kulhavy
1977-1979	Friedrich Fürstenberg
1979-1981	Lutz J. Heinrich
1981-1982	Karl Vodrazka
1982-1984	Reinhard Czycholl
1984-1986	Gerhard Reber
1986-1988	Rudolf Wohlgenannt
1988-1990	Walter Sertl
1990-1996	Friedrich Schneider
1996-2003	Helmut Schuster
2004-2007	Johann K. Brunner
2007-2011	Gerhard A. Wührer
2011-2013	Teodoro D. Cocca
2013-lfd.	Johann Bacher

Dekane der Technisch-Naturwissenschaftlichen Fakultät (ab 1968)

Amtsperiode	Dekan
1968-1969	Adolf Adam
1969-1970	Eduard Nachtigall
1970-1971	Miloš Lánský
1971-1973	Paul O. Runck
1973-1974	Helmut Paul

Amtsperiode	Dekan
1974–1975	Hans Knapp
1975–1976	Günther Vinek
1976–1979	Helmut Heinrich
1979–1981	Bruno Buchberger
1981–1984	Hermann Janeschitz-Kriegl
1984–1985	Peter Rechenberg
1985–1987	Helmut Paul
1987–1989	Peter Weiß
1989–1991	Heinz Falk
1991–1993	Hartwig Thim
1993–1996	Urbaan M. Titulaer
1996–2000	Heinz Engl
2000–2007	Richard Hagelauer
2007–2009	Wolfgang Buchberger
2009–2013	Erich Peter Klement
2013–2015	Franz Winkler
2015–lfd.	Alois Ferscha

Quelle: AJKU.

Personal- und Institutsentwicklung

Entwicklung des Personalstands (in Köpfen)[1]

Jahr	O. Univ.-Prof. & Univ.-Prof.			Gesamtpersonal		
	gesamt	Frauen	Anteil Frauen (in %)	gesamt	Frauen	Anteil Frauen (in %)
1966	12	0	0			
1970	28	1	4			
1975	53	1	2			
1980	61	1	2			
1985	61	1	2	752	258	34
1990	63	0	0	932	318	34
1995	73	1	1	1.271	434	34
2000	113	3	3	1.405	535	38
2005	106	8	8	2.084	825	40
2010	118	17	14	2.463	1.019	41
2015	126	17	13	2.733	1.186	43

1 Für den Gesamtpersonalstand gibt es erst ab Mitte der 1980er Jahre valide Daten. Über das Ausmaß an Vollzeitstellen gibt diese Aufstellung keine Auskunft, da die Zählung in Köpfen erfolgte. Die alternative Darstellungsform mit Vollzeitäquivalenten ist leider aufgrund des vorliegenden Datenmaterials nicht über den gesamten Zeitraum möglich. Von 1985 bis 2000 sind beim Gesamtpersonal Karenzierungen noch inkludiert, danach jedoch nicht mehr inbegriffen.

Personalstand an der JKU (in Köpfen)

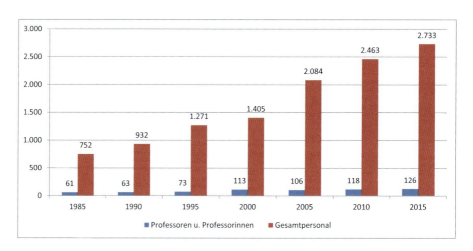

Frauenanteil der Personalkategorien

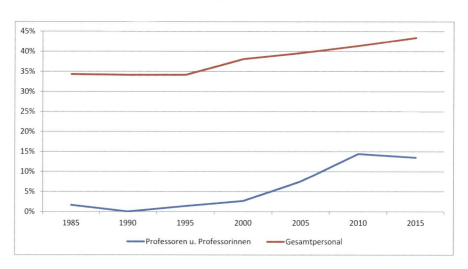

Anzahl der Universitätsinstitute, Forschungsinstitute, inklusive dem Fremdsprachenzentrum

Jahr	Institute
1966	11
1970	25
1975	33
1980	35
1985	43
1990	48
1995	55
2000	69
2005	101
2010	118
2015	122

Quellen: Studienführer der Wintersemester 1966/67, 1970/71, 1975/76, 1980/81, 1985/86, 1990/91, 1995/96, 2000/01; Onlineportal Datawarehouse Hochschulbereich des BMWFW; Universitätsjahresberichte (ab 2004); Wissensbilanzen (ab 2005); Qualitätsmanagement und Berichtswesen der JKU; Informationsmanagement der JKU; Personalmanagement der JKU.

Studierende

Anzahl der ordentlichen Studierenden in Österreich, an der JKU, an der Universität Salzburg und an der Universität Klagenfurt

WS	Österreich	JKU gesamt	Männer	Frauen	Universität Salzburg	Universität Klagenfurt
1966	48.965	562	484	78	1.073	
1967	51.013	772	675	97	1.353	
1968	49.093	1.023	895	128	1.966	
1969	50.117	1.320	1.159	161	2.304	
1970	53.152	1.726	1.507	219	2.664	
1971	57.930	2.118	1.808	310	3.265	
1972	64.806	2.449	2.052	397	3.845	39
1973	70.878	2.599	2.137	462	4.369	238
1974	75.246	2.689	2.184	505	4.794	356
1975	81.324	2.934	2.316	618	5.337	591
1976	87.924	3.189	2.488	701	5.743	775
1977	94.386	3.376	2.570	806	6.279	984
1978	101.330	3.760	2.763	997	6.843	1.177
1979	109.121	4.366	3.164	1.202	7.329	1.324
1980	115.616	4.873	3.500	1.373	7.525	1.591
1981	125.505	5.566	3.945	1.621	8.312	1.649
1982	133.813	6.178	4.375	1.803	8.597	1.816
1983	142.159	6.935	4.833	2.102	8.773	2.004
1984	151.934	7.629	5.189	2.440	8.897	2.271
1985	160.904	8.254	5.549	2.705	9.146	2.587
1986	168.182	8.646	5.836	2.810	9.443	2.763
1987	175.510	9.218	6.188	3.030	9.679	3.031
1988	179.484	9.458	6.363	3.095	9.977	2.998
1989	186.149	9.805	6.573	3.232	10.019	3.016
1990	193.479	10.563	7.097	3.466	10.174	3.193
1991	201.874	11.508	7.649	3.859	10.427	3.531
1992	205.769	12.264	8.161	4.103	10.519	3.753
1993	210.639	13.110	8.619	4.491	10.663	3.886
1994	216.127	13.202	8.583	4.619	10.889	4.242
1995	220.341	13.435	8.617	4.818	11.116	4.438

WS	Österreich	JKU gesamt	Männer	Frauen	Universität Salzburg	Universität Klagenfurt
1996	220.345	13.932	8.837	5.095	10.928	4.678
1997	219.162	13.288	8.357	4.931	10.989	4.968
1998	221.067	13.156	8.183	4.973	11.520	5.510
1999	227.302	13.494	8.203	5.291	11.966	6.316
2000	227.948	13.753	8.166	5.587	11.824	6.748
2001	182.805	11.446	6.609	4.837	9.812	5.247
2002	186.226	10.441	5.990	4.451	9.833	5.409
2003	192.560	11.104	6.260	4.844	9.931	5.739
2004	195.763	11.313	6.331	4.982	10.397	6.043
2005	203.453	11.686	6.437	5.249	10.838	6.316
2006	209.416	12.028	6.597	5.431	11.629	6.614
2007	217.587	12.174	6.578	5.596	11.787	6.959
2008	223.562	12.374	6.595	5.779	12.531	7.146
2009	255.561	15.418	8.247	7.171	14.608	8.417
2010	265.030	16.372	8.626	7.746	15.032	8.659
2011	272.061	16.937	8.917	8.020	14.891	8.708
2012	275.523	17.752	9.218	8.534	14.951	9.166
2013	273.280	17.752	9.122	8.630	14.354	8.884
2014	277.508	18.089	9.311	8.778	14.568	8.817
2015	280.445	18.036	9.247	8.789	14.744	8.478

1 Die Universitäten in Salzburg und Klagenfurt werden hier als Vergleich angeführt, da beide ebenfalls in den 1960er bzw. 1970er Jahren neu bzw. wieder gegründet wurden.

Entwicklung der Veränderung der Anzahl der ordentlichen Studierenden in Österreich und an der JKU[1]

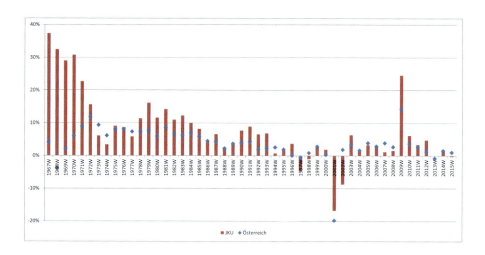

1 Der starke Rückgang der Studierendenzahlen im Wintersemester 2001/02 ist auf die Einführung der Studiengebühren und das Ausscheiden inaktiver Studierender zurückzuführen.

Entwicklung des Frauenanteils unter den ordentlichen Studierenden in Österreich, an der JKU, an der Universität Salzburg und an der Universität Klagenfurt

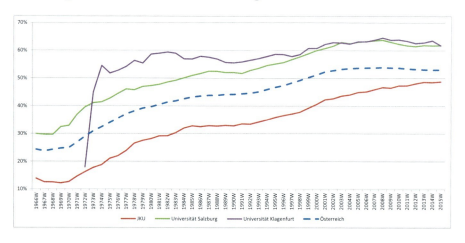

Anzahl der belegten Studien nach Fakultäten (ab WS 1982)[1]

WS	RE	SOWI	TN	MED	Summe	Anteil RE (in %)	Anteil SOWI (in %)	Anteil TN (in %)	Anteil MED (in %)
1982	1.563	4.220	1.581		7.364	21,2	57,3	21,5	
1983	1.597	4.928	1.798		8.323	19,2	59,2	21,6	
1984	1.693	5.463	1.947		9.103	18,6	60,0	21,4	
1985	1.701	6.099	2.090		9.890	17,2	61,7	21,1	
1986	1.811	6.489	2.154		10.454	17,3	62,1	20,6	
1987	1.823	6.769	2.300		10.892	16,7	62,1	21,1	
1988	1.814	7.135	2.414		11.363	16,0	62,8	21,2	
1989	1.872	7.810	2.742		12.424	15,1	62,9	22,1	
1990	1.935	8.345	3.206		13.486	14,3	61,9	23,8	
1991	2.008	9.424	3.523		14.955	13,4	63,0	23,6	
1992	2.131	10.626	3.558		16.315	13,1	65,1	21,8	
1993	2.347	11.835	3.753		17.935	13,1	66,0	20,9	
1994	2.468	12.107	3.922		18.497	13,3	65,5	21,2	
1995	2.730	12.867	3.985		19.582	13,9	65,7	20,4	
1996	2.837	13.605	3.957		20.399	13,9	66,7	19,4	
1997	2.783	13.283	3.843		19.909	14,0	66,7	19,3	
1998	2.848	13.185	3.789		19.822	14,4	66,5	19,1	
1999	2.860	13.520	3.626		20.006	14,3	67,6	18,1	
2000	3.131	13.553	3.402		20.086	15,6	67,5	16,9	
2001	2.325	11.893	3.144		17.362	13,4	68,5	18,1	
2002	2.571	9.294	3.099		14.964	17,2	62,1	20,7	
2003	3.058	9.325	3.211		15.594	19,6	59,8	20,6	
2004	3.353	8.843	3.322		15.518	21,6	57,0	21,4	
2005	3.800	8.909	3.516		16.225	23,4	54,9	21,7	
2006	4.426	8.660	3.612		16.698	26,5	51,9	21,6	
2007	4.902	8.418	3.608		16.928	29,0	49,7	21,3	
2008	5.167	8.410	3.725		17.302	29,9	48,6	21,5	
2009	6.409	9.031	3.905		19.345	33,1	46,7	20,2	
2010	6.901	9.428	3.956		20.285	34,0	46,5	19,5	
2011	7.319	9.665	4.163		21.147	34,6	45,7	19,7	
2012	7.658	9.755	4.373		21.786	35,2	44,8	20,1	
2013	7.779	9.442	4.476		21.697	35,9	43,5	20,6	

WS	RE	SOWI	TN	MED	Summe	Anteil RE (in %)	Anteil SOWI (in %)	Anteil TN (in %)	Anteil MED (in %)
2014	7.920	9.270	4.738	60	21.988	36,0	42,2	21,5	0,3
2015	8.277	8.928	4.714	117	22.036	37,6	40,5	21,4	0,5

1 Aufgrund von Mehrfachbelegungen weicht die Summe der Anzahl der belegten Studien von der Anzahl der ordentlichen Studierenden ab.

Entwicklung der Anzahl der belegten Studien nach Fakultäten

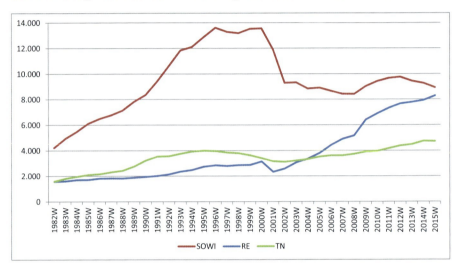

Belegte Studien der meistfrequentierten Studienrichtungen (mit Summierung von Diplom-, Bachelor- und Masterstudien sowie Studienversuchen)[1]

	RE	SOWI					TN				
Studium Kategorie[2]	REWI D	SOZ D/BA/MA	SOZWI D/BA/MA	WI D/BA/MA	WIWI D/BA/MA	WIPÄD D	T MA D/BA/MA	T PH D/BA/MA	T CH D/BA/MA	INF D/BA/MA	MT D/BA/MA
1982 WS	582	385	218	137	2.700	416	162	176		588	
1983 WS	806	419	241	214	3.123	495	172	185		707	
1984 WS	1.085	422	249	275	3.543	536	187	201		766	

Studium Kategorie[2]	RE	SOWI					TN				
	REWI D	SOZ D/BA/MA	SOZWI D/BA/MA	WI D/BA/MA	WIWI D/BA/MA	WIPÄD D	T MA D/BA/MA	T PH D/BA/MA	T CH D/BA/MA	INF D/BA/MA	MT D/BA/MA
1985 WS	1.272	490	266	402	3.866	606	199	215		794	
1986 WS	1.416	456	283	511	4.022	713	208	253		859	
1987 WS	1.485	360	301	617	4.139	780	223	297		841	
1988 WS	1.515	485	336	703	4.244	772	246	347		826	
1989 WS	1.574	580	419	840	4.557	800	290	364		933	
1990 WS	1.669	636	445	934	4.771	895	309	356		939	383
1991 WS	1.812	684	555	1.031	5.249	1.135	346	374		1.006	470
1992 WS	1.945	717	609	1.086	5.921	1.488	320	352		1.058	522
1993 WS	2.146	736	741	1.177	6.564	1.730	334	361	49	1.123	563
1994 WS	2.272	722	868	1.258	6.654	1.738	351	373	96	1.106	621
1995 WS	2.538	743	1.094	1.471	6.936	1.727	352	340	113	1.125	666
1996 WS	2.588	746	1.423	1.681	7.094	1.775	309	335	114	1.098	706
1997 WS	2.530	818	1.263	1.781	7.040	1.581	267	323	122	1.115	679
1998 WS	2.557	895	1.143	1.770	6.996	1.570	255	310	136	1.124	695
1999 WS	2.534	970	1.193	1.827	7.109	1.605	283	257	140	1.094	676
2000 WS	2.773	972	1.153	1.944	7.003	1.695	316	250	143	1.136	702
2001 WS	2.151	782	1.034	1.696	6.091	1.709	312	245	152	1.062	742
2002 WS	2.440	724	848	1.638	4.295	1.146	325	276	143	1.059	692
2003 WS	2.929	759	1.014	1.571	4.154	1.164	336	310	180	1.082	708

Studium Kategorie[2]	RE	SOWI					TN				
	REWI D	SOZ D/BA/MA	SOZWI D/BA/MA	WI D/BA/MA	WIWI D/BA/MA	WIPÄD D	T MA D/BA/MA	T PH D/BA/MA	T CH D/BA/MA	INF D/BA/MA	MT D/BA/MA
2004 WS	3.217	724	1.140	1.452	3.751	1.126	325	322	181	1.076	713
2005 WS	3.659	831	1.319	1.346	3.634	1.145	313	339	195	1.093	737
2006 WS	3.919	851	1.393	1.196	3.536	1.066	326	342	185	1.067	736
2007 WS	4.108	861	1.368	1.095	3.471	984	332	329	174	1.027	691
2008 WS	4.203	876	1.397	997	3.490	952	325	332	185	958	672
2009 WS	4.864	943	1.352	892	3.653	903	300	319	184	888	651
2010 WS	5.270	967	1.288	873	4.012	901	275	312	199	793	646
2011 WS	5.606	888	1.276	822	4.221	923	271	327	223	761	641
2012 WS	5.950	847	1.245	793	4.284	978	275	329	259	769	624
2013 WS	6.122	818	1.107	762	4.013	1.135	265	336	286	764	622
2014 WS	6.395	790	977	785	3.724	1.282	255	371	320	812	619
2015 WS	6.535	757	871	746	3.600	1.273	267	370	317	873	613

1 Im Falle der Wirtschaftsinformatik, inklusive des Studienversuchs Betriebs- und Verwaltungsinformatik, und im Falle der Mechatronik, inklusive des Studienversuchs Mechatronik. Unter Wirtschaftswissenschaften fallen auch die vormaligen Diplomstudien Betriebs- und Volkswirtschaftslehre sowie Handelswissenschaften.
2 »Kategorie« gibt an, welche Anzahl der belegten Studien aus den unterschiedlichen Studienrichtungsarten Eingang in diese Aufstellung fanden.

Abkürzungen: REWI = Rechtswissenschaften; SOZ = Soziologie; SOZWI = Sozialwirtschaft; WI = Wirtschaftsinformatik; WIWI = Wirtschaftswissenschaften; WIPÄD = Wirtschaftspädagogik; T MA = Technische Mathematik; T PH = Technische Physik; T CH = Technische Chemie; INF = Informatik; MT = Mechatronik

Abschlüsse und Anteil der Abschlüsse an der Anzahl der ordentlichen Studierenden in Österreich, an der JKU, an der Universität Salzburg und an der Universität Klagenfurt

Jahr/WS[1]	Abschlüsse Österreich	Anteil Abschlüsse/ Studierende Österreich (in %)	Abschlüsse JKU	Anteil Abschlüsse/ Studierende JKU (in %)	Abschlüsse Uni Salzburg	Anteil Abschlüsse/ Studierende Uni Salzburg (in %)	Abschlüsse Uni Klagenfurt	Anteil Abschlüsse/ Studierende Uni Klagenfurt (in %)
1968/69	5.429	11	12	1	82	4		
1969/70	5.746	11	37	3	63	3		
1970/71	6.025	11	172	10	188	7		
1971/72	5.926	10	164	8	233	7		
1972/73	5.645	9	191	8	318	8	1	3
1973/74	5.944	8	256	10	277	6	1	0
1974/75	6.337	8	233	9	366	8	0	0
1975/76	6.442	8	262	9	367	7	3	1
1976/77	6.900	8	298	9	484	8	18	2
1977/78	6.966	7	284	8	463	7	38	4
1978/79	7.153	7	261	7	518	8	43	4
1979/80	7.762	7	327	7	560	8	71	5
1980/81	8.047	7	293	6	550	7	83	5
1981/82	8.559	7	349	6	594	7	105	6
1982/83	8.579	6	309	5	630	7	115	6
1983/84	8.917	6	364	5	619	7	135	7
1984/85	9.446	6	477	6	565	6	109	5
1985/86	9.316	6	446	5	566	6	102	4
1986/87	10.016	6	517	6	653	7	115	4
1987/88	10.682	6	508	6	645	7	131	4
1988/89	10.520	6	513	5	635	6	132	4
1989/90	11.510	6	596	6	688	7	149	5
1990/91	11.764	6	583	6	746	7	153	5
1991/92	12.006	6	561	5	701	7	151	4
1992/93	12.506	6	621	5	747	7	163	4
1993/94	13.426	6	630	5	772	7	221	6
1994/95	13.800	6	742	6	759	7	206	5
1995/96	14.310	6	835	6	830	7	239	5

Jahr/WS[1]	Abschlüsse Österreich	Anteil Abschlüsse/ Studierende Österreich (in %)	Abschlüsse JKU	Anteil Abschlüsse/ Studierende JKU (in %)	Abschlüsse Uni Salzburg	Anteil Abschlüsse/ Studierende Uni Salzburg (in %)	Abschlüsse Uni Klagenfurt	Anteil Abschlüsse/ Studierende Uni Klagenfurt (in %)
1996/97	16.045	7	874	6	837	8	267	6
1997/98	15.789	7	1.007	8	1.073	10	301	6
1998/99	15.810	7	882	7	966	8	266	5
1999/2000	15.482	7	964	7	882	7	366	6
2000/01	17.155	8	955	7	994	8	359	5
2001/02	16.863	9	978	9	1.096	11	623	12
2002/03	18.865	10	1.042	10	1.250	13	542	10
2003/04	20.429	11	1.160	10	1.384	14	592	10
2004/05	20.978	11	1.047	9	1.376	13	601	10
2005/06	21.930	11	1.146	10	1.487	14	635	10
2006/07	22.121	11	1.212	10	1.611	14	656	10
2007/08	23.910	11	1.148	9	1.769	15	802	12
2008/09	27.232	12	1.196	10	1.847	15	1.009	14
2009/10	27.926	11	1.140	7	1.923	13	979	12
2010/11	31.115	12	1.238	8	2.046	14	979	11
2011/12	34.460	13	1.342	8	2.210	15	1.159	13
2012/13	37.312	14	1.581	9	2.151	14	1.258	14
2013/14	34.300	13	1.642	9	1.900	13	1.269	14
2014/15	34.539	12	1.718	9	1.891	13	1.257	14

1 Die Anzahl der Abschlüsse bezieht sich auf das gesamte Studienjahr, die Anzahl der ordentlichen Studierenden auf das jeweilige Wintersemester.

Studienabschlüsse (inklusive Ergänzungs- und Kurzstudien) nach Fakultäten

Studienjahr	RE	SOWI	TN	Summe[1]
1968/69	1	11		12
1969/70	1	40		41
1970/71	44	129	3	176
1971/72	57	132	10	199

Studienjahr	RE	SOWI	TN	Summe[1]
1972/73	47	149	14	210
1973/74	53	154	59	266
1974/75	42	160	54	256
1975/76	39	163	89	291
1976/77	68	190	64	322
1977/78	43	192	64	299
1978/79	59	151	77	287
1979/80	66	179	68	313
1980/81	106	149	63	318
1981/82	108	159	86	353
1982/83	123	153	65	341
1983/84	144	169	74	387
1984/85	170	224	92	486
1985/86	105	269	91	465
1986/87	99	266	129	494
1987/88	111	273	149	533
1988/89	104	283	128	515
1989/90	112	344	142	598
1990/91	108	349	137	594
1991/92	89	339	153	581
1992/93	118	360	149	627
1993/94	101	376	154	631
1994/95	107	438	202	747
1995/96	146	474	209	829
1996/97	147	505	256	908
1997/98	146	555	265	966
1998/99	159	490	221	870
1999/2000	189	546	234	969
2000/01	206	544	208	958
2001/02	198	571	209	978
2002/03	177	603	266	1.046
2003/04	180	771	218	1.169
2004/05	147	646	246	1.039
2005/06	155	647	348	1.150
2006/07	154	671	397	1.222

Studienjahr	RE	SOWI	TN	Summe[1]
2007/08	181	640	337	1.158
2008/09	196	675	342	1.213
2009/10	216	568	372	1.156
2010/11	244	650	373	1.267
2011/12	248	739	405	1.392
2012/13	301	813	518	1.632
2013/14	324	893	496	1.713
2014/15	286	995	477	1.758

1 Differenzen zu den Angaben in der vorhergehenden Tabelle »Abschlüsse und Anteil der Abschlüsse an der Anzahl der ordentlichen Studierenden in Österreich, an der JKU, an der Universität Salzburg und an der Universität Klagenfurt« entstanden durch unterschiedliche Stichtage bei der Datenabgabe.

Anzahl der Studienabschlüsse nach Fakultäten

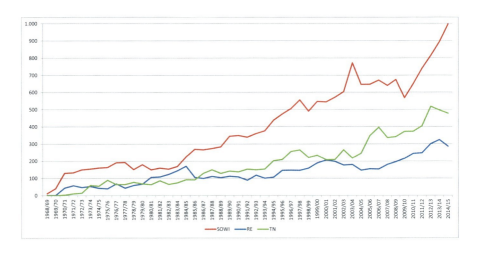

Anteil der Abschlüsse an der Anzahl der Studierenden nach Fakultäten

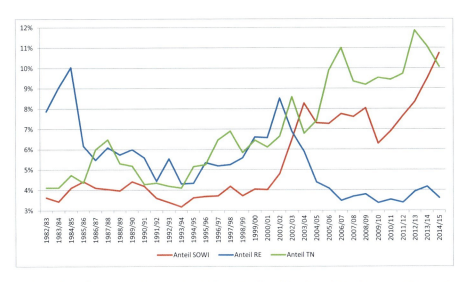

Quellen: Statistik Austria (Hg.), Hochschulstatistik 2005/06, Wien 2006 (bis zum Studienjahr 2004/05); Onlineportal Datawarehouse Hochschulbereich des BMWFW; Lehr- und Studienservice der JKU; Informationsmanagement der JKU.

ÖH-Wahlen

Ergebnisse der ÖH-Wahlen zum Hauptausschuss an der JKU (1967–2015)

Jahr	Berecht./gültige St.	Beteil. (in %)[2]	WB	VSStÖ	LOS/RFS[3]	Stimmen
1967	496/285	60,2	55,4 (5)	22,1 (0[4])	7,4+15,1 (2)	
			ÖSU		RFS	AK
1969	1.022/583	59,7	48,9 (5)	20,2 (2)	16,6 (1)	1?
1971	1.963/1.166	-	42,0 (5)	13,9 (1)	7,1 (0)	2?
1974	3.158/1.203	-	54,9 (6)	25,2 (2)	10,8 (1)	1
1975	3.161/1.234	41,2	50,6 (5)	29,0 (3)	12,6 (1)	1
1977	3.620/1.249	34,7	52,0 (5)	26,4 (3)	10,2 (1)	2
1979	4.299/1.400	33,1	41,4 (5)	22,5 (2)	11,7 (1)	3
1981	5.357/1.998	37,7	39,9 (4)	24,1 (2)	9,4 (1)	4
1983	7.300/2.353	32,9	43,1 (6)	26,3 (3)	4,8 (0)	4
1985	8.642/2.510	30	33,9 (4)	28,1 (3)		4
1987	9.876/3.187	33,4	35,7 (5)	26,4 (3)		4
					FSI	
1989	10.762/2.884	28	33,1 (4)	26,1 (3)	6,6 (0)	6?
1991	12.435/3.153	27	31,7 (5)	25,2 (3)	8,6 (1)	
1993	14.185/3.620	27	27,7 (4)	22,1 (3)	4,5 (0)	
					FSI/RFS/LLSt	LiLi
1995	14.662/3.738	26,5	24,8 (4)	10,4 (1)	2,9 (0)	3
					RFS	
1997	16.017/3.672	23,8	22,5 (4)	9,5 (1)	4,4 (0)	4
1999	12.371/3.038	25,9	23,9 (4)	12,9 (2)	4,2 (0)	5

der jeweiligen Wahl in %, (Anzahl der erreichten Mandate)[1]						
CDS	VDS					
0,7 (0)	0,4 (0)					
		Konkret	Liste TNF			
		7,5 (1)	7,5 (1)			
MLS						
7,5 (0)						
5,9 (0)						
	JES					
3,5 (0)	5,6 (0)					
SF		GRM				
15,0 (1)	4,8 (0)	1,4 (0)				
19,1 (2)	2,9 (0)					
17,3 (2)	4,0 (0)					
		J. Neuros				
16,0 (2)	8,5 (1)	9,5 (1)				
21,6 (3)	5,8 (0)	6,0 (0)				
17,2 (2)	2,3 (0)	8,1 (1)				
		GRAS	Freibier			
13,2 (2)	1,6 (0)	16,9 (2)	2,8 (0)			
	AG					
11,4 (1)	20,6 (3)	13,7 (2)				
				LSF	IKS	
12,6 (2)	18,8 (3)	12,3 (2)	10,1 (1)	4,8 (0)		
	AG/SF				No Ma'am	
	33,5 (6)	10,8 (2)	9,3 (1)	5,7 (1)		
STIL						
3,1 (0)	23,1 (4)	9,3 (1)	11,1 (1)	7,2 (1)		

Jahr	Berecht./ gültige St.	Beteil. (in %)²	WB	VSStÖ	LOS/RFS³	Stimmen
2001	12.360/3.454	28,6	31,8 (5)	15,3 (2)	1,9 (0)	3,8
2003	9.961/3.714	37,9	36,9 (4)	16,7 (2)		2,3
				VSStÖ/IKS/U	FS	
2005	10.860/4.281	40,8	25,0 (4)	23,6 (3)	1,7 (0)	
				VSStÖ/IKS	RFS	
2007	11.135/3.935	35,3	25,6 (3)	20,3 (3)	1,8 (0)	1,3
				VSStÖ/IKS/U		
2009	12.835/3.943	31,9	24,0 (3)	23,7 (3)	1,6 (0)	1,0
2011	15.339/4.456	29,1	21,4 (3)	21,5 (3)	4,4 (0)	1,1
2013	15.709/4.245	27,8	13,1 (2)	18,0 (3)	3,8 (0)	1,0
2015	16.070/4.122	26,2	7,4 (1)	16,9 (3)	2,2 (0)	

1 Die Darstellung in Spalten suggeriert keine ideologische Verwandtschaft der Parteien.
2 Für die Jahre 1971 und 1974 konnte keine genaue Wahlbeteiligung eruiert werden. Sie muss jedoch 1971 bei mindestens 59,9 % und 1974 bei mindestens 38,6 % gelegen haben.
3 LOS ging später im RFS auf.
4 Wegen eines Formalfehlers wurden die Stimmen für den VSStÖ annulliert.
5 FSI und KSV erreichten denselben Stimmenanteil, durch Losentscheid ging das Mandat an den KSV.

Abkürzungen (chronologisch):

WB	Wahlblock der Österreichischen Akademiker
LOS	Liste oberösterreichischer Studierender
RFS	Ring Freiheitlicher Studierender
VSStÖ	Verband Sozialistischer StudentInnen Österreichs
ÖSU	Österreichische Studentenunion
CDS	Christlich-Demokratische Studenten
VDS	Verband Demokratischer Studenten
KSV	Kommunistischer StudentInnenverband
MLS	Marxistisch-Leninistische Studentenorganisation
JES	Junge Europäische Studenten
SF	Studentengruppe Forum Linz
GRM	Gruppe Revolutionärer Marxistischen
J. Neuros	Junge Neuros
FSI	Freiheitliche Studenteninitiative
GRAS	Grüne Alternative StudentInnen Linz (erstmals GRASL)
LSF	Die Liberalen
IKS	Initiative Kritischer StudentInnen

ÖH-Wahlen

		22,0 (3)	12,9 (2)	2,6 (0)	9,8 (1)		
		20,3 (2)	15,0 (2)		8,9 (1)		
		AG					
		20,4 (3)	16,6 (2)	1,0 (0)	11,7 (1)		
LiLi							
0,6 (0)		27,4 (4)	13,4 (2)		9,6 (1)		
KSV/LiLi				LSF/JuLi			
0,3 (0)		31,7 (5)	8,6 (1)	0,8 (0)	8,3 (1)		
0,4 (0)		28,1 (5)	12,1 (2)		11,0 (2)		
LiLiLi				JuLis		Piraten	
0,8 (0)		34,9 (7)	9,2 (1)	2,2 (0)	13,7 (2)	3,3 (0)	
				JUNOS		Sonstige	
		42,4 (7)	9,2 (1)	7,6 (1)	11,6 (2)	2,7 (0)	

AG	Aktionsgemeinschaft
U	Unabhängige
FSI/RFS/LLSt	Freiheitliche Studenten Wahlplattform
LiLi/KSV	Linke Liste/Kommunistischer StudentInnenverband
STIL	Einfach mit STIL
LiLi	Linke Liste
LSF/JuLi	Die Liberalen/Junge Liberale (auch JuLis)
LiLiLi	Linke Liste Linz
Piraten	Unipiraten
JUNOS	Junge liberale NEOS

ÖH-Wahlergebnisse ausgewählter Parteien/Parteibündnisse und Wahlbeteiligung

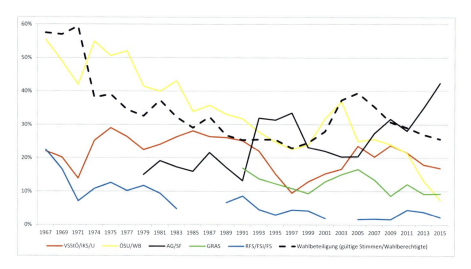

Quellen: AJKU; Mitteilungsblätter der JKU; ÖH-Courier; Cogito. Das Studierendenmagazin des VSStÖ Linz; OÖ Landesregierung-Abteilung Statistik (Hg.), Wahlen in Oberösterreich 1945–1979, Linz 1980, S. 133; Bundesministerium für Wissenschaft und Forschung (Hg.), Politisches Interesse und Engagement der Studenten in Österreich. Materialien aus den Jahren 1970 bis 1974, Wien 1975; Johannes Kepler Universität Linz (Hg.) u. Johann Drachsler (Red.), Die Johannes Kepler Universität Linz 1966–2000, Linz 1999; Hanns Kreczi, Der Linzer Hochschul-Fonds. Werden und Aufbau der Johannes-Kepler-Universität Linz, Linz 1976.

Dank

Die vorliegende Publikation hätte ohne die Unterstützung zahlreicher Kollegen und Kolleginnen nicht entstehen können. Richard Hagelauer und Friedrich Roithmayr haben während ihrer Amtszeit als Rektor und Vizerektor die Initialzündung für das Projekt zur Erforschung der Universitätsgeschichte gegeben. Rektor Meinhard Lukas hat unsere Arbeit nicht nur wohlwollend begleitet, sondern auch kraftvoll gefördert. Eine wichtige Unterstützung haben wir in allen Projektphasen zudem von Herbert Edlinger und Wolfgang Reder vom Archiv der Johannes Kepler Universität Linz erfahren, das seit seiner Installierung im November 2001 als zentrales Gedächtnis der Universität fungiert.[1] Ihrem Engagement gilt unser spezieller Dank. Bei Eva Almhofer-Gattinger (Büro des Rektors), Florian Atzmüller, Doris Pargfrieder, Christian Savoy und Angelika Wöran (Universitätskommunikation), Erich Viehböck (Abteilung Gebäude und Technik), Verena Schmidinger (Personalmanagement), Helmut Wahl (Informationsmanagement), Patricia Gintenreiter und Gerhard Mühlbacher (Qualitätsmanagement und Berichtswesen), Rebecca Haselbacher und Isabella Ortner (Lehr- und Studienservice), Nicole Hinterndorfer, Sandra Mayr, Daniel Schumann und Doris Wegscheider (Prüfungs- und Anerkennungsservice), Verena Brandstetter (Zentrum für Medizinische Lehre), Isabella Staska (Stabsstelle Forschungsstrategie) und Christopher Frank (Institut für Legal Gender Studies) möchten wir uns für ihre Unterstützung bei der Informations- und Bildrecherche bedanken. Selbiges gilt für Julius Stieber und Erich Watzl (Linzer Hochschulfonds), Hana Keller (Österreichisches Staatsarchiv), Cornelia Sulzbacher und Rudolpha Zemann (Oberösterreichisches Landesarchiv), Sabine Sammer (Archiv der Stadt Linz), Klaudia Kreslehner (Linzer Stadtmuseum NORDICO) und Oskar Reif (Oberösterreichische Nachrichten). Lars Bräutigam, Michael Früchtel, Günther Ziehlinger, Joseph Jochen Neunteufel, Josef Weidenholzer und Anne Pauly haben uns bei der Bebilderung des Buches durch die Zurverfügungstellung von Fotos oder bei deren Bearbeitung unterstützt. Silvia Rosenauer (Referentin des Instituts für Neuere Geschichte und Zeitgeschichte) hat uns bei der administrativ-organisatorischen Abwicklung des Projekts in vielfacher Weise geholfen. Peter Rauch (Böhlau Verlag) hat uns durch sein frühzeitig bekundetes Interesse darin motiviert, unser Buchprojekt voranzubringen. Ursula Huber und Julia Beenken haben dessen Umsetzung mit ihrer Erfahrung und Expertise begleitet.

Anmerkung

1 Sammeln, sichten, ordnen. »Ein Archivar denkt in Jahrhunderten«, in: News vom Campus, H. 10, 2002, S. 9.

Anhang

Literatur

40 Jahre Universität Klagenfurt. Ein Album, Klagenfurt 2010.

Adam, Adolf, Die geistesgeschichtlichen Wurzeln der OÖ. Landesuniversität, in: Blickpunkte. Kulturzeitschrift Oberösterreich, Jg. 41, H. 3, 1991, S. 20–27.

Akademischer Senat der Universität Salzburg (Hg.), Festschrift Universität, Salzburg 1622–1962–1972, Salzburg 1972.

Andruchowitz, Ingo, Schule in einer Provinzialhauptstadt. Das öffentliche Schulwesen als zentralstaatliches Herrschaftsinstrument. Fallbeispiel Linz 1750–1848, Linz 1994.

Apathy, Peter, Marianne Meinhart (1920–1994), in: Zeitschrift der Savigny-Stiftung für Rechtsgeschichte, Bd. 112, Wien 1995, S. 739–743.

Apathy, Peter, Meinhart, Marianne, in: Keintzel, Brigitta u. Korotin, Ilse (Hg.), Wissenschaftlerinnen in und aus Österreich, Wien 2002, S. 507–509.

Aumayr, Gerhard, Wirksamkeit und Andragogik des oberösterreichischen Volksbildners Herbert Grau, Dissertation, Salzburg 1988.

Bacher, Johann u. Wetzelhütter, Daniela, Erwerbstätigkeit von Studierenden und Schwierigkeiten der Vereinbarkeit von Studium und Beruf. Ergebnisse der JKU-Studierendenbefragung 2012/13, in: WISO Sonderheft, Jg. 37, 2014, S. 114–141.

Baumann, Christiana, Hochschulsport, in: Grössing, Stefan (Gesamtleitung), Sport in Linz, Linz 1992, S. 185–194.

Bayer, Manfred u. Stiegler, Harald (Hg.), Wissenschaftliche Weiterbildung an der Johannes Kepler Universität Linz. Angebotsentwicklung und Bedarfsartikulation, Linz 1992.

Berghahn, Volker Rolf, Transatlantische Kulturkriege: Shepard Stone, die Ford-Stiftung und der europäische Antiamerikanismus, Stuttgart 2004.

Bergmann, Josef, Hochschulbestrebungen: Hochschule für Sozial- und Wirtschaftswissenschaften, in: Kulturverwaltung der Stadt Linz (Hg.), Linzer Kulturhandbuch, Bd. 1, Linz 1965, S. 112–118.

Bernecker, Arabelle u. Kramer, Elisabeth (Red.), Geteilte Stadt. Linz 1945–55. Begleitpublikation zur Ausstellung im Nordico Stadtmuseum Linz, 17.4.–26.10.2015, Salzburg 2015.

Bibliotheksdirektion der Universität Linz (Hg.) u. Gamsjäger, Helmut (Red.), Universitätsbibliothek Linz. Festschrift zur Eröffnung des Neubaus der Universitätsbibliothek der Johannes-Kepler-Universität Linz, Linz 1984.

Biegelbauer, Peter, Innovations in Innovation Policy Making. The Austrian Competence Centre Programme K+, IHS Reihe Soziologie 77, Wien 2006.

Bodenhöfer, Hans-Joachim, Bildungspolitik, in: Dachs, Herbert u. a. (Hg.), Politik in Österreich. Das Handbuch, Wien 2006, S. 652–662.

Bodzenta, Erich u. a., Effekte der Hochschulgründung in Linz, 4 Bde., Linz 1968.

Buchberger, Bruno u. a., Hagenberg Research, Heidelberg 2009.

Bundesministerium für Wissenschaft und Forschung (Hg.), Politisches Interesse und Engagement der Studenten in Österreich. Materialien aus den Jahren 1970 bis 1974, Wien 1975.
Bundesministerium für Wissenschaft und Forschung, Hochschulbauten in Österreich 1970–1982, Wien 1982.
Bundesministerium für Wissenschaft und Forschung, Österreichische Forschungskonzeption 80, Wien 1983.
Bundesministerium für Wissenschaft, Verkehr und Kunst (Hg.), Hochschulbericht 1996, Bd. 1, Wien 1996.
Bundesministerium für Wissenschaft, Forschung und Wirtschaft (Hg.), Universitätsbericht 2014, Wien 2014.
Chroust, Gerhard u. Mössenböck, Hans-Peter (Hg.), Informatik macht Zukunft. Zukunft macht Informatik. 40 Jahre Informatik-Studium in Österreich, Wien 2009.
Denkschrift betreffend die Errichtung einer Medicinischen Hochschule in Linz. Im Auftrage des Actions-Comités verfasst von Dr. C. Beurle, Dr. A. Brenner, Dr. L. Piskaček und Dr. F. Schnopfhagen, Linz 1894.
Denkschrift über die Errichtung einer Universität und Handelshochschule in Linz, Linz 1918.
Denkschrift über die Errichtung einer technischen Hochschule in Linz. Vorgelegt im Namen der Gesamtheit der Professoren an der deutschen technischen Hochschule in Brünn im Jahre 1919, Wien 1919.
Doppler, Alfred, Stationen im Leben Adalbert Stifters, unter: http://www.ooegeschichte.at/themen/kunst-und-kultur/literaturgeschichte-oberoesterreichs/adalbert-stifter/biografie.html, aufgerufen am 4.1.2016.
Engelbrecht, Helmut, Geschichte des österreichischen Bildungswesens. Erziehung und Unterricht auf dem Boden Österreichs, Bd. 2: Das 16. und 17. Jahrhundert, Wien 1983.
Engelbrecht, Helmut, Geschichte des österreichischen Bildungswesens. Erziehung und Unterricht auf dem Boden Österreichs, Bd. 3: Von der frühen Aufklärung bis zum Vormärz, Wien 1984.
Engelbrecht, Helmut, Geschichte des österreichischen Bildungswesens. Erziehung und Unterricht auf dem Boden Österreichs, Bd. 4: Von 1848 bis zum Ende der Monarchie, Wien 1986.
Engelbrecht, Helmut, Geschichte des österreichischen Bildungswesens. Erziehung und Unterricht auf dem Boden Österreichs, Bd. 5: Von 1918 bis zur Gegenwart, Wien 1988.
Fanta, Fritz, Der Architektur-Wettbewerb für die Linzer Hochschule, in: Linz aktiv, H. 2, 1962, S. 9–13.
Feichtinger, Johannes, Wissenschaft zwischen den Kulturen. Österreichische Hochschullehrer in der Emigration 1933–1945, Frankfurt 2001.
Fellner, Fritz, Restauration oder Fortschritt. Hochschulprobleme aus der Sicht des Historikers, in: Fischer, Heinz (Hg.), Versäumnisse und Chancen. Beiträge zur Hochschulfrage in Österreich, Wien 1967, S. 11–28.
Ferz, Sascha, Ewige Universitätsreform. Das Organisationsrecht der österreichischen Universitäten von den theresianischen Reformen bis zum UOG 1993, Frankfurt 2000.
Fischer, Heinz (Hg.), Versäumnisse und Chancen, Beiträge zur Hochschulfrage in Österreich, Wien 1967.
Fischer, Kurt-Gerhard, Einige Bemerkungen zu Stifters Universitäts-Gutachten, in: Viertel-

jahresschrift des Adalbert Stifter Instituts des Landes Oberösterreich, Jg. 8, H. 3/4, 1959, S. 87–92.

Fleck, Christian, Autochthone Provinzialisierung. Universität und Wissenschaftspolitik nach dem Ende der nationalsozialistischen Herrschaft in Österreich, in: Österreichische Zeitschrift für Geschichtswissenschaft, Jg. 7, H. 1, 1996, S. 67–92.

Fleck, Christian, Wie Neues nicht entsteht. Die Gründung des Instituts für Höhere Studien in Wien durch Ex-Österreicher und die Ford Foundation, in: Österreichische Zeitschrift für Geschichtswissenschaften, Jg. 11, H. 1, 2000, S. 129–178.

Fleck, Christian, Österreichs Unis nach 1945 »selbstprovinzialisiert«, ORF online, 25.4.2005, unter: http://sciencev1.orf.at/science/news/134822, aufgerufen am 19.7.2016.

Fleck, Christian, Die Entwicklung der Soziologie, in: Biegelbauer, Peter (Hg.), Steuerung von Wissenschaft? Die Governance des österreichischen Innovationssystems, Innsbruck 2010, S. 259–296.

Fleck, Christian, Sociology in Austria, New York 2016.

Franz, Leonhard, Stifter und der Linzer Universitäts-Plan, in: Vierteljahrsschrift des Adalbert Stifter Instituts des Landes Oberösterreich, Jg. 8, H. 3/4, 1959, S. 78–86.

Frauenbüro der Stadt Linz (Hg.), Stille Heldinnen. 100 Jahre Linzer Frauengeschichte, Linz 2011, unter: http://www.linz.at/images/Begleitborschuere.pdf, aufgerufen am 4.7.2016.

Freimüller, Christian, Das lebensnahe Gegenteil eines Elfenbeinturms. Praxisbezogene Forschung an der Linzer Johannes-Kepler-Universität, in: Linz aktiv, H. 92, 1984, S. 17–19.

Fritz, Regina u. a. (Hg.), Alma mater antisemitica. Akademisches Milieu, Juden und Antisemitismus an den Universitäten Europas zwischen 1918 und 1939, Wien 2016.

Fröhler, Ludwig, Gedanken zur Linzer Hochschule, in: Linzer Hochschulfonds (Hg.), Eröffnungsschrift Hochschule Linz, Linz 1966, S. 23–29.

Fröhler, Ludwig u. Strasser, Rudolf, Der Anfang der Hochschule für Sozial- und Wirtschaftswissenschaften und ihre Entwicklung bis zum Sommersemester 1970, in: Otruba, Gustav (Red.), Johannes Kepler Universität Linz. Hochschule für Sozial- und Wirtschaftswissenschaften 1966–1976, Linz 1976, S. 30–32.

Früchtel, Michael, Der Architekt Hermann Giesler, Leben und Werk (1898–1987), Tübingen 2008.

Glaser, Hermann, Kleine Kulturgeschichte der Bundesrepublik Deutschland 1945–1989, Bonn 1991.

Gleißner, Heinrich, Gedanken zur Linzer Hochschulfrage, in: Der Akademiker, Jg. 9, H. 12, 1961, S. 6.

Gleißner, Heinrich, Zehn Jahre Universität Linz, in: Otruba, Gustav (Red.), Johannes Kepler Universität Linz. Hochschule für Sozial- und Wirtschaftswissenschaften 1966–1976, Linz 1976, S. 13 f.

Goldberger, Josef u. Sulzbacher, Cornelia, Oberdonau, Linz 2008.

Grau, Herbert, Hochschulbestrebungen: Technische Hochschule, in: Kulturverwaltung der Stadt Linz (Hg.), Linzer Kulturhandbuch, Bd. 1, Linz 1965, S. 97–110.

Grau, Herbert, Linzer Hochschulbestrebungen der Gegenwart, in: Linzer Hochschulfonds (Hg.), Eröffnungsschrift Hochschule Linz, Linz 1966, S. 75–78.

Grau, Herbert, 25 Jahre Volkshochschule Linz, in: Linz aktiv, H. 44, 1972, S. 4–9.

Habermas, Jürgen, Der Partisanenprofessor, in: ders., Philosophisch-politische Profile, Frankfurt 1981, S. 249–252.

Hahn-Oberthaler, Verena u. Obermüller, Gerhard, 150 Jahre Gesundheit im Zentrum. Vom Allgemeinen Krankenhaus der Stadt Linz zum Kepler Universitätsklinikum, Linz 2015.

Haider, Siegfried, Geschichte Oberösterreichs, Wien 1987.

Hanisch, Ernst, Die Wiedererrichtung der Universität 1962 im historischen Kontext, in: Reith, Reinhold (Hg.), Die Paris Lodron Universität Salzburg. Geschichte – Gegenwart – Zukunft, Salzburg 2012, S. 81–89.

Heckmann, Georg u. Kraft, Peter, Die Linzer Management Akademie (LIMAK) und ihr geplanter Standort im Bergschlössl mit neuem Gästehaus, in: Linz aktiv, H. 118, 1991, S. 16–20.

Heiber, Helmut, Universität unterm Hakenkreuz. Teil II. Die Kapitulation der Hohen Schulen. Das Jahr 1933 und seine Themen, Bd. 1, München 1992.

Heinrich, Lutz J., Geschichte der Wirtschaftsinformatik. Entstehung und Entwicklung einer Wissenschaftsdisziplin, Berlin 2012².

Heinrich, Lutz J., Wirtschaftsinformatik – auf dem Weg zur Wissenschaft, in: ders., Geschichte der Wirtschaftsinformatik. Entstehung und Entwicklung einer Wissenschaftsdisziplin, Berlin 2012², S. 83–93.

Heissenberger, Stefan (Hg.), Uni brennt. Grundsätzliches – Kritisches – Atmosphärisches, Wien 2010².

Hengstschläger, Johannes, Linzer Zentrum für Halbleiterphysik, in: Blickpunkte. Kulturzeitschrift Oberösterreich, Jg. 43, H. 1, 1993, S. 56–59.

Hengstschläger, Johannes, Fernstudien. Die alternative und ergänzende Form der universitären Ausbildung, in: Blickpunkte. Kulturzeitschrift Oberösterreich, Jg. 43, H. 2, 1993, S. 60–62.

Hinterndorfer, Robert, Dichtkunst an der Landschaftsschule in Linz, unter: http://www.ooegeschichte.at/themen/kunst-und-kultur/literaturgeschichte-oberoesterreichs/ literaturgeschichte-ooe-in-abschnitten/1500-1800/linzer-landschaftsschule.html, aufgerufen am 21.12.2015.

Höflechner, Walter, Die Baumeister des künftigen Glücks. Fragmente einer Geschichte des Hochschulwesens in Österreich vom Ausgang des 19. Jahrhunderts bis in das Jahr 1938, Graz 1988.

Höflechner, Walter, Die österreichische Rektorenkonferenz 1911–1938, 1945–1969, Wien 1993.

Honeder, Josef, Die Schicksale des Kollegium Petrinum während der Zeit des Nationalsozialismus (1938–1945), in: 71. Jahresbericht des Bischöflichen Gymnasiums Kollegium Petrinum in Urfahr-Linz 1974/1975, Linz 1975, S. 3–90.

Horner, Franz, Die Entwicklung der Wissenschaft, in: Zwink, Eberhard (Hg.), Die Ära Lechner. Das Land Salzburg in den sechziger und siebziger Jahren, Salzburg 1988, S. 481–508.

Horner, Franz, Die Wiedererrichtung der Universität (1962) und die Entwicklung der Wissenschaft in Stadt und Land, in: Dopsch, Heinz u. Spatzenegger, Hans (Hg.), Geschichte Salzburgs. Stadt und Land, Bd. 2, Teil 3, Salzburg 1991, S. 1907–1927.

Iller, Carola u. Lentner, Marlene, Heterogenität in der Studierendenschaft – soziale Öffnung oder »adultification« an der Johannes Kepler Universität?, in: WISO Sonderheft, Jg. 37, 2014, S. 90–111.

Irschik, Hans, Mechatronik – Ausbildung und technischer Fortschritt, in: Österreichische Ingenieur- und Architekten-Zeitschrift, Jg. 157, H. 1–6, 2012, S. 69–75.

Johannes Kepler Universität Linz, 25 Jahre Informatik in Linz. Vierteljahresbericht 1990–1993, Linz 1994.

Johannes Kepler Universität Linz (Hg.) u. Drachsler, Johann (Red.), Die Johannes Kepler Universität Linz 1966–2000, Linz 1999.

Johannes Kepler Universität Linz (Hg.) u. Stabsabteilung für Gleichstellungspolitik (Red.), JKU goes Gender. Frauen und Männer an der Johannes Kepler Universität Linz, unter: http://www.jku.at/PR/content/e13544/e13537/e13511/e278316/e278317/Gleichstellungsbericht_JKU2013_2014_ger.pdf, aufgerufen am 20.7.2016.

Johannes Kepler Universität Linz, Errichtung einer Medizinischen Fakultät an der Johannes Kepler Universität Linz, Projektbeschreibung (Fassung vom 17.2.2014/Ergänzung am 3.4.2014), Linz 2014.

John, Michael, Protest, Unruhe und ein violetter Mantel. 1968 und die Folgejahre in Linz, in: Mayrhofer, Fritz u. Schuster, Walter (Hg.), Linz im 20. Jahrhundert, Bd. 2, Linz 2010, S. 837–884.

Kaindl-Hönig, Max u. Ritschel, Karl Heinz, Die Salzburger Universität 1622–1964, Salzburg 1964.

Kalb, Herbert, Die Katholisch-Theologische Universität Linz. Von der diözesanen Lehranstalt zur Privatuniversität, in: Österreichisches Archiv für Recht & Religion, Jg. 47, H. 3, 2000, S. 363–383.

Katzinger, Willibald, Die evangelische Landschaftsschule zu Linz, in: Akademisches Gymnasium Linz (Hg.), Die Geschichte des Akademischen Gymnasiums Linz, Linz 1998, S. 1–32.

Kirchmayr, Birgit (Hg.), »Kulturhauptstadt des Führers«. Kunst und Nationalsozialismus in Linz und Oberösterreich. Ausstellungskatalog, Linz 2008.

Köckinger, Othmar, Die Hochschulverwaltung, in: Otruba, Gustav (Red.), Johannes Kepler Universität Linz. Hochschule für Sozial- und Wirtschaftswissenschaften 1966–1976, Linz 1976, S. 26–29.

König, Thomas, Die Entstehung eines Gesetzes: Österreichische Hochschulpolitik in den 1950er Jahren, in: Österreichische Zeitschrift für Geschichtswissenschaften, Jg. 23, H. 2, 2012, S. 57–81.

Konrad, Helmut, Von Linz aus. Die Formierung der österreichischen Zeitgeschichte, in: Berger, Heinrich u.a. (Hg.), Politische Gewalt und Machtausübung im 20. Jahrhundert. Zeitgeschichte, Zeitgeschehen und Kontroversen. Festschrift für Gerhard Botz, Wien 2011, S. 47–57.

Koref, Ernst, Die Gezeiten meines Lebens, Linz 1980.

Kreczi, Hanns, Hochschulbestrebungen: Meisterschule für Architektur, in: Kulturverwaltung der Stadt Linz (Hg.), Linzer Kulturhandbuch, Bd. 1, Linz 1965, S. 110–112.

Kreczi, Hanns, Vor 10 Jahren: Spatenstich zum Bau der Linzer Hochschule, in: Linz aktiv, H. 51, 1974, S. 9–16.

Kreczi, Hanns, Der Linzer Hochschulfonds. Werden und Aufbau der Johannes-Kepler-Universität Linz. Dokumentationsschrift Linzer Hochschulfonds aus Anlass des 10jährigen Bestehens der Hohen Schule in Linz, Linz 1976.

Kreczi, Hanns, Der Linzer Hochschulfonds, in: Otruba, Gustav (Red..), Johannes Kepler Universität Linz. Hochschule für Sozial- und Wirtschaftswissenschaften 1966–1976, Linz 1976, S. 17–23.

Kreczi, Hanns, Vom Technischen Studium zur Reform Universität Linz, in: Linz aktiv, H. 60, 1976, S. 23–30.
Kreczi, Hanns, Linzer Kulturpolitik miterlebt und mitgestaltet (1959–1985), in: Historisches Jahrbuch der Stadt Linz 1994, Linz 1995, S. 215–323.
Kriechbaumer, Robert, Die Ära Kreisky. Österreich 1970–1983, Wien 2006.
Kulhavy, Ernest, Die Sozial- und Wirtschaftswissenschaftliche und die Rechtswissenschaftliche Fakultät, in: Otruba, Gustav (Red.), Johannes Kepler Universität Linz. Hochschule für Sozial- und Wirtschaftswissenschaften, Linz 1976, S. 36–39.
Kulhavy, Ernest, Johannes Kepler Universität Linz. Bericht des scheidenden Rektors über die akademischen Jahre 1989/90 und 1990/91, Linz 1991.
Kulhavy, Ernest, Das Internationalisierungsprogramm der Johannes Kepler Universität Linz, in: Linz aktiv, H. 118, 1991, S. 9–15.
Kulhavy, Ernest, 25 Jahre Universität Linz, in: Wissen schafft Perspektiven, Sondernummer von Lebendiges Linz, Jg. 14, H. 80 c, 1991, S. 4–7.
Kulhavy, Ernest, Johannes Kepler Universität – Gegenwart und Ausblick, in: Blickpunkte. Kulturzeitschrift Oberösterreich, Jg. 41, H. 3, 1991, S. 17–19.
Kulhavy, Ernest, Marketing und Management der Johannes Kepler Universität Linz. Bericht des scheidenden Rektors über die akademischen Jahre 1989/90 und 1990/91, Linz 1993.
Kulhavy, Ernest, Bericht Mitteleuropa-Ost 1989–1994. Bericht über die Betreuung der ostmitteleuropäischen Partneruniversitäten (Tschechien, Ungarn, Polen, Slowakei) der Johannes Kepler Universität Linz, Linz 1994.
Kulhavy, Ernest, Institut für Internationales Marketing der Johannes Kepler Universität Linz (JKU). Die Gründungsgeschichte des Instituts, das als erstes universitäres Institut im deutschsprachigen Raum Europas das Marketing in seinen Namen aufnahm (1966), Linz 2008.
Lackinger, Otto, Die Linzer Industrie im 20. Jahrhundert, Linz 2007.
Langer, Josef (Hg.), Geschichte der österreichischen Soziologie. Konstituierung und europäische Bezüge, Wien 1988.
Lassnigg, Lorenz, Bildungsreform gescheitert … Gegenreform? 50 Jahre Schul- und Hochschulpolitik in Österreich, in: Sieder, Reinhard u. a. (Hg.), Österreich 1945–1995. Gesellschaft – Politik – Kultur, Wien 1995, S. 458–484.
Lechner, Hans, Die dramatischen Bemühungen bis zur Wiedergründung, in: Zwink, Eberhard (Hg.), Studiengebäude. Baudokumentation. Universität und Ersatzbauten (Schriftenreihe des Landespressebüros), Salzburg 1984, S. 53–65.
Leitner, Erich, Das Ringen um eine Landesuniversität, in: Rumpler, Helmut (Hg.), Kärnten. Von der deutschen Grenzmark zum österreichischen Bundesland, Wien 1998, S. 656–677.
Lenzenweger, Josef, Der Kampf um eine Hochschule für Linz, Linz 1963.
Lenzenweger, Josef, Der Kampf um eine Hochschule für Linz, in: Linzer Hochschulfonds (Hg.), Eröffnungsschrift Hochschule Linz, Linz 1966, S. 58–62.
Lenzenweger, Josef, Die Gründung der Linzer Hochschule, in: Forstner, Heribert u. a. (Hg.), Oberösterreicher. Landeshauptmann Heinrich Gleißner. Zeitgenossen berichten, Linz 1985, S. 87–109.
Linser, Hans, Die technisch-naturwissenschaftliche Fakultät, in: Linzer Hochschulfonds (Hg.), Eröffnungsschrift Hochschule Linz, Linz 1966, S. 39–43.

Linzer Hochschulfonds (Hg.), Eröffnungsschrift Hochschule Linz, Linz 1966.
Löhr, Hanns Christian, Hitlers Linz, Der »Heimatgau des Führers«, Berlin 2013.
Mälzer, Moritz, Auf der Suche nach der neuen Universität. Die Entstehung der »Reformuniversitäten« Konstanz und Bielefeld in den 1960er Jahren, Göttingen 2016.
Mayrhofer, Fritz u. Schuster, Walter (Hg.), Nationalsozialismus in Linz, 2 Bde., Linz 2002.
Mayrhofer, Fritz, Die »Patenstadt des Führers«. Träume und Realität, in: ders. u. Schuster, Walter (Hg.), Nationalsozialismus in Linz, Bd. 1, Linz 2002, S. 327–386.
Mayrhofer, Fritz u. Schuster, Walter (Hg.), Bilder des Nationalsozialismus in Linz, Linz 2007².
Mayrhofer, Fritz u. Schuster, Walter (Hg.), Linz zwischen Wiederaufbau und Neuorientierung. 1945–1984, Linz 2007.
Mayrhofer, Fritz u. Schuster, Walter (Hg.), Linz von der Industrie- zur Informationsgesellschaft. 1984–heute, Linz 2008.
Mayrhofer, Fritz u. Schuster, Walter (Hg.), Linz im 20. Jahrhundert, Bd. 2, Linz 2010.
Metzler, Gabriele, Konzeptionen politischen Handelns von Adenauer bis Brandt. Politische Planung in der pluralistischen Gesellschaft, Paderborn 2005.
Mikoletzky, Juliane, Aufhaltsamer Aufstieg: Die Entwicklung des Frauenstudiums an der Technischen Hochschule (Universität) Wien seit dem Ende des Zweiten Weltkriegs, in: dies. u. a. (Hg.), »Dem Zuge der Zeit entsprechend …« Zur Geschichte des Frauenstudiums in Österreich am Beispiel der Technischen Universität Wien, Wien 1997, S. 259–299.
Mikoletzky, Juliane (Hg.), Eine Sammlung außerordentlicher Geschlossenheit. Die Rektorengalerie der Technischen Universität Wien, Wien 2015.
Mittelstrass, Jürgen, Die Zukunft der Universität in Zeiten Saturns, in: Reith, Reinhold (Hg.), Die Paris Lodron Universität Salzburg. Geschichte – Gegenwart – Zukunft, Salzburg 2012, S. 14–27.
Moser, Cily (Red.), Hagenberg, die Burg, das Schloss, der Park, Forschungsinstitut RISC, Linz 1989.
Müller, Karl H., Kritische Massen. Vier Etappen in der Entwicklung von Wissenschaft und Gesellschaft in Österreich seit 1918, in: Dvořák, Johann (Hg.), Staat, Universität, Forschung und Hochbürokratie in England und Österreich im 19. und 20. Jahrhundert, Frankfurt 2008, S. 115–172.
Müller, Karl H., Wissenschaft, Wirtschaft und Gesellschaft in Österreich 1965–2009: Eine dynamische Netzwerkperspektive, in: Biegelbauer, Peter (Hg.), Steuerung von Wissenschaft? Die Governance des österreichischen Innovationssystems, Innsbruck 2010, S. 187–221.
Neave, Guy, Grundlagen, in: Rüegg, Walter (Hg.), Geschichte der Universität in Europa, Bd. 4: Vom Zweiten Weltkrieg bis zum Ende des 20. Jahrhunderts, München 2010, S. 47–74.
Neunteufel, Joseph Jochen, Linz-St. Magdalena. Vom Dorf zur Stadt. Die Region zwischen Haselgraben und Katzbach, Linz 2003.
Nigsch, Otto u. Pichler, Wolfgang, Universität Linz. Weiterbildung der Absolventen, Linz 1980.
Nigsch, Otto u. Palank, Franz, Fernstudium und Österreich. Bestandsaufnahme/Entwicklungsperspektiven, Linz 1991.
Nimmervoll, Paulus, Das Zisterzienserstift Wilhering zur Zeit des Nationalsozialismus, in: Zisterzienserabtei Wilhering (Hg.), 75 Jahre Stiftsgymnasium Wilhering. 60. Jahresbericht Schuljahr 1969/70, o. O. o. J., S. 18–73.

Oberösterreichische Landesregierung, Abteilung Statistik (Hg.), Wahlen in Oberösterreich 1945–1979, Linz 1980.

Ortner, Franz, Die Universität Salzburg. Die dramatischen Bemühungen um ihre Wiedererrichtung 1810–1962, Salzburg 1987.

Otruba, Gustav (Red.), Johannes Kepler Universität Linz. Hochschule für Sozial- und Wirtschaftswissenschaften 1966–1976, Linz 1976.

Paul, Helmut, Die Entwicklung seit dem Wintersemester 1970/71, in: Otruba, Gustav (Red.), Johannes Kepler Universität Linz. Hochschule für Sozial- und Wirtschaftswissenschaften 1966–1976, Linz 1976, S. 33–36.

Paul, Helmut, Rechenschaftsbericht des Rektors, in: Universitätsdirektion der Johannes Kepler Universität Linz (Hg.), Ansprachen und Vorträge anlässlich der Zehnjahresfeier der Johannes Kepler Universität Linz am Samstag, dem 30. Oktober 1976, Linz 1976, S. 55–66.

Perotti, Artur, Gestaltungsproblem der Linzer Hochschule, in: Linzer Hochschulfonds (Hg.), Eröffnungsschrift Hochschule Linz, Linz 1966, S. 152–158.

Perotti, Artur u. a., Die Planung der Linzer Universitätsbibliothek, in: Bibliotheksdirektion der Universität Linz (Hg.) u. Gamsjäger, Helmut (Red.), Universitätsbibliothek Linz. Festschrift zur Eröffnung des Neubaus der Universitätsbibliothek der Johannes-Kepler-Universität Linz, Linz 1984, S. 27–32.

Pfefferle, Roman u. Pfefferle, Hans, Glimpflich entnazifiziert. Die Professorenschaft der Universität Wien von 1944 in den Nachkriegsjahren, Göttingen 2014.

Pirker, Jürgen, Die »Zeitenwende« an den österreichischen Universitäten. Umbrüche, Neuerungen und Folgewirkungen des UOG 1993, in: Schübl, Elmar u. Heppner, Harald (Hg.), Universitäten in Zeiten des Umbruchs. Fallstudien über das mittlere und östliche Europa im 20. Jahrhundert, Münster 2011, S. 107–120.

Primetshofer, Bruno, Marianne Meinhart †, in: Österreichisches Archiv für Kirchenrecht, Jg. 43, H. 1/2, 1994, S. 4–8.

Rafetseder, Hermann, Von der »Verstaatlichung« zur »Entstaatlichung« am Beispiel der Linzer Industrie, in: Mayrhofer, Fritz u. Schuster, Walter (Hg.), Linz im 20. Jahrhundert, Bd. 2, Linz 2010, S. 927–1008.

Rafetseder, Hermann, Zur Geschichte des JKU-Geländes, unter besonderer Berücksichtigung der NS-Zeit im Raum Auhof – Dornach. Ein Beitrag zum 50-Jahr-Jubiläum der Johannes Kepler Universität Linz, Linz 2016.

Rathkolb, Oliver, Mythos VÖEST, in: Mayrhofer, Fritz u. Schuster, Walter (Hg.), Linz im 20. Jahrhundert, Bd. 2, Linz 2010, S. 885–926.

Rathkolb, Oliver, Der lange Schatten des Antisemitismus. Kritische Auseinandersetzungen mit der Geschichte der Universität Wien im 19. und 20. Jahrhundert, Göttingen 2013.

Rechnungshof, Bericht des Rechnungshofes: Medizinische Fakultät Linz – Planung (Bund 2015/17), Wien 2015.

Rehberger, Robert, Die Universitätsbibliothek Linz 1965–1984, in: Bibliotheksdirektion der Universität Linz (Hg.) u. Gamsjäger, Helmut (Red.), Universitätsbibliothek Linz. Festschrift zur Eröffnung des Neubaus der Universitätsbibliothek der Johannes-Kepler-Universität Linz, Linz 1984, S. 20–24.

Reif, Josef, Fernstudien: Eine Kooperation zwischen der Fernuniversität in Hagen (D) und der Johannes Kepler Universität Linz, in: WISO Sonderheft, Jg. 37, 2014, S. 155–168.

Reiter-Zatloukal, Ilse, Restauration – Fortschritt – Wende. Politik und Hochschulrecht 1945–2015, in: Ash, Mitchel G. u. Ehmer, Josef (Hg.), Universität – Politik – Gesellschaft. 650 Jahre Universität Wien – Aufbruch ins neue Jahrhundert, Bd. 2, Göttingen 2015, S. 461–494.

Riedler, Andreas, Multimedia-Diplomstudium Rechtswissenschaften, in: WISO Sonderheft, Jg. 37, 2014, S. 169–184.

Rozsenich, Norbert, Forschungspolitische Konzepte in Österreich von 1970 bis zur Gegenwart, in: Dvorák Johann (Hg.), Staat, Universität, Forschung und Hochbürokratie in England und Österreich im 19. und 20. Jahrhundert, Frankfurt 2008, S. 83–113.

Rudloff, Wilfried, Bildungspolitik als Sozial- und Gesellschaftspolitik. Die Bundesrepublik in den 1960er und 1970er Jahren im internationalen Vergleich, in: Archiv für Sozialgeschichte, Jg. 47, 2007, S. 237–268.

Rüegg, Walter (Hg.), Geschichte der Universität in Europa, Bd. 4: Vom Zweiten Weltkrieg bis zum Ende des 20. Jahrhunderts, München 2010.

Rybnicek, Robert, Neue Steuerungs- und Managementmethoden an Universitäten. Über Akzeptanz und Problematik unter den Universitätsangehörigen, Wiesbaden 2014.

Sandgruber, Roman, Ein Land ohne Universität. Oberösterreichs bildungspolitische Stagnation im 19. Jahrhundert, in: Blickpunkte. Kulturzeitschrift Oberösterreich, Jg. 41, H. 3, 1991, S. 28–33.

Schael, Oliver, Von der Aufgabe der Erziehung. Das gescheiterte Reformexperiment der »Hochschule für Arbeit, Politik und Wirtschaft« in Wilhelmshaven-Rüstersiel (1949–1962), in: Schmiechen-Ackermann, Detlef u. a. (Hg.), Hochschulen und Politik in Niedersachsen nach 1945, Göttingen 2014, S. 53–79.

Schiffkorn, Aldemar, Von der Allgemeinen Schulordnung Maria Theresias 1774 zu den Schulreformideen Adalbert Stifters 1865, in: Oberösterreichische Heimatblätter, Jg. 39, H. 3, 1985, S. 256–263.

Schmitt-Inkamp, Lioba, Roderich Fick (1886–1955), Wien 2014.

Schramm, Brigitte, Frauenspezifische Maßnahmen im Hochschulbereich, in: Bundesministerium für Frauenangelegenheiten u. Bundeskanzleramt, Bericht über die Situation der Frauen in Österreich. Frauenbericht 1995, Wien 1995, S. 193–225.

Schübl, Elmar, Der Universitätsbau in der Zweiten Republik. Ein Beitrag zur Entwicklung der universitären Landschaft in Österreich, Horn 2005.

Schübl, Elmar, Universitäten im Wandel, in: Karner, Stefan u. Mikoletzky, Lorenz (Hg.), Österreich. 90 Jahre Republik. Beitragsbd. der Ausstellung im Parlament, Innsbruck 2008, S. 307–318.

Schuster, Walter, Identität und Image, in: Mayrhofer, Fritz u. ders. (Hg.), Linz von der Industrie- zur Informationsgesellschaft. 1984–heute, Linz 2008, S. 15–31.

Schweiger, Anneliese, Wirtschaft, in: Mayrhofer, Fritz u. Schuster, Walter (Hg.), Linz zwischen Wiederaufbau und Neuorientierung. 1945–1984, Linz 2007, S. 73–97.

Schweiger, Anneliese, Wirtschaft, in: Mayrhofer, Fritz u. Schuster, Walter (Hg.), Linz von der Industrie- zur Informationsgesellschaft. 1984–heute, Linz 2008, S. 133–163.

Seifert, Walter (Hg.), Adalbert Stifter. Werke und Briefe. Historisch-kritische Gesamtausgabe (hg. von Doppler, Alfred u. Laufhütte, Hartmut), Bd. 10/1: Amtliche Schriften zu Schule und Universität, Stuttgart 2007, S. 40-47.

Seifert, Walter (Hg.), Adalbert Stifter. Werke und Briefe. Historisch-kritische Gesamtausgabe (hg. von Doppler, Alfred u. Laufhütte, Hartmut), Bd. 10/4: Amtliche Schriften zu Schule und Universität. Apparat und Kommentar, Stuttgart 2015, S. 26-55 und S. 86-91.

Šišma, Pavel, Zur Geschichte der Deutschen Technischen Hochschule Brünn. Professoren, Dozenten und Assistenten 1849–1945, Linz 2009.

Sokolicek, Erika, Das Zeitalter der Jesuiten 1608–1773, in: Akademisches Gymnasium Linz (Hg.), Die Geschichte des Akademischen Gymnasiums Linz, Linz 1998, S. 33–106.

SPÖ Linz (Hg.), Bürgermeister Franz Dobusch. 20 gute Jahre für Linz. Es gibt noch viel zu tun, Linz 2008.

Stadler, Friedrich (Hg.), Vertriebene Vernunft I und II. Emigration und Exil österreichischer Wissenschaft, unv. Neuauflage, Münster 2004.

Stadler, Friedrich, Kontinuität und Bruch 1938 – 1945 – 1955. Beiträge zur österreichischen Kultur- und Wissenschaftsgeschichte, unv. Neuauflage, Münster 2004.

Stadler, Friedrich (Hg.), Österreichs Umgang mit dem Nationalsozialismus. Die Folgen für die naturwissenschaftliche und humanistische Lehre, Wien 2004.

Statistik Austria (Hg.), Hochschulstatistik 2005/06, Wien 2006.

Stifter, Christian, Zur Entwicklungsgeschichte der Volkshochschule Linz 1947–1996, unveröffentlichter Projektendbericht: 50 Jahre Volkshochschule Linz, Wien 1998.

Stifter, Christian, Ein Modell emanzipatorischer Bildungsarbeit. Zur Geschichte der Volkshochschule Linz, in: Hummer, Hubert u. a. (Hg.), Menschenrecht Bildung. Volkshochschule Linz, Linz 1998, S. 15–62.

Stifter, Christian, Die Volkshochschule auf dem Weg zur Professionalisierung und Qualifizierung – dargestellt am Beispiel der Volkshochschule Linz 1945–1995, in: Hochstrasser, Urs (Hg.), Der Wandel im Selbstverständnis der Volkshochschulrolle im Bildungswesen seit 1945. Protokoll der 18. Konferenz des Arbeitskreises Historischer Quellen der Erwachsenenbildung, Deutschland – Österreich – Schweiz, Bern 1998, S. 31–43.

Strasser, Rudolf, Zur Lage der sozialwissenschaftlichen Studien in Österreich, in: Linzer Hochschulfonds (Hg.), Eröffnungsschrift Hochschule Linz, Linz 1966, S. 30–38.

Strasser, Rudolf, Jurist in bewegten Jahren. Erinnerungen, Wien 2007.

Sturmberger, Hans, Das Graduierungsrecht des Linzer Lyzeums, in: Linzer Hochschulfonds (Hg.), Eröffnungsschrift Hochschule Linz, Linz 1996, S. 63–74.

Szöllösi-Janze, Margit, Konkurrenz um Exzellenz: Universitäten im Wettbewerb, in: Reith, Reinhold (Hg.), Die Paris Lodron Universität Salzburg. Geschichte – Gegenwart – Zukunft, Salzburg 2012, S. 246–259.

Taschwer, Klaus, Hochburg des Antisemitismus. Der Niedergang der Universität Wien im 20. Jahrhundert, Wien 2015.

Technisch-Naturwissenschaftliche Fakultät der Johannes Kepler Universität Linz (Hg.), 25 Jahre Technisch-Naturwissenschaftliche Fakultät der Johannes Kepler Universität Linz, Linz 1993.

Thonhauser, Josef, Die Entwicklung im Bildungsbereich, in: Hanisch, Ernst u. Kriechbaumer, Robert (Hg.), Salzburg. Zwischen Globalisierung und Goldhaube, Wien 1997, S. 554–610.

Titulaer, Urban M. u. Thim, Hartwig, Technisch-Naturwissenschaftliche Fakultät, in: Technisch-Naturwissenschaftliche Fakultät der Johannes Kepler-Universität Linz (Hg.),

25 Jahre Technisch-Naturwissenschaftliche Fakultät der Johannes Kepler Universität Linz, Linz 1993, S. 9–12.

Titulaer, Urbaan M., 25 Jahre Technisch-Naturwissenschaftliche Fakultät, in: Blickpunkte. Kulturzeitschrift Oberösterreich, Jg. 44, H. 2, 1994, S. 60–63.

Tweraser, Kurt, Dr. Carl Beurle – Schönerers Apostel in Linz, in: Historisches Jahrbuch der Stadt Linz 1989, Linz 1990, S. 67–83.

Universität Salzburg – Gedanke und Gestalt, hg. im Auftrag der Stiftungs- und Förderungsgesellschaft der Paris Lodron Universität, Salzburg 1967.

Universitätsdirektion der Johannes Kepler Universität Linz (Hg.), Ansprachen und Vorträge anlässlich der Zehnjahresfeier der Johannes Kepler Universität Linz am Samstag, dem 30. Oktober 1976, Linz 1976.

Uni-Wissen beflügelt Softwareentwicklung, in: Linz aktiv, H. 127, 1993, S. 18–22.

Wehler, Hans-Ulrich, Deutsche Gesellschaftsgeschichte, Bd. 5: Bundesrepublik und DDR 1949–1990, München 2008.

Weinert, Willi, Zu den Versuchen der Errichtung einer Technischen Hochschule in Linz (unter besonderer Berücksichtigung des Zeitraums 1938–1945), in: Oberösterreichische Heimatblätter, Jg. 40, H. 1, 1986, S. 38–51.

Weiß, Peter, Das Linzer Mechatronik-Programm, in: Blickpunkte. Kulturzeitschrift Oberösterreich, Jg. 41, H. 1, 1991, S. 72–77.

Wilk, Liselotte u. Denz, Hermann, Die Linzer Studenten 1973, Dissertation, Linz 1974.

Wirth, Maria, Christian Broda. Eine politische Biographie, Göttingen 2011.

Wirth, Maria, Der Campus Vienna Biocenter. Entstehung, Entwicklung und Bedeutung für den Life Sciences-Standort Wien, Innsbruck 2013.

Wohlgenannt, Rudolf, Institut für Philosophie und Wissenschaftstheorie, in: Otruba, Gustav (Red.), Johannes Kepler Universität Linz. Hochschule für Sozial- und Wirtschaftswissenschaften 1966–1976, Linz 1976, S. 93–94.

Wöß, Herbert, Der Linzer Hochschulfonds, in: Linzer Hochschulfonds (Hg.), Eröffnungsschrift Hochschule Linz, Linz 1966, S. 131–135.

Zehn Jahre Universität Klagenfurt 1970–1980. Geschichte und Dokumentation, Klagenfurt 1980.

Zeitlhofer, Hubert, Das Baukonzept der Linzer Hochschule, in: Linzer Hochschulfonds (Hg.), Eröffnungsschrift Hochschule Linz, Linz 1966, S. 141–151.

Zinnhobler, Rudolf, Das Studium der Theologie in Linz, in: ders. (Hg.), Theologie in Linz, Linz 1979, S. 5–41.

Periodika

Campus News 2007–2015
Mitteilungsblätter der Johannes Kepler Universität Linz 1975–2015
News vom Campus 2000–2007
ÖH Courier 1972–2015
Österreichische Hochschulzeitung 1959–1991

Stenographische Protokolle des Nationalrats 1962–1966
Studienführer der Johannes Kepler Universität Linz 1966/67–2002/03
Universitäts-Nachrichten 1979–2000
Universitätsjahresberichte 2004–2014
Wissensbilanzen der Johannes Kepler Universität Linz 2005–2015

Filme

Das Werden der Johannes Kepler Hochschule in Linz. Dokumentation der Peter Puluj Filmproduktion Leonding im Auftrag des Linzer Hochschulfonds, o. J. [1972].

Das Werden der Johannes Kepler Universität in Linz. II. Teil Baufortschrittsfilm. Dokumentation der Peter Puluj Filmproduktion Leonding im Auftrag des Linzer Hochschulfonds, o. J. [1978].

Archive/Quellen

Archiv der Stadt Linz (AStL): Bestand Ernst Koref, Bestand Edmund Aigner
Archiv der Johannes Kepler Universität Linz (AJKU): Universitätsgeschichtliche Dokumentation; Aktenbestände
Bezirksgericht Urfahr: Grundbuch
Bezirks- und Landesgericht Linz: Grundbuch und Landtafel
Bundesministerium für Wissenschaft, Forschung und Wirtschaft (BMWFW), Wien: Abteilung Hochschulstatistik; Onlineportal Datawarehouse Hochschulbereich
Deutsches Bundesarchiv, Berlin: Ehemaliges Berlin Document Center
Fachbibliothek für Zeitgeschichte (Universität Wien): NSDAP-Ortsgruppenkartei
Informationsmanagement der Johannes Kepler Universität Linz
Lehr- und Studienservice der Johannes Kepler Universität Linz
Oberösterreichisches Landesarchiv (OÖLA): Bestand Heinrich Gleißner – Hochschulakten, Bestand Linzer Hochschulfonds
Österreichische Nationalbibliothek, Handschriftensammlung (ÖNB, HS), Wien: Archiv Christian Broda (AChB)
Prüfungs- und Anerkennungsservice der Johannes Kepler Universität Linz
Qualitätsmanagement und Berichtswesen der Johannes Kepler Universität Linz
Österreichisches Staatsarchiv, Archiv der Republik (ÖStA, AdR), Wien: Bestand Unterrichtsministerium (BMU)

Bildnachweis

Archiv der Johannes Kepler Universität Linz: Abbildung 2, 6, 7, 37–38, 44–56, 59, 60, 62, 63, 70

Archiv der Stadt Linz: Abbildung 19
Archiv des Instituts für Wissenschaft und Kunst Oberösterreich: Abbildung 14
Herbert Edlinger: Abbildung 4
Joseph Jochen Neunteufel: Abbildung 18
Josef Weidenholzer: Abbildung 41
Michael Früchtel: Abbildung 10
NORDICO Stadtmuseum Linz: Abbildung 1, 8, 9, 13, 17, 22, 26, 28, 29, 39, 40, 42
NORDICO Stadtmuseum Linz (Reproduktion Thomas Hackl): Abbildung 5
Oberösterreichische Nachrichten: Abbildung 16, 36
Oberösterreichisches Landesarchiv: Abbildung 3, 15
Oberösterreichisches Landesarchiv/Bestand Linzer Hochschulfonds: Abbildung 12, 20, 21, 23–25, 27, 30–35
Österreichische Nationalbibliothek/Bildarchiv: Abbildung 43
Signal: Abbildung 11
Universitätskommunikation der Johannes Kepler Universität Linz: Abbildung 57, 58, 61, 64, 65, 67, 68
Universitätskommunikation der Johannes Kepler Universität Linz/© Hertha Hurnaus: Abbildung 69
Universitätskommunikation der Johannes Kepler Universität Linz/© Heimo Pertlwieser, Planungsamt Linz: Abbildung 72
Universitätskommunikation der Johannes Kepler Universität Linz/© Land OÖ/Stinglmayr: Abbildung 71
Günther Ziehlinger: Abbildung 66

Mitarbeiter/Mitarbeiterinnen

Herbert Edlinger, Mag. Dr., 2001–2015 Archivar und Leiter des Archivs der JKU.
Marcus Gräser, Univ.-Prof. Dr., seit 2011 Institutsvorstand und Professor für Neuere Geschichte und Zeitgeschichte an der Johannes Kepler Universität Linz.
Michael John, a. Univ.-Prof. Dr., Historiker und Kulturwissenschafter, lange Jahre in Wien, danach am Institut für Sozial- und Wirtschaftsgeschichte an der Johannes Kepler Universität Linz sowie Institutsvorstand am Institut für Kulturwirtschaft und Kulturforschung der JKU.
Elisabeth Menschl, Dr.[in], seit WS 1993 Lehrende am Institut für Philosophie und Wissenschaftstheorie und seit 1996 Mitglied des Arbeitskreises für Gleichbehandlungsfragen an der Johannes Kepler Universität Linz.
Stephan Pühringer, MMag. Dr., Ökonom und Sozialwirt, seit 2011 Wissenschaftlicher Mitarbeiter am Institut für die Gesamtanalyse der Wirtschaft (ICAE) sowie Lehrbeauftragter am Institut für Gesellschafts- und Sozialpolitik an der Johannes Kepler Universität Linz.

Hermann Rafetseder, Dr., Studium der Geschichte und Germanistik an der Universität Wien, Historiker des Österreichischen Versöhnungsfonds, freischaffender Wissenschafter (www.history.co.at), Landesbibliograph Oberösterreichs.

Wolfgang Reder, Mag., Studium der Soziologie an der Johannes Kepler Universität Linz, Mitarbeiter bei verschiedenen Projekten und Ausstellungen zur Sozialgeschichte, seit September 2009 Mitarbeiter des Universitätsarchivs, seit 2016 Leiter des Referats Universitätsarchiv der JKU-Bibliothek.

Andreas Reichl, MMag., Studium der Wirtschaftswissenschaften (Schwerpunkt Volkswirtschaftslehre) und Sozialwirtschaft an der Johannes Kepler Universität Linz, Mitglied des Kunst- und Kulturkollektivs »qujOchÖ«.

Barbara Trost, Ass.-Prof.[in] Dr.[in], stellvertretende Institutsvorständin des Instituts für Arbeitsrecht und Sozialrecht, spezialisiert auf kollektives Arbeitsrecht sowie Kündigungsschutz, außerdem stellvertretende Vorsitzende des Betriebsrats des wissenschaftlichen Personals, Expertin für Konfliktmanagement am Arbeitsplatz, Trainerin für Selbstverteidigung und Kommunikation.

Maria Wirth, Mag.[a] Dr.[in], Studium der Geschichte, Politikwissenschaft und Soziologie an der Universität Wien, seit 1998 als Historikerin tätig, derzeit Universitätsassistentin an der Johannes Kepler Universität Linz.

Helena Ziegler, Vorsitzende der Hochschülerschaft an der Johannes Kepler Universität Linz, Mandatarin der Studienvertretung Diplomstudium der Rechtswissenschaften, Studentin des Diplomstudiums der Rechtswissenschaften.

Personenregister

Achatz, Markus 219
Adam, Adolf 91, 112, 114, 124, 217, 219
Aicher, Josef 218
Aichern, Maximilian 145
Aigner, Edmund 55, 81, 95, 98, 113, 129
Akultschik, Anton Andrejewitsch 75
Apathy, Peter 218
Apfalter, Petra 198, 218
Ardelt, Rudolf 151, 166, 170 f., 175, 180, 182, 189–191, 217

Bach, Hans 118 f., 126, 217 f.
Bacher, Johann 219
Badowska, Maria 75
Bahr, Alfred 35
Bahr, Hermann 35
Bauer, Friedrich 161
Bauerreiss, Wolfgang 91, 122, 218
Bergmann, Josef 15, 67–69, 78, 81, 96
Beurle, Carl 36 f.
Bin Yousef, Yousef Omair 182 f.
Binder, Bruno 164, 217
Birklbauer, Alois 165
Bodzenta, Erich 90 f., 218
Brahe, Tycho 28
Brock, Heinz 197
Broda, Christian 92
Brunner, Johann K. 219
Buchberger, Bruno 141 f., 220
Buchberger, Wolfgang 220
Buchmayr, Maria 197
Bukovics, Brigitte 171
Busek, Erhard 144 f., 147, 160

Chromy, Hartwig 170
Cocca, Teodoro D. 219
Czycholl, Reinhard 219

Dahrendorf, Ralf 10, 17 f.
Deixler-Hübner, Astrid 151
Derflinger, Gerhard 115, 217
Dinghofer, Franz 38
Dobusch, Franz 141, 144, 164
Dolezal, Christiana 192

Dolinar, Hans 194, 217
Dollfuß, Engelbert 56
Dorninger, Eva 122
Drda, Elgin 197
Drimmel, Heinrich 62, 66–68, 70, 76–78, 81 f., 84, 99 f.
Dustmann, Hanns 42

Ebert, Ludwig 61
Eder, Manfred 122
Egyed, Alexander 218
Eigruber, August 41, 45 f., 49
Eisendle, Helmut 82, 115, 138, 146, 170, 190
Engl, Heinz 145, 171 f., 220
Exner, Herbert 142

Falk, Heinz 220
Faymann, Werner 195
Fekter, Maria 195
Feldbauer, Birgit 151
Fellinger, Karl 88
Fellner, Fritz 16 f.
Ferdinand II. (Kaiser) 27
Ferscha, Alois 181, 220
Feuchter, Matthias 167
Fick, Roderich 42, 44
Firnberg, Hertha 11, 119 f., 194
Fischer, Alois 33
Fischer, Heinz 19, 138 f.
Floßmann, Ursula 149, 151, 153, 174
Folz, Hans Ernst 218
Franz Josef I. (Kaiser) 55
Franz I. (Kaiser) 31, 47
Friedl, Edith 123
Friedl, Othmar 123
Fröhler, Ludwig 14 f., 18, 89–91, 96, 98, 100, 114, 122, 217
Fürstenberg, Friedrich 91, 126, 219

Gaudin, Alphonse 74
Giesler, Hermann 43 f., 48
Gleißner, Heinrich 12, 17 f., 54–58, 61–63, 66–69, 72, 76, 78, 81, 86 f., 90, 96, 98 f., 111, 113–115, 118 f., 126

Gleissner, Wolfgang 191
Goebbels, Joseph 45
Goethe, Johann Wolfgang 14
Goldner, Franz Xaver 138
Gorbach, Alfons 11
Grau, Herbert 58, 63, 67–69
Greiling, Dorothea 218
Grill, Theodor 81, 90, 118

Haacke, Wilhelm 64, 67
Habermas, Jürgen 21
Hagelauer, Richard 182–184, 191 f., 196–198, 201 f., 217, 220
Hahn, Johannes 191
Hauch, Gabriella 173 f.
Hayek, Friedrich August von 65
Heinrich, Helmut 220
Heinrich, Lutz J. 219
Hengge, Edwin 115
Hengstschläger, Johannes 153, 164, 169, 217
Hiesl, Franz 192
Hillinger, Franz 119
Hirsch, Johann 69, 87
Hitler, Adolf 40–46, 48, 75 f.
Hitzinger, Walter 61
Hofmann, Michael 148
Hofstädter, Ferdinand 198, 217
Höllinger, Sigurd 171
Holzmeister, Clemens 60
Hummer, Doris 191
Hummer, Gustav 38
Hurdes, Felix 60

Innreiter-Moser, Cäcilia 152
Irschik, Hans 164, 183, 217

Janeschitz-Kriegl, Hermann 220
Janko, Andreas 218
Janota, Renate 122
Jell, Helmut 169
Jonas, Franz 96, 98
Jost, Wilhelm 42–46, 48

Kalb, Herbert 166, 183, 196, 217
Kappel, Gerti 152, 174
Katherl, Günter 191
Kautsky, Benedikt 67
Kepler, Johannes 28, 124

Klaus, Josef 77 f., 100
Kleiner, Viktor 92
Klement, Erich Peter 183, 220
Knapp, Hans 217, 220
Knipp, Margit 123
Knoll, August Maria 12, 64, 67
Köck, Heribert Franz 218 f.
Köckinger, Othmar 91, 117, 119, 169
Kolb, Ernst 60
Kolbinger, Josef 91
König, René 18, 90
Koref, Ernst 12, 18, 54–59, 61, 63, 66 f., 69, 78, 81, 87, 95, 99, 119
Kotsis, Gabriele 182, 217
Krames, Josef 58, 99
Kranzelmayer, Wilhelm 145
Kreisky, Bruno 11, 123
Krzisch, Josef 119
Kukala, Wilhelm 32
Kulhavy, Ernest 91, 125, 136, 138, 144–146, 217, 219
Kuthan, Peter 123

L., André 75
Lagler, Ernst 67
Lang, Reinhold 182 f., 191
Lánský, Miloš 219
Lazarsfeld, Paul 18, 65, 81
Lechner, Hans 77–79
Lechner, Theo 75
Leitl, Christoph 148, 164
Lenzenweger, Josef 69
Leopold I. (Kaiser) 29, 47
Linser, Hans 111–115, 118
Lorenz, Peter 200
Lueger, Karl 37
Luger, Klaus 197 f.
Luger, Maximilian 193
Lukas, Meinhard 196, 198, 202, 218 f.

Macke, Wilhelm 115
Major, Zoltan 191
Maleta, Alfred 92
Marth, Ernst 135
Matthias (Kaiser) 28, 47
Maximilian II. (Kaiser) 47
Mayer, Friedrich 98
Mayntz, Renate 91

Mayrhofer, Karl 58
McDonald, Peter 165
Meinhart, Marianne 91 f., 218
Melan, Ernst 61
Menasse, Robert 186
Menschl, Elisabeth 152
Metternich, Klemens Wenzel Lothar von 33
Miethlinger, Jürgen 191
Mitterlehner, Reinhold 192
Mock, Alois 118
Morgenstern, Oskar 65, 81
Moringer, Wolfgang 123

Nachtigall, Eduard 219
Neuhauser, Gertrude 91
Neurath, Otto 65
Neuwirth, Karin 152
Nixon, Richard 123

Oberndorfer, Peter 217
Ohadi, Michael 182
Ostermayer, Josef 195
Otruba, Gustav 218

Pabel, Katharina 92, 219
Papanek, Ernst 81
Paul, Helmut 217, 219 f.
Perotti, Artur 82 f., 111–113, 115, 138, 146
Peter, Friedrich 92
Pichler, Franz 151
Pichler, Heinrich 55
Picht, Georg 9
Piffl-Perčević, Theodor 55, 84, 88, 95, 98
Pilz, Günter 166, 217
Pollak, Christian 123
Pollak, Michael 123
Pollak, Walter 64
Portnenko, Nikolai 75
Pree, Helmut 218
Primetshofer, Bruno 218
Pühringer, Josef 164, 182, 197 f., 201
Pühringer, Marbod 127

Rainer, Roland 82
Ratzenböck, Josef 142, 144 f.
Reber, Gerhard 146, 149, 219
Rechenberg, Peter 220
Reichl, Ernst Rudolf 134, 217

Reischauer, Rudolf 219
Riedler, Andreas 167
Riese, Hajo 91
Roiss, Gerhard 182 f.
Roithmayr, Friedrich 183, 217
Romauer, Barbara 217 f.
Rosenmayr, Leopold 65
Roth, Marianne 151
Rothschild, Kurt 20 f., 91 f., 122 f., 217
Rudolf II. (Kaiser) 28
Rummel, Peter 218
Runck, Paul Otto 126, 219
Rust, Bernhard 42, 46

Sariçiftci, Niyazi Serdar 172, 184
Schaller, Heinrich 198
Schanovsky, Hugo 141
Schärf, Adolf 83 f.
Scharinger, Ludwig 164, 166, 169 f., 186, 191
Scharmann, Theodor 91
Schaumüller-Bichl, Ingrid 151
Scheel, Gustav 46
Schelsky, Helmut 17 f.
Schmitthenner, Paul 42
Schneider, Friedrich 164, 166, 169, 182, 217, 219
Schnopfhagen, Franz 35
Schröder, Birgit 151
Schuster, Helmut 219
Schwerin von Krosigk, Johann Ludwig Graf 45
Semenju, Anna 75
Sertl, Walter 219
Skau, Grete 123
Smolle, Josef 196
Spannocchi, Hieronymus 169
Speer, Albert 42
Stadler, Karl R. 20 f., 92
Stadlhuber, Christoph 190 f.
Starhemberg, Ernst Rüdiger 72, 74
Starhemberg, Heinrich 72–74, 100
Steinbichler, Georg 191
Steinwender, Herbert 166
Stifter, Adalbert 33 f., 47
Stöger, Alois 195
Strahammer, Peter 149, 164
Strasser, Rudolf 13, 15–19, 69, 81, 90 f., 114, 118, 122, 125, 217 f.
Strehl, Franz 163 f., 169, 174 f., 180, 189, 217
Sturmthal, Adolf 18, 81

Takacs, Christiane 152
Thim, Hartwig 139, 220
Thun-Hohenstein, Leo 31
Titulaer, Urbaan M. 220
Töchterle, Karlheinz 191 f., 195
Treml, Franz 115, 138, 146, 170
Trost, Barbara 151
Tschemer, Marlies 151
Tuppy, Hans 135

Vinek, Günther 220
Vodrazka, Karl 217, 219
Von Braun, Christina 173
Vorbach, Herbert 258

Wabro, Josef 151
Wagner, Alois 128
Wegscheider, Wolfhard 182
Weidenholzer, Josef 123
Weiss, Hans-Peter 192

Weiß, Peter 143, 183, 217, 220
Weissenberger, Guntram 148
Welzig, Werner 171
Wenzl, Erwin 119, 127
Widera, Dieter 197
Widmer, Gerhard 184
Wilk, Liselotte 151
Winkler, Franz 220
Wittmann, Peter 127
Wohlgenannt, Rudolf 20, 217, 219
Wolny, Erich 166
Wössner, Jakobus 91
Wührer, Gerhard A. 219
Wunschheim, Alfons 69
Wurm, Franz 166, 182, 217

Zeitlhofer, Hubert 69, 96
Ziegler, Helena 128
Ziegler, Jean 186
Zinnhobler, Rudolf 128

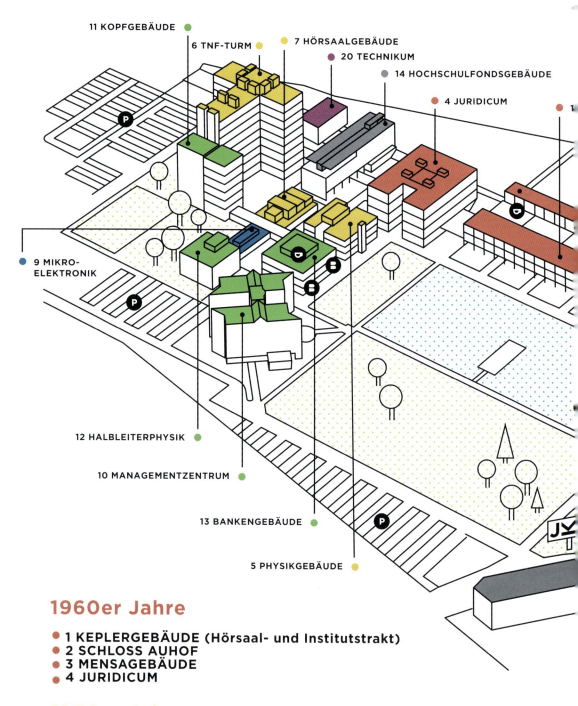